gestão
de processos
PENSAR, AGIR E APRENDER

G393   Gestão de processos : pensar, agir e aprender / Rafael Paim ...
       [et al.]. – Porto Alegre : Bookman, 2009.
       328 p. ; 25 cm.

       ISBN 978-85-7780-484-9

       1. Administração. 2. Gestão de processos. I. Paim, Rafael.

                                                          CDU 658

Catalogação na publicação: Renata de Souza Borges CRB-10/1922

Rafael Paim
Vinícius Cardoso
Heitor Cauliraux
Rafael Clemente

gestão
de processos
PENSAR, AGIR E APRENDER

bookman®

2009

© Artmed® Editora S.A., 2009

Capa e projeto gráfico interno: *Rosana Pozzobon*
Preparação de originais: *Mariana Belloli*
Supervisão editorial: *Arysinha Jacques Affonso*
Editoração eletrônica: *Techbooks*

Reservados todos os direitos de publicação, em língua portuguesa, à
ARTMED® EDITORA S.A.
(BOOKMAN® COMPANHIA EDITORA é uma divisão da ARTMED® EDITORA S.A.)
Av. Jerônimo de Ornelas, 670 - Santana
90040-340 Porto Alegre RS
Fone (51) 3027-7000 Fax (51) 3027-7070

É proibida a duplicação ou reprodução deste volume, no todo ou em parte,
sob quaisquer formas ou por quaisquer meios (eletrônico, mecânico, gravação,
fotocópia, distribuição na Web e outros), sem permissão expressa da Editora.

SÃO PAULO
Av. Angélica, 1091 - Higienópolis
01227-100 São Paulo SP
Fone (11) 3665-1100 Fax (11) 3667-1333

SAC 0800 703-3444

IMPRESSO NO BRASIL
PRINTED IN BRAZIL

Autores

Rafael Paim   Professor de engenharia de produção do Cefet-RJ. Mestre e doutor em engenharia de produção pela COPPE/UFRJ. Foi pesquisador visitante de Carnegie Mellon University – CMU. É membro do corpo editorial do *Business Process Management Journal*, colaborador do Grupo de Produção Integrada da COPPE/UFRJ desde 1997 e responsável pelas disciplinas relacionadas à gestão de processos. Foi diretor da Goldratt Consulting do Brasil e é sócio-fundador da Enjourney Consultoria (www.enjourney.com.br). É coordenador do Grupo de Gestão e Engenharia de Operações e Sistemas (depro.cefet-rj.br/geos).

Vinícius Cardoso   Engenheiro de produção formado pela UFRJ. É professor adjunto do Departamento de Engenharia Industrial da Escola Politécnica da UFRJ e pesquisador do Grupo de Produção Integrada da COPPE, onde fez mestrado e doutorado. Dedicou-se, principalmente, às áreas de estratégia, engenharia de processos e gestão de conhecimento. Além de publicações, tem vasta experiência em projetos de consultoria e de pesquisa e desenvolvimento nessas áreas.

Heitor Caulliraux   Professor associado da UFRJ. Tem graduação e mestrado em engenharia de produção pela Universidade Federal do Rio de Janeiro (1978 e 1981), especialização pelo Istituto Per La Riconstruzioni Italiana (1983), especialização pelo Politecnico di Milano (1988) e doutorado em engenharia elétrica pela Pontifícia Universidade Católica do Rio de Janeiro (1990). Coordenador do Grupo de Produção Integrada (www.gpi.ufrj.br) da UFRJ.

Rafael Clemente   Possui graduação e mestrado em engenharia de produção pela Universidade Federal do Rio de Janeiro, Dott. Ing. em Ingegneria Gestionale pelo Politecnico di Torino (Itália). É professor do Departamento de Engenharia Industrial da Universidade do Estado do Rio de Janeiro. Pesquisador do Grupo de Produção Integrada da UFRJ. Fundador e sócio da EloGroup, consultoria especializada em gestão de processos e riscos operacionais, e fundador e sócio da Innvent, empresa especializada em gestão da inovação e desenvolvimento de novos negócios.

Para Bia, Arthur e Vítor Paim. Este último saiu há pouco da barriga da primeira. O amor de e por vocês me motiva a sentir, pensar, agir e aprender no trabalho, com os amigos, com a família, na sociedade; na vida, onde e quando ela estiver. Aos Sérgios: Bermudes, Cabral e Carvalho. Vocês sabem o quanto foram importantes e ajudaram quando precisei. Vocês são especiais. Motivadores.

Rafael

Carol, Gabriel e Tainá, jamais poderei reaver os momentos que não pude compartilhar da presença de vocês por estar trabalhando, mas posso dedicar a vocês o resultado de uma parte desse tempo que estive ausente. Amo vocês. Pai e mãe, vocês são exemplo e inspiração. Parte desta obra é fruto do trabalho de vocês, sua bênção. Grandes amigos, compadres e comadres, contando com vocês, tudo é bem mais fácil. Valeu!

Vinícius

Dedico este livro ao Grupo de Produção Integrada da, digamos, Engenharia de Produção da UFRJ. Ainda que não formal, conseguiu formar ao longo dos últimos anos uma excelente geração de engenheiros de produção. Muitos, hoje, docentes de diversas instituições públicas e privadas do Rio de Janeiro e do país.

Heitor

À minha família, Armando, Célia, Ricardo e Priscila, por sempre apoiarem e entenderem os momentos de ausência em que me dedico ao trabalho. Sem o amor de vocês nada disso teria acontecido. Aos amigos, alunos, professores e a todos os pesquisadores do Grupo de Produção Integrada, que tanto incentivam e promovem o ambiente necessário ao avanço e à consolidação das idéias. Vocês são os catalisadores destes resultados. Ao meu avô Antônio, maior incentivador, tenho certeza que está compartilhando este resultado cheio de orgulho.

Rafael Clemente

Agradecimentos

São muitos os agradecimentos necessários em uma obra que demorou tanto tempo para amadurecer. Precisamos agradecer aos alunos que nos ouviram, questionaram, criticaram e, por fim, ensinaram; às organizações produtivas que aplicaram, testaram e fizeram evoluir nossas idéias, bem como nos permitiram criar novas ou reinventar as idéias antigas; aos colegas das instituições de ensino com os quais tivemos contato ao longo dessa jornada, particularmente os da UFRJ e do CEFET-RJ, em que procuramos contribuir permanentemente para enriquecer o corpo de conhecimentos em engenharia de produção. Nunca poderíamos citar nominalmente a todos sem correr risco de esquecer injustamente alguém, portanto, sintam-se agradecidos todos aqueles com quem qualquer um de nós teve a excelente oportunidade de trocar idéias. Obrigado.

Um professor sem alunos não teria propósito. Acreditamos que eles são um dos grandes motivos para a realização deste trabalho. Ao fim de cada pesquisa, sempre fomos cobrados pelos alunos a fornecer uma referência bibliográfica que expusesse o assunto do qual trata este livro conforme nossa abordagem nas aulas, geralmente tida como eficaz. Assim, esse livro também visa a resgatar essa dívida e, sem dúvida, devemos agradecer a esses dedicados alunos que mantiveram essa pressão sobre nós.

O interesse do homem em fazer (praticar) o motiva a conhecer e produzir conceitos e teorias. A relação com as organizações produtivas, em especial para as ciências aplicadas, tem fundamental importância. Ao longo desse tempo, fomos constantemente desafiados por questões de natureza prática e cobrados por resultados concretos da aplicação de nossas idéias. Ainda que possamos, às vezes, achar que é uma cobrança muito dura e precipitada para aqueles que estão em busca de conhecimentos científicos, estamos certos de que só nos permitimos saltos maiores quando os obstáculos nos exigem. Assim, agradecemos a esses práticos que nunca se cansaram de nos fazer teorizar cada vez mais.

Cabe ainda ressaltar que parte do conteúdo deste livro tem influência de parceiros mais próximos, em particular, os amigos gaúchos Junico Antunes, Luiz Henrique Rodrigues e Roberto Alvarez, que participaram ativamente de várias iniciativas junto à COPPE/

UFRJ; e Jane Siegel, Bill Hefley, Jeff Perdue e Mark Paulk, da Carnegie Mellon University – CMU em Pittsburgh, Estados Unidos, que acolheram alguns pesquisadores do GPI para que evoluíssem em suas pesquisas, entre eles o co-autor Rafael Paim. Cabe ainda agradecer a equipe da Enjourney Consultoria que realizou a revisão do livro para a 1ª reimpressão.

Este livro tem fontes de conhecimento bastante diversas, tanto empíricas quanto teóricas. Muito de seu conteúdo saiu do processamento de livros, artigos e eventos, mas, com muita freqüência, as idéias foram geradas a partir de experiências práticas vivenciadas nos projetos de pesquisa e extensão junto às organizações produtivas no seu enfrentamento de problemas concretos da realidade. A expressão corriqueira de que "o laboratório da engenharia de produção é a empresa" é, certamente, a mais pura verdade. Precisamos assim agradecer a todas as pessoas dessas empresas com quem estreitamos laços profissionais e que nos fizeram avançar na produção desses conhecimentos. A todos, nossos parabéns pela iniciativa de ajudar a ampliar a cultura da humanidade a partir do estreitamento da relação universidade-empresa.

Gradativamente, os investimentos públicos e privados em pesquisa no Brasil têm aumentado. Ao longo de todos esses anos de trabalho acadêmico, alguns órgãos de fomento e empresas investiram estritamente na pesquisa pela concessão de bolsas e do financiamento de trabalhos de caráter acadêmico. Essas contribuições foram fundamentais ao longo de toda nossa história.

Rafael Paim, Vinícius Cardoso, Heitor Caulliraux
e Rafael Clemente.

Por fim, eu gostaria de fazer um amplo agradecimento a todos aqueles indivíduos que se solidarizam uns com outros altruisticamente. Nós brasileiros temos a cultura de não separar ou de misturar a vida pessoal e a profissional. Em alguns casos, tentamos separar e, em outros, felizmente, a vida se expressa com a ajuda daqueles com quem trabalhamos em nossa vida pessoal. Em alguns casos, somos ajudados por pessoas que nem conhecemos. E, claro, em muitos casos, somos ajudados por nossos familiares e amigos. Eu, Rafael Paim, muito felizmente fui ajudado por todos esses quando perdi meu filho na fila de transplante: colegas e amigos de trabalho, familiares e até completos estranhos foram muito importantes para que eu atravessasse a difícil estrada que se formou em minha frente. Felizmente, nessa estrada nasceu, e continua a atravessá-la, o Doeação, uma ONG fundada para promover a cultura de doação de órgãos no Brasil, da qual sou fundador e colaborador na linha de frente. Sou grato a todos que já ajudaram ou que ajudarão o Doeação. Naturalmente, minha gratidão maior vai para todas as pessoas que, de alguma forma – e foram muitas –, ajudaram na superação e no aprendizado diante do imenso desafio que eu, Bia e Arthur passamos: muito obrigado. Mais do que agradecer, porém, quero parabenizá-los pela atitude e disposição em ajudar.

Rafael Paim

Apresentação

Neste início do século XXI torna-se cada vez mais necessário o desenvolvimento autônomo do Brasil em termos econômicos, sociais e ambientais. Para que as empresas públicas e privadas brasileiras, em particular, e as organizações de forma geral, possam atuar de maneira eficaz é necessário aprimorar seus sistemas de gestão. Este é o pano de fundo das preocupações dos engenheiros de produção e administradores que atuam no país. Nesse contexto, o tema da gestão de processos é central e necessita ser bem difundido e praticado.

Este é um livro relevante para que os profissionais possam melhorar o seu desempenho no avanço dos projetos de gestão com foco nos processos em empresas e organizações. É preciso dizer que esta obra teve um longo período de maturação no Grupo de Produção Integrada da EP e da COPPE (GPI/EP e COPPE/UFRJ). Os autores tiveram um envolvimento muito grande com os aspectos teóricos relacionados com o tema e – o que é essencial para que seja possível produzir um bom livro – uma imersão ampla na realidade de empresas como a Vale, a Embraer e a Petrobras.

Esses projetos junto a empresas e organizações, os verdadeiros "laboratórios" da engenharia de produção e da administração, permitiram o confronto entre conceitos e realidade prática e a ampla colaboração com profissionais para o desenvolvimento do tema gestão de processos. É desta profícua e eficaz cooperação que surge uma publicação que permite **pensar** soluções próprias e originais no contexto da necessidade da **ação** para a obtenção de resultados eficazes de curto, médio e longo prazo nas empresas e organizações. O fruto dessa combinação, impossível de ser dissociada, entre o **pensar**, atividade central da teoria, e o **agir**, aspecto essencial das atividades práticas, é a **aprendizagem** contínua de todas as pessoas envolvidas no processo – que deu origem e consistência a este livro. A abordagem proposta é consonante com a era do conhecimento em que vivemos, ou seja, explorar uma lógica onde a aprendizagem das pessoas, dos grupos e das organizações se torne uma rotina contínua que conte com o apoio dos melhores instrumentos teóricos e práticos disponíveis no mercado.

De um prisma mais conceitual é possível notar que o paradigma da melhoria nos processos, que surgiu no Japão, tem na gestão de processos um de seus métodos mais potentes e encorajadores das mudanças necessárias. No bojo do paradigma da melhoria dos processos é possível reconhecer a existência de uma mesma matriz conceitual em diferentes abordagens de gestão (por exemplo: Sistema Toyota de Produção/STP, Controle da Qualidade Total/TQC, Teoria das Restrições, Seis Sigma, entre outros), o que permite associar de forma proativa a gestão de processos a várias outras abordagens em voga no ambiente empresarial.

Outro ponto a considerar é a relação sempre essencial e dinâmica entre processos, estrutura organizacional e Tecnologia da Informação (TI). No contexto da gestão de processos, a TI é um potente elemento consolidador dos fluxos de materiais, idéias e informações no tempo e no espaço. A interdependência entre a TI e os processos é importante na medida em que o desenho de novos processos é que permite implementar de forma inteligente os diversos avanços na área da TI. De outra parte, há uma interdependência entre os aspectos ligados a estrutura e aos processos que necessita ser considerado em profundidade. Um entendimento claro dos processos é essencial para a introdução de inovações de gestão no campo organizacional. O livro busca elucidar ao máximo possível este importante tema, partindo de uma sólida perspectiva teórica e multidimensional da gestão de processos. A preocupação central é, em todos os casos, aprimorar o negócio (ou a organização) como um todo.

Por outro lado, hoje não é mais possível desenvolver atividades intelectuais relevantes para o país e para o mundo a partir de um ambiente que não esteja totalmente imerso na noção prática da sociedade do conhecimento. Para isso o processo interno das organizações, bem como suas relações com o ambiente externo, necessita ser rico de interações com os mais variados tipos de parceiros envolvidos. A abertura da universidade brasileira para as nossas realidades objetivas é capaz de permitir, simultaneamente, avanços teóricos e resultados práticos. Este livro é, em síntese, produto dessa abertura do GPI/EP e COPPE/UFRJ.

Boa leitura, bons trabalhos práticos e uma boa e profícua aprendizagem na gestão de processos é o que desejamos a todos os leitores.

Junico Antunes
Diretor da Produttare Consultores Associados
Professor do mestrado e doutorado em administração da Unisinos
Professor do mestrado em engenharia de produção e sistemas da Unisinos
Doutor em administração pela UFRGS

Prefácio

Este livro é fruto da motivação e do prazer em trabalhar com o tema gestão de processos. A crescente importância desse tema para as organizações e a ampliação dos estudos pela academia motivaram a realização deste livro. Ele é, de certa forma, o pagamento de uma dívida: o Grupo de Produção Integrada da Poli/COPPE/UFRJ há muito estuda, aplica e desenvolve trabalhos sobre gestão de processos, mas, até então, um livro não havia sido publicado. Dívida paga com promessa (mais dívidas) de outros livros.

Soma-se a esses fatos a existência de diferentes entendimentos sobre o que é efetivamente necessário fazer para gerenciar processos. Esse entendimento varia de autor para autor, de organização para organização e, claro, de pessoa para pessoa. A partir dessa motivação, a definição de tarefas necessárias para a gestão de processos e a definição de processos para a gestão de processos constituem o objeto central desse trabalho. Essas tarefas foram agrupadas em Pensar, Agir e Aprender. Para se chegar a essa definição, foram utilizados procedimentos metodológicos, tais como revisão bibliográfica, aplicação de pesquisa tipo *survey* com profissionais que atuam com gestão de processos, análises estatísticas dos resultados e, por fim, realização de entrevistas com especialistas e empresas. O trabalho apresenta, nos primeiros capítulos, as bases estruturantes do livro e a metodologia aplicada. Em seguida, são apresentadas as bases conceituais que orientam a formação do tema gestão de processos. As definições de processos e gestão de processos, assim como as definições de orientação, estrutura e gestão por processos, são apresentadas no livro. Os grupos de tarefas foram denominados:

1) Projeto ou desenho de processos, ou pensar
2) Gestão de processos no dia-a-dia, ou agir
3) Promoção de aprendizado sobre processos, ou aprender

Os leitores encontrarão no livro informações relevantes sobre como estruturar processos de gestão de processos, sobre sistemas de informação de apoio à gestão de processos e exemplos de escritórios de processos de empresas como Abn Amro – Real, Vale, Natura, ONS, Petrobras e Serasa.

Espero que o livro motive os leitores a pensar, agir e aprender sobre uma forma efetiva de aumentar e manter o desempenho, a integração e a coordenação das empresas e instituições para as quais trabalham ou trabalharão. Usem e façam a gestão de processos evoluir.

Rafael Paim

Lista de abreviaturas

AIS	Arquitetura Integrada de Sistemas
ARIS	Arquitetura de Sistemas de Informação Integrados (Architecture of integrated information system)
ASP	Application Service Provider
BD	Bando de Dados
BI	Business Intelligence
BPEL	Business Process Execution Language
BPM	Business Process Management
BPMM	Business Process Management Maturity
BPMN	Business Process Management Notation
BPR	Reengenharia ou redesenho de Processos de Negócios (Business process reengineering ou redesign)
BSC	Balanced Scorecard
CASE	Computer Aided System Engineering
CIM	Computer Integrated Manufacturing
CIMOSA	Computer Integrated Manufacturing Open System Architecture
CMU	Carnegie Mellon University
CRM	Gestão do Relacionamento com Clientes (Customer Relationship Management)
DW	Data Warehouse
EAI	Enterprise Application Integration
EPC	Cadeia de Processos Orientada por Eventos (Event-driven process chain)
ERP	Enterprise Resource Planning
eSCM	eletronic Sourcing Capability Model
GED	Gestão Eletrônica de Documentos
IDEF	Integration Definition methods
JIT	Just-in-Time
KM	Knowledge Management
MES	Manufacturing Execution System
MRP	Material Requirements Planning
PDCA	Planejar, Fazer, Verificar, Agir corretivamente (Plan, Do, Check, Action)
PP	Production Planning
RH	Recursos humanos
SCM	Gestão da Cadeia de Suprimentos (Supply Chain Managemen)
SCOR	Modelos de Referência para Operações da Cadeia de Suprimentos (Supply Chain Operations Reference Models)
SIG	Sistemas Integrados de Gestão
SLA	Service Level Agreement
SOA	Service Oriented Architecture
SOC	Service Oriented Computing
STP	Sistema Toyota de Produção
TI	Tecnologia da informação
TOC	Teoria das Restrições (Theory of constrains)
TQC	Controle da Qualidade Total (Total quality control)
UML	Unified Modeling Language
VAC	Cadeia de valor agregado (Value added chain diagram)
WF	*Workflow*
XML	Extensible Markup Language

Sumário

Listas: Figuras, Tabelas, Gráficos e Fotos 19

1 Gestão de processos: introdução 23
   1.1 Por que a gestão de processos é importante? 24
   1.2 O que fazer e como gerenciar processos? 27
   1.3 Para quem este livro se dirige 28
   1.4 O que pretende esta publicação 29
   1.5 Como este livro foi produzido: o método 29
   1.6 Plano de vôo pela leitura: apresentação do livro 33

2 Gestão de processos: origem e evolução histórica 37
   2.1 A evolução histórica dos paradigmas em gestão de processos 37
   2.2 Saiba mais: os quadros conceituais para gestão de processos 43
   2.3 Saiba mais: elementos conceituais relacionados a processos 52

3 Gestão de processos: bases conceituais 99
   3.1 O que são processos 100
   3.2 Gestão de processos: como é entendida por alguns autores 112
   3.3 Conceituação: gestão de processos funcional, transversal e por processos 122
   3.4 Síntese do que se entende por gestão de processos 138

4 Gestão de processos: as tarefas definidas para pensar, agir e aprender 145
   4.1 Pensar: o projeto-desenho dos processos 147
   4.2 Agir: a gestão dos processos no dia-a-dia 208
   4.3 Aprender: a promoção do aprendizado sobre processos 216
   4.4 Ciclos de aprendizado entre os grupos de tarefas 227

5 Gestão de processos: pesquisas têm utilidade prática 229
   5.1 Os resultados da validade dos grupos de tarefas 231
   5.2 Análises dos resultados da importância das tarefas 231
   5.3 Análises dos resultados da forma de estruturação das tarefas 233
   5.4 Análises cruzadas entre a importância e a forma de estruturação 234

6 **Gestão de processos: a estruturação de um escritório de processos** 237
  6.1 Estruturação da gestão de processos: introdução 238
  6.2 Apresentação dos resultados do projeto 241
  6.3 O processo de gestão de processos 249
  6.4 Inserção de processos na cultura organizacional 252
  6.5 Visitas e entrevistas 258
  6.6 Escritório de processos: conclusão sobre a estruturação e adoção pelas empresas 264
  6.7 Escritório de processos para as empresas estudadas 269

7 **Gestão de processos: sistemas de apoio** 283
  7.1 O que são BPMS: velho conceito em transição 284
  7.2 Conceitos de BPMS 285
  7.3 Tipos de BPMS 288

8 **Gestão de processos: síntese e tendências** 293
  8.1 Síntese dos resultados, conclusões finais e tendências 294
  8.2 Tendências: o que estudar e fazer no presente e no futuro 301

Referências 307

Leituras recomendadas 315

Apêndice: alguns sites interessantes sobre gestão de processos 323

Índice 325

Listas
FIGURAS, TABELAS, GRÁFICOS E FOTOS

Figuras

Figura 1.1	Síntese dos procedimentos metodológicos de desenvolvimento do livro 30
Figura 1.2	Estrutura geral do livro 34
Figura 2.1	Organização orientada pelo consumidor 47
Figura 2.2	Rede de processos e operações 48
Figura 2.3	Elementos conceituais integrados por processos 52
Figura 2.4	O modelo estrela atualizado 57
Figura 2.5	Mecanismos de fixação cultural 61
Figura 2.6	Estrutura funcional espelhada: empresa fabricante de aviões 65
Figura 2.7	Formas de coordenação 66
Figura 2.8	Linha de autoridade e responsabilidade 67
Figura 2.9	Dimensões de um sistema de medição 72
Figura 2.10	Indicadores de desempenho a partir de uma visão por processos 73
Figura 2.11	Exemplos de indicadores de desempenho de processos 75
Figura 2.12	Modelo esquemático da correlação entre os "requisitos de competência" de uma atividade e sua disponibilidade nos indivíduos 77
Figura 2.13	Método genérico de implantação da gestão de competências 79
Figura 2.14	Os tipos de conhecimento organizacional correlacionados aos tipos de ação que eles suportam (as retroalimentações foram omitidas para facilitar a interpretação) 80
Figura 2.15	Integração de processos entre dois ERPs 84
Figura 2.16	Arquitetura para processos de negócios/HOBE – (ARIS-House of Business Engineering) 85
Figura 2.17	Arquitetura/princípios para engenharia empresarial 87
Figura 2.18	Ciclo de desenvolvimento de *software* centrado em códigos *versus* centrado em processos 88
Figura 2.19	Componentização de processos 89
Figura 2.20	Arquitetura integrada de sistemas e a cadeia de suprimentos 90
Figura 2.21	Componentes de uma arquitetura orientada a serviço 91
Figura 2.22	Grau de adequação do sistema à organização 92
Figura 2.23	Evolução dos sistemas integrados de gestão 94
Figura 2.24	Abordagens de implantação de um sistema integrado 95
Figura 3.1	O eSCM-SP – Electronic Sourcing Capability Model for Service Provider 109
Figura 3.2	As áreas de capacitação do modelo BPMM 110
Figura 3.3	Níveis de análise 115
Figura 3.4	O trabalho do gerente de processos 116
Figura 3.5	Uma visão geral de como os processos são gerenciados 117
Figura 3.6	As três abordagens da gestão de processos 125

Figura 3.7 Espectro de decisão organizacional: gestão de processos funcionais de processos *versus* gestão por processos   129
Figura 3.8 Exemplo de estrutura por processos em uma empresa têxtil   132
Figura 3.9 A visão do PNQ sobre a organização por processos   133
Figura 3.10 Trajetória: sentido gestão por processos   134
Figura 3.11 Exemplos de alternativas de estruturas organizacionais   134
Figura 3.12 Estruturas por processos: híbrida e pura   135
Figura 3.13 Grupos de tarefas necessárias para gerenciar processos   142
Figura 4.1 Cadeia de valor   149
Figura 4.2 Processos, funções, competências e capacitações   153
Figura 4.3 Processo de formulação e implantação da estratégia   154
Figura 4.4 Estrutura de análise e entendimento do ambiente interno e externo   155
Figura 4.5 Abordagem híbrida de mudança   159
Figura 4.6 Melhoria discreto-contínua   161
Figura 4.7 Processos transversais e silos funcionais   164
Figura 4.8 Proposta de matriz decisória para priorização e seleção de processos   168
Figura 4.9 Da estratégia até o SI implantado: seqüencial   170
Figura 4.10 Da estratégia até o SI implantado: simultaneidade   170
Figura 4.11 Ferramentas informáticas de auxílio à modelagem   171
Figura 4.12 Metodologia de análise de adequação das ferramentas de modelagem   174
Figura 4.13 Exemplo de estrutura de grupos   185
Figura 4.14 Tríade: característica-problema-solução   194
Figura 4.15 Matriz de priorização de soluções   199
Figura 4.16 Modelos de referência, prescrição e execução do trabalho   201
Figura 4.17 Gráfico de controle: exemplo de ações de controle corretivas e preventivas   213
Figura 4.18 Avaliação da trajetória de desempenho do processo ao longo de ações de melhoria   222
Figura 4.19 Combinação dos conceitos de maturidade e capacitações de processos   223
Figura 4.20 Ciclos de aprendizado e as tarefas necessárias à gestão de processos   227
Figura 6.1 Desenho da metodologia de pesquisa   242
Figura 6.2 Típicos relacionamentos do escritório de processos   245
Figura 6.3 Exemplo de estrutura funcional de processos transversais e a inserção do escritório de processos normativo   246
Figura 6.4 Exemplo de estrutura por processos e a mudança no papel do escritório de processos   247
Figura 6.5 Esquema geral do macroprocesso de um escritório de processos: clientes, fornecedores e tipos de processos   249
Figura 6.6 Macroprocesso de um escritório de processos   250
Figura 6.7 Proposta de alocação do escritório de processos em uma gestão de processos   252
Figura 6.8 Proposta de alocação do escritório de processos em uma gestão por processos   253
Figura 6.9 Atuações do escritório de processos   255
Figura 6.10 Evolução da estrutura organizacional do escritório   257
Figura 6.11 Caracterização das empresas escolhidas como casos   260
Figura 6.12 Posicionamento da organização de acordo com a sua visão de processos   263
Figura 6.13 Estruturação de um escritório de processos   264
Figura 6.14 Síntese sobre as trajetórias em gestão de processos   265

Figura 6.15   Macroprocesso da Serasa   270
Figura 6.16   Processo de produção da Serasa   271
Figura 6.17   Estrutura organizacional bipolar Serasa   272
Figura 6.18   O modelo de atuação ABN AMRO/REAL   274
Figura 6.19   Macroprocesso do ABN AMRO/Real   275
Figura 6.20   Cadeia de valor agregado Embraer   278
Figura 6.21   Modelo de gestão alinhado por processos   279
Figura 7.1   Interfaces do processo entre organizações   286
Figura 7.2   Tipos de BPMS   288
Figura 8.1   Síntese dos conceitos propostos no livro   301

Tabelas

Tabela 1.1   Relação entre as tarefas de gestão de processos e as referências bibliográficas selecionadas   31
Tabela 1.2   Setores dos participantes   32
Tabela 1.3   Cargos dos participantes   32
Tabela 1.4   Conteúdos e públicos-alvo   36
Tabela 2.1   Comparação: organização funcional *versus* orientada por processos   46
Tabela 2.2   Descrição dos cinco passos da TOC   78
Tabela 3.1   Síntese das tarefas desdobradas da definição de processos   113
Tabela 3.2   Definições para gestão de processos identificadas em artigos acadêmicos   120
Tabela 3.3   Importância das tarefas de gestão de processos *versus* forma de gestão de processos   124
Tabela 3.4   Questionário proposto por McCormack   138
Tabela 3.5   Tarefas desdobradas do questionário de McCormack   140
Tabela 5.1   Resultados da validação da pesquisa   230
Tabela 5.2   Síntese do nível de importância atribuído para as tarefas de gerenciamento de processos   232
Tabela 5.3   Síntese da forma de estruturação das tarefas de gerenciamento de processos   233
Tabela 6.1   Palavras-chave da busca bibliográfica realizada   243
Tabela 6.2   Artigos filtrados da busca bibliográfica   244
Tabela 6.3   Relação dos macroobjetivos e atividades do escritório de processos   248
Tabela 6.4   Quadro síntese das atividades realizadas para gestão de processos nos estudos de caso   261
Tabela 6.5   Quadro síntese dos sistemas de apoio à gestão de processos identificados nos estudos de caso   262
Tabela 6.6   Relação entre os cenários de estrutura interna e tipos de processos do escritório de processos   267
Tabela 7.1   Tarefas necessárias à gestão de processos e tecnologias de suporte (BPMS)   291
Tabela A.1   Relação de sites consultados para busca de definições na internet   323

Gráfico

Gráfico 7.1   Sistemas utilizados para gestão de processos   289

Foto

Foto 6.1   Visão geral do método de desenho e redesenho ágil e participativo: *Post-it* japonês.   280

gestão
de processos
INTRODUÇÃO

1

A gestão de processos é o tema central deste livro. O texto pretende consolidar, organizar e fazer avançar o paradigma da gestão de processos a fim de que seja possível desenvolver o conhecimento disponível em direção a uma forma mais instrumental para seu uso efetivo pelas organizações.

A contraposição entre uma alta demanda e uma baixa oferta de conceitos objetivos de como gerenciar processos expõe a relevância deste trabalho. Essa motivação é reforçada pelo fato de a falta de definições conceituais consolidadas gerarem dificuldades para as organizações projetarem, gerirem no dia-a-dia e promoverem aprendizado sobre o objeto "processos". O interesse em avançar na definição desse tema foi despertado também pelo fato de haver três visões diferentes sobre as tarefas necessárias à gestão de processos. Primeiro, os autores que escrevem sobre o tema divergem razoavelmente sobre o que seja gestão de processos. Segundo, muitas vezes há divergências entre o que os autores definem como gestão de processos e o que as organizações efetivamente fazem para gerir seus processos. Por fim, as organizações têm práticas para gerir seus processos que não convergem entre si. Essas diferenças de entendimento, ainda que enriqueçam o debate com múltiplos pontos de vista, também implicam dificuldades para estabilizar os limites do objeto de pesquisa e, por conseguinte, definir e detalhar as tarefas de gestão de processos e fazer avançar na teoria e na prática essa área de conhecimento.

Atualmente, uma das principais motivações para a gestão de processos tem sido sua capacidade de contribuir para superar as limitações do modelo funcional de organização do trabalho. O modelo de gestão fundamentado na divisão do trabalho funcional, centrada na especialização, tem limitações com relação à capacidade de coordenação do trabalho. Esse modelo revela-se restritivo para lidar com a realidade contemporânea, na qual a construção de organizações mais ágeis, integradas e flexíveis passa a ser uma condição importante para a atuação que sustente e aprimore o desempenho organizacional. Os mecanismos de coordenação baseados em processos, dentro desse contexto, têm ampliado muito sua importância e repercussão.

Por fim, as dificuldades para a academia desenvolver estudos sobre um objeto pouco definido ou definido de muitas diferentes formas e as dificuldades para as organizações incorporarem práticas e tecnologias motivam a busca pelo que é a gestão de processos e pelo que efetivamente é necessário para fazê-lo.

1.1 Por que a gestão de processos é importante?

Do ponto de vista conceitual, este livro tem importância por reunir, consolidar, sintetizar e, sobretudo, organizar definições sobre a gestão de processos. Essa justificativa está associada à escassez de estudos dessa natureza que lidam com o tema "processos". Na prática, as justificativas estão associadas à crescente demanda das organizações por incorporarem tarefas que as permitam responder a mudanças internas e externas. Essa incorporação tem impacto na forma como seus processos estão projetados, documentados ou desenhados. Como conseqüência, há mudanças efetivas na gestão desses processos no dia-a-dia, e implicações que resultam na capacidade para sustentar a geração de aprendizado sobre os processos da organização.

Há estudos e publicações que evidenciam o aumento da demanda por parte das organizações por conceitos, ferramentas e tecnologias que dependem da definição e do entendimento da gestão de processos. O estudo de processos sempre foi uma demanda das organizações. No início do século passado, houve maior concentração do foco na melhoria das operações, com as lógicas da Administração Ciêntífica de Taylor, considerado um dos precursores da engenharia de produção. O uso de técnicas e instrumentos para entender e melhorar processos, porém, sempre acompanhou os profissionais nas organizações produtivas. Mais recentemente, no fim da década de 1980 e no início da de 1990, houve uma intensificação no uso do conceito de processos sob a alcunha da Reengenharia, tal qual proposta originalmente por Davenport & Short e Hammer & Champy. A Reengenharia foi sucedida por uma deterioração do conceito de processos.

Em paralelo, as propostas do Sistema Toyota de Produção – particularmente o Controle da Qualidade Total (TQC) – continuaram a se disseminar, em muito baseados na abordagem processual, ainda que de modo aparentemente periférico, mas sem movimentos objetivos de adoção da gestão de processos.

A primeira década deste novo século, em especial os últimos anos, está assistindo novamente a uma corrida das organizações para o conceito de processos. Há diversos estudos que reforçam uma retomada do crescimento da demanda das organizações pelo conceito de gestão de processos. Um deles[1] demonstra que 58% dos 348 participantes do estudo gastaram em 2005 entre 0 (zero) e 500 mil dólares e, que 5% deles gastaram mais de 10 milhões de dólares em iniciativas de gestão de processos. Outro[2], com 72 participantes, mostra que nas iniciativas de gestão de processos não houve retorno sobre investimento inferior a 10%, e a média de retorno ficou em 30% com mediana em 44%. Esses números demonstram a intensidade da demanda e a atratividade da gestão de processos por parte das organizações.

Melhorar processos é uma ação básica para as organizações responderem às mudanças que ocorrem constantemente em seu ambiente de atuação e para manter o sistema produtivo competitivo. Pode-se dizer que esse movimento mais recente de gestão de processos está fortemente associado à adoção da tecnologia da informação – assim como o movimento anteriormente alardeado pela Reengenharia aderiu aos sistemas transacionais tipo ERP. Contudo, ele enfoca os sistemas de informação para a gestão de processos que induzem a realização da melhoria dos processos no dia-a-dia das organizações, como *softwares* de modelagem de processos, ferramentas CASE, plataformas de *workflow*, SOA, entre outros.

O espaço deixado pela academia sobre o tema "processos" devido à banalização do mesmo na fase pós-Reengenharia criou uma oferta significativa de publicações que relatam experiências obtidas em casos de prestação de serviços de consultoria que, apesar de úteis como insumo, muitas as vezes carecem de rigor científico em suas generalizações. Nesse contexto, como conseqüência, exacerbou-se a dificuldade de consolidação de conceitos e práticas em gestão de processos. Ao buscar esclarecer, especificar e detalhar a gestão de processos, este livro permite que as organizações tenham maior facilidade para internalizar e incorporar conceitos e práticas para uma gestão mais efetiva de seus processos.

Qualquer organização produtiva, seja pública, privada ou do terceiro setor, tem, sem exceção, que coordenar o trabalho. Os mecanismos de coordenação do trabalho estão intrinsecamente relacionados à forma como os recursos e as atividades estão projetados, ao modo como essas atividades são geridas no dia-a-dia e aos meios pelos quais a organização irá gerar o aprendizado e promover as melhorias nas operações e na forma de coordenação do trabalho em si. Assim, gerir processos é útil para qualquer tipo de organização, já que a necessidade de coordenar deriva exatamente da própria ação de dividir e organizar o trabalho em si.

Certamente, quanto maior a complexidade da coordenação do trabalho através do sistema produtivo, maior a necessidade de se desenvolver a capacidade de gerir processos. Essa capacidade tem sido vista atualmente como uma forma eficaz de promover integração, dinâmica, flexibilidade e inovação nas organizações, de certa forma proporcionando paridade e/ou vantagem competitiva. Os resultados e benefícios que vêm sendo obtidos já podem comprovar essa eficácia, como, por exemplo:

- Uniformização de entendimentos sobre a forma de trabalho através do uso dos modelos de processo para a construção de uma visão homogênea do negócio.

- Melhoria do fluxo de informações a partir da sua identificação nos modelos de processo e, conseqüentemente, do aumento do potencial prescritivo das soluções de automação do mesmo.
- Padronização dos processos em função da definição de um referencial de conformidade.
- Melhoria da gestão organizacional a partir do melhor conhecimento dos processos associados a outros eixos importantes de coordenação do trabalho, como, por exemplo, indicadores de desempenho, projeto organizacional, sistemas de informação, competências, entre outros.
- Aumento da compreensão teórica e prática sobre os processos, ampliando as possibilidades de reflexão, diálogo e ação voltada ao desenvolvimento e aprimoramento dos mesmos.
- Redução de tempo e custos dos processos, com enfoque econômico-financeiro.
- Redução no tempo de atravessamento de produtos.
- Aumento da satisfação dos clientes.
- Aumento da produtividade dos trabalhadores.
- Redução de defeitos.
- Outros.

A gestão de processos também tem sido estudada e entendida como uma forma de reduzir o tempo entre a identificação de um problema de desempenho nos processos e a implementação das soluções necessárias. Contudo, para reduzir esse tempo, as ações de modelagem e análise de processos devem estar bem estruturadas, permitindo que os processos sejam rapidamente diagnosticados e as soluções sejam mais facilmente identificadas o que permite por conseguinte, implantações no menor intervalo de tempo e custo possíveis.

Freqüentemente, alguns autores reforçam que a integração promovida pelos processos podem alinhar as visões de negócio e de tecnologia da informação e, assim, reduzir o tempo e aumentar a eficácia da implantação de uma solução informática que dependa do entendimento de um requisito de negócio. Porém, as aplicações da gestão de processos têm uma amplitude significativamente maior que a implantação de melhorias diretamente nos processos. A gestão de processos pode ser utilizada para a uniformização de entendimentos; o *benchmarking*; o projeto de Sistemas; o reprojeto organizacional; a definição de indicadores de desempenho para uma organização por processos; o custeio por processos; a implantação de sistemas integrados; o desdobramento da estratégia; o projeto da cadeia de suprimentos; a gestão de conhecimento; a definição e a implantação de *workflow* e a gestão eletrônica de documentos, entre outras.

Outro aspecto fundamental da gestão de processos é entender as especificidades que ela assume quando aplicada em diferentes setores da economia. Inequivocamente, há algumas semelhanças nas práticas de gestão de processos em praticamente todos os setores industriais e de serviços. Por outro lado, as tarefas para a gestão de processos podem e devem sofrer adaptações em função das particularidades do setor, ou mesmo da organização em si. Neste livro, são apresentados casos de diferentes setores e organizações, que contribuem para a compreensão dessa natureza adaptativa.

De modo geral, dada essa natureza, o corpo de conhecimentos sobre gestão de processos está disperso e fragmentado na literatura, sendo geralmente apresentado de forma parcial e incompleta. Esse problema é reforçado também pela natureza multidisciplinar do tema, que envolve diferentes áreas do conhecimento, tais como engenharias, economia, sociologia, psicologia, tecnologia da informação, direito, entre outras; e, ainda, pelo fato de as estruturas de pesquisa universitárias terem dificuldade de lidar com estudos multidisciplinares.

Este livro foi escrito por engenheiros de produção, mas transita em diferentes áreas do conhecimento para identificar as tarefas necessárias à gestão de processos. Assim, também contribui para outras áreas do conhecimento que estudam e pesquisam o tema gestão de processos. Ou seja, não há a intenção de se afirmar que a gestão de processos é um subtema da engenharia de produção, mas sim que o profissional com o perfil de engenheiro de produção tem um viés particular para lidar com o mesmo, geralmente mais voltado ao projeto de soluções para os problemas da realidade, ou seja, à natureza dos projetos de engenharia. Por outro lado, todos profissionais que trabalham em organizações, independentemente de suas formações, podem buscar melhorar a forma como trabalham e, dessa forma, estarão contribuindo para o desempenho de suas organizações e para o acervo de conhecimentos da humanidade.

1.2 O que fazer e como gerenciar processos?

O desenvolvimento deste livro assume que a gestão de processos pode ser definida a partir de grupos de tarefas que são importantes para:
1) projetar como os processos devem ser realizados;
2) gerenciar esses processos no dia-a-dia;
3) promover aprendizado e evolução dos processos.

Essa premissa implica a ampliação e a organização do tema gestão de processos, fazendo-o migrar dos conceitos de melhoria e controle para os conceitos de coordenação e aprendizado. Dessa forma, a gestão de processos pode ser melhor entendida e, conseqüentemente, estudada pela academia e, também, ser internalizada pelas organizações e pelos profissionais que nelas trabalham.

De forma simples, pode-se dizer que, ao se internalizar a gestão de processos, projetar o trabalho e pensar como ele pode ser melhor realizado passa a ser parte do dia-a-dia das organizações. Para ser mais eficaz, essa nova postura, deve ser sistematizada a partir de um conjunto predefinido de tarefas.

Este livro assume como pressuposto que, sem entender o que fazer para gerenciar seus processos, as organizações tem dificuldade de:
- incorporar práticas que melhorem seu desempenho ao longo do tempo;
- incorporar a orientação por processos em seu modelo de gestão;
- incorporar tecnologias – o que restringe o avanço tecnológico e as inovações;
- orientar o perfil dos recursos humanos que atuam nos processos.

Portanto, ao entender o porque da importância da gestão de processos e o que deve ser feito para gerenciar processos, as organizações e os profissionais que nelas trabalham podem, com maior facilidade e melhor desempenho, estruturar o trabalho associado à gestão de processos. Para auxiliar na busca por esse objetivo, este livro apresenta "como fazer a gestão de processos" e dá orientações para o projeto e a implantação de um escritório de processos. Em ambos os casos, conta com exemplos de organizações que já possuem unidades responsáveis por promover, internalizar e difundir a gestão de processos.

1.3 Para quem este livro se dirige

Todo autor deve mudar a linguagem, a forma e até mesmo o conteúdo do que escreve em função do seu leitor. A gestão de processos tem como principais interessados os profissionais que já estão no mercado de trabalho, mas também desperta interesse naqueles que buscam formação básica em cursos de graduação. Os profissionais de mercado sem dúvida são o alvo primário deste livro. Esses leitores podem ser divididos em dois subgrupos:
- O primeiro formado por gestores em níveis hierárquicos mais altos, que estariam mais interessados em conceitos e em uma visão ampla do tema;
- O segundo grupo formado por gerentes de processos, analistas em geral e profissionais de níveis de atuação operacionais, ou mais ligados à execução dos processos que estariam interessados em como modelar, melhorar e implantar processos, mas também em contribuir para gestão dos processos no dia-a-dia.

A solução para atender o mais plenamente possível a esses dois grupos foi elaborar alguns capítulos com foco mais gerencial e conceitual e outros mais práticos e operacionais. Essa relação está indicada na Tabela 1.4, localizada ao final deste capítulo.

Cabe destacar que este livro pode ser de grande utilidade também para alunos de cursos de graduação – mesmo não tendo exercícios, exemplos detalhados etc. – e para pesquisadores e acadêmicos. Para esse público, sugere-se o acesso aos artigos, dissertações e teses que estão disponíveis em www.gpi.ufrj.br.

1.4 O que pretende esta publicação

O objetivo geral deste livro está centrado na apresentação de tarefas necessárias à gestão de processos, bem como, a partir dessas tarefas, na busca por avançar no alinhamento das formulações teóricas dos autores sobre esse tema e das atividades práticas das organizações que utilizam as tecnologias derivadas do mesmo.

Assim, a jornada de desenvolvimento do livro inicia a partir da falta de definições convergentes sobre gestão de processos e chega a um resultado final apresentado como um conjunto validado, organizado e convergente de tarefas que permitem entender o que é gestão de processos e, mais do que isso, entender o que se faz necessário para gerir processos. Para que o objetivo geral deste trabalho seja alcançado, foram definidos os seguintes objetivos específicos:

- Apresentar as bases conceituais que norteiam o entendimento e a aplicação da gestão de processos.
- Apresentar definições para processos e gestão de processos e clarificar esses conceitos por meio da definição detalhada das tarefas necessárias à gestão de processos.
- Apresentar definições para esclarecer e diferenciar os conceitos de visão, orientação e gestão por processos.
- Apresentar exemplos e casos que auxiliem e orientem o entendimento e a aplicação dos conceitos apresentados.
- Apresentar uma forma de gestão da gestão de processos por meio de um escritório de processos e um macroprocesso de gestão de processos.
- Apresentar uma classificação de sistemas de informação de apoio à gestão e processos (BPMS).

Para alcançar todos esses objetivos, gerais e específicos, foi adotado um método de trabalho cuidadosamente concebido para conferir validade científica às descobertas e proposições apresentadas.

1.5 Como este livro foi produzido: o método

A metodologia de trabalho de uma pesquisa visa a conferir validade ao conhecimento científico produzido. A Figura 1.1 apresenta o esquema dos principais procedimentos metodológicos utilizados para a produção do livro. O estudo teve início com a proposição e a validação das tarefas necessárias à gestão de processos, com auxílio de uma ampla revisão bibliográfica. Os resultados foram transformados em um questionário de pesquisa que, antes de ser aplicado, foi discutido com especialistas da academia no Brasil. A aplicação do questionário tipo *survey* teve como público-alvo 110 profissionais que têm atuação em gestão de processos. Os resultados da pesquisa

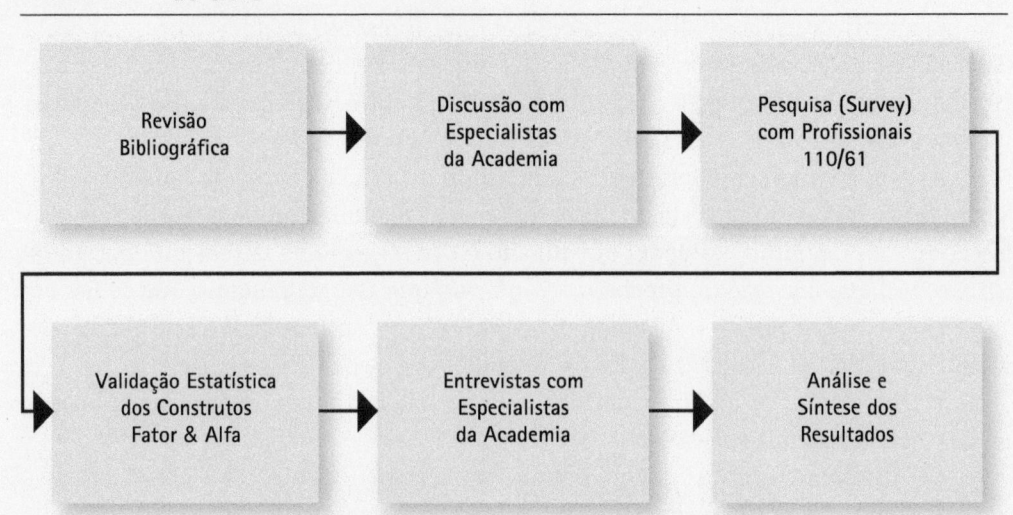

Figura 1.1 Síntese dos procedimentos metodológicos de desenvolvimento do livro

```
[Revisão Bibliográfica] → [Discussão com Especialistas da Academia] → [Pesquisa (Survey) com Profissionais 110/61]
                                                                                    ↓
[Validação Estatística dos Construtos Fator & Alfa] → [Entrevistas com Especialistas da Academia] → [Análise e Síntese dos Resultados]
```

foram analisados para determinar se eles formavam idéias válidas ou não – foram obtidas 61 respostas válidas. Em seguida, eles foram discutidos com especialistas da Universidade de Carnegie Mellon e, por fim, foram realizadas análises de todo material e os resultados da pesquisa foram sintetizados.

O primeiro instrumento de suporte ao método de pesquisa, portanto, foi identificar as tarefas a partir da geração de uma lista preliminar de tarefas para gestão de processos. Essa lista foi produzida por duas ações principais. A primeira foi o desdobramento crítico do conceito de gestão de processos em subtópicos, resultando em uma ampliação dos conceitos de melhoria e controle para os conceitos de coordenação e aprendizado. A segunda envolveu a identificação, na literatura, de tarefas prescritas para a gestão de processos. Após o levantamento, fez-se o agrupamento das tarefas em projeto, gestão e promoção do aprendizado sobre processos. Por fim, houve uma classificação do nível de aprofundamento e de importância dos autores para cada tarefa. Esses resultados estão na Tabela 1.1, que considera 3 como maior nível de aprofundamento e 1 como menor aprofundamento.

O segundo instrumento de suporte ao método de pesquisa foi a realização de pesquisa de campo feita com o apoio de questionários estruturados. A pesquisa foi aplicada a profissionais que trabalham com processos em suas empresas. A população foi de 110 participantes divididos em 3 turmas de 30, 35 e 45 pessoas cada. Todos os participantes eram alunos de curso pós-graduação com foco na gestão de processos e, antes de responderem à pesquisa, tiveram visão conceitual sobre os temas, foram apresentados ao questionário e puderam tirar dúvidas sobre o instrumento.

Tabela 1.1 Relação entre as tarefas de gestão de processos e as referências bibliográficas selecionadas

Tarefas para Gerenciamento de Processos	Davenport (1994)[3]	Harmon (2003)[4]	Grover; Kettinger (2000)[5]	Burlton (2001)[6]	Salerno (1999)[7]	Smith; Fingar (2003)[8]	Tachizawa; Scaico (1997)[9]	Hunt (1996)[10]	Vernadat (1996)[11]	Hammer; Champy (1994)[12]	BPM Group (2005)[13]	Poirier; Walker (2005)[14]
Projetar processos	3	3	3	3	2	2	2	2	2	2	2	2
Entender o ambiente externo e interno	3	3	3	3	3	3	3	2	3	2	2	2
Estabelecer estratégia, objetivos e abordagem de mudanças, externas e internas, com requisitos, clientes e mercados	3	3	3	3	3	3	3	3	3	3	2	2
Garantir patrocínio para a mudança	3	3	3	3	1	2	2	1	1	3	1	1
Entender, selecionar e priorizar processos	3	2	3	3	3	2	3	3	2	3	2	2
Entender, selecionar e priorizar ferramentas de modelagem	3	2	2	2	1	1	1	3	3	1	1	1
Entender, selecionar e priorizar técnicas de MIASP	3	3	2	2	2	3	2	2	1	2	1	1
Formar equipes e times de diagnóstico de processos	3	2	3	3	3	2	2	3	1	3	3	2
Entender e modelar processos na situação atual	3	3	3	3	3	3	3	3	3	1	2	1
Definir e priorizar problemas atuais	2	3	3	3	2	3	2	3	2	2	1	2
Definir e priorizar soluções para os problemas atuais	3	3	2	3	2	2	3	2	3	1	1	1
Reprojetar práticas de gestão e execução dos processos	3	3	1	1	2	2	2	1	2	2	2	1
Entender e modelar processos na situação futura	3	3	3	3	2	2	3	3	3	3	2	3
Definir mudanças nos processos	3	3	3	3	3	2	3	3	3	3	2	2
Implantar novos processos	3	3	3	3	3	2	3	1	2	2	1	1
Gerir processos	3	3	2	2	3	2	2	1	1	2	2	1
Implementar processos e mudanças	3	3	3	3	3	2	3	1	2	3	1	1
Promover a realização dos processos (planejamento, controle, alocação de capacidade e demanda)	3	3	3	3	3	3	2	2	2	1	1	1
Acompanhar a execução dos processos	3	3	3	3	3	3	2	1	1	2	2	2
Controlar a execução dos processos	3	3	3	1	3	2	2	1	1	2	2	2
Realizar mudanças de curto prazo	2	3	1	1	2	2	1	1	1	3	1	1
Promover aprendizado	3	3	3	2	2	2	2	2	2	1	2	2
Registrar o desempenho dos processos	3	3	3	1	3	3	2	2	2	1	2	2
Comparar desempenho com referenciais externos e internos	3	3	3	3	1	2	3	3	2	1	2	3
Registrar e controlar desvios de impacto	3	3	3	1	3	2	2	2	2	1	1	2
Avaliar o desempenho dos processos	3	3	3	3	3	3	3	2	3	2	2	3
Registrar aprendizado sobre processos	2	3	3	3	2	2	2	2	1	1	1	1

A maioria dos profissionais trabalha em grandes empresas da cidade de São Paulo e todos têm nível superior. As empresas nas quais trabalhavam na época da aplicação dos questionários variavam entre indústria e serviços, com maior concentração de profissionais em empresas de serviços. Identificou-se variados setores da economia representados na amostra, tais como, energia, telecomunicações, automóveis, bancos, tecnologia de informação, educação e consultoria, o que caracteriza o grupo como razoavelmente heterogêneo. Os setores e os cargos dos participantes podem ser visualizados nas Tabela 1.2 e Tabela 1.3, respectivamente.

Após serem definidas as possíveis tarefas necessárias para a gestão de processos, foi concebido um instrumento que auxiliasse na identificação se as tarefas constituiriam fatores ou idéias consistentes na opinião dos participantes do levantamento, na identificação da importância atribuída pelos participantes a cada tarefa e na forma de gestão de processos associada a cada tarefa.

O terceiro método de pesquisa foi a realização de entrevistas semi-estruturadas, que foram conduzidas entre janeiro e fevereiro de 2007 com especialistas da universidade norte-americana Carnegie Mellon University.

Outro fator que influenciou fortemente o método foi a inserção do mesmo em um contexto de projetos integrados envolvendo um grande número de trabalhos pré-

Tabela 1.2 Setores dos participantes

Setor	%
Tecnologia de informação	31%
Indústria	21%
Governo	1%
Educação	7%
Consultoria	6%
Finanças	6%
Telecomunicações	3%
Outros	20%

Tabela 1.3 Cargos dos participantes

Cargos	%
Gerentes e Coordenadores	57%
Analistas	30%
Gerentes Seniores	8%
Outros	5%

vios relacionados ao tema. Esses trabalhos incluem atividades de ensino, pesquisa e extensão dos autores e vários profissionais do Grupo de Produção Integrada (Escola Politécnica e COPPE/UFRJ). Nos últimos 15 anos, houve produção de artigos científicos, relatórios técnicos, projetos de gradução, dissertações de mestrado e teses de doutorado em engenharia de produção, além de atividades de pesquisas sobre ferramentas de modelagem, nível de informatização da indústria brasileira, escritório de processos, gestão de processos, entre outros. Assim, este livro tem muitas marcas desse contexto de trabalho no GPI.

Para os engenheiros de produção, o laboratório de experimentação, na maioria dos casos, é a própria empresa viva, inserida em sua realidade complexa. Nesse sentido, muitos foram os laboratórios utilizados para fins de pesquisa que resultaram neste livro. A relação virtuosa entre ensino, pesquisa e extensão foi intensamente praticada e demonstrou resultar em um diálogo mais produtivo entre teoria e prática.

É válido ainda limitar ou delimitar as verdades e afirmativas deste livro. As limitações da pesquisa podem ser entendidas como fatores que influenciam a validade das proposições e da metodologia empregada para o seu desenvolvimento. As limitações desta pesquisa estão associadas ao fato de este trabalho estar, sobretudo, baseado em extensas revisões bibliográficas em contraposição a uma limitada capacidade para validação empírica.

Desse modo, nossa pesquisa buscou mitigar essa limitação com a coleta de evidências empíricas, que tem como principal vantagem a escolha de profissionais que atuam com gestão de processos e podem dar respostas mais aderentes. Por outro lado, dado que o grupo escolhido foi influenciado pelos conceitos apresentados no curso de pós-graduação e que o tamanho da amostra não é tão expressivo, não se pode fazer amplas generalizações. Cabe também ressaltar que as limitações da pesquisa *survey* podem ser entendidas como, em parte, vantagens. Especificamente, como o grupo já trabalhava com gestão de processos, as respostas foram mais aderentes. O mesmo pode ser dito das entrevistas: visto que o tema gestão de processos é multidisciplinar, então a escolha de especialistas fora da engenharia de produção pode ser entendida como adequada para a pesquisa que resultou neste livro.

1.6 Plano de vôo pela leitura: apresentação do livro

O livro está organizado em sete capítulos, conforme sumariza a Figura 1.2. Para orientar a localização dos conteúdos, são apresentados nos elementos pré-textuais o sumário e os índices de tabelas, figuras e quadros, assim como siglas e abreviaturas.

O capítulo de introdução apresenta um panorama geral do livro, com o objetivo central de introduzir ao leitor as bases estruturantes do trabalho. O capítulo

Figura 1.2 Estrutura geral do livro

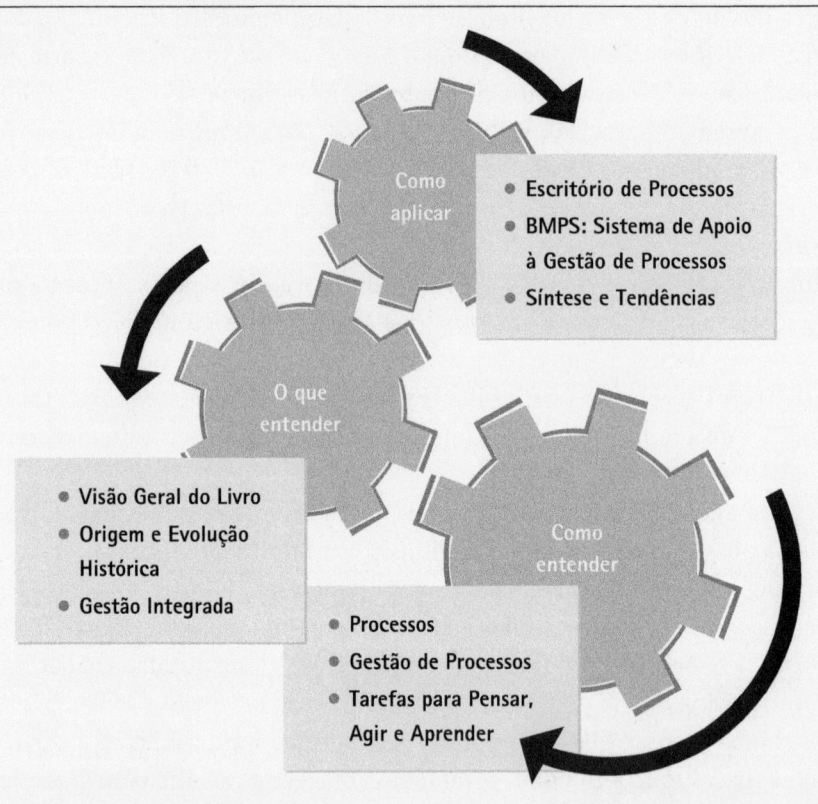

- Como aplicar
  - Escritório de Processos
  - BMPS: Sistema de Apoio à Gestão de Processos
  - Síntese e Tendências

- O que entender
  - Visão Geral do Livro
  - Origem e Evolução Histórica
  - Gestão Integrada

- Como entender
  - Processos
  - Gestão de Processos
  - Tarefas para Pensar, Agir e Aprender

ainda se dedica aos procedimentos metodológicos, com destaque para os métodos de pesquisa e de trabalho.

Os conceitos que influenciam e contribuem para o entendimento do livro são apresentados no segundo capítulo. Esses conceitos têm relação com a engenharia de produção, com destaque para quadros conceituais que justificam o estudo de processos por essa área das engenharias. O capítulo permite entender a trajetória paradigmática da gestão de processos. Ainda nesse capítulo são apresentados elementos conceituais que influenciam a gestão de processos, tais como: estratégia, projeto organizacional, cultura organizacional, tecnologia de informação, indicadores de desempenho, gestão de conhecimento e gestão de competências.

O terceiro capítulo é dedicado à definição do tema gestão de processos, e apresenta os conceitos de processos, gestão de processos, orientação por processos, gestão por processos e, por fim, propõe um quadro conceitual consolidado.

O quarto capítulo detalha o entendimento da gestão de processos com a apresentação da estrutura geral de tarefas necessárias à gestão de processos e, principalmente, com a descrição de cada uma dessas tarefas.

No quinto capítulo, os resultados da pesquisa de campo são apresentados, analisados e discutidos. Os resultados da aplicação do questionário e das entrevistas realizadas na Universidade de Carnegie Mellon também são avaliados e discutidos.

O sexto capítulo apresenta uma forma de internalização da gestão de processos por meio da criação de um escritório de processos ou centro excelência em gestão de processos. Nele, são também indicados objetivos, relacionamentos, macroprocesso, estrutura interna e formas de atuação do escritório. Para facilitar o entendimento e permitir ao leitor conhecer outras experiências, são apresentados casos de escritórios em empresas como ABN Amro (Banco Real), Vale, Embraer, Natura, ONS, Petrobras e Serasa.

Os sistemas de informação para apoio à gestão de processos são apresentados no sétimo capítulo. Os BPMS (Business Process Management Systems) são conceituados e classificados conforme as tarefas de gestão de processos.

O sétimo e último capítulo apresenta considerações, síntese final e tendências em gestão de processos. Como elementos pós-textuais, o leitor também encontrará a bibliografia referenciada ao longo do livro e apêndices.

A relação entre os conteúdos e os públicos-alvo, apresentada na Tabela 1.4 permite ao leitor identificar os capítulos que mais lhe interessam e aqueles que podem ser lidos em um segundo momento.

As referências completas podem ser consultadas em teses e artigos dos autores; os apêndices apresentam documentos elaborados pelos autores. Há apêndices com informações suplementares ao final do trabalho.

Tabela 1.4 Conteúdos e públicos-alvo

Capítulo	Síntese dos Conteúdos	Públicos-alvo	
		Gestores	Analistas
Introdução	Contextualização do tema central, objetivo, justificativa, metodologia e estrutura do livro.	Recomendado	Recomendado
Origem e evolução histórica	Origens do conceito de processos e nexos com temas pertinentes à lógica de gestão integrada.	Necessário	Recomendado
Bases Conceituais	Processos, Gestão de processos. Gestão de processos transversais e Gestão por processos	Necessário	Recomendado
As tarefas para gestão de processos	Tarefas para pensar e projetar de Processos Tarefas para agir e gerir Processos no dia-a-dia: coordenação Tarefas para promover aprendizado sobre processos	Fortemente Recomendado	Necessário
Pesquisa sobre tarefas	A importância das tarefas A forma de gestão de processos: funcional pura, funcional para processos transversais ou gestão por processos Entrevistas com especialistas	Recomendado	Recomendado
Benchmarking sobre Escritório de Processos	Macroprocesso de gestão de processos Estruturas Internas do Escritório Casos e Exemplos	Fortemente Recomendado	Fortemente Recomendado
Sistemas de Apoio à gestão de processos – BPMS	O que são BPMS Classificação de BPMS Exemplos de BPMS Casos	Recomendado	Recomendado
Síntese e Tendências	Considerações Finais Síntese do livro Tendências em gestão de processos	Necessário	Necessário

gestão de processos
ORIGEM E EVOLUÇÃO HISTÓRICA

2

Os quadros conceituais que estão na origem da gestão de processos e fazem parte das tradições da engenharia de produção são a administração científica, o Sistema Toyota de Produção, o Controle da Qualidade Total, a Reengenharia e a Teoria das Restrições. Isso não significa que a sociologia, a ciência da computação, a economia, a psicologia, a administração de empresas e as ciências políticas, por exemplo, deixem de ser consideradas como áreas do conhecimento que influenciam ou são necessárias à gestão de processos. A relação desses quadros conceituais e áreas do conhecimento com a gestão de processos é abordada a seguir.

Em vez de fragmentar, a proposta do livro é integrar, reforçar a relação de dependência dos conceitos de estratégia, cultura organizacional, tecnologia de informação, projeto organizacional, indicadores de desempenho, gestão do conhecimento e gestão de competências como elementos conceituais intrinsecamente relacionados à gestão de processos.

2.1 A evolução histórica dos paradigmas em gestão de processos

A evolução e a migração paradigmática da melhoria de operações para a melhoria de processos está retratada na literatura[15]. Aqui, resumimos essa trajetória e a ampliamos para a evolução da melhoria de processos em direção à gestão de processos.

Alguns pressupostos do Paradigma da Melhoria nas Operações foram rompidos na Toyota. Dentre eles, se destacam a separação entre o planejamento (referido como especialização da gestão) e a execução do trabalho e, principalmente, a lógica de um homem / um posto / uma tarefa. A quebra desses pressupostos e a incorporação de elementos como uma visão orientada para o cliente e o mercado, com foco no processo como um todo, a preocupação com a integração informática e a revisão dos perfis de competências deslocou o paradigma para a Melhoria de Processos.

Esse paradigma tem origem na Toyota, mas outras teorias, princípios e técnicas surgiram para corroborar sua eficácia e ampliar suas fronteiras nos anos 80 e 90. Os quadros conceituais do Sistema Toyota de Produção, da Teoria das Restrições, da Reengenharia de Processos e das Lógicas de Gestão da Qualidade influenciaram e consolidaram a gestão de processos na engenharia de produção.

Os processos, em síntese, devem ser encarados de forma ampla, e sempre se constituem no fluxo do objeto no tempo e no espaço[16]. Essa percepção amplia o paradigma para além da melhoria dos processos, já que permite a associação do entendimento de processos como forma de coordenação do trabalho. Os ciclos de melhorias de processos e a recorrência da coordenação ao longo do tempo também permitem associar a gestão de processos ao aprendizado organizacional. Essas associações fazem com que a gestão do processo integre-se dia-a-dia da organização, não sendo apenas parte da tarefa de melhoria de processos fora do "tempo" de trabalho. O Sistema Toyota de Produção já envolvia os operadores na tarefa de melhorar o trabalho, mas com a maior disponibilidade de tecnologias de informação para suportar a gestão do processo, a melhoria do projeto do processo, a coordenação do trabalho no dia-a-dia e a capacidade de aprender sobre os processos estão tecnologicamente reforçadas, e cada vez mais, fazendo parte do cotidiano das organizações[4, 8, 17-20].

2.1.1 A ótica da engenharia de produção

A relação entre a engenharia de produção e os processos tem uma contribuição central para este texto. Ela reforça a existência de quadros-conceituais que sustentaram a atuação gerencial segundo um modelo ou paradigma.

A relação entre a engenharia de produção e os processos tem uma contribuição central para este texto. Ela reforça a existência de quadros-conceituais que sustentaram a atuação gerencial segundo um modelo ou paradigma.

Segundo Zilbovicius[16], a engenharia de produção tem como função "a contínua elaboração de soluções para o problema básico da combinação dos fatores de produção". Assim, a gestão de processos é, como um subconjunto da engenharia de produção, um meio de elaboração de soluções para melhorar a combinação de fatores de produção particularizada no olhar do processo de produção com enfoque no objeto que flui, seja coordenando ou re-projetando o conjunto das ações.

2.1.2 A trajetória histórica e paradigmática dos processos

O primeiro paradigma é o da administração científica, no qual o foco dos esforços se concentrava na melhoria das operações de produção. O segundo paradigma tem origens diversas, nos modelos do Sistema Toyota de Produção (STP) e, paralelamente, na Teoria das Restrições. Na sequência do STP, emergem os Sistemas da Qualidade como desdobramentos diretos e a Reengenharia em contraposição, todos com foco sobre a melhoria dos processos.

O principal objetivo deste livro é promover o desenvolvimento da capacidade de gerentes e responsáveis pela execução do trabalho de incorporar em suas organizações as práticas que efetivamente as desloquem para o paradigma da gestão de processos. Para isso, são necessários dois saltos evolutivos no modo de gerir as operações. O primeiro trata de mudar o foco dos esforços de melhoria para os processos em detrimento das unidades organizacionais funcionais. Essa mudança depende, em grande parte, da incorporação de técnicas e ferramentas para atuar sobre o projeto dos processos, e não só do projeto das operações. O segundo salto avança da lógica de melhoria para a de gestão de processos. A questão seria associar os processos não só às melhorias, mas à coordenação do trabalho ao cotidiano e ao aprendizado da organização. Essa segunda mudança requer um deslocamento do modelo mental de gestores, de modo a privilegiar os resultados globais do processos em detrimento dos locais funcionais sob sua responsabilidade. A incorporarção de ferramentas e a sistematização de tarefas para gerir os processos são fundamentais para essa mudança.

A primeira migração da melhoria de operações para a melhoria de processos pode ser entendida no sentido proposto por Shingo, que segue a idéia de que a divisão de trabalho proporcionou uma radical separação entre os processos e as operações, dado que, antes da divisão do trabalho, uma pessoa era responsável pelo processo global da produção. Essa mudança na divisão do trabalho resultou em melhorias radicais no desempenho dos sistemas de produção no que tange a produtividade horária. Por outro lado, ela promoveu um incremento na complexidade da gestão, uma vez que, primeiro, a divisão cria, obrigatoriamente, a necessidade de coordenar e, segundo, porque as operações puderam expandir seus volumes radicalmente, tornando-se maiores e mais complexas.

Passou-se então, a considerar, que o processo era uma grande unidade de análise acomposta de um grande número de operações relativamente independentes, um somatório simples de operações. Esse ponto é importante porque levou à falsa suposição de que melhorar as operações conduziria, necessariamente, à melhoria global do processo e, em conseqüência, do sistema produtivo[21]. A partir dessa falsa suposição, os engenheiros industriais norte-americanos do início do século passado voltaram sua atenção à análise e à solução de problemas das operações, ou seja, à racionalização do trabalho das pessoas e à melhoria das máquinas. Apesar das limitações desse modelo, vale dizer, que ele foi essencial para o desenvolvimento industrial e, conseqüentemente, econômico dos EUA.

Por razões econômicas, técnicas e culturais, esse paradigma foi reforçado por uma série de fatores que, em síntese, induziram o estabelecimento quase hegemônico da lógica funcional de atuação, apoiada nas melhorias locais como suposta forma de contribuir para a melhoria do sistema produtivo como um todo – hoje reconhecidamente uma hipótese falsa. O paradigma da melhoria das operações começa a ruir com uma série de alterações ocorridas nas normas de concorrência do mercado e, também, pelo desenvolvimento e ascensão do Sistema Toyota de Produção (STP).

Além de migrar claramente o foco de atenção dos esforços de melhoria para o processo como um todo, o STP contribuiu de forma inovadora para demonstrar que é possível operar, com alto nível de flexibilidade, sistemas produtivos fortemente baseados em produção de grande escala. Ou seja, o modo STP de produzir diferencia-se do Fordista pela capacidade de produzir competitivamente uma série restrita de produtos diferenciados e variados[22].

A migração de um paradigma para outro pode ser lenta, dado que o processo de adoção de novas práticas pode ser restringido por diversos fatores. É preciso considerar, por exemplo, que a ampla maioria das tecnologias maduras e prontas para uso disponíveis no mercado se baseiam no paradigma vigente, e não no novo. Assim, as tecnologias do novo paradigma são desenvolvidas e amadurecem conforme são adotadas, geralmente em ciclos naturais de tentativa e erro. Além de toda a insegurança e risco inerentes a esse processo, geralmente a aquisição dessas novas tecnologias se dá a custos relativamente elevados, causando dificuldades às justificativas baseadas em retorno sobre o capital. Também é preciso destacar que um dos maiores gargalos sempre reside na indisponibilidade de pessoal qualificado para operar as tecnologias do novo paradigma, já que toda cultura da sociedade e, conseqüentemente, seus subsistemas de educação formal são voltados à formação sobre os conceitos e tecnologias já dominados, ou seja, do paradigma anterior.

No caso específico da gestão de processos, a demora na migração do paradigma funcional para o processual tem explicações associadas à Reengenharia. Os conceitos básicos do novo paradigma foram difundidos em larga escala no âmbito da Reengenharia, que não trouxe em si técnicas para a melhoria de processos. Nela havia a sugestão de mudanças radicais, que deveriam ser adotadas independentemente dos processos vigentes. Levadas pela divulgação de resultados extraordinários, muitas organizações adotaram a Reengenharia como caminho para a melhoria de desempenho. Entretanto, muitas dessas iniciativas foram frustradas e, em certos casos, trouxeram problemas graves a quem adotou a Reengenharia de forma voluntarista e pouco fundamentada. Por associação, isso fez com que se criasse uma resistência ao discurso de processos de um modo geral e, assim, com que houvesse um recuo no uso de tecnologias voltadas a processos como lógica ou paradigma gerencial. O desafio posto para a gestão de processos é, justamente, criar bases sustentáveis à consolidação desse novo paradigma e promover sua disseminação apesar do preconceito derivado da Reengenharia.

O STP, também representante do paradigma de processos, conforme anteriormente citado, deve ser entendido como um conjunto de princípios e técnicas que evoluíram fortemente atreladas à aplicação prática das idéias de seus principais fundadores – Toyoda Sakichi, Taiichi Ohno e Shigeo Shingo – como, por exemplo, a autonomação, o *kanban*, a troca rápida de ferramentas, o controle de qualidade total (TQC), a redução de perdas da produção enxuta (*lean production*), os dispositivos anti-falha (*poka yoke*), o desdobramento da função qualidade (QFD), os círculos de controle de qualidade (CCQ), a adoção intensa do arranjo físico celular, a análise de valor, a manutenção produtiva total (TPM), entre outras práticas fortemente interdependentes que passaram a compor uma ampla filosofia de produção geralmente associada a um de seus princípios básicos, o *just in time* (JIT). Como filosofia de produção, o JIT passou a ser assimilado por diversos profissionais que começaram a multiplicar e integrar novas técnicas ao intitulado "modelo japonês".

No período pós-Segunda Grande Guerra, enquanto a indústria japonesa era recriada sobre novas bases, a indústria ocidental, particularmente a norte-americana, que foi a maior vencedora do conflito, entrava em ciclo de reforço do paradigma funcional, buscando sistematicamente as melhorias operacionais locais. Entretanto, nas décadas de 70 e 80, o modelo japonês de produção de automóveis apresentou, resultados contundentes, e o paradigma de melhoria das operações entrou em crise. O reforço da trajetória anterior de utilização pura e simples da automação para melhoria nas operações sem uma ótica voltada para o processo não conseguiu resultados satisfatórios e o STP parecia ser insuperável – era a vitória do novo sobre o velho paradigma.

Nesse mesmo período, uma visão alternativa de integração da manufatura suportada por forte automação e informatização e com foco nos processos de negócio estava sendo desenvolvida por pesquisadores na Alemanha. Em 1976, Scheer apresentou o desenho de uma nova metodologia de desenvolvimento de sistemas integrados chamada ARIS. Tal metodologia permitia que a organização fosse entendida mais sistemicamente a partir da modelagem de diversos elementos e perspectivas que influenciam seu negócio. Tornou-se possível explicitar, de modo estruturado, como diversos fatores de produção se integravam para criar valor para o cliente final. Logo, essa nova metodologia era orientada aos processos e aderente ao novo paradigma. Muitos grupos de pesquisa que estudam processos tiveram suas origens ligadas à Manufatura Integrada por Computador (CIM). Dentre eles se destacam Costa e Caulliraux[23], Vernadat[11] e Scheer[24].

No final da década de 90 e no início da desta década, houve uma consolidação da convergência tecnológica entre as diversas práticas voltadas ao novo paradigma processual, como as de melhoria radical de processos da Reengenharia, de melhoria incremental da Qualidade Total, de redução de perdas da produção enxuta e da Manufatura Integrada por Computador, por exemplo. Essa convergência dotou as tecnologias processuais de instrumentos e técnicas mais sofisticados e, por conseguinte, ampliou a capacidade de geração de resultados econômicos financeiros das mesmas.

A entrada no paradigma da melhoria de processos suportada por esse novo conjunto de tecnologias permitiu às organizações, enfim, gerar resultados extraordinários, tanto diretamente quanto a partir de desdobramentos derivados de um viés processual, tais como:
- Adoção de sistemas integrados de gestão tipo ERP
- Definição de indicadores de desempenho globais
- Definição de estruturas organizacionais baseadas em processos
- Gestão de competências baseada em processos
- Criação de modelos de referência para melhoria de processos
- Ampliação das práticas de *benchmarking*
- Ampliação da colaboração entre empresas
- Outros desdobramentos

O paradigma da melhoria dos processos está em voga atualmente, em grande parte pelo fato de que se instaurou na economia um ciclo de implantação de tecnologia da informação que requer investimentos sistemáticos e significativos para, essencialmente, melhorar o fluxo de informações ao longo dos processos. Contudo, dois grandes problemas parecem dificultar o alcance pleno desse objetivo. O primeiro está relacionado ao próprio modelo mental vigente dos gestores que escolhem as soluções de TI a serem adotadas, já que, estabelecidos no paradigma funcional, reforçam a coordenação do trabalho orientada às funções e, como seqüência, induzem à conformação de sistemas de informação com lógica estritamente funcional. O segundo problema está relacionado ao descolamento entre o desenvolvimento de novas soluções de TI e as necessidades concretas dos processos de cada organização. Atualmente, os fabricantes dessas soluções, sumbmetidos a uma concorrência acirrada, findam por empurrar seus produtos para as organizações de modo, às vezes, mais veloz do que elas são capazes de projetar novos processos, provocando o descolamento mencionado.

A combinação desses problemas promoveu o desenvolvimento de soluções componentizadas de sistemas e processos, uma vez que permitiram a adoção de incrementos menores de investimentos em TI que poderiam ser combinados de várias formas para se adaptar, com o tempo, às reais necessidades percebidas dos processos da empresa[25].

Em suma, o paradigma da melhoria de processos parece estar se estabelecendo nas organizações produtivas. O amadurecimento das tecnologias que a suportam tem sido um vetor fundamental para o seu sucesso em comparação ao seu antecessor. Por outro lado, essas tecnologias, em particular a TI, parecem apontar para novas fronteiras de paradigmas gerenciais, em que os processos não mais seriam o foco principal dos esforços de melhoria e gestão, mas o conhecimento e a inovação, respectivamente, a fonte e o resultado que hoje parecem ser as maiores apostas em termos de diferenciação competitiva no mundo.

2.2 Saiba mais: os quadros conceituais para gestão de processos

Como anteriormente mencionado, os quadros conceituais baseados em processos difundidos na engenharia de produção encontram na administração científica, no Sistema Toyota de Produção (STP), nos Sistema de Controle da Qualidade Total (TQC), na Reengenharia de Processos (BPR) e na Teoria das Restrições (TOC) suas principais fontes. O primeiro, como destacado anteriormente, está no paradigma da melhoria de operações. Os seguintes representam parte da relação da engenharia de produção com a gestão de processos e contribuíram diretamente para o estabelecimento do paradigma da melhoria de processos.

Os quadros conceituais aqui são apresentados como referenciais teórico-conceituais que norteiam a aplicação de processos nas organizações e como elemento fundamental para o alcance de resultados efetivos.

2.2.1 A administração científica

Os objetivos de uma dada organização, em geral, passam pela reunião de várias pessoas no sentido de processar várias atividades complexas e, conseqüentemente, através da reunião dessas atividades, gerar um determinado resultado. Os benefícios da divisão do trabalho foram retratados por Adam Smith em 1776 em seu famoso livro *A riqueza das nações*. Ao analisar os modos de produção vigentes no fábrico de alfinetes, ele observou que, ao dividir o processo de trabalho em etapas específicas e designá-las a trabalhadores especializados, a organização obtinha ganhos significativos de produtividade. Tais ganhos estariam associados a basicamente três razões:
1) ao aumento sistemático da destreza dos trabalhadores devido à repetição da tarefa na qual se especializaram;
2) à eliminação dos tempos de não-produção dedicados à troca de ferramentas e preparação do posto de trabalho devido às mudanças de tarefa;
3) à criação de ferramentas e equipamentos que facilitam a execução das tarefas individualmente.

Babbage, em seu estudo de 1832, também aponta uma série de vantagens de se reduzir os trabalhos complexos em pequenas tarefas, conseguindo reduções de custos com, por exemplo, a contratação de empregados mais baratos[26].

Por outro lado, um efeito teoricamente desvantajoso da divisão de trabalho é a necessidade de coordenação, já que aumenta a complexidade da operação como um todo e, nesse sentido, gera trabalho e novos custos. Essa relação de causalidade é simples de ser percebida, basta dizer que o processo de trabalho, sob a responsabilidade de uma só pessoa, é autocoordenado. A partir do momento em que o mesmo é divido entre duas ou mais pessoas, há no mínimo, a necessidade de que elas entrem em um acordo sobre como suas partes complementares serão integradas para produzir um resultado comum (produto final) e, durante a execução, fazer com que essa integração se materialize.

A teoria e a prática organizacional durante a era industrial foi norteada, basicamente, pela administração científica. Taylor trabalhou com foco na melhoria da produção, através da aplicação de métodos científicos experimentais na manufatura. Esses experimentos baseavam-se na observação do trabalho, na análise dos métodos de produção e na proposição de padrões mais eficientes de se produzir. Foram propostos quatro princípios gerenciais[27]:

- Os gerentes deveriam desenvolver uma ciência para cada elemento do trabalho, a fim de analisar a corrente divisão do trabalho no maior nível de detalhamento possível.
- Os gerentes deveriam selecionar o trabalhador certo para a atividade certa.
- A abordagem científica deveria deixar de ser teoria e virar prática, através do acordo cordial entre gerentes e trabalhadores.
- Responsabilidade e execução foram separadas de tal forma que os gerentes assumem a responsabilidade e os trabalhadores executam o trabalho, livres de responsabilidade.

Além disso, Taylor propôs alguns complementos aos princípios gerais para colocá-los em prática:

- Deveriam ser executadas análises detalhadas do trabalho para se obter uma rotina específica para cada trabalhador.
- Deveriam ser determinadas cientificamente as velocidades ideais para a execução do trabalho (tempo padrão de operação).
- Deveria haver um homem para cada tarefa.
- O trabalho baseado em princípios científicos deveria ser remunerado de 20% a 60% a mais que o trabalho tradicional.

Seus objetivos, notoriamente, estavam ligados ao estudo sistemático do trabalho. A idéia básica era aumentar o volume de produção, reduzir o número de trabalhadores necessários, eliminar tempos de esperas/não produtivos e padronizar a produção. Dessa forma, ele buscava o aumento do desempenho da indústria, pela redução do custo e o aumento da produtividade local.

Os Gilbreths também contribuíram para o estudo do trabalho, em especial para os estudos dos movimentos das mãos (*therbligs*) e para os princípios de economia dos movimentos[28]. Na Alemanha, na década de 30, Fritz Nordsieck desenvolveu uma teoria acerca das estruturas organizacionais, na qual o projeto de tarefas tinha lugar dominante[26]. Por isso, ele é considerado o fundador dos estudos de organizações de negócios na Alemanha. Em tais estudos, Nordsieck já diferenciava organizações orientadas pela responsabilidade e organizações orientadas por processos. Para ele, as organizações orientadas pela responsabilidade estavam ligadas às relações explicitadas na estrutura organizacional. O projeto dessas organizações estava baseado na divisão de cada operação em tarefas básicas, unidades funcionais e seus mecanismos de coordenação. Já as organizações orientadas por processos estavam ligadas à observação dos processos de produção (ver fig. 2.1). O projeto dessas organizações estava ligado à estruturação temporal e física do processo de trabalho e à estruturação necessária para completar o trabalho.

Tanto o projeto de organizações orientadas pela responsabilidade quanto o das orientadas pelo processo seguiram o princípio de desdobramento (agregação de tarefas ou trabalho) e de combinação. Para Nordsieck, em 1932, e para Kosiol, em 1962, a formulação e a definição de tarefas são o ponto de partida para o projeto organizacional de uma empresa[26]. Para esses autores, organizações orientadas pela responsabilidade ou por processos são os lados de uma mesma moeda, e sua separação é puramente analítica, permitindo um melhor exame de complexos elementos da estrutura organizacional. A estrutura da organização orientada pela responsabilidade é onde ocorrerá a coordenação da regulação do fluxo temporal e físico do processo.

Nos estudos de Kosiol[26] sobre o paradigma mecanicista, há uma percepção similar à atual sobre o que é uma tarefa. Uma tarefa pode ser definida segundo os seguintes elementos:

- Atividade (como?): o tipo de atividade que irá completar a tarefa.
- Objeto da tarefa (em quê?): objeto em que ou sobre o qual o desempenho será conduzido.
- Pessoa responsável pelas Tarefas (quem?): pessoa ou grupo que executará a tarefa.
- Material (usando o quê?): que ferramentas serão necessárias para condução da tarefa.
- Localização (onde?): local físico em que a tarefa será conduzida.
- Tempo (quando?): a especificação do tempo determina em que ponto temporal uma determinada etapa da tarefa será conduzida.

Como parte da análise, o objetivo é detalhar essas tarefas em subtarefas, segundo critérios específicos, até se chegar a tarefas elementares.

Ao mudarmos o foco para os dias de hoje, percebemos que a maioria dos autores destaca que a expansão da globalização e a dinamização dos mercados estão demandando das organizações, por exemplo, menores custos e tempos para o processamento de uma ordem, em qualquer empresa e em todos os tipos de indústrias. O aumento da demanda por flexibilidade e qualidade tem aproximado mercados e consumidores, no sentido de alcançarem tais resultados rápida e eficazmente. Para atingir tais objetivos, estruturas organizacionais orientadas simultaneamente por função e por processo têm se mostrado eficazes. A lógica complementar da BPR (Business Process Reengineering ou Redesign) pode ser observada na Tabela 2.1.

O histórico da teoria de processos de trabalho é longo, contudo um maior volume de textos sobre processos de negócio (de 1992 a 1998) emergiu durante e após as primeiras publicações sobre a Reengenharia (início dos anos 90)[29], uma controvertida proposição de mudança que provocou melhoria radical do desempenho da firma. Ainda nos anos 90, começaram a ser aplicadas em massa soluções fortemente suportadas pela informática: Sistemas Integrados de Gestão (SIG) – também conhecidos como ERPs, ou Enterprise Resource Planning. Desde então, a visão dos processos parece vir sendo gradativamente incorporada ao arsenal de tecnologias de gestão das organizações produtivas. Tal incorporação passou a ser induzida de modo tão determinante que, muitas vezes, passou a ser uma exigência de novas leis e normas como, por exemplo, no Decreto nº 2.455, de 14 de Janeiro de 1998, da Presidência da República. O decreto implanta a Agência Nacional do Petróleo (ANP) e, na Seção X – Das Atribuições dos Superintendentes de Processos Organizacionais, o Art. 13 menciona o seguinte: "Aos Superintendentes de Processos Organizacionais incumbe: I – planejar, organizar, dirigir, coordenar, controlar, avaliar, em nível operacional, os processos organizacionais da ANP sob a sua respectiva responsabilidade, com foco em resultados. II – encaminhar os assuntos pertinentes para análise e decisão da Diretoria. III – promover a integração entre os processos organizacionais".

Ainda na década de 1990, ocorreu a consolidação e o crescimento da computação pessoal e da Internet, bem como de um conjunto de novas técnicas de gestão associadas às possibilidades de integração informática e ao uso da Web viabilizadas por essas tecnologias, como a Gestão da Cadeia de Suprimentos (SCM), a Gestão do

Tabela 2.1 Comparação: organização funcional *versus* orientada por processos[26]

Organização funcional	Organização por processos
Consumidor como uma variável que causa distúrbio	Objetivos ajustados pelos consumidores
Estruturas organizacionais rígidas	Estruturas organizacionais flexíveis
Foco no projeto organizacional	Foco no projeto do comportamento
Controle do processo por gerentes de coordenação	Controle flexível do processo por gerentes de fluxo de trabalhos (*workflow*)

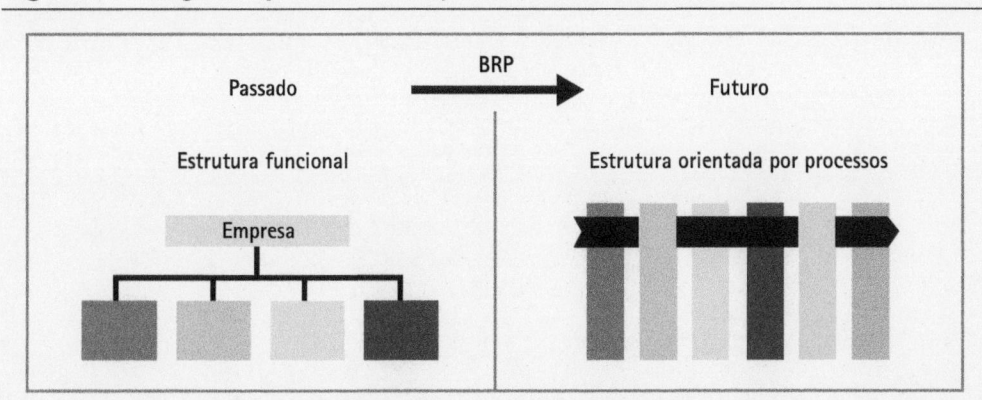

Figura 2.1 Organização orientada pelo consumidor[26]

```
        Passado         BRP →           Futuro

   Estrutura funcional          Estrutura orientada por processos

        Empresa
```

Relacionamento com Clientes (CRM), a Gestão de Conteúdo Empresarial (ECM), a Gestão dos Fluxos de Trabalho (*workflow*), entre outras. Em parte, todos eles incorporam a visão por processos em seu conceito central, de plena aderência e apoio aos fluxos de transformação de insumos e produtos. Essa tendência não parece estar perdendo fôlego.

2.2.2 O Sistema Toyota de Produção – STP

Por outro lado, observa-se no Japão uma vertente conceitual e histórica distinta da alemã, no entendimento e no uso do processo[21, 30, 31]. Shingo propôs um sistema de produção no qual um dos elementos principais consiste na priorização das melhorias baseadas em uma rede de processos e operações (ver Figura 2.2). Sua proposta carrega consigo a noção de que há perdas significativas para a organização que são ligadas menos a uma operação individual do que ao processo como um todo. O autor classifica essas perdas nos seguintes tipos:

- Perdas por processamento: decorrentes do projeto do produto e/ou processo de produção. Elas podem ser debeladas utilizando-se técnicas de engenharia de valor.
- Perdas por transporte: assumem que transporte não agrega valor. Portanto, ele deve, sempre que possível, ser eliminado.
- Perdas por estoque: excesso de inventário tanto de produto acabado e matéria – prima quanto de material em processamento. A sincronização da produção tende a reduzir essas perdas.
- Perdas por movimentação: relacionadas aos movimentos desnecessários dos operadores. Podem ser combatidas através da adoção de estudos de movimentos e tempos.

Figura 2.2 Rede de processos e operações[30]

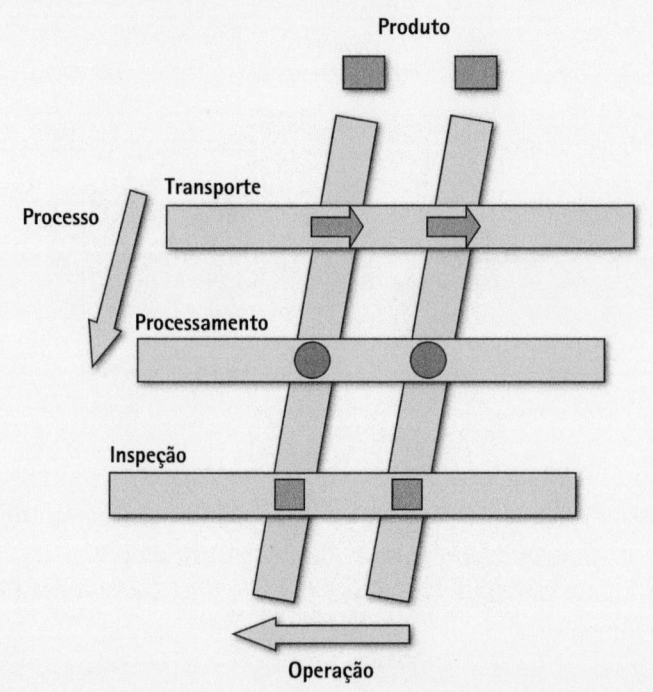

- Perdas por superprodução: são as mais danosas, uma vez que tendem a esconder outras perdas. Estão relacionadas à produção em excesso ou além do necessário (superprodução por quantidade) e à antecipação, que contribui para a geração de estoques (superprodução por antecipação).
- Perdas por espera: dizem respeito às esperas da máquina ou do operador, que ficam ociosos. Nesses casos, para evitar esperas, por exemplo, podem ser utilizados sistemas a prova de falhas (*poka-yoke*). Sobre esse tipo de perda, deve-se ter cautela para não se adotar o paradigma da eficiência, no qual se deve fazer o máximo uso de recursos (máquinas e operários). Segundo a Teoria das Restrições, esse paradigma só é útil observado o gargalo de um sistema produtivo.
- Perdas por defeito: relativas à fabricação de produtos fora das características ou especificações/padrões. Podem também gerar efeito cascata nas outras perdas.

O entendimento do conceito de perdas fortalece a idéia de que o processo deve ser analisado antes de buscar uma melhoria pontual em uma operação específica. Por exemplo, uma perda por espera pressupõe uma ordenação de operações que compõe um processo, uma perda por transporte idem. Essa noção de "perdas" é uma perspectiva da literatura oriental fundamental ao conceito de processos, segundo o qual as perdas são atividades que geram apenas custo, ou seja, retiram e não adicionam qualquer valor ao produto[15].

2.2.3 O Controle de Qualidade Total – TQC

A Qualidade Total sempre se preocupou com processos, mas não necessariamente com processos transfuncionais[32]. Para ela, um processo é uma seqüência de atividades realizadas sobre um objeto de interesse qualquer, interno ou externo. A não preocupação com a transfuncionalidade levou ao surgimento de uma visão de processos intrafuncionais. Isso fica evidente, por exemplo, no uso do conceito de cliente interno. Recentemente, os adeptos de tais quadros conceituais, por razões tanto metodológicas quanto mercadológicas, passaram a enfatizar a existência de processos interfuncionais, de ciclos amplos de PDCAs, entre outros.

A noção de cliente interno deriva de uma má compreensão do conceito de processo. Cliente, em senso estrito, é quem compra e utiliza os produtos gerados pelos processos e, tendo liberdade de escolha, participa do julgamento de valor sobre o que a empresa oferece e decide se comprará novamente, ou não, o produto. Assim, para que esse juízo seja legítimo, o cliente precisa estar fora da organização. Logo, o conceito de cliente interno gera confusões e seu uso é inadequado, como afirma Lorino[7]:

> Além de o verdadeiro cliente participar do julgamento de valor, ele, ainda, faz parte do *júri coletivo* que sanciona a utilidade da organização. O *cliente interno* não faz parte desse júri. Não existem relações cliente-fornecedor internamente à organização. Há apenas cooperação interna, bi ou multilateral, no interior de um mesmo processo, para maximizar a criação de valor e a satisfação do cliente. Enquanto a integração pelos processos parte da visão global (objetivos estratégicos e os produtos essências da organização) para construir cooperações internas contínuas, o estabelecimento de contratos cliente-fornecedor internos pode às vezes encorajar a demarcação de responsabilidades respectivas segundo um esquema cristalizado num dado instante. No pior dos casos, o modelo cliente-fornecedor favorece a construção de territórios locais independentes, protegidos por barreiras contratuais, destilando, assim, *antiprocesso*.

De todo modo, o TQC tem um papel histórico na lógica da evolução da Teoria de Processos. As técnicas de melhorias baseadas em processos foram amplamente difundidas através de práticas como o Controle Estatístico de Processo, a certificação nas normas ISO 9000, a competição por prêmios de "melhor qualidade" (no caso do Brasil, através do Prêmio Nacional da Qualidade) entre outros.

2.2.4 A Reengenharia de Processos de Negócio – BPR

Outro quadro conceitual fundamental que está na origem da abordagem moderna de processos é o da Reengenharia[3, 12, 33-36]. Frente aos quadros que foram até aqui tratados, é conveniente ressaltar algumas diferenças. A primeira delas seria a desvinculação estrita com os processos de produção em si; a unidade de análise passa a ser qualquer processo de negócio, seja de produção, seja adminitrativo ou outro qualquer. A segunda seria a importância que a tecnologia da informação assume, passando a ser tratada como habilitadora dos ganhos extraordinários dos novos processos. Para a Reengenharia em particular, os Sistemas Integrados de Gestão (ERP) são tidos como condição básica à eficiência dos processos de negócio.

À Reengenharia se atribuiu a ampla difusão da lógica de se entender e melhorar negócios através de mudanças nos processos e de reprojetos organizacionais e também como um instrumento estratégico para a manutenção de vantagem competitiva. A Reengenharia pode ser pensada como uma iniciativa de redefinir as tarefas do negócio, que haviam se tornado especializadas e hierarquizadas, em processos enxutos e integrados. Um processo de negócio deve conter apenas as atividades essenciais que, tomadas conjuntamente, criam valor para os consumidores.

A Reengenharia deveria ser uma ruptura radical e não podia ser feita em pequenas etapas[12]. A organização deveria partir de uma "folha em branco", romper com o passado e reprojetar o futuro da organização em direção ao que se desejasse. Departamentos deveriam ser reestruturados em equipes de processos e hierarquias multiníveis deveriam ser substituídas por organizações com poucos níveis hierárquicos (*Flat Organization*), e a TI deveria exercer um papel central. As vantagens para as organizações seriam:
- Os empregados tomam suas próprias decisões
- Redução de custos
- Poucas esperas nos fluxos de processos
- Reação mais rápida às mudanças de requisitos
- Redução dos custos de coordenação
- Diminuição da necessidade de monitoração e controle, visto que não há mais necessidade de verificação dos fluxos e regras dos processos

A abordagem proposta por Hammer & Champy, além de ser de cima para baixo, está baseada na identificação das razões para agir, fundamentadas na análise do ambiente de negócio, e da visão que deve explicitar as metas a serem perseguidas. Dessa forma, a Reengenharia está baseada na reestruturação dramática e radical dos processos, com apoio da alta gerência, da aplicação ampla da tecnologia da informação e da preparação dos recursos humanos para a transformação. Essa afirmativa foi tão radical que, em 1997, Hammer reviu alguns conceitos e reduziu a dramaticidade e radicalidade de suas propostas[35].

Os benefícios da Reengenharia podem ser amplos se ela for bem implantada, mas eles não são facilmente atingidos[10]. A seguir são apresentadas algumas causas para o insucesso de uma ação de Reengenharia:
- Falha em focar nas necessidades estratégicas do negócio
- Alta gerência confunde ou abdica de suas responsabilidades
- Aceitação de soluções fracamente fundamentadas
- Falha em reconhecer a natureza única da Reengenharia de processos de negócio
- A Reengenharia não foi orientada por tecnologia
- Falta de experiência antes de se iniciar os esforços de Reengenharia
- Acreditar que Reengenharia é uma solução imediata
- Acreditar que a medição de desempenho é desnecessária
- Esquecer a gestão da mudança
- Falhar em manter o curso

Tendo sido uma abordagem integralmente orientada aos processos de negócio, há na literatura atual uma série de confusões entre a Reengenharia e a gestão de processos de Negócio (BPM)[18]. A última, que será abordada em detalhes mais adiante neste livro, enfoca o tratamento dos processos de negócio de forma mais ampla e contínua na organização, e não apenas em um projeto de melhoria estanque no tempo.

2.2.5 A Teoria das Restrições – TOC

A Teoria das Restrições utiliza o conceito de processos associado à identificação de restrições, sendo essas entendidas como atividades e recursos que limitam o desempenho do sistema produtivo[37-42]. Nesse sentido, a restrição é um conceito análogo ao de "gargalo", já muito conhecido no mundo da produção. O que a TOC (do inglês Theory of Constraints) propõe, primeiramente, é ampliar o conceito de gargalo – usualmente associado ao recurso de produção com menor capacidade. A mudança conceitual desloca o entendimento para qualquer recurso-atividade que implique no não atendimento da demanda. Assim, o gargalo não precisa mais estar na produção, sua posição típica. Por exemplo, caso o processo de produção esteja gerando produto suficiente para atender a demanda, o gargalo poderia estar nos processos de *marketing* e vendas, ou nos de distribuição.

Além disso, a Teoria das Restrições parte da premissa que em todo sistema existe uma restrição, um ponto de menor taxa de fluxo. Com a sua identificação, seria possível atuar sobre ela visando a aumentar sua taxa de saída e, conseqüentemente, promover um ganho para todo o sistema produtivo. Entretanto, para se identificar a restrição, é necessário que se tenha uma visão articulada de todo o processo, uma visão sistêmica. Essa visão é construída a partir de uma rede que representa recursos, produtos, tempos etc.

Originalmente, a Teoria das Restrições tinha seu maior campo de aplicações no seqüenciamento de chão de fábrica, ou seja, na função "produção". Seus adeptos já perceberam, porém, que há potencial para outras funções, e tentam transpor suas idéias básicas.

Das aplicações originais, derivou-se um método geral de gestão baseado na TOC que possui cinco passos básicos:
1) Identificar a restrição
2) Explorar a restrição
3) Subordinar os outros recursos às decisões acima
4) Elevar a capacidade da restrição
5) Retornar ao primeiro passo

A descrição detalhada desses passos se encontra adiante, na Tabela 2.1.

2.3 Saiba mais: elementos conceituais relacionados a processos

Os processos, por sua natureza sistêmica, guardam forte relação com outros elementos conceituais. Aqui podem ser destacados a estratégia, a estrutura organizacional, o desempenho, os conhecimentos e informações, as competências individuais, a tecnologia e a cultura organizacional. A cultura organizacional seria como um pano de fundo da relação entre os elementos a partir dos processos.

A Figura 2.3 ilustra essa relação, mas cabe reforçar que ela não pretende excluir a relação de processos com temas como gestão da cadeia de suprimentos e logística, planejamento e controle da produção ou pesquisa operacional, mas, sim, enfatizar que os temas apresentados devem ser considerados quando da gestão de processos.

Figura 2.3 Elementos conceituais integrados por processos

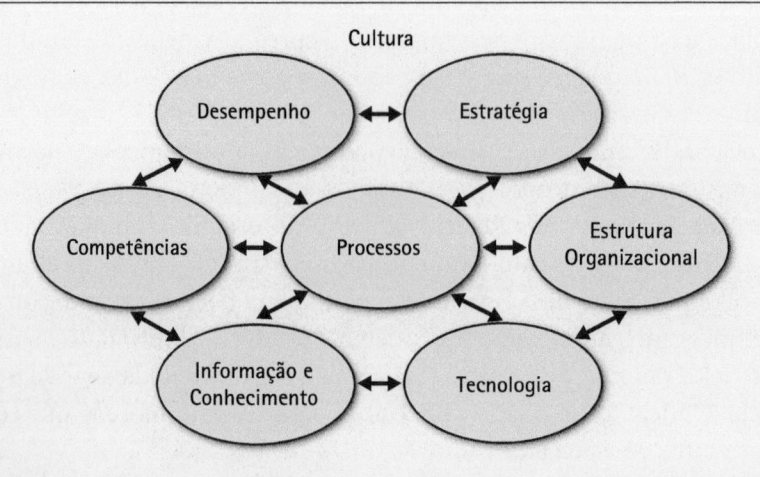

Tabela 2.1 Descrição dos cinco passos da TOC[15]

Passo 1	Identificar a(s) restrição(ões) do sistema. As restrições podem ser internas ou externas. Quando a demanda total de um dado *mix* de produtos é maior do que a capacidade da Fábrica, diz-se que se tem um gargalo de produção. Trata-se de uma questão estrutural do sistema produtivo. Cabe ressaltar que, neste caso, a Capacidade da Fábrica é igual à capacidade do(s) gargalo(s). Quando a capacidade de produção é superior à demanda de produção, a restrição é externa ao sistema produtivo, ou seja, a restrição está relacionada com o mercado.
Passo 2	Utilizar da melhor forma possível a(s) restrição(ões) do sistema. Se a restrição é interna à Fábrica, ou seja, se existe(m) gargalo(s), a melhor decisão consiste em maximizar o Ganho no(s) gargalo(s). No caso de a restrição ser externa ao sistema em um dado tempo, não existem gargalos na Fábrica e, portanto, o Ganho estará limitado pelas restrições do mercado. Observe que neste passo trabalha-se conjuntamente e de forma associada com as restrições físicas do sistema e a lógica dos Indicadores de Desempenho. Os passos 1 e 2 estão diretamente relacionados com o chamado "Mundo dos Ganhos".
Passo 3	Subordinar todos os demais recursos à decisão tomada no passo 2. A lógica deste passo, independentemente da restrição ser externa ou interna, consiste no interesse de reduzir ao máximo os Inventários e as Despesas Operacionais e, ao mesmo tempo, garantir o Ganho teórico máximo do Sistema de Produção, definido a partir da utilização do passo 2. A redução ao máximo dos Inventários e Despesas Operacionais depende de uma gestão eficaz da lógica dos estoques visando à redução sistemática dos mesmos. Garantir o máximo Ganho depende da redução da variabilidade do sistema o que pode ser também conseguido pela correta gestão dos estoques. As preocupações do passo 3 estão baseadas no chamado "Mundo dos Custos", embora uma parte das preocupações, mais especificamente a redução da variabilidade do gargalo e dos CCRs, também seja importante para suportar melhorias no "Mundo dos Ganhos".
Passo 4	Elevar a capacidade da(s) restrição(ões). Se a restrição for interna (gargalo), a idéia consiste em aumentar a capacidade de produção dos gargalos. Este passo pode ser levado adiante via uma série de ações físicas sobre o sistema, por exemplo, compra de máquinas (recursos), redução dos tempos de preparação no gargalo, etc. Se as restrições forem externas, são necessárias ações diretamente vinculadas ao aumento da demanda no mercado e/ou à política de preços. Isso pode implicar, por exemplo, em ações de *marketing* via a segmentação de mercados, alteração no preço dos produtos baseados na lógica de elasticidade de demanda, criação de novos produtos, etc. Novamente, trata-se de um passo diretamente relacionado ao chamado "Mundo dos Ganhos".
Passo 5	Voltar ao passo 1, não deixando que a inércia tome conta do sistema. Ao elevar-se a(s) capacidade(s) da(s) restrição(ões), um dado sistema produtivo "S1" tornar-se-á um sistema produtivo genérico "Sn". Isto implica na necessidade de se analisar novamente o sistema como um todo. Os passos 4 e 5 são muito importantes, porque deixam claro o caráter de melhorias contínuas buscadas na TOC. Na lógica da TOC, as melhorias não devem ter fim; ela visa a um processo de mudanças contínuas que busca atingir permanente e sistematicamente a meta global do sistema.".

2.3.1 Estratégia e processos

A estratégia de uma organização produtiva pode ser vista com uma perspectiva de longo prazo, que serve para orientar o trabalho gerencial e operacional cotidiano. Assim, ao longo do tempo, é induzido um padrão (*pattern*) de ações e decisões coerentes entre si e o alcance de um desempenho específico pretendido. Essa origem acadêmica e empresarial da estratégia reforça a noção de alinhamento das políticas funcionais e, nesse ponto começa a relação entre estratégia e operações. Alinhar as políticas faz parte das soluções que a estratégia traz para a gestão de processos, mas, por outro lado, o simples fato de as estratégias serem deliberadas funcionalmente traz um problema para uma gestão orientada por processos e reforça o paradigma das operações ou funcional associado à administração científica. Em outras palavras, o que se reforça é a importância de o paradigma de processos ser expandido para todos os níveis da organização e seguir uma lógica de processos. Se as decisões sobre a alocação de recursos são tomadas funcionalmente, não há possibilidade de mudança no paradigma e a gestão continua a ser funcional.

A discussão sobre a definição do termo "estratégia" evoluiu a partir da década de 60. O termo é utilizado para designar os rumos pensados das organizações, sendo a definição de estratégia a determinação dos objetivos básicos de longo prazo e a adoção de cursos de ação e alocação de recursos para alcançar esses objetivos. Essa definição demanda um alinhamento organizacional, principalmente entre estratégia e estrutura, mas já indica que a estratégia e os processos também devem estar alinhados entre si. A partir desse ponto, ao ser associada a organização como um todo, começam a surgir ferramentas que relacionam estratégia e processos.

Os conceitos e ferramentas de análise e entendimento externos e internos que estão disponíveis na literatura e em uso nas organizações são:
- O modelo de análise da atratividade da indústria, também conhecido como "modelo de cinco forças", que tem maior utilidade para orientar o entendimento do ambiente externo, mas não é suficiente para demonstrar e orientar o desdobramento sobre os processos[43].
- A cadeia de valores[44], que tem como principais utilidades a capacidade de relacionar a estratégica como uma forma específica de desenhar os processos e o auxílio na identificação de "onde" ou em que parte do processo atuar para se sustentar uma dada estratégia. A ferramenta também contribui para reforçar que os processos são uma estrutura de agregação de valor e que processos secundários ou de suporte devem ser integrados às atividades finalísticas ou primárias para melhor "responder" à estratégia. O conceito tem como limitação a não inclusão dos processos gerenciais como uma categoria ou tipo de processos e a não delimitação clara de uma perfeita noção de transversalidade dos processos, visto que, nas atividades primárias e secundárias, há funções ou unidades organizacionais e não processos

transversais. A cadeia de valor também não incorpora uma visão dinâmica, e se constitui instrumento para "ver economicamente" como está o sistema produtivo.
- A visão baseada em recursos – VBR, mais especificamente a análise das capacitações[45], que contribui com a identificação dos recursos que a organização pode utilizar ou ativar em seus processos, com a manutenção de uma posição ou vantagem competitiva e a criação de opções e o desenvolvimento do negócio ou da organização.
- A análise SWOT, proposta originalmente por Andrews (1971), que articula a análise das oportunidades e ameaças do ambiente externo com as forças e fraquezas internas à organização.
- Os níveis de análise[4, 46], que iniciam uma combinação entre análise externa e interna, mas que destacam os processos e os níveis decisórios da organização.
- O Balanced Scorecard – BSC[47], que traz duas contribuições para a relação entre processos e estratégia. A primeira está associada à identificação de indicadores de desempenho que se articulam e têm impactos cruzados, e podem demonstrar ou ilustrar por relações de causa e efeito tanto o desdobramento da estratégia sobre os processos como a contribuição da melhoria do desempenho dos processos e, logo, dos indicadores, para atingir ou alcançar a estratégia. A segunda contribuição está associada ao fato de os processos serem reforçados como instrumentos para implantar a estratégia, ou seja, uma discussão sobre onde atuar para se melhorar o indicador que irá, conseqüentemente, contribuir para a estratégia.

A pergunta que essas ferramentas devem ajudar a responder pode ser assim formulada: dada uma intenção ou deliberação estratégica, em quais processos deve atuar? Por exemplo, a intenção de ampliar a fatia de mercado (*market share*) pode implicar na atuação em processos ou em atividades que o integrem, tais como:
- Desenvolvimento de produto para ampliar o portfólio de produtos ou criar customizações nos produtos existentes.
- Formulação e aplicação de ações de *marketing* para ampliar a propensão ao consumo com novas políticas de preço, segmentação, ou, simplesmente, promoção e publicidade.
- Realização de vendas e apresentação de produtos aos clientes.
- Definição de estratégias de produção e gestão da produção, com redução de custos ou ampliação da capacidade.
- Desenvolvimento, manutenção e implantação de Sistemas de Informação para, por exemplo, ampliar a flexibilidade e a dinâmica de mudanças nos

serviços, utilizando componentes de processos e componentes de sistemas para agilizar mudanças nos sistemas de informação.
- Geração dos perfis de competências dos recursos humanos, por exemplo, utilizando métodos de gestão de competências orientados por processos e alocando pessoas de forma orientada pela estratégia e desdobrada nos processos.

Considerando-se os diversos usos e significados que uma palavra pode assumir dependendo de seu contexto, foram estabelecidas cinco definições formais de estratégia, que são: plano, manipulação ou manobra, padrão realizado, posição e perspectiva[48]. Em qualquer forma de entendimento da estratégia, há relação com o conceito de processo, como discutido a seguir.
- Estratégia como Plano: a estratégia adotada como plano significa que existe um caminho a ser conscientemente seguido, ou seja, há uma linha guia (ou várias delas) que conduz determinada situação. Esses planos podem ser estabelecidos de forma explícita, em documentos formais ou não, podem ser gerais ou específicos; as estratégias são deliberadas. As ações são desdobradas para mudar os processos. Há a formulação de programas e projetos que mudam o projeto do processo e dependem de que novos processos sejam efetivamente implementados para que o plano seja executado. A estratégia como plano introduz a noção de intenção e enfatiza o papel de liderança consciente.
- Estratégia como Manipulação: esse tipo de estratégia significa uma manobra intencional para enganar um oponente ou competidor. É uma estratégia do tipo deliberada. Novamente, a relação entre estratégia e processos se dá por desdobramento. Uma vez deliberada uma estratégia, os processos devem "responder" e suportar as decisões tomadas, como a implementação das deliberações.
- Estratégia como Padrão Realizado: esse tipo de estratégia é a que ocorre, encontra-se ou realiza-se independente de ter sido pretendida. Esse modo de entender o conceito de estratégia pressupõe a existência de um componente emergente do comportamento da organização, que é determinante para o padrão que se estabelece. A estratégia como padrão tem significativa relação com processos, uma vez que o padrão de atuação de uma organização pode ser entendido a partir do conhecimento de como a organização funciona, ou seja, pelo entendimento de seus processos. Como padrão realizado, foca-se sobre a ação efetiva (comportamento realizado) e introduz-se a noção de que a estratégia pode emergir e, logo, os processos devem guardar a capacidade de responder às demandas da estratégia que surge e que não foi prevista.
- Estratégia como Posição: esse tipo de estratégia é a que interage ou faz a mediação entre a empresa e o ambiente. A estratégia competitiva vem a ser o

modo pelo qual uma empresa conseguirá um posicionamento favorável na indústria e no mercado em que atua, através do desenvolvimento de estratégias básicas que visem a neutralizar os efeitos dos concorrentes. Além de manter uma posição favorável dentro da indústria, a empresa utiliza a estratégia competitiva como uma forma de conseguir uma rentabilidade no longo prazo. Isso resulta em uma posição atrativa para as empresas. Nesse entendimento, a relação de processos com estratégia se dá tanto por desdobramento quanto pela análise de como os processos podem contribuir para a estratégia. No caso do desdobramento, a questão continua a ser "em que processo atuar para sustentar um posicionamento competitivo?", mas também pode ser "que posicionamento competitivo posso assumir com as capacitações que estão disponíveis em função da estruturação de meus processos atuais?".

Segundo Porter, a empresa deve se posicionar e buscar liderar seu mercado segundo três estratégicas genéricas: ou por vantagens de custo, ou por diferenciação, ou por foco em nicho de mercado. Essas posicões, em qualquer situação, devem ser sustentadas por uma cadeia de valor, conceito análogo ao de processos de negócios.

Em síntese, a estratégia como posição introduz o contexto ambiental encorajando a consideração de questões de competição e de cooperação, podendo reforçar a importância da manipulação, desde que seja desdobrada e suportada pelos processos

Estratégia como Perspectiva: esse tipo de estratégia é uma concepção de mundo muito arraigada. Esse modo de enxergar as coisas está presente no interior da organização. Estratégia é uma perspectiva conceitual, partilhada pelos membros (agrupados ou não) de uma organização através de suas intenções e/ou por suas ações. Como perspectiva, a estratégia nada mais é do que conceito focando sobre o aspecto interno da organização, criando uma visão compartilhada para, por exemplo, gerir processos como um valor organizacional.

A palavra alemã *weltanschauung* (visão do mundo) é a que mais se aproxima desse tipo de estratégia: significa a intuição coletiva sobre como o mundo funciona, englobando aspectos como culturas, ideologias, paradigmas. Essa definição relaciona mais a noção de cultura da organização para compartilhar valor que priorize a atuação na melhoria, na coordenação e no aprendizado organizacional orientada pelo conceito de processos.

O conceito de estratégia está diretamente relacionado ao conceito de processos através do Modelo Estrela[49]. Esse modelo apresenta relações e afirma que diferentes estratégias determinam diferentes combinações de estruturas organizacionais, processos, recompensas e pessoas. Como exemplo, se uma organização escolhe uma estrutura e um conjunto de processos gerenciais que requeriam integração entre países, então será necessário selecionar e desenvolver pessoas que tenham habilidades multiculturais, assim como o sistema de recompensas deverá motivá-las a trabalharem em cooperação. Como demonstra a Figura 2.4, todos os pontos da estrela devem se encaixar uns aos outros. O modelo foi ampliado para incluir as conseqüências do encaixe (*fit*) e a consistência de um projeto organizacional coerente. Essas conseqüências são mudanças no comportamento, que levam, por sua vez, à melhoria do desempenho e da cultura organizacional.

A relação entre estratégia e processos propõe um conjunto de atividades para a formulação e a implementação de estratégias. Essas atividades foram utilizadas para orientar a descrição da tarefa de entendimento do ambiente externo e interno e da estratégia organizacional, primeira das tarefas necessárias à gestão de processos.

2.3.2 Cultura e processos

A cultura organizacional pode ser descrita como um padrão de compartilhamento de pressupostos básicos que o grupo aprende conforme vão sendo resolvidos problemas de adaptação externa e de integração interna, sendo suficientemente bem trabalhado para ser válido e, por conseqüência, ensinado para novos membros, como a correta maneira de perceber, pensar e sentir com relação àqueles problemas[50].

Entretanto, nem todas as organizações desenvolvem uma cultura nesse sentido. Existem conflitos, ambigüidades que podem ser resultados de instabilidade, de falta de uma história compartilhada, ou da presença de vários subgrupos com paradigmas diferentes. Ambigüidade e conflito são resultados também de um problema comportamental, ou seja, do fato de cada um pertencer a vários grupos e de suas experiências

Figura 2.4 O modelo estrela atualizado[51]

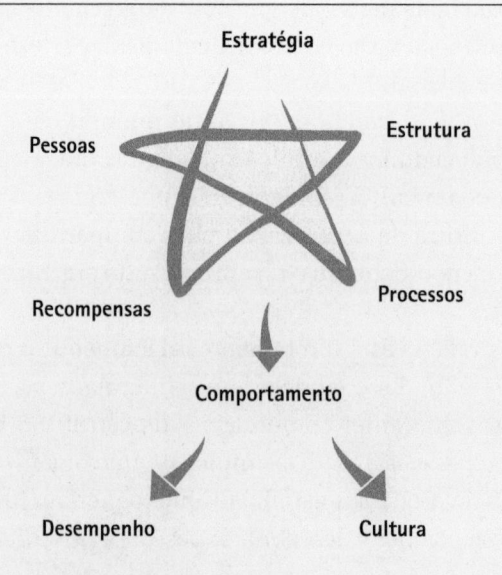

em diferentes grupos influenciarem os outros – não estão unilateralmente condicionados a um padrão cultural único.

Um estudo desenvolvido pela Forrester Research, Inc. em dezembro de 2002 demonstrou que, na opinião de 46% dos executivos que participaram da pesquisa, as dificuldades em se mudar os processos e o comportamento das pessoas são a principal causa de problemas no desempenho das cadeias de suprimento[14].

Ao analisar os traços característicos de um grupo dentro de uma empresa, procura-se encontrar um perfil, uma fórmula para explicar os comportamentos de um determinado grupo e entender melhor como diferentes grupos ou organizações podem agir de formas tão diversas. Na busca desse perfil, procura-se enquadrar os comportamentos da empresa em diversas categorias, como padrões comportamentais, normas do grupo, valores, regras, filosofia, modelos mentais, habilidades fixadas, propósitos compartilhados, entre outros. Todas essas categorias remetem a uma socialização do grupo, mas tratam cada aspecto separadamente.

Como a gestão de processos é uma mudança paradigmática, ela deve ser incorporada pela cultura organizacional. A cultura não se constrói rapidamente, o que entra em conflito com as típicas visões de curto prazo compartilhadas pelos executivos das organizações.

A cultura de um grupo agrega elementos que levam a uma estabilidade estrutural dele. Ao se mencionar que algo tem caráter cultural, fica nítida a sensação de que a cultura não está apenas disseminada entre as pessoas. Mais que isso, ela já alcançou um estágio de conceito estável e profundo (no sentido de ser menos consciente, menos tangível e menos visível). O outro elemento crítico é a integração de normas, valores e regras ou seja, quando elas atuam como um todo, se transformando num paradigma maior e mais enraizado.

As organizações, em geral, têm uma cultura que previlegia a coordenação funcional do trabalho. Tal cultura se consolidou ao longo do tempo pela reprodução sistemática de uma lógica de atuação com foco na especialização funcional, em que o desempenho, a resolução de problemas, a remuneração e o reconhecimento de cada trabalhador derivam do sucesso e da importância desse para a unidade funcional.

A cultura organizacional se relaciona com os processos porque influencia e é influenciada pelo comportamento dos grupos organizacionais. Normalmente, a conduta de um grupo se transforma em um laço de relacionamento. Pode ser encarada assim, porque é o resultado justamente do aprendizado conjunto, que é acumulado pelos seus integrantes, em um aspecto comportamental, emocional e cognitivo. O conceito de cultura deve remeter à necessidade humana de estabilidade, consistência e significado. Assim sendo, a formação de uma cultura é um esforço em direção à padronização e à integração.

Sendo a cultura de um grupo o seu aprendizado acumulado, o processo começa quando um ou mais membros do grupo se transformam em líderes. Eles tendem a ter idéias bem articuladas de como o grupo deveria funcionar e a selecionar outros, como colegas e subordinados, que pensem como eles. Inicialmente, os líderes definem e resolvem os problemas de adaptação externa e integração interna da organização, propondo as respostas iniciais às questões que o novo grupo tem sobre como operar interna e externamente. Esse entendimento implica que a gestão de processos seja incorporada e praticada pelos líderes da organização.

É fundamental em um líder não apenas um alto nível de autoconfiança e determinação, mas também visão de mundo, do papel da organização, da natureza humana e de seus relacionamentos; também que ele saiba como gerenciar tempo e espaço. Se não forem bem-sucedidos em reduzir a ansiedade do grupo, outros líderes serão "empossados" para fazê-lo. Por isso, devem ascender à posição de liberação aqueles gestores que forem responsáveis por melhorias que foram geradas a partir de resultados efetivos obtidos com a gestão de processos.

Conforme continuam a ter sucesso em resolver tanto seus problemas internos quanto externos, eles começam a assumir que estão certos. O grupo teve suficiente histórico compartilhado para formar tal suposição, formando uma cultura – e são essas suposições compartilhadas, esses paradigmas, que diferenciam esse grupo de outros. Assim sendo, o próprio processo de formação da cultura depende parcialmente do líder. É ele que vai definir os paradigmas básicos do grupo. Ele é o responsável pela criação de uma organização na qual seus membros expandem continuamente suas capacidades de entender a complexidade, clarificar a visão e melhorar o conhecimento conjunto. Ou seja, o líder é aquele que direciona o aprendizado conjunto, sendo tão importante quanto aqueles que farão essa direção ser seguida.

O líder não tem a função de detalhar como os processos serão realizados, seu planejamento, organização, alocação de recursos. A liderança está focada nas pessoas, em estabelecer os objetivos e as estratégias para produzir as mudanças para alcançá-los. O líder direciona, motiva e inspira as pessoas em relação a esses objetivos. E, principalmente, estabelece a visão do grupo.

A cultura organizacional pode ser entendida como um modelo dividido em várias camadas. Essas camadas organizam-se da seguinte forma: as mais internas são as de menor acessibilidade; elas representam o nível de pressupostos inconscientes, que são as crenças, pensamentos e sentimentos. As camadas mais externas representam o nível dos artefatos visíveis, ou seja, o que os sentidos percebem, o que se vê, ouve e sente quando ao se deparar com uma organização, como os produtos, os serviços e os padrões de comportamentos dos membros de uma organização. As camadas intermediárias representam os valores que governam o comportamento, como as filosofias, as estratégias e os objetivos da organização.

Compartilhar uma visão funcional é um exemplo de cultura organizacional. Entende-se por visão a forma através da qual a organização entende e desenvolve seu trabalho. Isso vai muito além da estrutura organizacional, passando pela orientação dos objetivos da empresa, pela organização do trabalho entre as pessoas e, principalmente, por como as pessoas enxergam a organização. A discussão aqui apresentada fundamenta-se na contraposição da visão de excelência funcional em relação à visão por processos.

A visão tradicional de uma organização é geralmente descrita como um organograma vertical de funções e departamentos, que não mostra as entradas, os clientes, o produto e os processos internos fluindo dentro de cada área funcional. Apesar de ser amplamente utilizada, essa visão tem limitações, uma vez que os gerentes tendem a tratar suas empresas também de forma vertical, acarretando um isolamento dos diversos setores da empresa. Esse modo organizacional é conhecido como cultura de silos.

Isso ocorre devido à dispersão de objetivos típica dessa visão. Assim, cada departamento passa a ter metas próprias, desinteressando-se do que acontece nos outros setores.

É fácil imaginar a dificuldade de integração entre essas funções diversas ao se perceber que até mesmo um problema simples relacionando duas delas teria que ser discutido e solucionado por seus respectivos gerentes. Portanto, um problema que poderia ser resolvido rapidamente por empregados de nível mais baixo acaba precisando, ser encaminhado a seus superiores. Isso, além de provocar um atraso no processo, limita o tempo dos gerentes, que deveriam se preocupar com problemas mais vitais para o andamento da organização. É importante lembrar que se os encarregados estão sendo subtilizados, isso acarreta desmotivação e mal desempenho na realização de suas funções originais.

Outra característica dessa cultura de silos é a competição que se forma entre as diversas áreas funcionais. A princípio, pode parecer que essa competição é benéfica para a organização, já que cada setor tenta ser mais produtivo que o outro; todavia, geralmente a otimização de uma função acarreta prejuízo para a organização como um todo. Por exemplo, não é interessante para uma empresa que o departamento de produção aumente seu desempenho se o departamento de vendas não conseguir demanda suficiente para esse incremento de produtos; isso levará à formação de estoque e, conseqüentemente, a custos adicionais.

Apesar de todos os problemas, esse tipo de visão vertical mostra facilmente as diversas funções e seus relacionamentos verticais, além de explicitar bem a divisão da hierarquia da empresa.

Há mecanismos que fazem com que suposições que influenciam a cultura organizacional sejam gradativamente alteradas[50]. A análise desses mecanismos de fixação cultural, sintetizados na Figura 2.5, leva à definição de um conjunto de ações que podem ser utilizadas para a criação de uma cultura organizacional que incorpore e incentive a gestão de processos. Essas ações estão a seguir relacionadas:

- Ter estruturas flexíveis e mais orientadas pelos processos.
- Reconhecer, remunerar e promover por resultados dos processos.
- Orientar os líderes da organização e dos grupos organizacionais para assumirem e incorporarem modelos mentais orientados pelo conceito de processos.
- Ter trajetórias formativas que construam visão lateral: rotação, perfis de competências definidos a partir dos processos.
- Formar e incentivar grupos multifuncionais.
- Alterar o normativo e a documentação organizacional para ser orientada a partir dos processos transversais e não permitir que as típicas documentações com visão funcional, elaboradas de forma isolada pelos departamentos, sejam as orientadoras do trabalho. A prescrição do trabalho deve ter orientação dos processos, e não apenas orientação funcional.
- Implantar sistemas de informações que embarquem o conceito de processos e promovam o fluxo de informações de forma lógico-temporal.
- Sustentar espaços de negociação (idealmente estruturada) para a resolução de conflitos decorrentes da estruturação mais voltada a processos.

Figura 2.5 Mecanismos de fixação cultural[50]

Mecanismo de Fixação Primários	Mecanismo de Articulação e Reforço Secundários
Em que os líderes prestam atenção, o que medem e controlam regularmente	Projeto e estrutura organizacional
Como os líderes reagem a incidentes críticos e crises organizacionais	Sistemas e procedimentos organizacionais
Critérios pelos quais os líderes alocam recursos escassos	Ritos e rituais organizacionais
Modelagem, ensino e treinamento deliberados de papéis	Projeto do espaço físico, fachadas e construções
Critérios pelos quais os líderes concedem recompensas e status	Histórias, lendas e mitos sobre pessoas e eventos
Critérios pelos quais os líderes recrutam, selecionam, promovem, aposentam e "excomungam" membros da organização	Estatutos organizacionais formalizados da filosofia, dos valores e dos credos

- Ter sistemas de gestão econômico-financeira que estejam orientados por processos.
- Realizar eventos para reunir grupos multifuncionais ou grupos de processos.
- Mudar o sistema de avaliação de desempenho para priorizar resultados do processo e não só dos departamentos funcionais.

A questão central seria a mudança ou o reforço de elementos que formam e influenciam a cultura organizacional, tais como comportamentos regulares ao se interagir – linguagem, tradições, rituais etc.; normas de grupo – padrões e valores implícitos etc.; valores expostos – princípios e valores articulados e anunciados que o grupo busca atingir; filosofia formal – políticas e princípios ideológicos difundidos que guiam as ações do grupo; regras do jogo – "o jeito que fazemos as coisas por aqui"; habilidades "fixadas" – as competências especiais do grupo que seguem gerações; clima – o sentimento que um grupo passa através do seu *layout*, do modo de interagir uns com os outros, com clientes etc. – hábitos de pensamento, modelos mentais etc. – as estruturas cognitivas que guiam as percepções, pensamentos e linguagem do grupo; propósito compartilhado – pontos de vista criados pelo grupo enquanto interage; – símbolos integradores – sentimentos, imagens, idéias e etc. que caracterizam a organização e seus indivíduos.

Toda organização desenvolve sua cultura interna baseada em seu próprio sucesso operacional. Isso se denomina cultura de operação. A maioria das operações envolve interdependências entre elementos ou partes separadas de um processo. Assim, os operadores devem ter a habilidade para trabalhar de forma colaborativa em equipes nas quais a comunicação, a confiança mútua, a abertura e o compromisso são altamente valorizados. A cultura operacional está baseada em interações humanas, mas destaca também que deve ser buscado alinhamento com dois outros tipos de cultura: a primeira com foco em engenharia e a segunda com foco executivo. Em *Human interactions: the heart and soul of business process management*, Harrison-Broninski argumenta que as interações humanas são a base da gestão de processos[52].

2.3.3 Estrutura organizacional e processos

As organizações lidam com o dilema de decidir entre ter estruturas organizacionais simples ou complexas. A dificuldade está no fato de que as estruturas simples não darão conta da complexidade do ambiente de atuação das organizações e de que as estruturas complexas não funcionam por dificuldades operacionais e de entendimento. A conseqüência está relacionada à utilização de estruturas que não dão resposta para as necessidades de coordenação.

A gestão das organizações está cada vez mais complexa. Ela envolve ações para coordenação, controle, avaliação, acompanhamento, priorização e apoio à execução do trabalho desdobrados do entendimento da percepção da natureza dos processos, da estrutura organizacional, da lógica de coordenação e da divisão do trabalho, dos direitos de decisão e, ainda, da natureza dos objetivos que são processados pela organização. O aumento da dinâmica e da complexidade do ambiente de atuação das organizações e as novas tecnologias de gestão têm impacto direto no projeto organizacional. As estruturas organizacionais estão mais enxutas, passam a considerar não só o eixo funcional, mas atentam também para a orientação por processos, mercados, clientes e regiões geográficas[51].

Dessa forma, a divisão do trabalho, as relações de responsabilidade e autoridade e a coordenação das atividades mudam e, com isso, o projeto organizacional deve ser reestruturado. Reprojetar uma organização inevitavelmente passa pela identificação de sua estrutura. Essa identificação passa pelo menos por um entendimento dos mecanismos decisórios, da hierarquia e da responsabilidade. Esse entendimento, formal ou informal, é importante para a melhor compreensão e atuação da organização.

A gestão de processos pode influenciar o projeto ou reprojeto de organizações orientadas a uma lógica de processos quando associada à compreensão da organização e de suas relações, por exemplo, divisão do trabalho, alcance de controle, direitos decisórios, cultura, fluxos, natureza e complexidade do trabalho. Esse redesenho organizacional, orientado por processos, terá um corte horizontal, complementando o habitual corte funcional das estruturas muito hierarquizadas. Ele apoiará o dimensionamento de alocação de recursos humanos às etapas dos processos e, também, de forma simultânea, poderá habilitar esforços para a redução do tempo de atravessamento (*lead time*) para a produção de produtos e serviços. Isso não impede que organizações funcionais passem por iniciativas de gestão de processos. Nessas, o ganho será a maior integração decorrente da identificação das interfaces organizacionais e de processos.

A relação entre a orientação das organizações, para seu mercado, através de seus processos, está relacionada ao tipo de estrutura organizacional adotado. Projetos de levantamento dos processos transmitem aos seus executores conhecimentos que possibilitam a proposição de estruturas organizacionais mais adequadas à orientação por processos. A estrutura matricial tem se mostrado, com freqüência, adequada para esse fim, mas apresenta uma série de limitações ou dificuldades práticas para sua implantação.

A gestão tradicionalmente funcional pode ser mudada para uma gestão orientada por processos no que diz respeito à agregação de valor que ocorre horizontalmente nas organizações. O projeto ou reprojeto dessas organizações deve considerar estratégia, competências, estrutura organizacional e indicadores de desempenho de modo alinhado com os processos. Nessas organizações, a tecnologia da informação auxilia a coordenação entre as diferentes funções.

A estrutura organizacional faz parte do projeto organizacional e influencia sobremaneira a forma como os processos são gerenciados, uma vez que representa o modo como uma organização divide e coordena o trabalho para atingir um dado propósito. Assim, é uma representação de quais são as unidades organizacionais existentes e como elas se desdobram ao longo dos níveis hierárquicos da organização. Também é através de um organograma que a instituição comunica aos seus funcionários e pessoas externas como o trabalho é dividido nas unidades organizacionais – ou, simplesmente, "quem faz o que" – e quais são as linhas de autoridade – ou seja, "quem manda em quem". Nesse contexto, as discussões emergentes associadas a um reprojeto de estrutura organizacional buscam responder a seguinte pergunta: e qual seria a melhor forma de as partes básicas de uma organização atuarem a fim de alcançar seus propósitos respeitando as premissas e o conjunto de processos existentes?

Uma ação de redesenho da estrutura organizacional – principalmente quando se adota o eixo de processos como prioritário na busca por agilidade, flexibilidade e integração – deve ser baseada em:

- Orientação de diretrizes estratégicas que estejam desdobradas na estrutura organizacional e nos processos.
- Percepção da organização como um sistema, através do entendimento de seus processos em diferentes níveis de agregação, ou seja, a definição de seu macroprocesso e dos respectivos processos detalhados.
- Identificação do cliente final, para o qual são gerados os produtos/serviços da organização.
- Estruturação transversal (por processos) complementar à estruturação funcional.
- Definição de mecanismos decisórios que lidem com os conflitos inerentes a uma organização com dois eixos de gestão: o funcional e o de processos, esse transversal e aquele hierárquico/vertical.
- Formação de grupos para gestão de processos do início ao fim.
- Criação de coordenação lateral, tanto relativa à comunicação e sistemas de informação quanto à coordenação de atividades em si, para buscar/suportar a gestão dos tais processos transversais da organização.
- Utilização de uma base de dados única ou de um conjunto integrado de bases de dados a partir de um sistema integrado de gestão, orientado por processos.
- Definição de estruturas de governança para os processos.
- Definição de níveis decisórios que norteiem a autoridade e a responsabilidade, materializada na estrutura organizacional.

Finalmente, a importância da definição de estruturas organizacionais através de organogramas reforça a necessidade de uma organização ser bem estruturada para apreender e gerenciar os sistemas de fluxos informacionais e determinar os inter-relacionamentos e responsabilidades das diferentes partes[53]. Todavia, tais fluxos e inter-relacionamentos dificilmente são de formato linear, sendo tarefa extremamente difícil descrever a estruturação das organizações exclusivamente com palavras. Assim, as explicações referentes às estruturas organizacionais devem ser complementadas com imagens e, por isso, as organizações comumente fazem uso de diagramas.

A organização lateral pode ser apresentada como um processo informacional e relacionado à tomada de decisão que coordena atividades cujos componentes estão localizados em diferentes unidades organizacionais. Cada unidade em uma organização, com informações sobre uma dada atividade, contribui para comunicar e coordenar a atividade. A organização lateral pode ser definida como uma questão relacionada à comunicação e à coordenação. A Figura 2.6 apresenta um exemplo de organização lateral entre unidades de uma empresa fabricante de aviões.

Como questão essencial, há uma tarefa do projetista organizacional: o desenho/concepção do tipo e quantidade de coordenação lateral em uma estrutura organizacional. Definem-se cinco diferentes tipos de coordenação lateral. No primeiro, o poder de tomada de decisão é pouco necessário, há pouca necessidade de coordenação e pouca dificuldade/custo para a implementação/uso. Até o último tipo, essas necessidades crescem cumulativamente, como representado na Figura 2.7. Esses são os tipos de coordenação lateral:

- Comunicação informal – voluntária; fora das linhas de autoridade; requer conhecimento entre os membros, proximidade ou soluções tecnológicas (atividades informais como encontro para jogos, almoço etc.).
- Comunicação formal – interesses comuns; existência de agenda; coordenação voluntária (*chats* temáticos, seminários internos etc.).

Figura 2.6 Estrutura funcional espelhada: empresa fabricante de aviões[49]

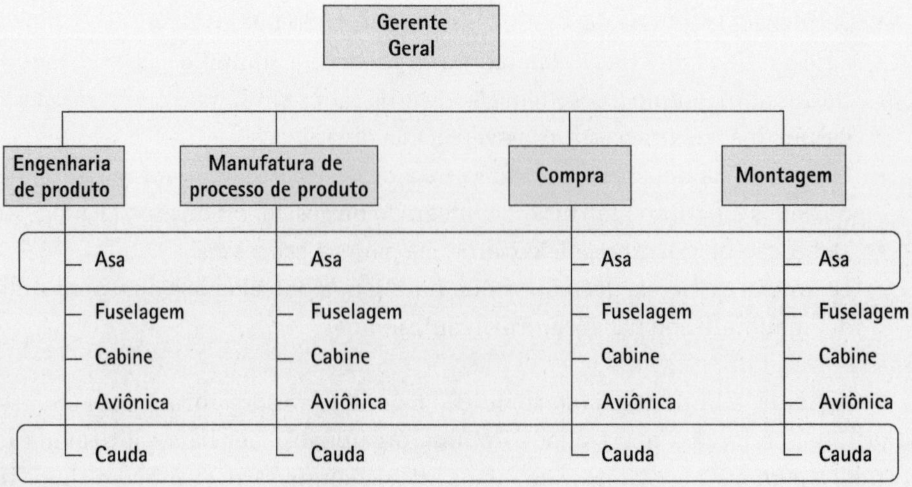

```
                        Gerente
                         Geral
    ┌──────────────┬──────────────────┬──────────┬──────────┐
 Engenharia    Manufatura de       Compra     Montagem
 de produto    processo de produto
    │              │                   │           │
    ├─ Asa         ├─ Asa              ├─ Asa      ├─ Asa
    ├─ Fuselagem   ├─ Fuselagem        ├─ Fuselagem├─ Fuselagem
    ├─ Cabine      ├─ Cabine           ├─ Cabine   ├─ Cabine
    ├─ Aviônica    ├─ Aviônica         ├─ Aviônica ├─ Aviônica
    └─ Cauda       └─ Cauda            └─ Cauda    └─ Cauda
```

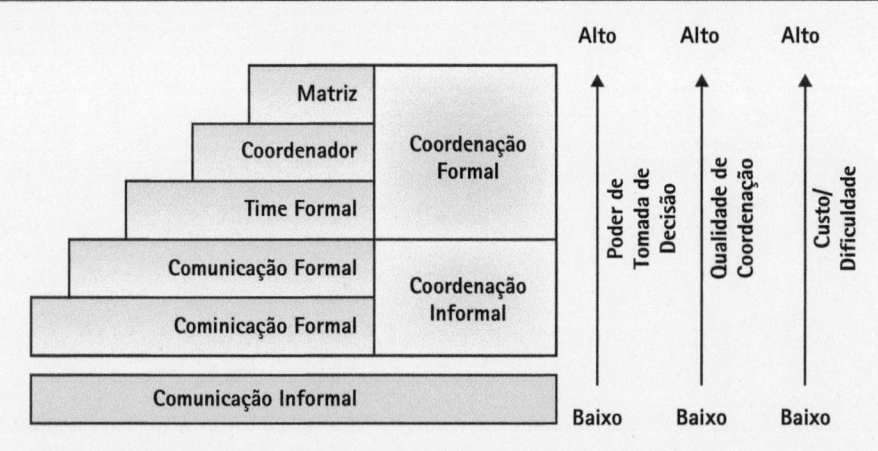

Figura 2.7 Formas de coordenação[51]

```
                    Matriz
               Coordenador        Coordenação
                                    Formal
              Time Formal
          Comunicação Formal
                                  Coordenação
          Cominicação Formal        Informal

          Comunicação Informal
```

Alto   Alto   Alto
↑   ↑   ↑
Poder de Tomada de Decisão   Qualidade de Coordenação   Custo/Dificuldade
↓   ↓   ↓
Baixo Baixo Baixo

- Equipes formais – criadas pela alta gerência, requerem mais tempo e esforço; treinamento "cross-cultural"; de diversos graus de complexidade (comitês ad-hoc).
- Coordenador – liderança em tempo integral; indicação da alta gerência; integradores; de diversos graus de autoridade (exemplo: equipes de desenvolvimento de produtos específicos).
- Matriz – organização em dois eixos; dupla gerência, o que dificulta sua implantação em função dos conflitos gerados (organizações de pesquisa, escritórios de engenharia etc.).

As atividades laterais de coordenação voluntárias/informais podem ser estimuladas ou construídas. Algumas ações úteis para tal são a rotação interdepartamental; os eventos interdepartamentais; a localização dos departamentos; as redes informáticas; os departamentos com estruturas espelhadas; e as práticas consistentes de medida de desempenho e de premiação.

Ferramentas para comunicação variam entre seus graus de interatividade da menos para a mais interativa. De forma resumida, são elas: correspondência física; e-mail; *chat*; ligação telefônica ponto-a-ponto; ligação telefônica multiponto; vídeoconferência ponto-a-ponto e multiponto; encontro de realidade virtual e encontros pessoais[49].

Toda organização pode ser esquematizada sob forma de um organograma, apresentando uma linha de autoridade e uma linha de responsabilidade[54]. A linha de autoridade acompanha o sentido de cima para baixo no organograma, enquanto a linha de responsabilidade acompanha o sentido de baixo para cima. A Figura 2.8 ilustra esses conceitos.

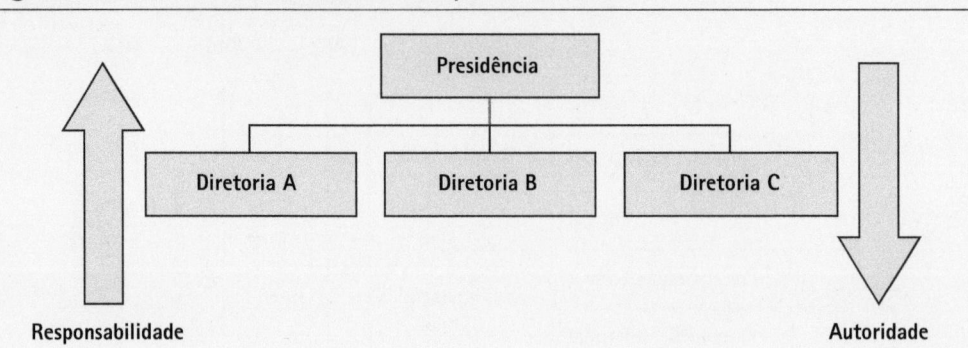

Figura 2.8 Linha de autoridade e responsabilidade[54]

```
                    Presidência
         ┌──────────────┼──────────────┐
     Diretoria A    Diretoria B    Diretoria C
```

Responsabilidade ↑   Autoridade ↓

O fator humano tem grande importância no que diz respeito ao sucesso de uma organização. Isso se justifica devido ao fato de que é inviável abordar esse assunto sem se deparar logo com o conflito entre as necessidades do indivíduo e as demandas ou exigências da empresa. Sempre que nos juntamos a um grupo, abrimos mão de um pouco da nossa liberdade individual com relação à maneira de se realizar operações ou tarefas. O grupo impõe também uma série de ritos, condutas e velocidades de ação, que são imposições, demandas ou exigências da empresa.

A seguir, serão apresentados os tipos de estruturas organizacionais mais comumente utilizados nas organizações, mas a discussão terá atenção maior para as estruturas funcional e por processos e para as visões do trabalho possíveis às organizações.

A estrutura funcional é o tipo mais comum de departamentalização, sendo baseada no agrupamento de atividades que utilizam habilidades, conhecimentos e recursos similares. As unidades organizacionais são formadas de acordo com a principal função especializada ou técnica.

As principais vantagens desse tipo de estrutura são:
- Especialidade técnica e coordenação intradepartamental: as pessoas compartilham a mesma especialidade funcional, o que pode constituir uma forte vantagem competitiva.
- Baixos custos administrativos locais: a carga de trabalho pode ser calculada em função de maior ou menor demanda, já que as pessoas trabalham no mesmo tipo de tarefa.

As principais desvantagens associadas a esse tipo de estrutura são:
- Visão de especialistas: ela pode gerar alguns prejuízos à organização, uma vez que cada departamento é responsável por uma parte específica da tarefa organizacional e os departamentos dependem um do outro para a realização da tarefa como um todo.

- Limitação dos gestores: cada gerente tem autoridade limitada e circunscrita de tomada de decisões, não tendo poder para intervir nos demais departamentos, mesmo que eles estejam prejudicando seu desempenho. Esta limitação pode custar tempo e dinheiro e acarretar no distanciamento dos interesses dos clientes.
- Falta de coordenação interdepartamental: responsável pela comunicação precária entre as fronteiras funcionais.
- Visão específica: falta de responsabilidade pelos resultados globais e a não formação de gerentes generalistas, capazes de tocar a operação inteira.

A estrutura por processos tem especial importância para este trabalho, sendo tratada em um item à parte mais adiante neste trabalho.

A estrutura matricial combina a lógica funcional e a lógica de processos. Na primeira, as unidades são centradas na especialização do conhecimento, em unidades funcionais. Na segunda, a lógica está centrada na transversalidade processual do início ao fim. A estrutura matricial é freqüentemente utilizada em ambientes de projetos. Nesse ambientes, os recursos tendem a ficar alocados no "processo" do projeto, durante o tempo ou ciclo de vida dele, depois retornam para suas unidades funcionais, nas quais se desenvolvem.

A estrutura matricial tem duas linhas de autoridade; cada unidade se reporta a superiores e cada pessoa tem dois chefes: um para atender a orientação funcional (finanças, vendas etc.) e outro para atender a orientação divisional (para o produto/serviço, cliente, processo ou projeto específico que está sendo desenvolvido). Essa estrutura é utilizada quando a organização deseja obter os benefícios divisionais e manter a especialidade técnica das unidades funcionais.

As principais vantagens desse tipo de estrutura são:
- Maximização das vantagens e minimização das desvantagens: permite obter as vantagens das estruturas funcional e divisional, enquanto procura reduzir as fraquezas e limitações delas.
- Inovação e mudança: a subordinação a mais de um gerente possibilita pleno uso das pessoas e de suas habilidades, enquanto mantém a especialização técnica nas funções críticas.

Suas desvantagens são as seguintes:
- Confusão: pode ocorrer quando são tomadas decisões diferentes pelos gerentes.
- Conflito e tensão: estão associados ao recebimento, ao mesmo tempo, de demandas e ordens conflitivas, podendo conduzir ao estresse pessoal e à redução da qualidade do trabalho.
- Necessidade de definições claras: a responsabilidade e a autoridade de cada pessoa devem ser claramente definidas para o bom funcionamento da organização.

As estruturas em rede são desagregações das principais funções em unidades separadas interligadas por uma pequena organização central. Em vez de reunir as funções de produção, *marketing*, finanças e RH em uma mesma unidade física, esses serviços são proporcionados por organizações separadas que trabalham sob contrato e que são conectadas eletronicamente a um escritório ou unidade central. Seu organograma se assemelha a um organograma circular ou estrelado, tendo, ao centro, a unidade central que interliga as demais unidades.

A abordagem de equipes é indicada quando existe necessidade intensa de flexibilidade e/ou rapidez no andamento de certos projetos ou tarefas para atender requisitos especiais dos clientes, desenvolver novos produtos ou implementar campanhas de *marketing*; também quando é importante obter simultaneamente insumos de diferentes partes da organização para completar uma parte do trabalho[55].

As organizações virtuais, ou não-territoriais, ou não-físicas – pelo fato de dispensarem escritórios convencionais, prédios e instalações físicas – são extremamente simples, flexíveis e totalmente assentadas na tecnologia da informação[56]. Conforme empregado em *virtual office* ou em *virtual organization*; o termo "virtual" refere-se, em parte, a uma forma de organizar o trabalho. Entre as suas intenções principais está, por exemplo, a transferência da responsabilidade pelo relacionamento direto com os clientes para a média gerência. Com isso, tais gerentes devem sair do escritório e ir para o campo de trabalho para aumentar o nível de interação com os clientes. Sobre essa definição, cabem algumas considerações: a mudança no modelo influencia o ambiente de negócios, em especial o aumento da competição; a mudança tecnológica tem forte influência da tecnologia da informação e da comunicação; e a mudança nos requisitos do cliente, notoriamente mais exigentes, demanda maior interação e flexibilidade no atendimento/relacionamento.

A gestão das organizações segundo uma lógica de processos pode ser perseguida através das aplicações e das metodologias da gestão de processos[57]. Os referenciais teórico-conceituais são elementos dessa orientação. Esses referenciais colocam a questão "processos" como um dos eixos centrais da engenharia de produção na busca pelo aumento da efetividade e da melhor relação entre eficiência e eficácia ao longo do tempo na gestão e na operação das organizações.

Dentre algumas conclusões acerca da dimensão "processo" no projeto de estruturas organizacionais, se destacam algumas que foram adotadas como premissas nos argumentos apresentados:
- Conhecimentos ligados à engenharia de produção, como teoria das organizações, estratégia, gestão do conhecimento, Sistemas de Produção e modelagem de processos são fundamentais para que a adequada aplicação da gestão de processos apoie o projeto organizacional e defina estruturas organizacionais.

- Processos e seus conceitos têm uma forte relação com o tipo de estrutura organizacional adotada. Caso uma organização deseje uma estrutura que priorize processos em relação às funções, ela deve considerar que:
  1) O projeto organizacional deve partir de uma explicitação do fluxo de atividades.
  2) A definição das unidades organizacionais deve seguir uma orientação desdobrada do fluxo de atividades, e não da semelhança de atividades.
  3) Devem ser considerados aparatos de gestão como indicadores de desempenho que estejam prioritariamente atrelados a uma lógica global, orientada por processos. Por outro lado, influências secundárias locais devem ser consideradas.
  4) A tecnologia da informação, em especial os sistemas que integram as informações que fluem nos processos, deve ser amplamente utilizada para facilitar a coordenação lateral entre as atividades.
  5) Deve haver uma identificação e uma orientação para os clientes finais/produtos gerados pelos processos.
  6) Uma organização por processos deve ser dinâmica, o que impele uma capacitação dinâmica de seus integrantes para que eles renovem suas competências contínua e rapidamente.
  7) Em função da orientação para clientes/produtos, a relação (desdobrada), com a estratégia da organização deve ser dinâmica e rebatida nos processos.
  8) A organização deve guardar flexibilidade para reconfigurar seus processos e produtos e realocar os recursos para alcançar tal objetivo.

A gestão de processos, em especial no que diz respeito ao projeto organizacional, tem dificuldades a enfrentar: o conceito de processos ainda está pouco difundido nas organizações, embora elas estejam, desde a década passada, investindo significativamente na orientação por processos. Principalmente, não se visualiza hoje uma forma organizacional que resolva os conflitos associados à mudança na estruturação das organizações. Por outro lado, é preciso ressaltar que a orientação por processos não é a única possível, nem, tampouco, a melhor para todos os casos. Há ainda a orientação para clientes, para produtos, para segmentos de mercado, entre outras. Cada uma delas, assim como a orientação por processos, apresenta vantagens e desvantagens.

O que se ressalta é que entende-se que qualquer orientação da estrutura organizacional terá, em menor ou maior intensidade, necessidade de coordenação. Assim, processos estão presentes em todos os tipos de organização. Quanto a incorporar a visão processual, pode-se afirmar, com relativa segurança, que trata-se de um avanço inequívoco em relação à estruturação excessivamente funcional[32], principalmente para as organizações que estão inseridas em ambientes que pressionam por uma maior dinâmica nos produtos e processos. A orientação por processos pode também ser entendida como algo que está nas organizações funcionais e que mostra-se especialmente ligada à coordenação lateral entre as unidades organizacionais. Dessa forma, para haver orientação por processos, não necessariamente há uma alteração na estrutura organizacional. A mudança na estrutura, de um agrupamento por semelhança para um agrupamento que respeite o fluxo, facilita a orientação por processos. Toda organização tem um componente do trabalho que é funcional, ligado à especialidade técnica, e outro que é processual, ligado à seqüência de atividades. O desafio das organizações é decidir qual eixo de coordenação priorizar – funções ou processos. No primeiro, há facilidade para se reforçar a especialização, o que implica em gerar ganhos sistemáticos de desempenho local e, muitas vezes, inferência global. No segundo, o foco no resultado final do fluxo das atividades implica um desempenho global mais eficiente, porém há maior complexidade gerencial e dificuldade de mudar os modelos mentais vigentes, que são, geralmente, funcionais.

2.3.4 Indicadores de desempenho e processos

Os sistemas de avaliação de desempenho, entendidos dentro do contexto da integração entre medidas, indicadores e sistemas de indicadores, são um conjunto articulado de indicadores de desempenho que permite realizar a gestão a partir do seu acompanhamento e tomada de ações gerenciais. Com um sistema de medição de desempenho, é possível comunicar estratégia e clarear valores, identificar problemas e oportunidades, entender processos, melhorar o controle e planejamento, identificar momentos e locais de ações necessárias, mudar comportamentos, tornar possível a visualização de trabalhos, envolver pessoas, fazer parte ativa da remuneração funcional e facilitar a delegação de responsabilidades.

Dentre essas possibilidades, há três relações entre processos e indicadores que se destacam. A primeira relação influencia a gestão organizacional e o comportamento dos indivíduos e unidades organizacionais de modo que sejam orientados para resultados globais e tenham foco na relação produto-cliente. A segunda relação está associada à definição de indicadores a partir do entendimento e da modelagem dos processos. A terceira está associada aos mecanismos de controle, coordenação e aprendizado sobre o desempenho e a disponibilização de bases factuais para orientar a melhoria de processos.

A relação entre os indicadores e os processos tem vários desdobramentos possíveis. Em primeiro lugar, a aplicação mais evidente seria na área dos indicadores operacionais ou de processo. Isso significaria associar às atividades do processo indicadores capazes de monitorar o seu desempenho segundo alguma ótica (tempo, custo, qualidade, conformidade etc.). Em segundo lugar, existência dos processos permitiria questionar se a lógica de cada indicador (local) não teria um impacto global negativo. Essa análise pode precisar de outras informações/processos. Por exemplo, um indicador do tipo carga de máquinas (em princípio, quanto maior a produção/*up time* melhor), do processo de produção da tornearia, poderia levar ao aumento de estoques (em princípio, quanto menor melhor) no início da montagem final. Em outras palavras, olhar somente o indicador local pode provocar distorções de percepção quando analisamos globalmente os reflexos desses indicadores. A análise por processos pode explicitar esses impactos cruzados, que teriam de ser resolvidos conjunta e negociadamente. Em terceiro e último lugar, há a possibilidade de ligar os indicadores dos processos aos indicadores gerais da organização. Uma das propostas conceituais nessa linha de maior difusão atualmente é a do *balanced scorecard*, que associa os indicadores de processo aos indicadores financeiros, de clientes, de mercado e inovação e de crescimento.

Como a gestão de processos está associada a fatores sociais e comportamentais, que devem passar a priorizar uma lógica de ótimos globais e não necessariamente buscar uma série de ótimos locais para melhorar e coordenar o sistema produtivo como um todo, os indicadores de desempenho devem ser definidos de forma a orientar e modificar a cultura e o comportamento dos indivíduos e dos grupos nas organizações. Os indicadores se relacionam com a gestão organizacional em níveis e a Figura 2.9 ilustra a relação entre processos e as metas de desempenho (M2) que podem ser mensuradas por indicadores de desempenho.

Figura 2.9 Dimensões de um sistema de medição[46]

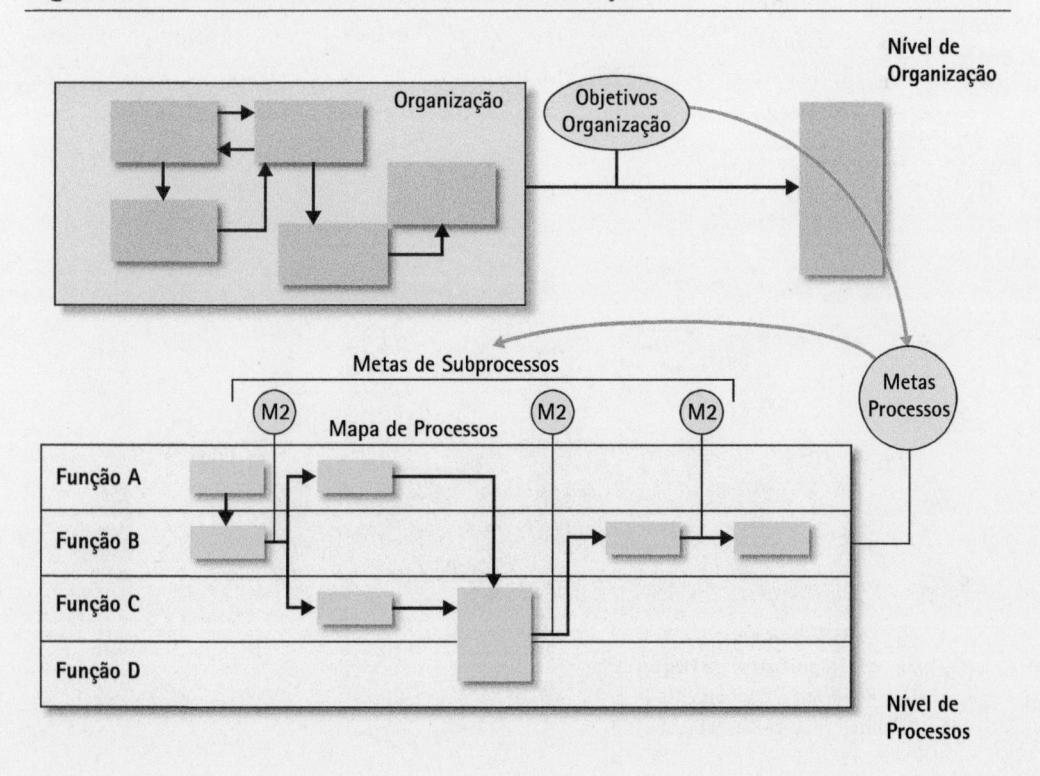

Comumente, a expressão "diz-me como me medes, que te direi como me comportarei" é utilizada para relacionar indicadores de desempenho e comportamento. Isso significa que as lógicas de seleção e avaliação devem resultar no reconhecimento de comportamentos que estejam alinhados com a gestão de processos ou no desenvolvimento – entendido como um conjunto de ações para melhorar o desempenho –, e devem colocá-lo alinhado à lógica de priorização dos processos na gestão organizacional.

A relação aponta que, ao se explicitar a forma como o trabalho é executado, a modelagem de processos facilita a identificação dos indicadores de desempenho. Essa identificação, devido ao corte transversal dos processos, permite que sejam selecionados indicadores globais; não serão identificados somente indicadores locais que levam a desempenhos pontualmente desbalanceados e a resultados globais possivelmente insatisfatórios. Os indicadores locais usualmente são definidos porque os processos transversais não são conhecidos, ou não estão modelados. A seleção de indicadores multifuncionais que orientem as unidades organizacionais para resultados compartilhados e integrados é a tônica dessa aplicação. Com essa afirmação, a modelagem dos processos seria então fundamental para a definição de indicadores de desempenho que orientem o comportamento dos indivíduos para uma lógica de processos. A Figura 2.10 ilustra que, se processos transversais são definidos e entendidos, pode ocorrer a definição de indicadores que estejam orientados pelos processos, e não só pelas unidades organizacionais.

Após a modelagem, a identificação e a seleção dos indicadores, segue a etapa de monitoramento dos mesmos para fins de apoio à tomada de decisão nas organizações.

Figura 2.10 Indicadores de desempenho a partir de uma visão por processos[58]

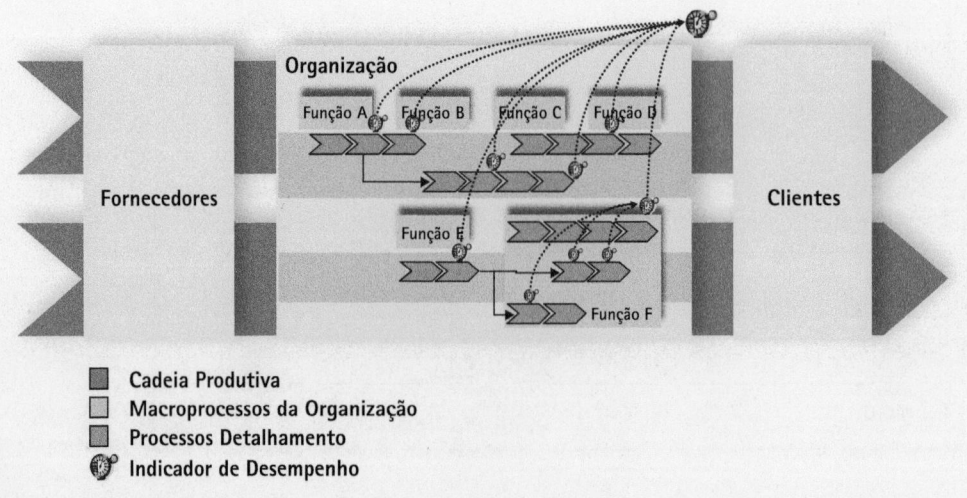

Esse monitoramento ou acompanhamento tem relação com o controle, a coordenação e o aprendizado sobre o trabalho.

A discussão sobre o controle de desempenho está essencialmente associada à ação para manutenção dos processos dentro de limites de desempenho desejados, ou seja, tratam-se de ações para garantir que os processos estejam dentro de limites de controle. Isso implica que o desempenho seja acompanhado ao longo do tempo.

As ações de controle freqüentemente envolvem coordenação, visto que têm impacto nas atividades e recursos que estão interdependentemente envolvidos no processo. As ações de controle não raramente demandam a investigação de causas de problemas. Esses problemas podem ou não ser previamente conhecidos pela organização. As ações de investigação de causas estão relacionadas, portanto ao aprendizado organizacional. A organização também aprende com o histórico de desempenho, com o acúmulo de dados que foram acompanhados ao longo do tempo e que são úteis para se definir o que esperar e o que prometer como desempenho. Mas esses dados se destacam mesmo por permitirem que os padrões de desempenho sejam deliberadamente alterados, o que, novamente, demanda que a organização aprenda a trabalhar com processos em novos e melhores níveis de desempenho.

Cabe destacar que, habitualmente, o controle é considerado pelo nível operacional como punição. Esse pensamento dificulta o monitoramento e o controle, que devem ser entendidos não só como tarefas externas, mas também como tarefas que o próprio indivíduo, independentemente de ter um título de gerente, deve exercer sobre os processos.

O controle está cada vez mais intrínseco aos sistemas de informação. Hoje, é possível utilizar aplicativos de monitoração automática de desempenho associados aos sistemas de informação. Isso tem implicado em mais pressão para mudanças rápidas nos sistemas de informação para suportar as mudanças nos processos. As informações utilizadas para controle, quando formam um histórico, podem e são utilizadas para a tomada de decisão inteligente, e permitem que a organização aprenda e tome melhores decisões.

A partir dos processos modelados, é possível identificar eventos que disparam e encerram a mensuração de indicadores de desempenho da organização. A utilização de aplicativos para o monitoramento permite o acompanhamento automático do desempenho dos processos. Há alguns desses sistemas disponíveis no mercado de *software* de apoio à gestão de processos.

Na Figura 2.11, que exemplifica o relacionamento entre a modelagem de processos e os indicadores de desempenho, os símbolos hexagonais representam eventos e disparam o medição dos indicadores, e os símbolos retangulares representam as atividades.

Os processos podem ser utilizados para a definição de indicadores de eficiência, ligados ao rendimento da utilização de recursos pelos processos, e de eficácia, ligados

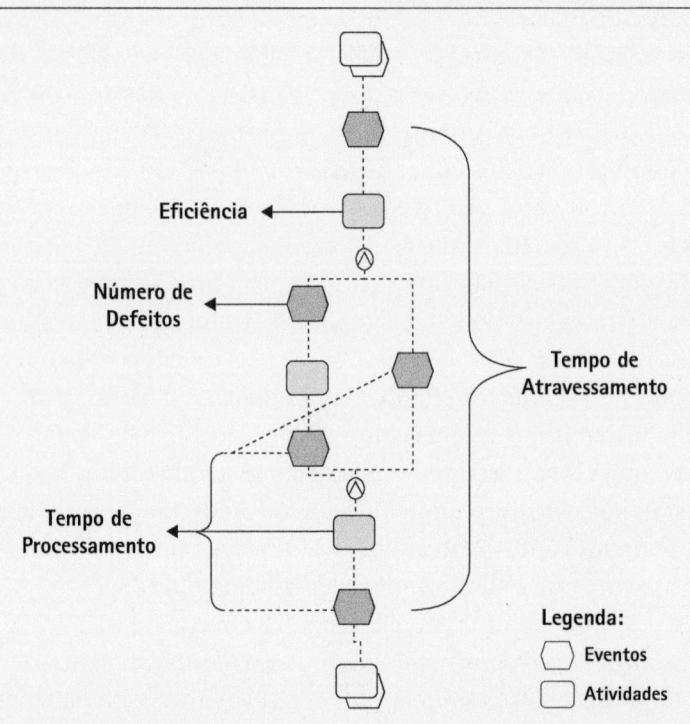

Figura 2.11 Exemplos de indicadores de desempenho de processos[59]

ao alcance de objetivos e resultados dos processos. A efetividade está relacionada à capacidade de se prestar um determinado serviço de acordo com as expectativas e percepção de valor do cliente final ao longo do tempo, ou seja, está associada à sustentabilidade no longo prazo. A eficácia está relacionada à capacidade de se prestar um determinado serviço de forma a alcançar as metas para ele estipuladas, pela organização ou por agentes externos; e a eficiência está relacionada à capacidade de se prestar um determinado serviço minimizando a utilização de recursos (podendo esses recursos serem entendidos como tempo, capital, trabalho etc.), assegurando a conformidade e o atendimento dos prazos[60].

2.3.5 Competências e processos

Cardoso[61] destaca que, conforme evoluem as tecnologias de gestão e produção, bem como as práticas profissionais e sociais, o papel do homem nas organizações se modifica. Uma das causas deste processo de mudança, em particular, é que cada vez mais tarefas têm sido automatizadas e delegadas a sistemas físicos. Há também o aumento da complexidade e dinâmica dos negócios, as pressões socioambientais, a sofisticação dos hábitos de consumo, entre outras. Assim, no longo prazo, pode-se dizer que pessoas tendem a se dedicar cada vez mais a tarefas de natureza complexa e/ou criativa. Em síntese, é possível afirmar que há em curso um processo acelerado de intelectualização da mão-de-obra e que, futuramente, o papel das pessoas na organização será efetivamente distinto dos demais recursos. No limite das possibilidades de automação, os seres humanos irão apenas pensar, aprimorar e orientar a execução dos processos organizacionais.

Sendo assim, defende-se que a gestão dos recursos humanos precisa acompanhar essas transformações. Certos autores buscam posicionar a gestão de RH nas dimensões técnica, restrita à prestação dos serviços básicos, e estratégica, que envolve a prestação desses serviços de maneira a respaldar diretamente a transformação e a evolução da organização. Contudo, na prática, suprir a organização com pessoas cada vez mais capazes de aprimorar e/ou realizar os processos tem se mostrado um desafio não-trivial de ser executado pelas funções tradicionais de RH.

Para que a organização ganhe competitividade e sobreviva às exigências do ambiente contemporâneo, mais complexo, diversificado e dinâmico, é fundamental a utilização de uma abordagem processual na sua gestão – em todas as suas instâncias, inclusive no planejamento de RH. Assim, "a gerência de recursos humanos afeta a vantagem competitiva em qualquer empresa, através do seu papel na determinação das qualificações e da motivação dos empregados e do custo de contratação e do treinamento. Em algumas indústrias, ela é a chave para a vantagem competitiva"[62].

Há controvérsias sobre o termo "competências" na literatura. Tal polêmica explica-se na complexidade do próprio conceito, já que a competência de um indivíduo é significativamente circunstancial, depende de sua história ou de seu conhecimento pessoal acumulado – o que estudou, o que viveu, que valores absorveu, que características físicas adquiriu, entre outros –, de sua vontade – ou de seu livre arbítrio para determinar o esforço a ser empreendido –, do ambiente organizacional percebido e das características específicas da situação em que a tarefa será executada. Como exatamente todas essas variáveis se combinam para determinar a competência manifestada e, conseqüentemente, o desempenho alcançado pelo indivíduo na execução da tarefa é algo ainda misterioso[61].

Assumindo-se que a competência de um indivíduo é sua capacidade de agir intencionalmente para executar certa atividade e, conforme as circunstâncias, alcançar resultados que, de modo geral, já são esperados, a questão em pauta para a gestão dos processos seria assegurar que essas competências existam e se manifestem quando necessário, visto que dependem da vontade do indivíduo. Assim, o ponto de fundamental interesse da gestão de competências é saber como gerir essas competências por processos de modo que todas suas atividades estejam providas da devida competência e que se possa alcançar os resultados esperados no sistema produtivo como um todo[61].

Muitos métodos de gestão de competências classificam as dimensões de competência do indivíduo em conhecimento, atitude e experiência. Os dois primeiros podem ser medidos em termos de proficiência (alto, médio alto, médio, médio baixo e baixo), o terceiro pode ser expresso, por exemplo, em termos de período de tempo ou pela quantidade de vezes que indivíduo exerceu a atividade.

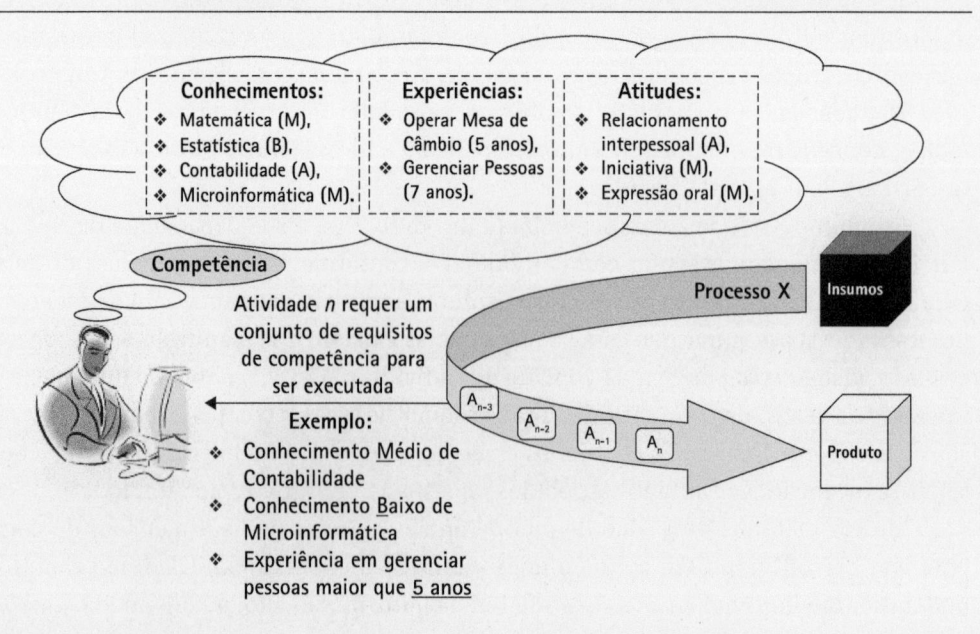

A Figura 2.12 ilustra o modelo geral da Gestão de Competências por Processos – GCP, e exemplifica a natureza das avaliações de necessidade e disponibilidade das dimensões da competência – conhecimentos, experiências e atitudes. Ainda em relação às dimensões, observa-se que elas são particulares e, assim, não é conveniente compará-las matematicamente entre si. A figura expõe também a possibilidade de relacionamento das dimensões de competência com "n" atividades de "N" processos e, portanto, generaliza o modelo para um sem número de situações produtivas.

"A competência é um fenômeno que se manifesta intencionalmente diante da necessidade de se executar uma tarefa. Os processos são uma estrutura para a ação, ou seja, um conjunto articulado de atividades recorrentes com finalidades específicas que, quando atribuídas a alguém, são denominadas tarefas. Assim, processos e competências são, na verdade, dois lados da mesma moeda, já que as competências que devem se manifestar correspondem perfeitamente às atividades que precisam ser executadas e que requerem intervenção do homem."[61]

O método proposto para a gestão de competências por processos pode ser visto no esquema apresentado na Figura 2.13. Ele envolve as etapas de elaboração

Figura 2.12 Modelo esquemático da correlação entre os "requisitos de competência" de uma atividade e sua disponibilidade nos indivíduos[61]

Figura 2.13 Método genérico de implantação da gestão de competências

[Diagrama circular com 7 nós: 1. Árvores de Competências (centro); 2. Mapeamento de Necessidades; 3. Mapeamento de Disponibilidades; 4. Tratamento e Análise dos Dados; 5. Planejamento de Capacitação; 6. Capacitação; 7. Avaliação e Aprendizado]

da árvore preliminar de competências; levantamento dos conhecimentos necessários para realizar os processos; levantamento dos conhecimentos disponíveis na organização; tratamento e análise dos Dados; planejamento de treinamento (ou capacitação); capacitação; e avaliação e aprendizado. Um dos resultados mais importantes do estudo realizado com a aplicação do método é que as soluções apontadas por cada uma das abordagens, por função ou por processos, são bastante distintas.

2.3.6 Informação e conhecimento com processos

Os dados, as informações e os conhecimentos têm significativa importância para a gestão de processos. Eles estão em fluxo e também são estocados ao longo dos processos. O fluxo se vincula à coordenação do processo e aos estoques; além de ser uma forma de coordenação, permite que a organização aprenda.

Um dado pode ser definido como um "registro estruturado". Quando o dado está isolado ou ausente de contexto inteligível, ele não se converte em uma "mensagem com relevância e propósito" para uma pessoa. Ou seja, apesar de o dado ser passível de tratamento por sistemas computacionais e, por conseguinte, capaz de induzir ações automáticas de diversas naturezas, ele não cria informações para os trabalhadores agirem. Assim, quando contextualizado, o dado adquire um significado (emitido) e pode se tornar uma informação para aquelas pessoas que forem capazes de interpretar a linguagem na qual está codificado. O indivíduo assimila a informação por processos cognitivos complexos que implicarão em maior ou menor grau de modificação do significado original e do conjunto de crenças que ele possui. O significado interpretado daquela informação se transforma numa crença individual, ou seja, se converte em um conhecimento pessoal. Quando Platão define que o conhecimento genuíno é "crença verdadeira justificada", ele trata de excluir desse conjunto genérico de crenças aquelas que não são verdadeiras e, portanto, que mantém o indivíduo em estado de ignorância total sobre a realidade (verdade) em questão. E também exclui aquelas que, apesar de verdadeiras, ele não consegue compreender completamente e, por conseguinte, tem dificuldade para justificar as razões de suas crenças em bases científicas e dificuldade para lidar com elas de modo proficiente e útil no trabalho.

Cardoso[61] relaciona dados, informações e conhecimentos aos processos ao ilustrar essa relação na Figura 2.14 e ao afirmar que "não se pode deixar de perceber que cada uma dessas dimensões traz contribuições específicas a cada tipo de ação que toma parte durante a execução dos processos. Enquanto o emprego de recursos humanos (pessoas)

Figura 2.14 Os tipos de conhecimento organizacional correlacionados aos tipos de ação que eles suportam (as retroalimentações foram omitidas para facilitar a interpretação)[61]

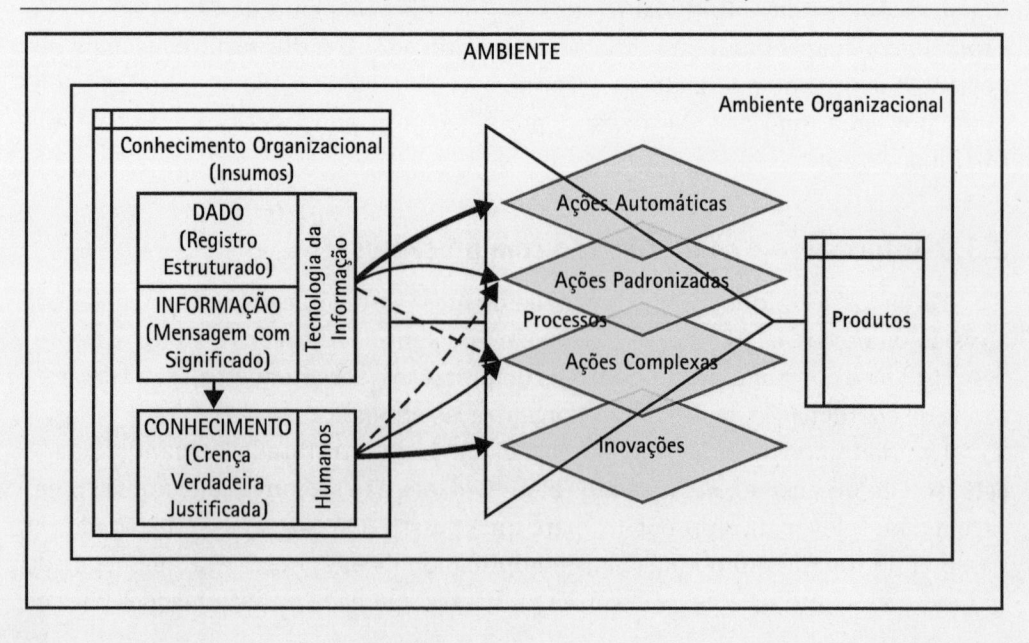

tipicamente possibilita ações inovadoras e complexas, os sistemas físicos permitem a automação e a padronização de ações passíveis de modelagem".

A maior disponibilidade de tecnologia da informação e o aumento contínuo da complexidade do trabalho humano, entre outros fenômenos que vêm se intensificando, exigem que as empresas se posicionem sempre à frente da demanda por competência, tomando decisões estratégicas de capacitação com vistas a conduzir tanto as atividades de rotina quanto as de mudança, de modo a incorrer sistematicamente em melhorias de desempenho. Uma pesquisa realizada pela Cambridge Information Network – CIN, via Internet, junto a executivos da área de TI de empresas espalhadas por todo o mundo – indica que:

1) Mais de 90% dos executivos que responderam à pesquisa (307 CIOs – Chief Information Officers) pensava em aumentar o uso de "ferramentas de apoio à gestão de conhecimento" (*knowledge tools*) como *intranet*, *data warehouse* e repositórios de documentos até 2002.
2) Apenas 8% têm iniciativas de gestão do conhecimento em andamento em sua empresa.

Nesse sentido, as organizações vêm sendo pressionadas a tomar decisões de construção de capacitações com maior freqüência, seja para melhor executar os processos rotineiros, seja para melhor conduzir os projetos internos de melhoria. Em todas as situações, percebe-se uma crescente atenção dispensada à capacidade de aprendizado da organização como uma fonte importante de obtenção sistemática de melhorias de desempenho para a empresa. Nesse contexto, a valorização dos ativos de conhecimento das organizações cria um novo mercado, em que as organizações disputam pelos recursos humanos de maior competência.

Recentemente, em função dessas e de outras transformações pelas quais passa o mundo empresarial, a gestão do conhecimento tem ocupado um lugar de destaque crescente entre as prioridades das organizações.

Sobre a relação processos e conhecimentos, há duas afirmativas. Na primeira, os modelos (que descrevem os processos) resultantes de uma ação de gestão de processos são uma importante forma de explicitar o conhecimento organizacional sobre a forma através da qual a organização realiza seu trabalho. Na segunda, os modelos são um importante referencial para o desenvolvimento de uma ação de gestão do conhecimento orientada por processos. Para o primeiro caso, a explicitação dos processos passa por assumir que o fluxo do processo, representado em modelos, pode ser capturado, salvo e reutilizado. Para o segundo caso, os conhecimentos utilizados para a execução dos processos podem ser levantados durante a modelagem de processos, permitindo assim a identificação das estruturas de conhecimentos da organização, estudos de *GAPs* e elaboração de programas de treinamento e capacitação.

O desdobramento dessa aplicação para os processos pode se dar em dois momentos principais. O primeiro será logo após o diagnóstico dos problemas do processo, quando, a partir dos processos atuais, em uma intenção de redesenho, devem ser identificados conhecimentos necessários e disponíveis. O segundo se dá quando é definida uma nova sistemática para os processos. Nesse último caso, o foco da aplicação estará em identificar os novos conhecimentos que serão necessários aos novos processos e cruzar estas informações contra a disponibilidade de conhecimentos, ou estoque, e, assim, elaborar e desenvolver programas de capacitação. Isso pode, e deve, ser feito dentro do contexto da gestão de competências por processos, como já comentado neste texto.

Durante a fase de implantação dos novos processos, os treinamentos devem ser desenvolvidos para habilitar a utilização dos conhecimentos sobre os processos atuais ou futuros. A decisão sobre se serão utilizados processos atuais ou futuros se dá em função do momento em que a ação da gestão do conhecimento ocorreu no projeto. As tecnologias de gestão de conhecimento mais freqüentemente utilizadas estão a seguir destacadas:

- Gestão de conteúdo (gerência eletrônica de documentos, repositórios ou bases de conhecimento etc.) – é uma tecnologia importante de gestão do conhecimento explícito, uma vez que disponibilizam os documentos necessários à execução dos processos.
- Tutoria e *coaching* – tais métodos consistem no compartilhamento de conhecimento entre indivíduos, tal qual nas relações mestre-aprendiz que podem ser alavancadas pela tecnologia da informação.
- Comunidades de prática – tais comunidades consistem em verdadeiros "grupos de estudo", porém estabelecidos de forma voluntária e com vistas a resolver problemas específicos ligados a uma área da conhecimento. O forte apoio da TI tem permitido que essas comunidades se estabeleçam remotamente, aumentando a flexibilidade de seus participantes.
- Portais de conhecimento – os portais de conhecimento dependem da habilidade da organização de identificar alguns conhecimentos explícitos críticos e disponibilizá-los através da Internet.
- Mapas de *expertise*, páginas amarelas de profissionais e *peer-to-peer* – tais técnicas se destinam a identificar nas organizações os profissionais de notório saber em determinadas áreas do conhecimento, tecnologias específicas, práticas operacionais ou gerenciais etc.; de modo a possibilitar que os mesmos possam ser acionados quando seus conhecimentos forem requisitados na execução dos processos.
- Gestão de competências – a tarefa do gestor seria zelar para que a probabilidade de realização de cada tarefa seja a maior possível, mantendo sempre um funcionário qualificado para sua execução pronto para executá-la.

2.3.7 Tecnologia da informação e processos

Ao longo do tempo, a relação entre processos e tecnologia da informação tem sido mais e mais explorada e sua importância tem crescido. Basicamente, a tecnologia da informação dá suporte à coordenação das atividades dos processos, mas seu papel tem sido continuamente ampliado para apoiar o projeto ou desenho de processos, criar e registrar o conhecimento sobre os processos e para a própria gestão dos processos no dia-a-dia. Atualmente, os processos têm sido vistos como uma forma de integrar as linguagens dos profissionais que tem visão de negócios e dos profissionais com visão tecnológica, em especial aqueles que têm visão de tecnologia da informação.

A TI possibilita que as competências funcionais mantenham-se agrupadas (com todas as vantagens afetas à sinergia de recursos humanos, à concentração de conhecimentos em determinado campo, às características culturais decorrentes dos perfis formativos etc.), realizando a integração dos fluxos de informação entre os processos que permeiam essas áreas funcionais, viabilizando crescentemente a gestão por processos. De modo crescente também viabilizam alternativas estruturais que prescindem da segmentação funcional[63].

São vários os impactos das redes de comunicação sobre os processos. Dentre eles, se destacam:
- Horizontalização da organização e, no limite, da cadeia de suprimentos pela integração dos Sistemas Integrados de Gestão (SIG).
- Redução dos problemas advindos da separação geográfica de clientes, fornecedores, outras unidades da empresa, governos etc..
- Facilitação do processo de tomada de decisão pela facilidade de disponibilização da informação.
- Descentralização da tomada de decisão na empresa.
- Aumento substancial da capacidade de comunicação da empresa, das pessoas, das comunidades.
- Disponibilização em tempo real (ou quase) da informação por todo o sistema de produção, integrado, do fornecedor ao cliente.
- Acompanhamento dos sinalizadores e da evolução dos indicadores importantes para a organização, apoiado pelos sistemas de inteligência do negócio.
- Montagem de estruturas ágeis de suporte a clientes.
- Montagem de estruturas de *marketing* e vendas mais ágeis, mais eficientes, atuando de forma compatível com a capacidade de produção da empresa.
- Facilidade de abertura de canais de comunicação com clientes, fornecedores, governos, institutos de pesquisa, universidades etc.

Esses impactos ressaltam as características do tipo de organização, o que leva à necessidade de se pensar processualmente as atividades ou funções da empresa, permitindo ou obrigando uma contínua revisão ou adaptação dos processos[64]. Isso reforça a relação entre a construção da visão por processos e a aplicação dessa TI. Em outras palavras, é cada vez mais difícil pensar o funcionamento de uma organização sem entender seus processos sob uma visão horizontal, não estritamente funcional e vertical. É cada vez mais difícil realizar o grau de integração de fluxos de informação demandado pela competitividade do ambiente sem essa visão e sem o apoio dessa TI. Por fim, é cada vez mais difícil conceber, selecionar, implantar, operar, manter e desenvolver sistemas que apóiam processos que rodam em ambiente dinâmico e crescentemente orgânico entre atores sem o apoio da TI[63].

Atualmente, há grande difusão dos Sistemas Integrados de Gestão (SIG) do tipo ERP. Esses sistemas têm se integrado mais e mais à cadeia. Essa integração é, na verdade, a integração dos processos de negócios entre organizações distintas. A Figura 2.15 representa a cadeia de valor agregado do sistema R/3 para ilustrar a integração de processos entre duas organizações.

O objetivo dos SIGs é tornar possível a gestão global da empresa, realizando o ERP (Enterprise Resource Planning) e procurando gerir toda a cadeia logística de suprimento (*supply chain*), o relacionamento com os clientes e fornecedores e o desenvolvimento de produtos e serviços.

Figura 2.15 Integração de processos entre em ERPs[25]

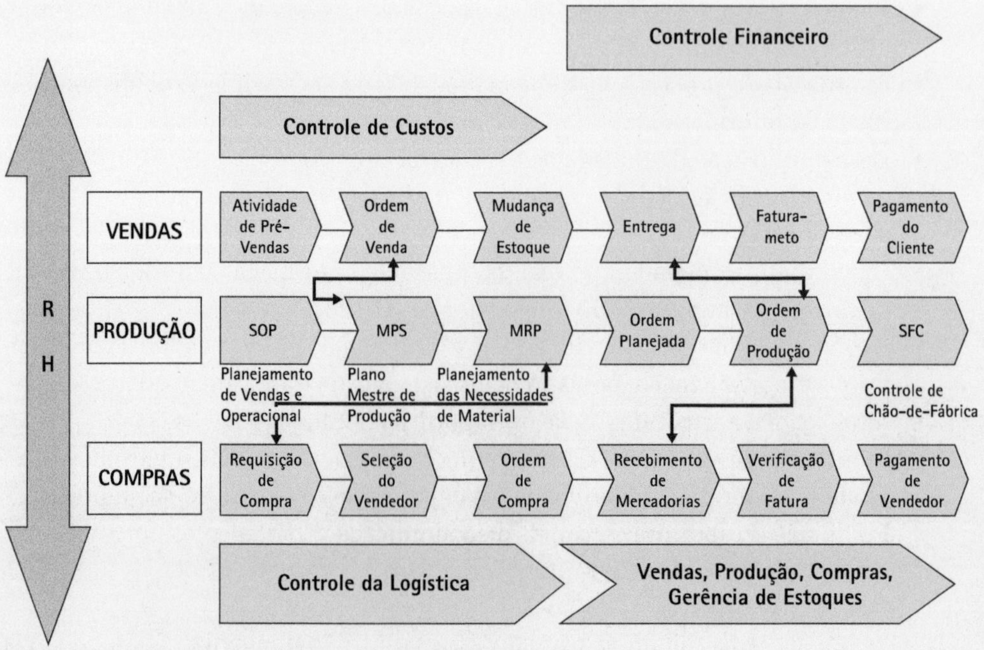

Essa integração dos processos com forte apoio de sistemas para além das fronteiras organizacionais tem forçado uma maior colaboração entre os atores da cadeia e entre cadeias. A busca por integração, que no meio da década de 80 objetivava a quebra das barreiras entre as áreas funcionais da organização, passa pela orientação por processos dessas organizações, chegando na integração entre organizações, em que as organizações operam (e existem) cada vez mais em redes organizacionais.

Há uma arquitetura para a engenharia de processos que reforça a intenção de integrar a visão de negócios com o desenvolvimento e a disponibilização de sistemas[65]. A estrutura possui cinco níveis: Engenharia de Processos; planejamento e controle de processos; controle de fluxo de trabalho (*workflow control*); sistemas aplicativos; e estrutura. A Figura 2.16 apresenta essa estrutura, descrita a seguir.

Vernadat[11] propõe o que seria uma estrutura para a engenharia empresarial como uma disciplina. A proposta é voltada para organizações de manufatura, podendo ser aplicada às organizações de outra natureza, e é composta pelos seguintes elementos ou ambientes: ambiente de engenharia empresarial, instalação de sistemas de informação (desenvolvimento ou compra e teste) e ambiente de operação da empresa. Essa estrutura também reforça a relação entre a tecnologia da informação e os processos.

Figura 2.16 Arquitetura para processos de negócios/ HOBE – (ARIS-House of Business Engineering)[65]

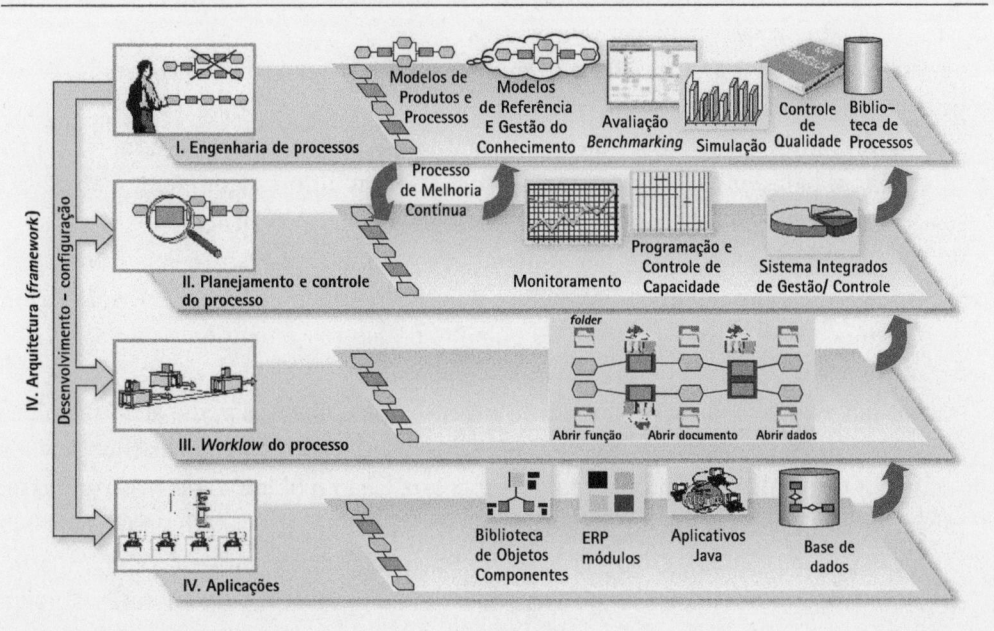

O primeiro elemento supõe que a arquitetura aberta de CIM e a modelagem/definição de requisitos, de especificação e de análise de processos de negócios são as grandes questões para a proposição dessa nova disciplina. O objetivo dessa disciplina passa pela construção de sistemas integrados e modulares de manufatura de forma a atender aos requisitos dos usuários, projetar seus processos de negócios, suportar o projeto e a análise de sistemas de informação, selecionar entidades funcionais (recursos) a serem instaladas, prever o desempenho do sistema e, finalmente, automatizar a produção de códigos do sistema de informação a ser implantado.

A estrutura se propõe a cobrir todas as fases de desenvolvimento de um sistema, desde o planejamento estratégico até a instalação do sistema, isto é, indo da definição de requisitos, projeto da especificação, projeto preliminar e detalhado, descrição da implementação até a instalação e a operacionalização. A Figura 2.17 resume o conceito e provê uma indicação dos tipos de análises que podem ser desenvolvidos em cada estágio.

O projeto de sistemas de informação, desenvolvido a partir dos processos, pode, com maior facilidade, passar informações através das principais unidades de negócio de uma organização. A premissa de que o sistema de informação está orientado pelos processos traz vantagens como a possibilidade de se evitar sistemas redundantes, a utilização de base de dados integradas e a maior eficiência nos processos. Essa noção assume que um processo, antes de ser informatizado, seja por desenvolvimento ou implantação por customização, deve ser melhorado. Embora seja prática corrente, não faz sentido, informatizar atividades obsoletas, ineficientes e com problemas históricos. Essas implantações do sistema sem a reorientação dos processos levam à cristalização dos erros.

Essa aplicação é historicamente muito associada à gestão de processos. A intenção de projetar sistemas, a partir de processos, é bem conhecida. As Figuras 2.16 e 2.17 apresentam arquiteturas que representam essa intenção. Contudo, ainda há muitas dificuldades nessa passagem/integração. Alguns autores argumentam que essa passagem pode ser – e está sendo – melhorada pela componentização de processos e pelos sistemas pré-configurados/generalizados[66]. Há um desafio entre esses dois mundos, de processos, com lógica de negócio, e da informação, com viés de tecnologia; há necessidade de maior integração com o objetivo de reduzir o tempo da passagem dos processos para os sistemas de informação.

Destaca-se ainda que a fase de levantamento dos processos pode, segundo algumas metodologias, ser acompanhada do levantamento das informações (não apenas dos fluxos) utilizadas em cada etapa do processo. Caso o objetivo do projeto passe, também, pelo desenvolvimento (em nível de análise e programação) de um sistema de informação, ele poderá envolver uma fase de estruturação das informações através de modelagem de dados. Nesses casos, torna-se oportuno o uso de metodologia de modelagem de sistemas com utilização de casos de uso, regras de negócio e re-

Figura 2.17 Arquitetura/princípios para engenharia empresarial[11]

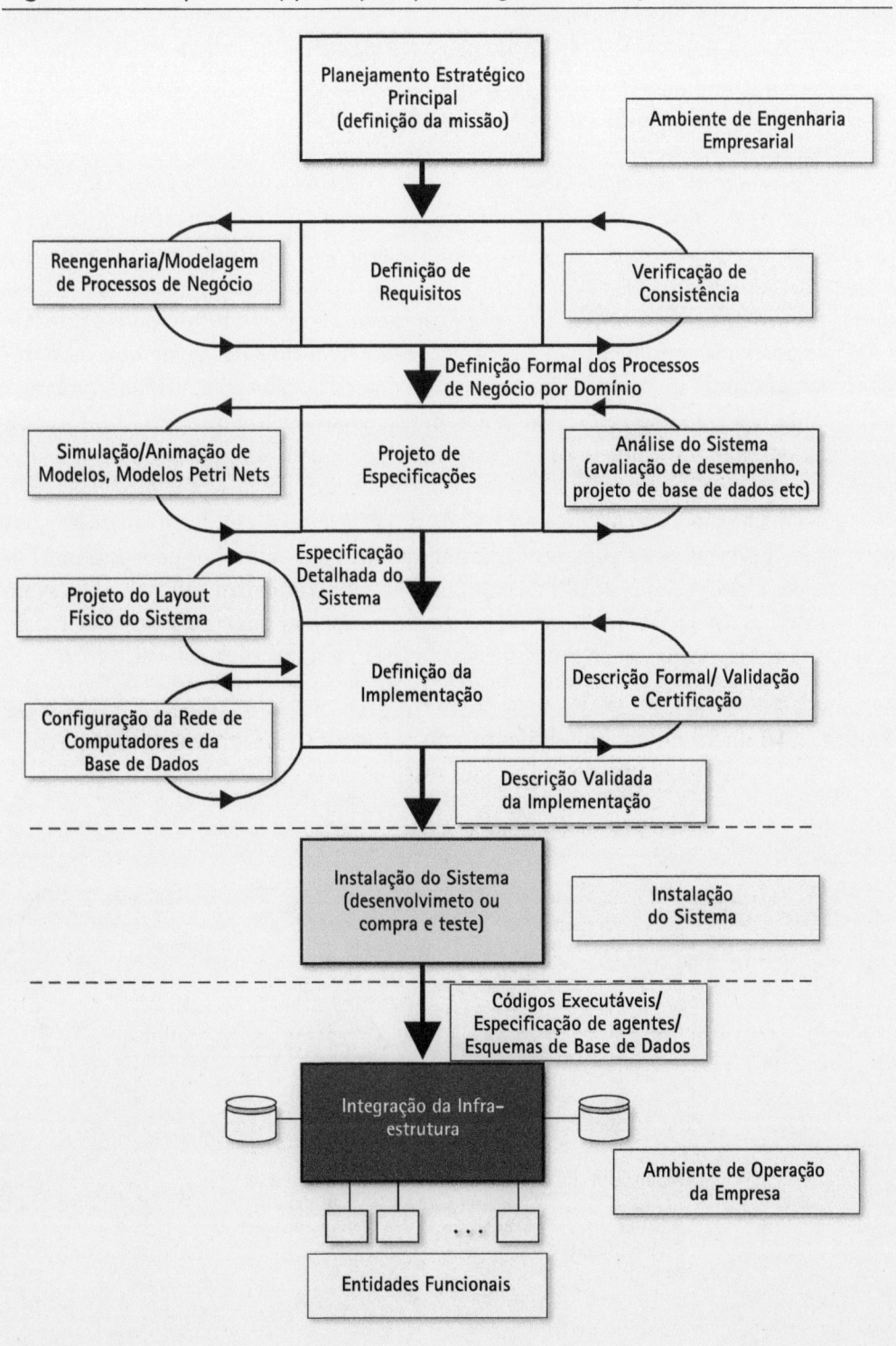

quisitos de sistemas. Atualmente, essa forma de desenvolvimento tem conseguido êxito com o uso de uma mesma linguagem, a BPMN – Business Process Management Notation. As propostas de integração entre negócios e tecnologia de informação via processo, contudo, parecem ter despertado maior interesse no mercado norte-americano com o conceito de sistemas de gestão de processos (BPMS – Business Process Management System).

Os sistemas de gestão de processos possibilitam às organizações modelar, disponibilizar e gerenciar processos críticos para sua missão. Esses processos podem estar distribuídos entre múltiplos aplicativos da empresa, departamentos corporativos e parceiros de negócio[8]. Os códigos de *software* não podem ou não conseguem refletir os processos e se tornaram difíceis para gerenciar ao longo do tempo e conforme há necessidade de mudanças nos processos. Alguns autores destacam que seria impossível para programadores lidarem com processos transversais, se não mudarem a lógica de desenvolvimento de sistema. Essa lógica, atualmente, está baseada ou centrada em códigos e deve mudar para uma lógica centrada em processos, como representado na Figura 2.18.

Essa discussão reforça a necessidade da integração ou da tradução de linguagens para projetar processos e sistemas de informação[4]. Um dos caminhos para essa integração tem sido as linguagens de BPMN e BPEL, o desenvolvimento e o uso de componentes de sistemas integrados a componentes de processos e as iniciativas de definição de Arquiteturas Orientadas por Serviços (Service Oriented Architecture – SOA)[25].

Figura 2.18 Ciclo de desenvolvimento de *software* centrado em códigos *versus* centrado em processos[8]

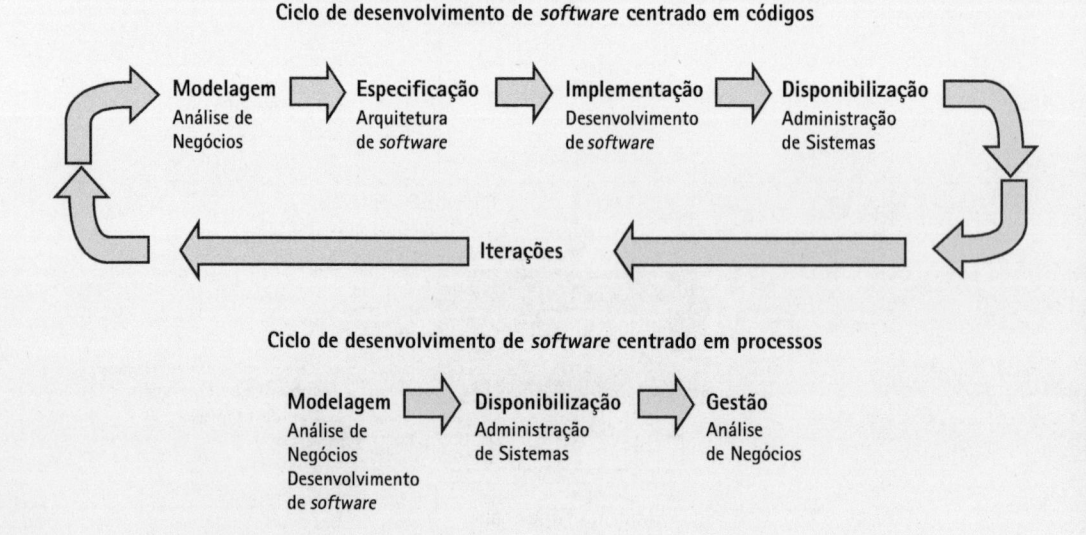

O uso de componentes de processos está ilustrado pela Figura 2.19. Nesse caso, há uma biblioteca de processos que pode ser acessada e reutilizada para agilizar o projeto dos processos e promover a integração com os componentes dos sistemas de informação.

A componentização dos processos pode ser suportada por modelos de referência. Os modelos de referência para sistemas de informação estão gradativamente incorporando lógicas orientadas por processos. Esses modelos são úteis para suportar a construção de outros de modelos.

A Figura 2.20 demonstra a integração de vários sistemas na cadeia de suprimentos e internamente à organização, e tem como mérito "ver" os sistemas por uma ótica de processos e não a partir da típica visão funcional das organizações.

A Arquitetura Orientada a Serviço (ou Service Oriented Architecture – SOA) se posicionou como a próxima fase na evolução da automação do negócio. Da mesma forma que os sistemas baseados em *mainframe* foram sucedidos por aplicações cliente-servidor e que esse ambiente então evoluiu para soluções distribuídas baseadas na tecnologia Web, a SOA, orientada a serviços, está sucedendo as tradicionais arquiteturas distribuídas em uma escala global[63].

Figura 2.19 Componentização de processos[25]

COMPONENTIZAÇÃO DE PROCESSOS: Dois processos componentizados acessando um mesmo componente em um dado momento

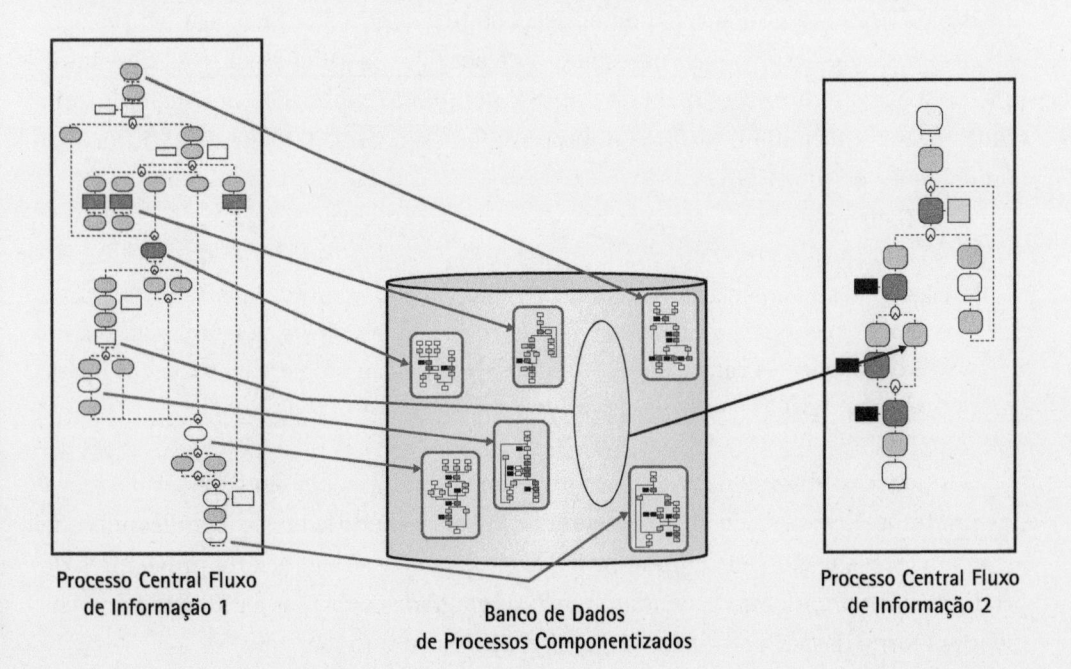

Processo Central Fluxo de Informação 1

Banco de Dados de Processos Componentizados

Processo Central Fluxo de Informação 2

Figura 2.20 Arquitetura integrada de sistemas e a cadeia de suprimentos[25]

| Fornecedor (matéria-prima produtos intermediários) | Apresentação (Portal *Web-based*, Interface Única, Personalizada) — Aplicações (Sistemas Integrados de Gestão) — Gestão de Competências e do Conhecimento – KM — Inteligência do Negócio – BI — *DataMining* – DM / *DataWarashouse* – DW / EIS / BSC / etc. — Gestão da Cadeia de Suprimentos – SCM — Gestão do Relacionamento com o Fornecedor SRM / Gestão dos Recursos Empresariais ERP / Gestão do Relacionamento com o Cliente CRM — Gestão do Ciclo da Vida do Produto – PLM — Sistemas de Automação do Processo – WF + GED — Infra-estrutura de Integração de Aplicações (Middleware, EAI, padrões) | Clientes (pessoa jurídica – B2B ou pessoa física B2C) |

INTEGRAÇÃO

Uma SOA pode ser entendida como uma arquitetura de *software* que é baseada em conceitos chaves (ou artefatos) referentes ao conjunto de telas acessadas pelo usuário da aplicação ou serviço de aplicações (*frontend* de aplicações), ao serviço, ao repositório de serviço e ao barramento de serviços (service bus). A definição de um serviço inclui a necessidade de entendimento e formalização por meio de "um contrato, uma ou mais interfaces e uma implementação". A Figura 2.21 indica os componentes de uma SOA.

Para Bieberstein[63]:

> Uma arquitetura orientada a serviço (SOA) é um *framework* para a integração de processos de negócios e para o suporte da infra-estrutura de tecnologia da informação que faz uso de componentes padronizados – serviços – que podem ser reusados e combinados de forma a endereçar as mudanças das prioridades do negócio.

Os negócios diferenciam-se dos competidores por associarem serviços em torno dos produtos. Esses serviços estão cada vez mais "comoditizados", significando que as organizações estão se tornando provedores de serviços em vez de provedores de produtos "Consumidores demandam novas e integradas soluções e diferenciados serviços em torno desses produtos *commodity*", acrescenta Bieberstein[63].

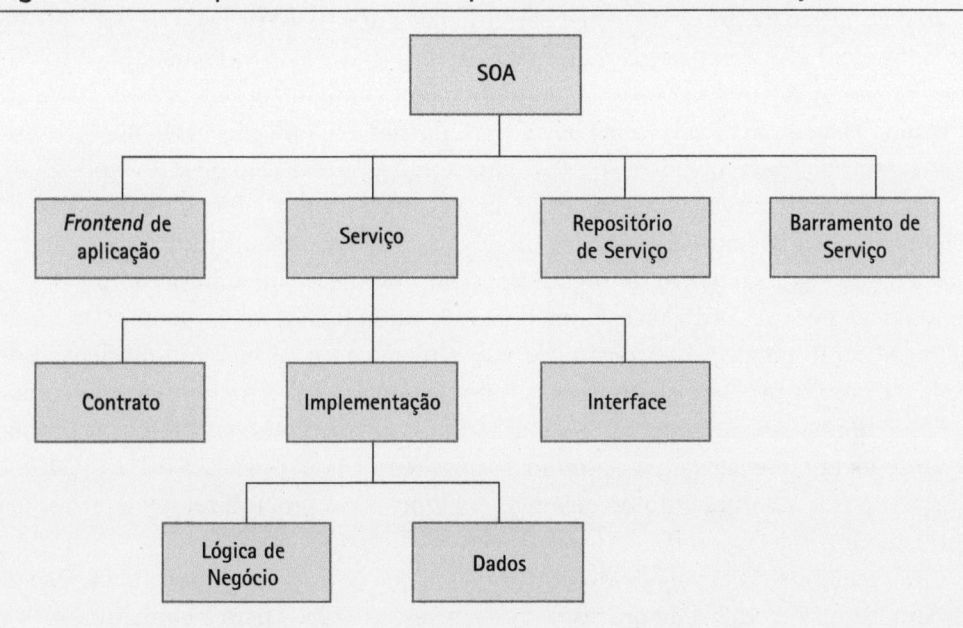

Figura 2.21 Componentes de uma arquitetura orientada a serviço[63]

```
                    SOA
         ┌───────────┼────────────┬─────────────┐
    Frontend de   Serviço    Repositório   Barramento de
    aplicação                 de Serviço     Serviço
                  ┌────────────┼────────────┐
              Contrato    Implementação   Interface
                          ┌────────┴────────┐
                      Lógica de          Dados
                      Negócio
```

Os componentes de uma SOA podem ter correlações entre a "estrutura arquitetural" e a gestão estratégica de serviços: a SOA é orientada a processos, a gestão de serviços (de negócio) pode (e deve) ser pensada processualmente; um "serviço de TI" guarda (ou deve guardar) uma correlação direta com um "serviço do negócio"; um contrato de serviço (de TI, na SOA) provê a especificação informal do propósito, da funcionalidade, das restrições e do uso do serviço (de TI); essa especificação é associada ao processo que o serviço (de TI) ajuda a realizar.

A relação entre SOA e processos é reforçada pela constatação de que a granularidade do componente de *software* está relacionada à visão processual do negócio. Um serviço de TI é realizado por um ou mais componentes de software. Esse serviço de TI realiza, portanto, um processo ou conjunto de processos de negócio em alguma granularidade definida (em função da "reusabilidade")[63]. Logo, um serviço "de negócio" (ou parte "instanciável" de um serviço, em termos de *inputs* e *outputs* bem definidos, entre outras características) pode ser realizado por um "serviço de TI" (realizado por um ou mais componentes de *software*). Por exemplo, o *outsourcing* de um serviço "de negócio" (na verdade, de um conjunto – unitário ou não – de processos). Assim, uma SOA tende a auxiliar, por suas características, a flexibilidade e a adaptabilidade de um negócio; a definição, implantação e operação de um serviço; a mensuração de sua eficiência (por exemplo, de um SLA, amarrado em contrato), entre outros fatores. Em resumo, ela pode auxiliar a gestão estratégica de um serviço com suporte e desdobramento sobre os processos.

Ainda dentro da relação entre processos e sistemas de informação, tem destaque o fato de a gestão de processos poder ser utilizada para apoiar as fases de pré-implantação, implantação e pós-implantação de Sistemas Integrados de Gestão (SIGs).

A estratégia para implantação, definida na pré-implantação de um SIG, definirá os objetivos a serem alcançados após a implantação e como eles serão atingidos de forma agregada. Assim, pode-se determinar, com menor margem de erro, o ponto ótimo para se adequar a organização aos processos intrínsecos e à forma de operação do sistema ou customizar esse ponto aos processos atuais da organização.

No caso da orientação da organização ao sistema, a engenharia de processos se aplica através da utilização de modelos de referência para explicar a forma de operação do sistema. A utilização dos modelos permite, ainda, a identificação de como seriam os processos suportados pelo sistema e de como configurá-los mais eficientemente. No segundo caso, em que o que se adapta é o sistema, a aplicação se dá no levantamento e no redesenho dos processos com posterior especificação e seleção ou desenvolvimento do sistema. A Figura 2.22 procura representar esquematicamente esse *trade-off*.

Dependendo da estratégia de implantação, que define a metodologia da fase de implantação, os modelos de processos podem ser utilizados para a configuração dos componentes do sistema e a identificação de mudanças necessárias. No caso da estratégia para adequação da organização ao sistema, os processos agilizarão a implantação. No caso da adequação do sistema à organização, o ganho não estará na redução do tempo, mas, sim, na manutenção dos diferenciais competitivos relacionados aos processos. Outro uso de destaque é o treinamento dos usuários finais baseados nos modelos de processos.

Na fase de pós-implantação, ou seja, quando o sistema já está em operação, os processos podem ser úteis para que a organização responda mais rapidamente às mudanças no ambiente competitivo ou para a percepção ou operacionalização de oportunidades de utilização não contempladas ou identificadas na pré-implantação e implantação.

No caso da necessidade de criação de uma nova unidade de negócio, ou mesmo a modificação de um processo já existente, a organização poderá utilizar os modelos para simular as modificações necessárias. Na criação de um novo processo, poderá,

Figura 2.22 Grau de adequação do sistema à organização[25]

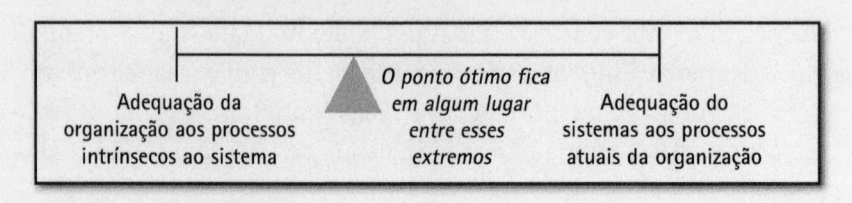

com mais aderência, identificar a integração do processo criado com os já existentes. Na modificação de um processo já existente, poderá utilizar o modelo para testar a melhor hipótese de modificação, usando, para isso, simulações.

Alguns sistemas integrados de gestão de maior porte/complexidade apresentam suas funcionalidades organizadas por processos. Ou seja, é possível, por exemplo, configurar as diversas tabelas acessando-as através dos processos dos quais fazem parte. Por exemplo, a atividade de dar entrada em um item externo no estoque de matéria-prima de uma indústria pode ser parametrizada através do processo geral de compra de insumos que, eventualmente, pode fazer parte do processo de gestão de materiais (ordens de compra). Essa característica de tais sistemas permite, entre outros, discutir as atividades inseridas em suas cadeias de processo, ou seja, abre espaço para uma visão integrada das atividades; comparar os processos existentes na empresa com os processos do sistema integrado (essa comparação pode fazer com que a empresa adote um novo processo ou um processo misto, caso a empresa decida pela manutenção do seu processo, alguma customização terá de ser feita); ter uma visualização facilitada de onde sistemas complementares (de seqüenciamento, gestão de documentos etc.), que realizam atividades não cobertas (ou não cobertas de forma completa) pelos sistemas integrados de gestão, se inserem e apóiam os processos da empresa.

Essa discussão é ampliada com a difusão ou expansão dos sistemas integrados para a gestão de toda a cadeia, do cliente aos fornecedores, passando por distribuidores, operadores logísticos etc., incorporando ferramentas de apoio ao relacionamento com clientes e de gestão ou otimização e planejamento da cadeia de suprimentos, entre outras. Talvez no uso de sistemas complementares se localize uma importante possibilidade de diferencial competitivo entre empresas operando processos semelhantes suportados por sistemas integrados de um mesmo fornecedor ou com processos *"best in class"* semelhantes, reduzindo a convergência competitiva. A Figura 2.23 representa as abrangências crescentes entre os conceitos/sistemas de administração da produção *computer integrated manufacturing* (CIM), *enterprise resources planning* (ERP) e *supply chain management* (SCM), que impactam em complexidade a realização da visão processual. Essa imagem atualmente tem sido complementada com mais um nível, que ressalta as organizações em rede.

Nesse caso, a gestão por processos ou a integração processual ganha dimensão e complexidade por transitar entre organizações diferentes, com diversas estruturas organizacionais, perfis de recursos humanos*, sistemas, plataformas informacionais etc., aumentando sobremaneira a dificuldade de modelagem e entendimento desses processos, de entendimento da cadeia de valor e, conseqüentemente, de implantação

---

* Caulliraux, em 1999, apresentou considerações sobre o perfil do gestor de sistemas integrados, que se torna mais necessário quanto maior a abrangência da integração de processos na cadeia de suprimentos.

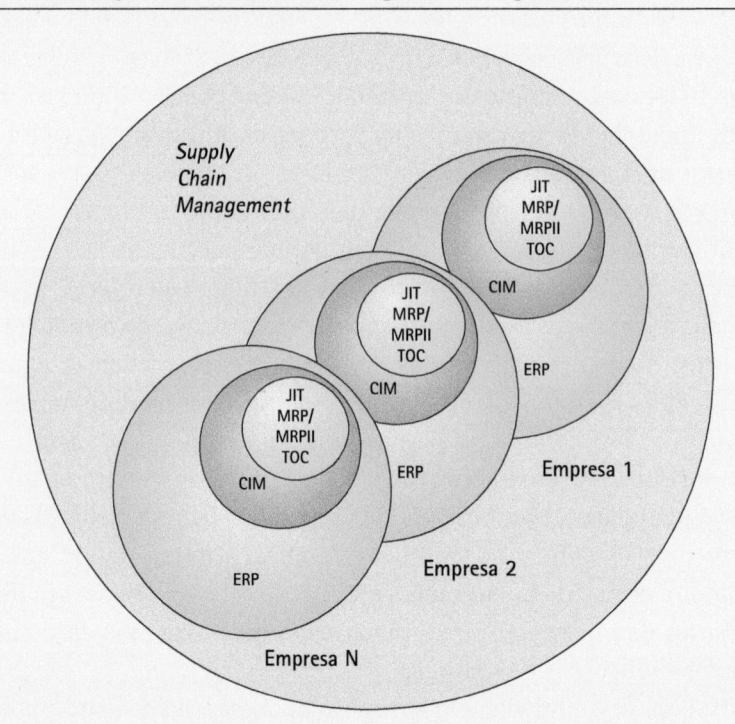

Figura 2.23 Evolução dos sistemas integrados de gestão[64]

dos processos e dos sistemas que os suportam ou habilitam. Também aqui, quanto maior a customização dos processos selecionados do sistema integrado, maior a complexidade de integração dos processos dentro da cadeia.

A Figura 2.24 compara, no eixo do tempo, quatro abordagens para implantação de um sistema integrado. A primeira assume integralmente os processos tais como eles operam no sistema integrado. Nesse caso, a Reengenharia dos processos e a posterior adequação dos sistemas aos processos revistos apresenta um *gap* metodológico ou de ferramental. A segunda está caracterizada pela realização da Reengenharia antes da implantação do sistema, o que aumenta o tempo de implantação. A terceira procura tornar minimamente paralela a (re)construção dos processos e a implantação, tornando mais curtos os ciclos de *feedback* entre a implantação (e suas dificuldades) e os processos concebidos. A quarta busca unir "o melhor dos dois mundos", a partir da possibilidade de configuração de objetos do sistema integrado diretamente da modelagem de processos e alinhamento do redesenho com a implantação orientada e paralelizada do sistema.

Observa-se que, nesse caso, o *lead time* de implantação dos novos processos suportados pelos sistemas integrados é bastante reduzido. Essa perspectiva é mais

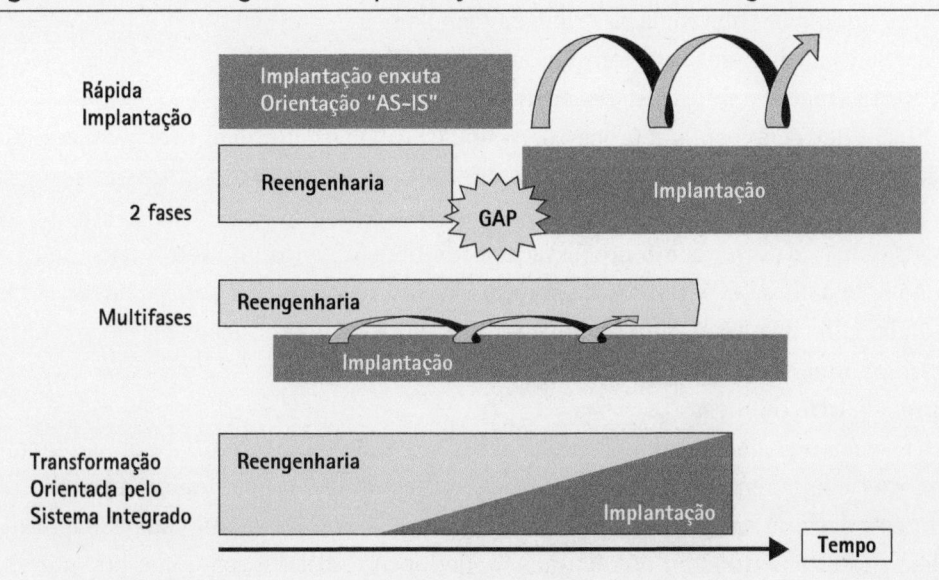

Figura 2.24 Abordagens de implantação de um sistema integrado[57]

Rápida Implantação	Implantação enxuta / Orientação "AS–IS"
2 fases	Reengenharia → GAP → Implantação
Multifases	Reengenharia / Implantação
Transformação Orientada pelo Sistema Integrado	Reengenharia / Implantação

Tempo →

importante quando se pensa a integração da cadeia de suprimentos e o rápido desenvolvimento e incorporação de técnicas/conceitos nas novas versões dos sistemas.

As aplicações *workflow* e GED são analisadas em conjunto através da explicitação de seus conceitos porque estão relacionadas às tecnologias de informação que apóia a gestão de processos, em especial na gestão do dia-a-dia. As tecnologias de GED e *workflow* estão relacionadas. O GED pode ser apontado como precursor da tecnologia de *workflow*. A primeira geração dos sistemas de GED pode ser chamada de passiva. Isso porque os sistemas de GED se comportavam como repositórios de documentos eletrônicos, que reagiam às solicitações dos usuários. A necessidade de um gerenciamento proativo de documentos eletrônicos levou a uma evolução desses sistemas, que hoje incorporam funcionalidades de roteamento de informações e automação de fluxos de trabalho. Alguns desses sistemas hoje possuem sistemas de *workflow* acoplados.

Para a implantação de sistemas de w*orkflow*, é necessário que os processos sejam identificados e, idealmente, redesenhados. Nesses projetos, a maior parte do tempo é gasta no levantamento e redesenho dos processos e o restante na implantação, propriamente dita, do sistema. Caso uma organização já tenha passado pela primeira fase, os esforços para a implantação desses sistemas serão bastante reduzidos.

A metodologia de modelagem também pode envolver o levantamento dos fluxos da documentação intra e inter organizações, permitindo, assim, que posteriormente eles sejam automatizados e gerenciados através de sistemas de gerência eletrônica de documentos – GED.

A tecnologia de *workflow* está, basicamente, relacionada à automação de processos de negócio. Ela se diferencia das demais tecnologias de automação por centrar-se na implementação de forma integrada das atividades. Em vez de automatizar diversas atividades de forma estanque, os sistemas de *workflow* permitem a integração entre todas as atividades que compõem um processo. Assim, facilitam e controlam o fluxo de informações entre elas e contribuem para o aprimoramento global de todo o processo.

Os sistemas de *workflow* não substituem as já tradicionais ferramentas de automação de escritório, como processadores de texto e planilhas eletrônicas, nem tão pouco os sistemas corporativos da empresa, como sistemas de contas a pagar, contabilidade, folha de pagamento, planejamento e controle de produção etc. Em vez disso, permitem uma utilização integrada dessas diversas ferramentas para a execução otimizada de todo o processo.

Os sistemas de *workflow* são definidos sob uma ótica proativa que gerencia o fluxo de trabalho entre participantes, de acordo com um procedimento predefinido, composto por um conjunto de atividades. Esse sistema coordena usuários e outros sistemas, juntamente com os recursos de dados apropriados, os quais podem estar disponíveis através do sistema ou *off-line*, para que alcancem objetivos bem definidos com prazo para conclusão.

Os processos de negócio podem ser classificados como passivos quando dependem exclusivamente da intervenção humana para sua execução[67]. Essa é a situação natural de um processo de negócio. A automação promovida pelos tradicionais sistemas de informação, na maioria das vezes, não modifica essa situação.

O sistema de *workflow* pode estar relacionado à gestão de indicadores de desempenho e ser programado para gerar relatórios periódicos contendo métricas sobre processos selecionados. Assim, o sistema permite uma visão detalhada do desempenho de processos que sejam considerados críticos e, também, fornece a base para iniciativas de melhoria dos mesmos.

A gestão eletrônica de documentos consiste no gerenciamento do ciclo de vida de informações documentadas, em mídias físicas ou eletrônicas, com uso de *softwares* e *hardwares* específicos. As informações podem ser encontradas nas seguintes formas: Voz (informações geradas na forma verbal que assumem importância no mundo dos negócios) texto (informações formais como contratos, planilhas e outros) e imagem (como mapas, fotografias, assinaturas e outros). São duas as grandes áreas que podem ser citadas no GED: o gerenciamento de documentos (*document management* – gerenciamento de documentos dinâmicos) e gerenciamento de imagens (*document imaging* – gerenciamento de documentos estáticos).

A modelagem de processos também se aplica para a organização de documentação técnica, seja como apoio à elaboração de normas, procedimentos, manuais ou como documentação para a certificação segundo normas como as ISO.

Box 2.1 Um exemplo de workflow

Há contraposição entre um processo não automatizado e um processo suportado pela tecnologia de *workflow*. Em um sistema de gerenciamento de estoques de material, por exemplo, um funcionário precisa, após o atendimento a determinada requisição de material, cadastrar os dados da requisição para que o sistema execute a baixa dos materiais retirados. Enquanto o funcionário não tomar a iniciativa de efetuar o cadastro, o sistema não será atualizado. Isso pode levar a um problema, como no caso em que um funcionário encontra-se sobrecarregado de tarefas e não chega nem a tomar conhecimento da nova requisição que se encontra em sua mesa, que pode, inclusive, ser urgente.

Com o auxílio de um sistema de *workflow*, a requisição de material poderia ser feita *on-line* pelo departamento interessado. O sistema de *workflow* poderia descarregar automaticamente os dados da requisição no banco de dados do sistema, ao mesmo tempo em que emitiria um aviso (via e-mail, por exemplo) para o funcionário responsável pela retirada do material, informando, inclusive, sobre a urgência da requisição. Caso o funcionário responsável não proceda ao encaminhamento do material requisitado até a data especificada pelo requisitante, o sistema de *workflow* poderia emitir novos avisos de alerta para o funcionário ou para o gerente responsável pelo processo, indicando o não atendimento ao pedido. Nesse caso, a implementação de um sistema de *workflow* tornou o processo ativo.

Outra característica importante de um sistema de *workflow*, que pode ser vista na definição apresentada anteriormente, é o fato de esse sistema poder "coordenar usuários e outros sistemas" na execução das atividades que compõem um processo de negócio.

A descrição dos processos através de modelos pode ser uma forma de orientar, manter a consistência e integrar a elaboração de documentos organizacionais. Esses tipos de documentação, especialmente os com finalidade de certificação, normalmente são abrangentes e extensos; portanto, devem ser orientados para que não percam a consistência e mantenham coerência entre si. Em relação às certificações, a modelagem permite a representação dos processos em diferentes níveis de detalhamento e acompanham as necessidades das normas ISO.

gestão de processos

BASES CONCEITUAIS

3

Os conteúdos deste capítulo são definições conceituais de processos e gestão de processos, elaboradas a partir de levantamento bibliográfico. As variações conceituais de orientação por processo, estrutura organizacional orientada por processos e gestão por processos também fazem parte deste capítulo, que ainda apresenta um quadro conceitual consolidado e suas implicações para a gestão de processos.

O desempenho das organizações modernas estabelece premissas relacionadas ao processo de globalização das economias, ao acirramento da competitividade e a uma crescente necessidade de capacidade adaptativa nas organizações. Essa afirmativa destaca que os processos de mudança são inevitáveis para as organizações que pretendem continuar existindo. É nesse contexto que se apresenta a gestão de processos como forma de dar resposta à necessidade de se adaptar ao ambiente externo, promovendo melhoria no projeto de processos, mas também coordenando os fluxos nas atividades dos processos no dia-a-dia e fazendo com que a organização aprenda continuamente a gerir seus processos.

Por outro lado, o entendimento dos referenciais conceituais que norteiam a definição do que envolve a gestão de processos varia significativamente e não permite uma definição clara. Comumente, os conceitos de processos, de visão por processos, orientação por processos, estrutura organizacional orientada por processos, gestão de processos e gestão por processos não estão claros, ou mesmo se confundem.

3.1 O que são processos

A entrada em um novo paradigma usualmente pode ser percebida pelo ciclo de discussões e publicações através da intenção de se definir os conceitos relacionados com esse paradigma. Na década de 90, muitos autores se dedicaram à definição do que seria um processo. No início da década seguinte, Scheer chegou a definir processo como sendo "um processo e ponto final". Sua intenção era reforçar que a questão tinha se encerrado e precisava avançar para outras questões. A seguir, serão apresentados vários conceitos de processos. O alto número de definições tem o objetivo de nortear o entendimento mais do que dar uma definição única e irrestrita.

Zarifian[7] apresenta, ao nosso ver, uma das melhores definições para processos, que pode ser assim adaptada: uma cooperação de atividades e recursos distintos voltados à realização de um objetivo global, orientado para o cliente final, que é comum ao processo e ao produto/serviço. Um processo é repetido de maneira recorrente dentro da empresa. A um processo correspondem um desempenho, que formaliza o seu objetivo global (nível de qualidade, prazo de entrega); uma organização, que materializa e estrutura transversalmente a interdependência das atividades do processo durante sua duração; uma co-responsabilidade dos atores nessa organização com relação ao desempenho global; uma responsabilidade local de cada grupo de atores ao nível de sua própria atividade.

Salerno[7] sintetiza uma série de definições da seguinte forma: "As características de um processo seriam:

- Uma organização estruturada, modelada em termos de trocas entre as atividades constitutivas. Essa organização se constitui pela ligação como cliente final.
- Entradas tangíveis (produtos, faturas, pedidos etc.) ou intangíveis (decisão de lançar novo produto, demanda de investimentos etc.).
- *Saídas*: o resultado do processo. É um ponto de partida para a construção da organização.
- *Recursos*: não é a somatória de recursos locais, mas a utilização racional dos recursos que são, ao mesmo tempo, localmente necessários e úteis ao processo. É possível que alguns recursos fiquem dedicados a um processo, mas outros não, podendo ter um uso variado.
- *Custo* dos recursos globais valorizados dão o custo de um processo.
- Um *desempenho global*, medido por alguns (poucos) indicadores, que deve ser explicitado em desempenhos locais para cada atividade. Esses indicadores seriam a única referência de avaliação sobre o resultado do processo, o único critério de co-responsabilidade entre os atores. Localmente, têm-se indicadores de meios, e não de objetivos.

- *Fatores de desempenho* ligados aos pontos críticos: são pontos privilegiados de reflexão sobre a gestão econômica do processo e sobre os principais instrumentos de ação. Pontos críticos podem ser atividades ou coordenações.
- Um *desenrolar temporal*, dado que um evento detona o processo (por exemplo, chegada de um pedido) e outro o fecha (entrega). O processo se desenrola segundo uma temporalidade organizável e mensurável."

Hammer e Champy[12] definem processos como um conjunto de atividades que juntas produzem um resultado de valor para um consumidor. Para esses autores, processos são os que as empresas fazem.

Para Davenport[68, 69], um processo é uma ordenação específica de atividades de trabalho através do tempo e do espaço, com um início, um fim e um conjunto claramente definido de entradas e saídas: uma estrutura para a ação.

Nagel & Rosemann[70] fazem algumas considerações sobre as várias definições disponíveis na literatura. Eles afirmam que um processo é bastante em si, ou seja, envolve a realização de um conjunto completo de atividades. Ele é uma ordenação lógica (em paralelo e/ou em série) e temporal de atividades que são executadas para transformar um objeto de negócio com a meta de concluir uma determinada tarefa. Por outro lado, apresentam os problemas das definições, como o fato de nenhuma destacar que não há um responsável pelo processo como um todo (por exemplo, pesquisa e desenvolvimento, *marketing*, finanças, manufatura estão envolvidas no desenvolvimento de produtos, mas nenhuma dessas unidades é responsável pelo processo como um todo), que é suscetível a problemas como tempos de esperas, filas e aumento de tamanhos de lotes.

Caulliraux[29], em suas notas de aulas, afirma que processo seria um conjunto de atividades (funções) estruturadas seqüencialmente (requisitos e tempos). Ainda nessa definição, faz algumas considerações: conjuntura 1 – deve descrever um conjunto de atividades que se inicia e que termina em clientes externos; conjuntura 2 – deve diferenciar os processos ligados às atividades fim e às atividades meio; conjuntura 3 – por questões práticas (capacidade de entendimento), deve ser representado hierarquicamente (níveis de abstração, focos de apresentação etc.).

Antunes[16] afirma que os processos sempre se constituem do fluxo do objeto no tempo e no espaço. Esses objetos podem ser materiais, idéias, informações e etc. Essa definição coloca para os processos uma tarefa relacionada aos fluxos de materiais e aos fluxos de negócios, idéias, capital, informações etc. Uma inferência a partir dessa definição nos levaria a combinar esses tipos de fluxos e reforçar o termo "processo de negócios", quando há material, capital e informação, por exemplo, em fluxo.

Netto[71] define um processo empresarial como "simplesmente o modo como uma organização realiza seu trabalho – a série de atividades que executa para atingir um dado objetivo para um dado cliente, seja interno ou externo. Um processo pode ser grande e transfuncional, como a gestão de pedidos, ou relativamente circunscrito, como o cadastro de pedidos (que poderia ser considerado um processo em si ou um subprocesso da gestão de pedidos)".

Smith & Fingar[8] reforçam a relação de processos com a coordenação do trabalho e definem processos como "um conjunto de atividades colaborativas e transacionais coordenadas dinâmica e completamente para entregar valor para o consumidor. Os autores avançam e apresentam características dos processos:

- Grandes e complexos – envolvem fluxos, do início ao fim, de materiais, informações e comprometimentos de negócio.
- Dinâmicos – respondem às demandas dos consumidores e às mudanças nas condições do mercado.
- Distribuídos e customizados amplamente através de fronteiras dentro e entre negócios, freqüentemente envolvendo múltiplas aplicações de plataformas tecnológicas distintas.
- De longa duração – uma simples instância de um processo como "da ordem ao pagamento" ou "desenvolvimento de produtos podem durar por meses ou até mesmo anos".
- Automatizados – pelo menos em parte. Atividades rotineiras ou mundanas são realizadas por computadores sempre que possível para buscar velocidade e confiabilidade.
- Técnicos e de negócios por natureza – processos de TI são um subconjunto de processos de negócios, e provêm suporte para grandes processos envolvendo tanto pessoas como máquinas. Processos do início ao fim dependem de sistemas de computação distribuídos que são tanto transacionais como colaborativos. Modelos de processos podem compreender modelos da rede de computadores, modelos de objetos, controle de fluxos, fluxos de mensagens, regras de negócio, métricas, exceções, transformações e atribuições.
- Por um lado, dependem de e, por outro, suportam a inteligência e o julgamento humanos. As pessoas realizam as tarefas que são muito desestruturadas para serem delegadas para um computador ou que requerem informação rica fluindo através da cadeia de valor, resolução de problemas antes que eles irritem os consumidores e definição de estratégias para obter vantagens em novas oportunidades do mercado.
- De difícil visualização – na maioria das organizações, os processos de negócios nunca foram explicitados ou nem estão na cabeça das pessoas. Eles não estão documentados e estão embutidos e implícitos na história comum da organização, ou se estão documentados, a documentação ou definição é mantida independentemente dos sistemas que os suportam.

Box 3.1 O que são processos?

Uma síntese das definições propostas de Paim[72], que é utilizada e que foi ampliada neste livro, explica o termo processo como sendo:
- Se forem processos finalísticos, os resultados gerados são produto(s)/serviço(s) para os clientes da organização,
- Se forem processos gerenciais, promovem o funcionamento da organização de seus processos,
- Se forem processos de suporte, prestam apoio aos demais processos da organização.

Também podem possuir um responsável por seu desempenho global e responsáveis locais direcionados ao andamento de suas partes constituintes e, comumente, são transversais à forma através da qual a organização se estrutura (por função, por produto, por eixo geográfico etc.).

Os processos estão intrinsecamente relacionados aos fluxos de objetos na organização, sejam eles objetos materiais, informações, capital, conhecimento, idéias ou qualquer outro objeto que demande coordenação de seu fluxo. Aos processos cabe o desenvolvimento ou desenrolar dos fluxos de objetos enquanto às funções ou unidades organizacionais cabe a concentração de conhecimentos por semelhança.

Os processos são objetos de controle e melhoria, mas também permitem que a organização os utilize como base de registro do aprendizado sobre como atua, atuou ou atuará em seu ambiente ou contexto organizacional.

Os processos são a organização em movimento, são, também, uma estruturação para ação – para a geração e entrega de valor.

A definição foi modificada essencialmente para relacionar processos com melhoria, controle e aprendizado, e para incluir a classificação de processos gerenciais e não só processos finalísticos e de apoio.

3.1.1 Classificação de processos

As definições abordadas podem ser melhor entendidas por duas ações principais para se chegar a uma classificação de processos. A primeira ação seria o desdobramento do entendimento dos elementos centrais que compõem a definição proposta. A segunda seria a inclusão de elementos que ampliem a classificação dos processos, que não são definidos por desdobramento, mas, sim, por ampliação. Esses elementos criam implicações sobre o que deve ser gerenciado para que os processos sejam gerenciados.

O desdobramento da definição apresentada, como síntese das definições de processos, pode levar à definição de elementos centrais e de elementos complementares. Os elementos centrais são:

- A ação, enquanto uma etapa genérica em qualquer nível de detalhamento. Deve-se entender que a ação é um elemento de integração e coordenação da alocação dos recursos. A natureza da ação condicionará as demais características do processo. São exemplos de naturezas de um processo: concepção; consultiva; negocial; aprovatória; normativa; de planejamento/programação; de preparação; de execução; avaliação; acompanhamento; controle; e outros. Essas naturezas serão detalhadas mais adiante nesta seção.
- Os recursos de transformação, enquanto pessoas, sistemas, máquinas etc., que, por meio da ação, transformam ou movimentam o objeto em fluxo. O uso desses recursos gera custo ou consumo de recursos.
- O objeto em fluxo, enquanto materiais, informações, capital, conhecimento, idéias, que está (ou estão) sendo transferido de uma ação para outra. O objeto em fluxo tem relação especial com o desenrolar temporal e os eventos que informam os estados e delimitam o fluxo de uma ação para outra, ao longo do tempo e do espaço. A transição do objeto se dá por interfaces de processo, e não por interfaces entre unidades organizacionais. Esse conceito envolve as entradas e saídas do processo. Em um processo completo ou transversal, o objeto em fluxo resulta em um produto para um cliente.

Além dos elementos desdobrados da definição apresentada, que complementam os elementos centrais, há atributos que também contribuem para o entendimento dos processos e criam implicações gerenciais. São eles:

- Forma de coordenação: com suas variações possíveis – centralizada ou descentralizada; com responsável global ou somente com responsáveis locais; entre função, produto, eixo geográfico etc.[51]
  - Variações entre os mecanismos de coordenação lateral, tais como redes interpessoais, coordenação informal, que envolvem comunicação formal ou informal, e coordenação formal, que envolve equipes, coordenadores e estruturas matriciais. Quanto mais formal for a coordenação, mais difícil e mais cara ela será e mais poder decisório estará envolvido, como ilustra a Figura 2.9, apresentada no Capítulo 2.
  - A coordenação pode ser de estruturação flexível ou rígida, relacionada à forma como o processo está montado – *ad hoc* colaborativo, baseado em trabalho de equipe, semi-estruturado seqüencial baseado em times, integrado baseado em cadeia de ações, rígido com seqüências *ad hoc* ou rígido seqüencial, paralelo, isolado.[65]

- A coordenação é influenciada por sistemas de informação integrado/isolado; indicadores locais ou globais; competências globais ou locais; definições de processo globais ou locais; e também pelo arranjo físico.
- Complexidade de atributos utilizados para complementar a descrição do processo na forma de modelos que representam mais do que atividades, recursos e objetos em fluxo. Esses atributos podem incluir nível de detalhamento, objetivo, cliente e outras formas de se descrever os processos. Quanto mais atributos forem necessários para explicar o processo, mais complexa é sua gestão e execução, mas, por outro lado, melhor definido e entendido estará o processo.
  - A complexidade varia em função da natureza das atividades predominantes em um processo. Alguns exemplos da natureza das atividades são apresentados a seguir. Avaliação: atividades nas quais o executor, a partir de um conjunto de alternativas, deve julgar aquela que mais se adapta à situação colocada. Negocial: atividades marcadas pela existência de vários atores, com interesses e níveis de poder distintos, no qual se deve chegar a um resultado consensado. Aprovatória: atividades nas quais há aprovação por um ou mais executores que, em geral, são fundamentais como eventos que disparam outras atividades. Consultiva: atividades com propósito de recolhimento de informações, em geral para suportar a tomada de decisão. Concepção: atividades relacionadas com a criação de novos produtos, serviços, processos, tecnologias etc. Normativa: atividades relacionadas com a documentação/normatização de outros processos da organização. Planejamento/Programação: atividades relacionadas com a definição de planos em diferentes horizontes de tempo (curtíssimo, curto, médio e longo prazo). Execução: atividades relacionadas com a execução/realização dos planos definidos nos processos de planejamento/programação. Acompanhamento/monitoramento: atividades que tratam de identificar como está se dando a execução ao longo do tempo, para fins de comparação entre a programação e a execução real. Controle: atividades que tratam do estabelecimento e da execução de ações para intervir no desempenho de processos, a fim de colocá-los dentro de padrões de desempenho aceitáveis /desejados.
- Tipo de propósito em relação à finalidade dos processos, ou seja: 1) gerenciar, 2) transformar/produzir um produto ou 3) dar suporte a outros processos. A classificação de propósito define que o único processo transversal é o processo finalístico. Nele, todas as atividades seriam seqüenciadas para sempre gerar produtos para clientes. Os processos gerenciais resultam em capacitações de gestão e os processos operacionais resultam em capacitações operacionais que, em conjunto, resultam ou explicam o desempenho da firma.

- Os processos de gestão estão relacionados com o gerenciamento da organização e visam a promover a realização das atividades e recursos, hoje e no futuro, do modo mais adequado possível. A separação dos processos de gestão de processos finalísticos não é uma separação entre quem gerencia e quem executa, o que levaria novamente aos problemas da administração científica, mas é somente uma separação de atividades inter-relacionadas de finalidades semelhantes. Não se trata de "quem" faz, mas sim de como o trabalho é feito. Muitas vezes, podem e devem haver unidades organizacionais e pessoas envolvidas em processos com diferentes propósitos.
- Processos finalísticos estão relacionados com a produção e/ou entrega dos produtos e/ou serviços finais que a organização oferece. Eles são os típicos processos transversais, do início ao fim, ou ainda de cliente a cliente. São uma forma de orientar a priorização dos fluxos de objeto ao longo das atividades que integram o processo. Eles são os reais processos transversais.
- Processos de suporte ou apoio são aqueles que dão suporte aos processos finalísticos e aos processos de gestão. De modo geral, descarregam ou incorporam atividades dos demais processos. Seguem uma lógica de viabilização ou apoio à realização dos demais processos.
- Criticidade/importância, relacionada à contribuição para a agregação de valor, à transformação ou à contribuição para a transformação do produto que resulte em percepção pelo cliente e, principalmente, relacionada à orientação dos critérios para priorizar processos a serem geridos com maior atenção. A criticidade dos processos é medida em função das conseqüências resultantes de possíveis falhas ou de oportunidades de melhoria que elevam a prioridade do processo. Os critérios para se selecionar e priorizar processos são apresentados na tarefa de seleção e priorização de processos, dentro do grupo de tarefas necessárias para projetar processos. Por essa razão, os processos podem ser classificados em:
  - Críticos – as conseqüências de falhas no processo podem gerar um grande número de problemas ou problemas de grandes proporções. Estão associados a grandes oportunidades para melhoria do desempenho da organização. Por exemplo, processos que comprometem a entrega dos produtos ou serviços, ou processos diretamente ligados à estratégia e aos diferenciais da organização.
  - Não críticos – as conseqüências de falhas no processo podem gerar pequeno número de problemas ou problemas de pequenas proporções. Não estão associados a oportunidades significativas de melhoria.

- Maturidade: relacionada aos típicos níveis de maturidade – indefinidos, repetitivos, normatizados, mensurados e geridos. Assim, pode-se classificar os processos como:
    - *Ad hoc* – processos disparados por demandas não freqüentes (e algumas vezes únicas) e cujo encaminhamento não apresenta um conjunto de atividades previamente definidas. Não há uma estruturação do processo.
    - Repetitivos – processos que são realizados com freqüência e cuja seqüência de atividades está bem definida ou estabilizada pela "prática do dia-a-dia", porém não se encontram documentados/normatizados. Esses processos estão internalizados na experiência das pessoas.
    - Normatizados – processos que são realizados com freqüência e cuja seqüência de atividades está bem definida e já documentada, normatizada e consistente.
    - Mensurados – processos que, além de documentados/normatizados, apresentam um conjunto de indicadores para medição de seu desempenho.
    - Geridos – processos que são mensurados e, a partir dos resultados mostrados pelos indicadores, têm corrigidos pontos que estão em desacordo com as expectativas dos gestores. Esses processos estão em circuitos/ciclos de melhoria e inovação estruturados e dentro de padrões de controle assegurados.
- Capacitação: relacionada com a capacidade para entregar o prometido – incapaz; capaz caso a caso; capaz para toda a organização, capaz de aumentar o valor entregue; capaz de aumentar o valor continuamente.
    - Incapaz – não há previsibilidade, ou seja, que não consegue entregar o prometido. Normalmente, o encaminhamento não apresenta um conjunto de atividades previamente definidas. Não há uma estruturação do processo.
    - Capaz caso a caso – há capacidade de atendimento aos requerimentos em ambientes e/ou processos transversais isolados: os processos conseguem atender demandas de forma pontual dentro de um contexto delimitado e usualmente simples. Não há como manter uma consistência ampla na organização como um todo para garantir que o processo sempre entregue o acordado.
    - Capaz para a organização como um todo – há gestão integrada de todos os processos: a organização é capaz de assegurar que todos os seus processos conseguem atender aos requerimentos de desempenho por ter uma gestão integrada e consistente de processos, principalmente os transversais/finalísticos.
    - Capaz de aumentar o valor entregue continuamente – há capacidade de aumentar o valor dos processos ao longo do tempo: a organização como

Box 3.2 Modelos de capacitação e maturidade

> O eSCM é um modelo de capacitação desenvolvido pela Carnegie Mellon University em um consórcio do qual participam a COPPE/UFRJ, representada pelo GPI, e empresas como IBM, EDS, Accenture, DBA Engenharia de Sistemas, HP, Satyam e outras. Há duas variações do modelo: a primeira para prestadores de serviços, com a sigla eSCM-SP, e a segunda para clientes de serviços, com a sigla eSCM-CL. O modelo, esquematizado na Figura 3.1,
> - tem 84 melhores práticas para prestação de serviços de *in* e *outsourcing*
> - está organizado por processos finalisticos (ciclo de vida da prestação de serviços) e por gestão (gestão contínua),
> - tem dez áreas e cinco níveis de capacitações tem possibilidade de certificação pelo Instituto de Qualificação de Serviços de TI. A preparação e a verificação da aptidão para certificação são realizadas por equipe preparada pela CMU.

um todo tem formas de interagir com o mercado e cliente e responder internamente com a entrega ou a antecipação de novas demandas, aumentando, de forma proativa, o valor entregue aos clientes. Isso é feito por meio de inovações de processos, bases de desempenho, programas de *benchmarking*, compartilhamento de conhecimentos etc.[73]

Essa classificação de processos, além de auxiliar na identificação de elementos que devem ser geridos para fazer com que processos funcionem da forma mais adequada o possível, pode auxiliar no projeto e, mais especificamente na modelagem de processos. Em função das classificações dos processos em discussão, o modelador pode ter mais atenção no levantamento de alguns aspectos específicos. Por exemplo, no caso de mapear um processo com atividades de natureza negocial, o entrevistador deve estar mais atento para o registro de todos os atores envolvidos no processo e menos para o detalhamento de cada atividade.

Além disso, essa classificação também pode ser um indicador para a natureza das soluções que podem ser implementadas nesses processos. Em um processo negocial e repetitivo, por exemplo, é possível imaginar que, para fins de projeto organizacional, a proposta de montagem de comitês possa ser uma saída para as lógicas hierárquicas tradicionais. Em um processo *ad hoc*, talvez não seja razoável a proposição de desenvolvimento de um sistema de informação com regras pouco flexíveis, por exemplo.

Mais importante que orientar a modelagem e as soluções para os problemas, a classificação dos processos permite melhor entender os processos e criar uma trajetó-

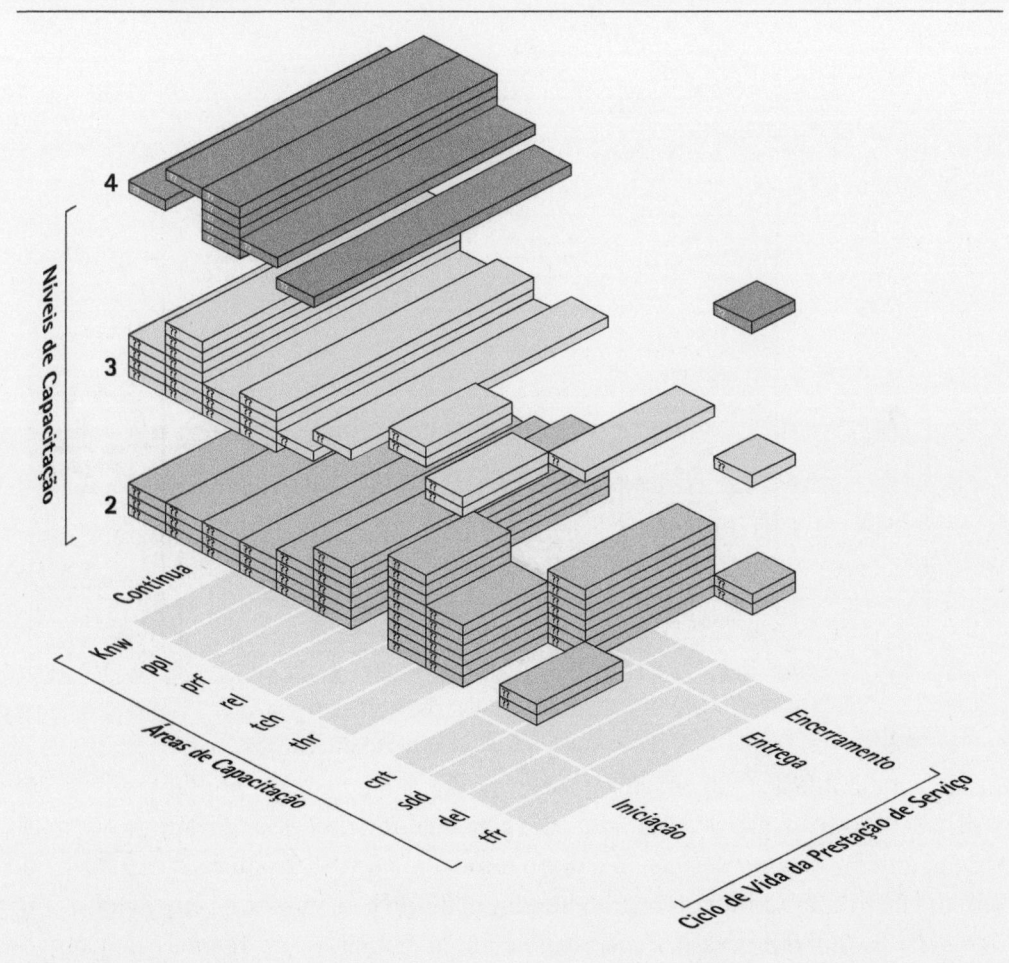

Figura 3.1 O eSCM-SP – Electronic Sourcing Capability Model for Service Provider

ria aprimorar a própria gestão dos processos. Há um modelo de maturidade de gestão de processos (BPMM – Business Process Management Matutity Model) que destaca áreas de capacitação necessárias para gestão de processos.[74] Essas áreas implicam ter [tarefas para estratégia], a governança, os métodos, a tecnologia da informação, as pessoas e a cultura alinhadas e orientadas por processos. O detalhamento das áreas de capacitação é apresentado na Figura 3.2.

3.1.2 Implicações: o que gerenciar nos processos

Não se deve perder de vista que a intenção deste livro é chegar a uma definição sobre as tarefas necessárias à gestão de processos. A definição do que é um processo

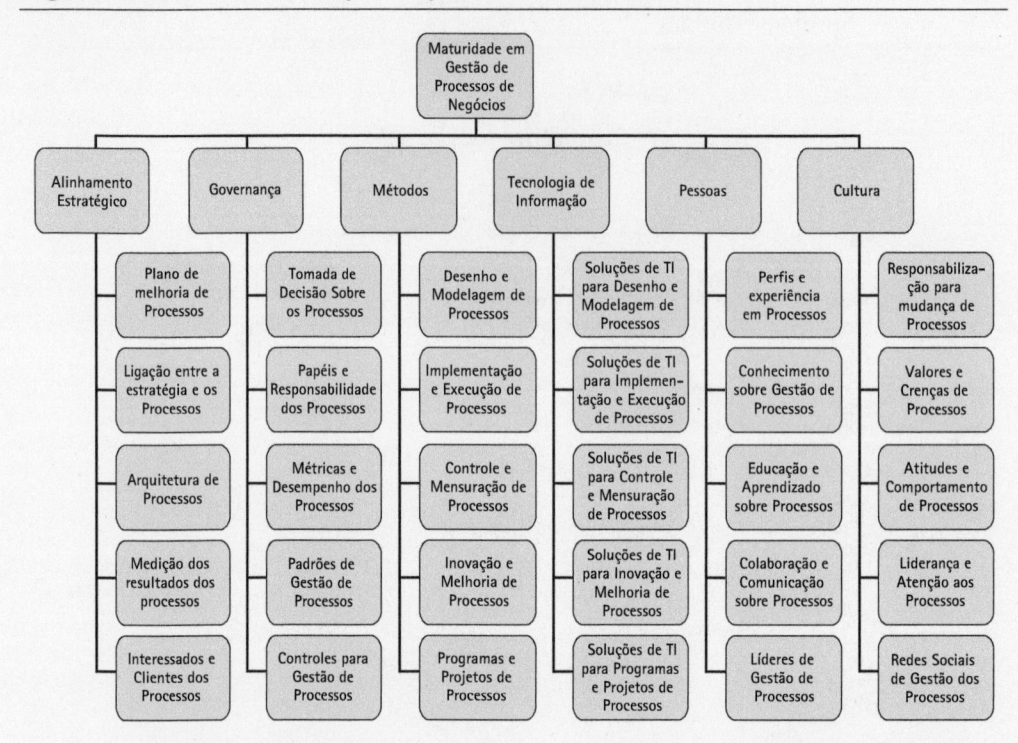

Figura 3.2 As áreas de capacitação do modelo BPMM[74]

```
                    Maturidade em
                      Gestão de
                     Processos de
                       Negócios
```

Alinhamento Estratégico	Governança	Métodos	Tecnologia de Informação	Pessoas	Cultura
Plano de melhoria de Processos	Tomada de Decisão Sobre os Processos	Desenho e Modelagem de Processos	Soluções de TI para Desenho e Modelagem de Processos	Perfis e experiência em Processos	Responsabilização para mudança de Processos
Ligação entre a estratégia e os Processos	Papéis e Responsabilidade dos Processos	Implementação e Execução de Processos	Soluções de TI para Implementação e Execução de Processos	Conhecimento sobre Gestão de Processos	Valores e Crenças de Processos
Arquitetura de Processos	Métricas e Desempenho dos Processos	Controle e Mensuração de Processos	Soluções de TI para Controle e Mensuração de Processos	Educação e Aprendizado sobre Processos	Atitudes e Comportamento de Processos
Medição dos resultados dos processos	Padrões de Gestão de Processos	Inovação e Melhoria de Processos	Soluções de TI para Inovação e Melhoria de Processos	Colaboração e Comunicação sobre Processos	Liderança e Atenção aos Processos
Interessados e Clientes dos Processos	Controles para Gestão de Processos	Programas e Projetos de Processos	Soluções de TI para Programas e Projetos de Processos	Líderes de Gestão de Processos	Redes Sociais de Gestão dos Processos

permite a identificação de objetos que devem ser gerenciados e, por tanto, contribui para a definição do que deve ser feito para gerenciar um processo. Em síntese, os objetos definidos até agora são ação, recurso e o consumo de recurso (tempo e custos), objeto em fluxo e o produto ou resultado intermediário e as interfaces envolvidas. Para gerenciar melhor o processo, é preciso entendê-lo melhor, assim algumas caracterizações são necessárias: o propósito, o nível de detalhamento, criticidade/importância, natureza da ação, maturidade, capacidade de entrega, estruturação, complexidade.

Todos os objetos apresentados criam uma forte implicação para o entendimento e a definição de projeto (desenho) claros dos processos. Os elementos necessários à definição dos processos resultam na necessidade de atividades tais como identificar objetos dos processos e suas características. Para projetar um processo, é necessário modelar e fazer com que as atividades e recursos sejam entendidos para que o processos seja, conseqüentemente, gerenciados no dia a dia. O projeto do processo envolve também tarefas como a modelagem, a documentação e a implantação do processo, incluindo treinamento sobre os mesmos.

O propósito, o nível de detalhamento, a estruturação e a complexidade reforçam a necessidade de se definir os processos, principalmente por meio de modelagem.

Uma vez definido, um proceso tem variáveis dinâmicas que podem mudar cada vez que o processo é realizado. Por variáveis dinâmicas, devem ser entendidas aquelas que no dia-a-dia serão modificadas e conformarão com o processo que foi projetado. Trata-se aqui de gerenciar para se conseguir executar o processo conforme projetado, considerando as variáveis do ambiente num dado momento.

Por exemplo, ao projetar um processo de atendimento, as ações podem ser as mesmas para atender 10 ou 15 pessoas, mas a variável demanda e a variável capacidade vão mudar. Isso implica em atividades para o planejamento da execução do processo. Para mudanças significativas nas variáveis dinâmicas, implica em mudar ou ter alternativas de projeto de processos. Essas variáveis também implicam em planejar as variáveis que alocarão o processo no dia-a-dia. Essas são atividades da gestão do dia-a-dia, depois que os processos estão projetados, definidos e implantados.

Como o ambiente externo evolui, o ambiente interno deve continuamente aprender. Assim, a organização deve ter especial atenção em promover o aprendizado sobre os processos, através do registro de seu histórico de desempenho. Há especial necessidade de se registrar o que foi aprendido durante o projeto ou concepção do processo e durante sua execução e gestão no dia-a-dia.

A natureza da ação permite definir como o processo será estruturado, qual a complexidade necessária, as competências necessárias, os atores envolvidos no processo, os sistemas de informação aplicáveis e a forma de coordenação. Essas características do processo criam como implicação a necessidade de, mais que definir a natureza das ações integrantes do processo, projetar os processos articulando os objetos mencionados.

O propósito do processo cria a necessidade de melhorar:
- Os processos gerenciais, pela incorporação e/ou pelo desenvolvimento de melhores práticas aplicáveis à gestão.
- Os processos finalísticos, pela incorporação e/ou pelo desenvolvimento de práticas de referência do setor de atuação da organização.
- Os processos de suporte, mas, neste caso, com melhores práticas de atividades típicas para quase todas as organizações.

Os objetos presentes na definição, tais como cliente, entrega de valor, maturidade, capacitação e criticidade/importância, em conjunto criam implicações para a capacidade de se entender o mercado e as necessidades atuais e futuras dos clientes; de se promover mudanças nos processos; de selecionar e priorizar processos; de projetar novos processos melhorados; de selecionar técnicas para melhoria de processos; de entender o processo atual; de definir e priorizar problemas nos processos e soluções para os problemas; de projetar ou reprojetar o processo futuro; de implantar mudanças nos processos; de registrar informações históricas sobre o desempenho do processo.

A definição de que o processo é transversal à organização e tem diferentes responsáveis locais demanda existência de equipes multifuncionais envolvidas nas tarefas necessárias para a gestão de processos, visto que responsáveis locais dificilmente terão as competências necessárias para entender o processo com um todo, tampouco para projetá-lo.

Em síntese, a definição de processos indica a necessidade de execução das tarefas apresentadas na Tabela 3.1, na página ao lado.

Por fim, cabe ressaltar que essas tarefas foram avaliadas e complementadas com outras tarefas desdobradas do conceito de gestão de processos. Em outras palavras, as tarefas da tabela acima indicam tarefas desdobradas do conceito de processos e ainda não incorporam tarefas desdobradas do conceito de gestão de processos, orientação por processos e gestão por processos.

3.2 Gestão de processos: como é entendida por alguns autores

A expressão "gestão de processos" passa a ter maior utilização no final da década de 1990 e, principalmente, no início da primeira década do século XXI. Sendo um conceito, é necessário definir com maior detalhe a expressão para então utilizá-la para se identificar tarefas necessárias à gestão de processos.

Para buscar uma definição, foram utilizadas quatro fontes diferentes. As duas primeiras são livros, que podem ser divididos em livros com base acadêmica e livros sem base acadêmica. A terceira fonte está centrada na utilização de artigos acadêmicos, e a quarta na pesquisa em sites da internet que contêm definições sobre o que se entende por gestão de processos. Além das definições propostas, esta seção apresenta uma síntese do que será entendido como gestão de processos neste estudo. Ao todo, para se chegar à definição de gestão de processos, foram utilizados 32 livros, artigos e, dentre eles, três sites da internet.

3.2.1 Melhorar, desenhar e automatizar: a visão de Harmon

Paul Harmon pode ser dito um discípulo de Geary Rummler. Seu livro teve significativa influência sobre a atual definição de processos por ter sido bem aceito pelo mercado, principalmente pelo critério de citações e referências em trabalhos acadêmicos, e por profissionais que atuam com processos.

A gestão de processos é por ele entendida como centrada em melhorar, redesenhar e automatizar processos, seguindo uma lógica de promover mudanças no negócio. Na busca por um nome autêntico, Harmon propõe Business Process Change, que tem in-

Tabela 3.1 Síntese das tarefas desdobradas da definição de processos[75]

Objeto presente na definição	Implicação em termos de tarefas necessárias para gerenciar processos
Todos, em especial ação, recurso e objeto em fluxo, propósito, nível de detalhamento, estruturação e complexidade.	Modelar os processos. Documentar os processos. Implantar processos e prover treinamento sobre os processos.
Organização em movimento.	Planejar a execução do processo. Mudar ou ter alternativas de projeto de processos. Melhorar os processos. Aprender sobre os processos.
Controle	Modelar para definir como o processo será estruturado, qual a complexidade necessária, as competências necessárias e os atores envolvidos no processo, os sistemas de informação aplicáveis e a forma de coordenação. Esses elementos devem ser considerados de forma integrada e articulada. Normatizar ou documentar o processo. Acompanhar a execução do processo. Controlar o desempenho dos processos, com medidas corretivas, preventivas e preditivas.
Propósito	Gerir processos gerenciais (governança). Gerir processos finalísticos. Gerir processos de suporte.
Cliente, entrega de valor, maturidade, capacidade de entrega e criticidade/importância. Melhoria	Entender o mercado e as necessidades atuais e futuras de clientes. Promover mudanças nos processos. Selecionar e priorizar processos. Projetar novos processos melhorados. Selecionar técnicas para melhoria de processos. Entender o processo atual. Definir e priorizar problemas nos processos e soluções para os problemas. Projetar ou reprojetar o processo futuro. Implantar mudanças nos processos. Registrar informações históricas sobre o desempenho do processo.
Coordenação, em especial ter responsáveis locais e globais.	Criar redes interpessoais. Criar formas de comunicação formal e informal entre ações do processo. Criar equipes multifuncionais envolvidas nas tarefas necessárias para a gestão de processos. Definir um coordenador do processo como um todo. Definir uma estrutura para a coordenação do processo

fluências de áreas como gestão, redesenho de processos, tecnologia da informação e gestão da qualidade. Na área de gestão, as principais influências são de Porter, com a cadeia de valor, e Rummler & Brache, com a metodologia de melhoria de processos. Essa última, juntamente com a reengenharia e o redesenho de processos, compõe a área de desenho ou projeto de processos. Os pacotes ERP, os *softwares* e as metodologias de modelagem e os sistemas de *workflow* compõem a área de tecnologia da informação, e a área de gestão da qualidade tem influência da gestão da qualidade total e da metodologia seis sigma.

Existe uma distinção entre melhoria de processos, redesenho e reengenharia ao se utilizar o critério de tamanho e estabilidade do processo. Quanto maior e menos instável o processo, mais a reengenharia é adequada, e o oposto é válido para a melhoria de processos, ficando o redesenho de processos entre esses extremos. Para atuar sobre esses processos, são apresentadas algumas técnicas e ferramentas, tais como gestão e mensuração de processos, redesenho de cargos, automação por ERP ou *workflow*, seis sigma, desconexões e carências, simplificação de processos e modelagem de processos.

As duas principais contribuições de Harmon, contudo, não estão nas origens da gestão de processos, nem nas técnicas e ferramentas necessárias, visto que elas já foram identificadas. A primeira contribuição, que na verdade vem da idéia de Rummler & Brache, está na apresentação dos objetos que um gestor deve analisar para gerir processos, representados na Figura 3.3 e definidos por Rummler & Brache como níveis de análise.

A segunda contribuição, também com a influência desses autores, está na definição do trabalho gerencial e seu conseqüente desdobramento para a definição do trabalho de gestão de processos. O trabalho gerencial é relacionado com quatro responsabilidades principais: identificação de metas a serem alcançadas, organização de atividades para se alcançar essas metas; monitoramento dos resultados das atividades para assegurar que elas atinjam as metas definidas; e diagnóstico de problemas e posterior resolução dos mesmos quando um resultado for inadequado. Bons gestores começam assegurando que entenderam e, se possível, melhoraram o processo.

A gestão de processos se divide em três grupos de tarefas – planejar, organizar e controlar os processos – e inclui mensurar ou medir e melhorar os processos, com o interesse principal de se usar metas e métricas para assegurar que os processos funcionem como devem. Em outras palavras, os gestores são responsáveis por verificar se o trabalho foi feito nos processos que eles gerenciam; essa perspectiva traz a gestão para o dia-a-dia.

O planejamento do processo está associado às tarefas de determinar metas e expectativas para o processo, estabelecer planos e orçamento, prover recursos e pessoal e implementar o processo. Planejamento inclui apresentar aos executores do processo uma visão geral da cadeia de valor da organização e fazer com que os envolvidos en-

Figura 3.3 Níveis de análise[4]

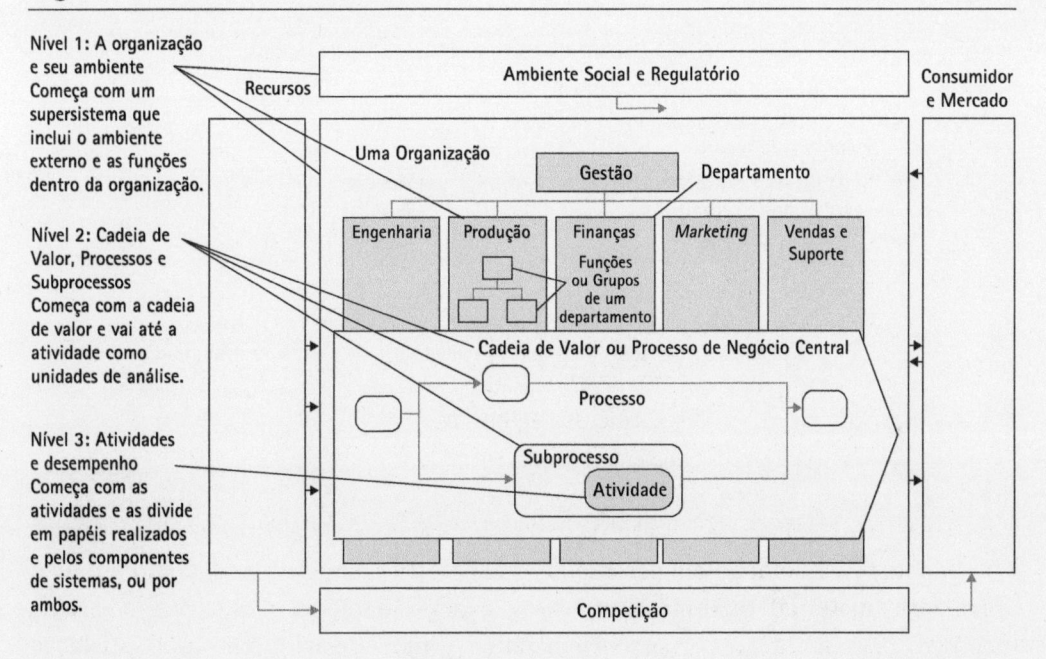

Nível 1: A organização e seu ambiente
Começa com um supersistema que inclui o ambiente externo e as funções dentro da organização.

Nível 2: Cadeia de Valor, Processos e Subprocessos
Começa com a cadeia de valor e vai até a atividade como unidades de análise.

Nível 3: Atividades e desempenho
Começa com as atividades e as divide em papéis realizados e pelos componentes de sistemas, ou por ambos.

tendam o contexto e as relações de um dado processo. O processo deve ser executado ou por pessoal ou por sistemas, e pode demandar a intervenção do gestor. Essa intervenção é, basicamente, controlar o processo. O controle de processos envolve monitorar o processo, reforçar o sucesso para guiar melhores práticas, diagnosticar desvios e tomar ações corretivas quando necessário. O planejamento e o controle sobre um processo executado é sumarizado pela Figura 3.4.

Harmon, contudo, avança na gestão de processos e sugere uma mudança na estrutura organizacional para que os processos sejam geridos e para que ela seja capaz de organizar o planejamento e o controle realizados pelos gerentes.

A partir daí, Harmon se distância do conceito proposto neste livro, visto que assume uma mudança na estrutura organizacional para que haja gestão de processos. Na proposta, há departamentos funcionais responsáveis por processos que compõem a cadeia de valor. Os gestores dos departamentos funcionais planejam e controlam cada parte da cadeia de valor (processo) e atuam sobre os supervisores que planejam e controlam as partes do processo (subprocesso). A diferença está na existência de um departamento para o processo como um todo, no qual o foco está em:
- planejar e controlar os processos que, em conjunto, integram a cadeia de valor
- organizar o trabalho dos gerentes funcionais em uma equipe de gestão de processos

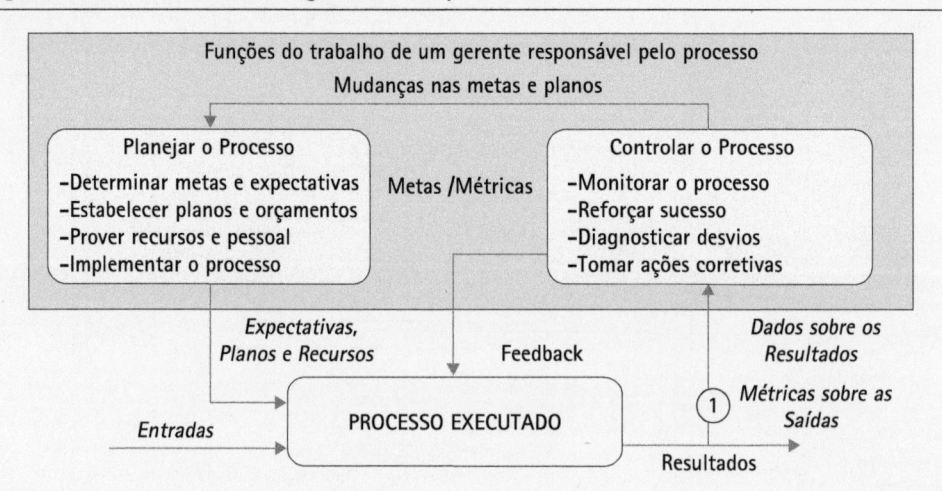

Figura 3.4 O trabalho do gerente de processos[4]

```
Funções do trabalho de um gerente responsável pelo processo
                Mudanças nas metas e planos

   Planejar o Processo                    Controlar o Processo
-Determinar metas e expectativas      -Monitorar o processo
-Estabelecer planos e orçamentos      -Reforçar sucesso
-Prover recursos e pessoal            -Diagnosticar desvios
-Implementar o processo               -Tomar ações corretivas

         Expectativas,                          Dados sobre os
       Planos e Recursos      Feedback            Resultados
                                                Métricas sobre as
   Entradas    PROCESSO EXECUTADO                   Saídas
                                         Resultados
```

A equipe é liderada pelo gerente de processos. Os supervisores, como em uma organização matricial, reportam tanto para o gerente funcional quanto para o gerente do processo. O gerente de processo é a instância principal para monitorar a satisfação dos consumidores.

O alinhamento das metas fica sob responsabilidade da alta gestão. Pode haver comitês estratégicos ou executivos, ou um comitê da arquitetura de processos, que definem metas de alto nível que são repassadas à unidade de processo, responsável pela cadeia de valor. Essa unidade repassa metas mais detalhadas para a equipe de processo.

Os departamentos ou unidades funcionais são mantidos na maioria dos casos. Eles podem ficar com a responsabilidade por contratar e avaliar o desempenho dos profissionais. As unidades funcionais têm foco local em caso de conflito entre os departamentos funcionais e de processo, a última palavra fica com o gestor de processo. A Figura 3.5 apresenta um exemplo.

As metas, métricas ou indicadores de desempenho e a forma de monitorar o trabalho são um modo de coordenar o trabalho. Destaca-se a importância de se medir o trabalho não só departamentalmente, mas também de forma orientada pelos processos.

3.2.2 A terceira onda: a visão de Smith e Fingar

A gestão de processos para Smith & Fingar está dentro de um processo evolutivo e passa por uma fase na qual não só os processos devem ser gerenciados e informatizados, mas deve haver uma integração e "agilização" da lógica de melhorar e implementar processos, pois há uma necessidade permanente de mudança e de adaptação.

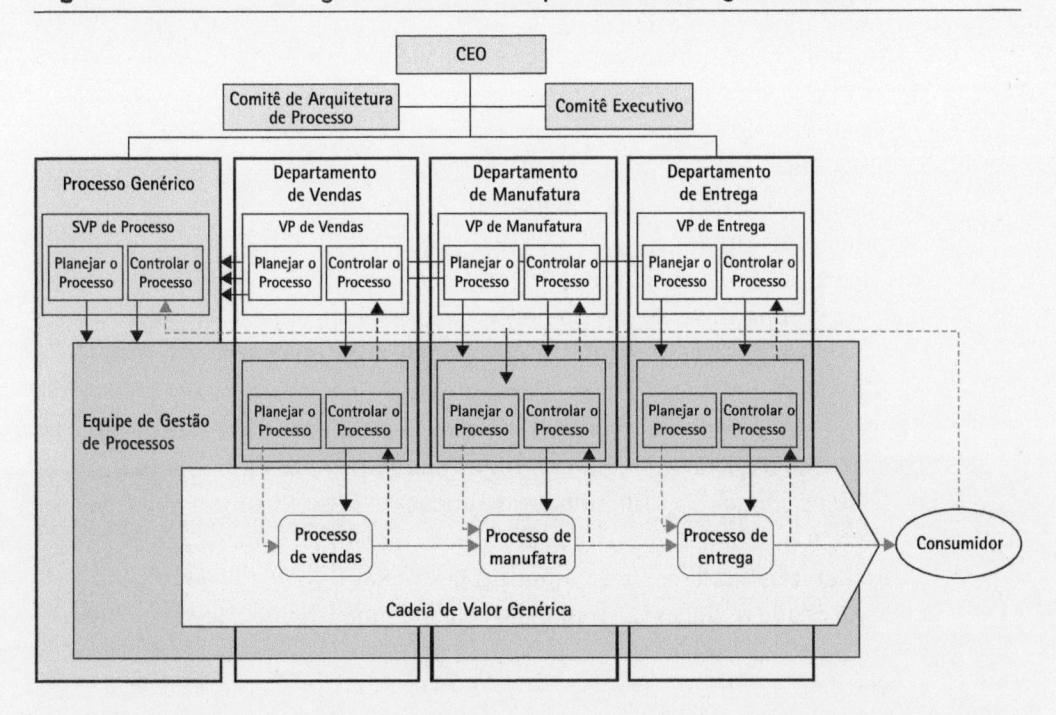

Figura 3.5 Uma visão geral de como os processos são gerenciados[4]

```
                              CEO
              Comitê de Arquitetura      Comitê Executivo
                 de Processo

  Processo Genérico   Departamento    Departamento    Departamento
                       de Vendas     de Manufatura    de Entrega
   SVP de Processo   VP de Vendas   VP de Manufatura  VP de Entrega

  [Planejar o][Controlar o]  [Planejar o][Controlar o]  [Planejar o][Controlar o]  [Planejar o][Controlar o]
  [Processo ][Processo   ]   [Processo ][Processo   ]  [Processo ][Processo   ]  [Processo ][Processo   ]

  Equipe de Gestão    [Planejar o][Controlar o]  [Planejar o][Controlar o]  [Planejar o][Controlar o]
  de Processos        [Processo ][Processo   ]   [Processo ][Processo   ]  [Processo ][Processo   ]

                       Processo        Processo de       Processo de
                       de vendas       manufatra         entrega         Consumidor

                              Cadeia de Valor Genérica
```

Os autores visualizam a gestão de processos a partir da ótica da tecnologia da informação e afirmam que há um novo paradigma, fruto de uma nova linguagem, comum a todos envolvidos com os processos. Essa seria a terceira onda da gestão de processos. A primeira era centrada na administração científica, com o trabalho de Taylor. A segunda onda veio com a reengenharia manual de processos e avançou até a automação, com o uso dos ERP, dos pacotes de prateleira e dos sistemas de *workflow*, que não foram capazes de incorporar práticas de gestão de processos à organização, principalmente como forma de controlar os processos.

Com a terceira onda, os autores esperam que a gestão de processos seja capaz de descobrir o que é feito pelas organizações e, em seguida, de gerenciar o ciclo de melhoria e otimização de forma mais rápida, indo direto para a implementação e a operação dos processos. Nesse novo paradigma, a habilidade para mudar é mais importante que a habilidade para criar um processo pela primeira vez. A terceira onda permite que uma cadeia de valor inteira seja monitorada, melhorada continuamente e otimizada. As seguintes expectativas são esperadas da gestão de processos:

- Prover agilidade, controle e responsabilidade pelo negócio. Ajustar processos internos e externos, eliminar redundâncias e aumentar a automação.

- Prover um caminho direto dos desenhos de processos para os sistemas. Não se trataria mais do desenvolvimento rápido de sistemas, mas, sim, da exclusão da etapa de desenvolvimento de aplicativos do ciclo de vida de negócios.
- Suportar a modelagem de processos de cima para baixo e de baixo para cima, ao longo da cadeia de valor, envolvendo todos os participantes do negócio: sistemas, pessoas, informação e máquinas.
- Ser uma plataforma para compartilhar processos do início ao fim, de forma análoga à gestão de sistemas de bases de dados, ou seja, como uma plataforma para compartilhar dados do negócio, tanto entre aplicações quanto entre parceiros de negócio. A gestão de processos é uma plataforma sobre a qual a próxima geração de aplicativos de negócios será construída.
- Suportar processos que, intrinsecamente, geram integração, colaboração, combinação e decomposição, não importando onde eles foram criados e independentemente das dificuldades técnicas de infra-estrutura de onde eles existem. A gestão de processos cria padrões reutilizáveis de processos.
- Sustentar a habilidade para mudar processos na velocidade governada pelo ciclo de negócio (dia a dia, semana a semana, quadrimestre a quadrimestre), reduzindo radicalmente a tensão criada pelos negócios que a tecnologia de informação dividiu.
- Suportar o desdobramento de métricas de negócio, como custeio baseado em atividades, diretamente da execução dos processos. Os processos são "responsabilizáveis", transparentes e perduram, e ainda incluem todas as informações passadas entre os envolvidos através do ciclo de vida do processo.
- Simplificar radicalmente a disponibilização de processos que estão espalhados na cadeia de suprimentos, erradicando o problema da integração ponto-a-ponto, que ainda é uma "praga" para a execução das cadeias de valor atuais.
- Suportar movimento, gestão e monitoramento fluidos do trabalho entre empresas. O ambiente operacional é que dará suporte à integração da cadeia de suprimentos e à terceirização de processos.
- Automatizar a descoberta de processos, de forma natural, ao longo do curso das operações de negócios, assim como uma base de dados naturalmente se ajusta aos dados do negócio durante o uso.
- Possibilitar o desenho colaborativo de processos em escala industrial entre parceiros e prover ferramentas para a análise de valor dos processos que suportam organizações virtuais.

Os autores têm um estilo "hammeriano"* de escrever acrescido de uma hiper-redundância, mas, assim como Hammer, não podem deixar de ser lidos por quem se interessa pelo tema. Há uma série de definições e apologias à gestão de processos em Smith e Fingar[8], mas a definição proposta por eles envolve pelo menos três pontos centrais, sintetizados seguir:
- Gestão de processos enquanto combinação e síntese das tecnologias de representação de processos e colaboração na execução de processos.
- Gestão de processos enquanto convergência de teorias gerenciais – tais como qualidade total, seis sigma, engenharia de negócios, pensamento sistêmico – com modernas tecnologias, como desenvolvimento de sistemas, integração de sistemas, computação, arquitetura orientada por serviço, *workflow*, gestão de transações, XML e *web services*.
- Gestão de processos enquanto oito capacitações: descoberta (conhecer), desenho (modelar), disponibilização (permitir ou disponibilizar para uso dos envolvidos), execução (conduzir ou realizar), interação (homem e máquina e sistema), controle (monitorar e controlar), otimização (melhoria) e análise (mensuração de desempenho) de processos.

Cabe ressaltar que há maior contribuição ao se perceber que a gestão de processos na década de 1990 era em grande parte, considerada modelagem de processos, inclusive o termo BPM era utilizado mais para denotar modelagem do que gestão de processos. A gestão de processos superou os típicos problemas da modelagem de processos. Esses problemas foram identificados em um estudo do Gartner Group[8], e foram sumarizados pelas seguintes definições: as unidades de negócio não vão se esforçar; nós tentamos usar as ferramentas CASE e não gostamos; nós não temos tempo; as unidades de negócio dizem para fazer e nós não questionamos (ou seja, fazemos do jeito que eles pedem); nós não podemos manter os modelos do negócio e de TI em sincronia; o negócio muda muito rápido para ser modelado; a modelagem de processos do desenvolvimento de aplicativos não é o bastante?; a prototipagem não é bastante?; modelagem de processos de negócios (BPM na época) é mais problema que ganho.

3.2.3 Saiba mais: definições de gestão de processos

Além dos livros, houve busca e consulta a artigos acadêmicos com definições sobre o entendimento de especialistas com publicações em periódicos ou eventos do meio acadêmico. Essas definições estão apresentadas na Tabela 3.2.

---

* Radical, intenso e, por vezes, não muito fundamentado em bases sólidas. Em alguns casos baseado em sua própria e única experiência.

Tabela 3.2 Definições para gestão de processos identificadas em artigos acadêmicos

Autor	Definição
Melan (1985)[76]	Melan foi um dos pioneiros na gestão de processos na IBM da Itália. O autor apresenta características de processos de manufatura e características de processos de serviços e administrativos. Um processo simples de manufatura pode ser caracterizado por 1) fronteiras bem definidas, 2) atribuição clara de responsabilidades, 3) interfaces definidas, 4) um fluxo predefinido do item sendo manufaturado, 5) um conjunto documentado de tarefas e operações de trabalho, 6) pelo menos um ponto de controle ou mensuração, 7) ciclos de tempos conhecidos, 8) procedimentos e documentação de mudança formais, 9) um produto final tangível com valor agregado, e 10) critérios claros para medir a qualidade do processo. Por outro lado, o autor aponta que processos de serviços ou administrativos são mal definidos, pouco documentados e em alguns casos não mensurados. Quando a empresa não usa uma abordagem por processos, opera de forma reativa. Para ter sucesso, a gestão de processos demanda atenção a seis princípios básicos: 1) estabelecer propriedade sobre os problemas, 2) definir as fronteiras, 3) definir o processo, 4) estabelecer pontos de controle, 5) implementar medidas de desempenho, 6) tomar ações corretivas.
Kane (1986)[77]	Esse artigo relata como, em 1982, a IBM começou a definir mecanismos para melhorar continuamente todos os seus processos de trabalho em resposta à percepção de que o ambiente da organização estava mudando mais rápido do que seus processos poderiam se adaptar. A habilidade da IBM em regular e adaptar atividades às suas necessidades de mudanças poderia ter um alto impacto em sua competitividade. Durante a análise de processos de negócios complexos e transfuncionais, alguns requerimentos para a gestão de processos foram estabelecidos: 1) deve ser definido um dono para cada processo para assegurar a saúde e a competitividade do processo; 2) o processo deve ser definido e documentado; 3) métricas de desempenho e funções de controle de processos são importantes para trazer o foco para o processo como um todo; 4) uma metodologia de processos deve ser desenvolvida para atender às necessidades e linguagens das funções envolvidas na implementação 5) Os donos devem ser capazes de certificar, de alguma maneira formal, a saúde e a competitividade do processo que eles gerenciam. Ao atender esses requerimentos, a IBM desenvolveu uma abordagem para ter foco na qualidade.
Gadd (1995)[78]	O autor apresenta orientações para o European Quality Award e definem que a gestão de processos está relacionada a: • como os processos críticos são definidos, • como a organização gerencia de forma sistemática seus processos, • como o desempenho do processo é medido, com atenção aos *feedbacks* gerados ao longo do processo e como as métricas são utilizadas para rever processos e para definir algo de melhoria, • como a organização estimula a inovação e a criatividade na melhoria de processos, • como a organização implementa mudanças nos processos e avalia os seus benefícios.

(continua)

Tabela 3.2 (continuação)

Autor	Definição
Zairi; Sinclair (1995)[79]	Os autores desenvolvem uma das mais completas pesquisas empíricas sobre gestão de processos e seguem a linha de integração entre o movimento da qualidade total e da reengenharia. Zairi & Sinclair reforçam o problema, na literatura, sobre a definição de processos, visto que há uma série de diferentes termos relacionados com a gestão de processos, mas afirmam que todos têm em comum o uso do termo "processos" e a intenção de melhoria do desempenho e do projeto (desenho ou modelo) do processo. O autores contribuem com a definição de ferramentas e técnicas necessárias à gestão de processos, que é referida por eles como reengenharia; visualização de processos; pesquisa operacional e estudo de métodos; tecnologia da informação; gestão da mudança; *benchmarking*; engenharia industrial e foco no processo; e consumidores.
De Toro; McCabe (1997) citado por Lee; Dale (1998)[80]	"Sobre uma estrutura de gestão de processos, os donos de processos, equipes e executores do trabalho são responsáveis por pensar e fazer enquanto projetam seu trabalho, inspecionam seus resultados e redesenham sistemas de trabalho para assegurar melhorias." O dono de processos é responsável por gerenciar e melhorar os processos centrais através das unidades funcionais. Ele terá uma equipe de processos para mapear, documentar e analisar subprocessos, identificar problemas de desempenho e selecionar uma estratégia de melhoria e implementar mudanças nos processos.
Armistead; Machin (1997)[81]	Os autores reforçam que há debate considerável sobre o que significa gestão dos processos e como as organizações interpretam o paradigma de processos. Afirmam que a gestão de processos não pode ser interpretada como simplesmente reengenharia, e precisa ser relacionada à gestão dos processos no dia-a-dia, e não somente a uma única mudança radical apenas. O autor entende que a gestão de processos deve responder como as organizações efetivamente gerenciam seus processos, quais abordagens são utilizadas ou foram desenvolvidas e que lições elas aprenderam e o que pode ser retirado desse aprendizado.
Lee & Dale (1998)[80]	"Uma abordagem centrada nos consumidos para, sistematicamente gerir, mensurar e melhorar todos os processos da empresa, através do trabalho de equipes multifuncionais e da ampliação do poder dos empregados."
Sommer & Gulledge (2002).[82]	Tratam da gestão de processos no setor público. Para os autores, a gestão de processos envolve documentar o processo para entender como o trabalho flui ao longo do processo; atribuir propriedade ao processo para estabelecer responsabilidade gerencial sobre o processo; gerenciar o processos para otimizar algumas métricas do processo; melhorar o processo para aprimorar a qualidade do produto ou as métricas do desempenho do processo. Sommer & Gulledge destacam que, para o setor público, a definição permanece, mas o benefício muda para "aumentar a efetividade e a eficiência alcançáveis pela reestruturação em torno dos processos transversais às funções".

(continua)

Tabela 3.2 *(continuação)*

Autor	Definição
Lindsay, Downs; Lunn (2003)[83]	Os autores reforçam o problema da definição de processos como restrição para o desenvolvimento de técnicas. A gestão de processos "objetiva melhorias no desempenho mensurável das atividades" (pág. 17). A principal contribuição desse artigo está na percepção de que a gestão de processos lida não só com definições estáticas de desenhos de processos, mas também com a natureza interminável da gestão contínua dos processos, que sempre irão mudar e que, em alguns casos são previsíveis e, em outros, são ainda desconhecidos.
Wolf (2006)[1]	Célia Wolf apresenta uma pesquisa que teve uma amostra de 348 participantes. A gestão de processos teve os seguintes percentuais de entendimento dos participantes da pesquisa: • metodologia de cima para baixo projetada para organizar, gerenciar e medir a organização com base nos processos centrais da organização – 40%; • abordagem sistemática para analisar, redesenhar, melhorar e gerenciar um projeto ou programa específico de processo – 26%; • conjunto de novas tecnologias de *software* que tornam mais fácil para a tecnologia da informação gerenciar e mensurar a execução de *workflow*s de processo e aplicativos de *software* de processo –16%; • iniciativa para reduzir custos focada no aumento da produtividade de *workflows* de processo – (12%).
LIZARELLI e colaboradores (2006)[84]	Os autores apresentam o conceito de gestão por processos e um caso em uma organização brasileira. Na gestão por processos, a tendência atual não é mais enxergar a organização de uma maneira funcional, departamentalizada, e, sim, de uma maneira horizontal, integrando os diversos modelos e categorias básicas de processos. Os autores reforçam que as estruturas funcionais apresentam características indesejáveis, que comprometem o desempenho das empresas, por priorizarem as funções de cada departamento em detrimento dos processos essenciais, por adotarem o critério da otimização do funcionamento das áreas funcionais e por apresentarem estruturas hierárquicas rígidas e pesadas, o que resulta na execução de pedaços fragmentados de processos de trabalho.

3.3 Conceituação: gestão de processos

Ao longo do tempo, muitas empresas, consultores e pesquisadores destacaram que o modelo de estruturação organizacional, fundamentado na gestão funcional centrada na especialização e na delegação da coordenação para a hierarquia, tem limitações. Esse modelo revela-se restritivo para lidar com a realidade presente, na qual a construção de organizações mais ágeis, integradas e flexíveis passa a ser uma condição importante para a atuação das organizações.

A limitação da gestão completamente funcional e a necessidade de coordenação das atividades reforçam a busca por formas e mecanismos para gerenciar os processos. Um passo importante nessa direção é entender e definir o que significa gestão de processos. A divergência do entendimento desse conceito tem sido freqüentemente relatada na literatura.

3.3.1 Visão geral das tarefas para gestão de processos

Uma pesquisa, realizada por Paim, Caulliraux e Cardoso[85], buscou uma definição instrumental para o que se entende por gestão de processos[85]. Esse estudo apresenta três grupos de tarefas necessárias à gestão de processos: 1) pensar ou projetar processos; 2) gerir processos no dia-a-dia; e 3) promover aprendizado. Para a identificação das tarefas, foram consultadas referências bibliográficas e foram analisadas, detalhadamente, as propostas de autores selecionados. Além disso, foram realizadas pesquisas tipo *survey* com profissionais de mercado e especialistas da academia.

Os três grupos de tarefas são resultado de uma classificação de acordo com a natureza das tarefas. O primeiro grupo foi reunido em função da natureza de engenharia, desenvolvimento e de horizonte de médio e longo prazo no caso do grupo de projeto-desenho (*design*). No segundo grupo, o critério foi a natureza executiva e de horizonte de curto prazo. No terceiro, o critério foi a natureza passiva de registro sem a atuação executiva sobre os processos, essa última servindo de referência para o reprojeto, ou o projeto ou para controle e coordenação no grupo mais executivo, no dia-a-dia[86].

As tarefas foram propostas e, em seguida, transformadas em um instrumento de pesquisa *survey*. A pesquisa foi aplicada a 61 profissionais que trabalham com gestão de processos. A Tabela 3.3 indica, na segunda coluna, a importância atribuída pelos participantes da pesquisa às tarefas necessárias à gestão de processos*. Para a atribuição da importância e da forma de gestão de processos, foi utilizada uma escala que varia de 1 (menor) até 5 (maior). A terceira coluna da tabela indica a forma de atuação gerencial sobre os processos, que varia entre funcional extrema (1), funcional para processos transversais[8] (3) e gestão por processos (5). Ao se analisar a forma de gestão, é possível perceber que o modelo de gestão predominante está na gestão funcional de processos transversais, uma vez que as médias estão próximas de 2,5 e os desvios-padrão são baixos.

O estudo realizado indica as tarefas para gestão de processos, contudo não apresenta como essas tarefas transformam-se em um processo gerencial, nem quem pode ser responsável por sua gestão ou execução. A pesquisa relatada no presente estudo partiu dessas tarefas e buscou uma ordenação lógico-temporal para formar um "processo de gestão de processos".

---

* Este relatório apresenta três diferentes modelos de gestão de processos, definidos e explicados no Capítulo 3: gestão de processos funcional, gestão funcional de processos transversais e gestão por processos.

Tabela 3.3 Importância das tarefas de gestão de processos *versus* forma de gestão de processos[85]

Variáveis – Tarefas para a gestão de processos	Importância da tarefa		Forma de gestão de processos	
	Média	Desvio-padrão	Média	Desvio-padrão
entender o ambiente externo e interno	4,4	0,68	2,80	1,09
estabelecer a estratégia e a abordagem de mudanças	4,4	0,64	2,92	1,18
assegurar o patrocínio para a mudança	4,3	0,86	2,67	1,33
entender, selecionar e priorizar os processos	4,5	0,60	2,82	1,33
entender, selecionar e priorizar as ferramentas	4,1	0,91	2,50	1,38
entender, selecionar e priorizar as técnicas de MIASP	4,1	0,87	2,45	1,15
formar equipes e times de diagnóstico de processos	4,3	0,82	2,66	1,29
entender e modelar os processos na situação atual	4,4	0,69	2,82	1,31
definir e priorizar os problemas atuais	4,3	0,80	2,64	1,33
definir e priorizar as soluções para os problemas atuais	4,2	0,91	2,64	1,28
definir as práticas de gestão e a execução dos processos	4,3	0,75	2,56	1,20
entender e modelar os processos na situação futura	4,3	0,90	2,72	1,25
definir as mudanças nos processos	4,4	0,78	2,81	1,33
implantar novos processos	4,4	0,59	2,62	1,17
Projetar processos	4,3	0,77	2,69	1,26
implementar os processos e as mudanças	4,4	0,76	2,90	1,37
promover a realização dos processos	4,2	0,87	2,53	1,20
acompanhar a execução dos processos	4,3	0,70	2,66	1,24
controlar a execução dos processos	4,3	0,83	2,64	1,27
realizar as mudanças de curto prazo	4,1	0,62	2,41	1,18
Gerir processos no dia-a-dia	4,3	0,76	2,63	1,25
registrar o desempenho dos processos	4,3	0,92	2,57	1,34
realizar o *benchmarking* de processos	4,1	0,93	2,32	1,35
registrar e controlar os desvios de impacto	4,0	0,86	2,39	1,06
avaliar o desempenho dos processos	4,3	0,69	2,42	1,12
registrar o aprendizado sobre os processos	4,2	0,79	2,00	1,14
Promover evolução e aprendizado	4,2	0,84	2,34	1,20

*Nível de significância superior a 0,99.

3.3.2 Modelos de gestão de processos

A gestão de processos, além de poder ser definida de forma instrumental por meio de tarefas necessárias à gestão de processos, deve ser entendida dentro de um espectro de abordagens de atuação. Há cenários de uma gestão completamente funcional, uma gestão funcional para processos transversais e uma gestão completamente processual. Os extremos são dificilmente aplicáveis. A Figura 3.6 aponta características dessas três abordagens.

Figura 3.6 As três abordagens da gestão de processos

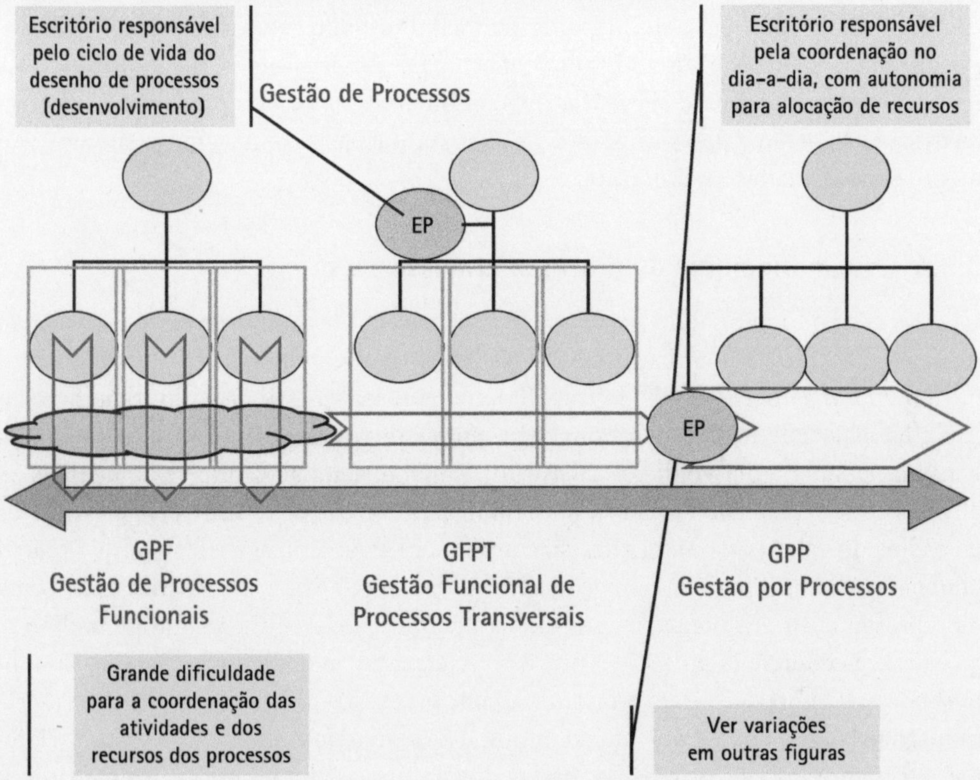

Escritório responsável pelo ciclo de vida do desenho de processos (desenvolvimento)

Gestão de Processos

Escritório responsável pela coordenação no dia-a-dia, com autonomia para alocação de recursos

EP

EP

GPF
Gestão de Processos Funcionais

GFPT
Gestão Funcional de Processos Transversais

GPP
Gestão por Processos

Grande dificuldade para a coordenação das atividades e dos recursos dos processos

Ver variações em outras figuras

3.3.3 Gestão funcional: baixa coordenação, baixo entendimento dos processos

Na abordagem funcional, a organização tem características de silos, com baixa capacidade de coordenação e, principalmente, com processos desconhecidos. Nessa abordagem

- há baixa orientação para o mercado ao qual a organização atende
- os objetivos são prioritariamente departamentais
- as lógicas de avaliação de desempenho são localmente definidas
- as competências dos indivíduos não ultrapassam as fronteiras funcionais
- a remuneração, o reconhecimento e a premiação são departamentais
- o orçamento é definido e aplicado sem considerar os processos transversais
- não há unidades organizacionais responsáveis pelos processos como um todo

O modelo funcional desconhece o conceito de processos transversal, no qual, usualmente, mais de uma unidade organizacional está envolvida. Processos da "idéia até o produto", "da prospecção de mercado até a internalização de novos clientes", "do pedido até o atendimento por completo da demanda (incluindo a compra, produção, entrega, faturamento etc.)" são desconhecidos e não estão documentados, tampouco estão "na cabeça" de todos os profissionais. As necessidades e oportunidades de melhoria nesse modelo surgem dos departamentos e não dos processos. As características das organizações funcionais e suas limitações e vantagens estão razoavelmente documentadas na literatura.

3.3.4 Gestão funcional de processos transversais

Na gestão funcional de processos transversais, o modelo prioriza a gestão organizacional a partir dos processos ou a gestão centrada na idéia de que os processos devem apoiar a coordenação do trabalho, mas preservar a divisão do trabalho centrada na especialização e não criar duas linhas de autoridade. Isso não demanda, necessariamente, uma mudança na estrutura organizacional. Como visto, há mais de 20 anos Porter já havia reforçado a importância das interações entre operações através da cadeia de valor como uma questão central para as organizações. Edwards Deming também contribuiu para a orientação por processos, por exemplo, ao criar uma forma de representação das conexões por toda a organização, do fornecedor até o cliente, que serve de referência para que o processo seja medido e melhorado. Thomas Davenport e James Short definiram a orientação por processos como uma nova engenharia industrial, baseada na tecnologia da informação e no redesenho de processos[33]. Hammer e Champy foram os mais populares dos autores e vincularam a orientação por processos à forma radical de melhoria de processos, a reengenharia.

Em todas as definições, a cultura organizacional estava presente. Deveria se formar uma cultura de processos de negócio baseada em lógicas multifuncionais, orientação para o cliente e pensamento de processos e sistemas[46]. Davenport define a orientação por processos como sendo constituída dos seguintes elementos: estrutura, foco, mensuração, propriedade (donos/*ownership*) e clientes. A melhoria do processo deve integrar a cultura organizacional, e o autor introduz a noção de que os sistemas de informação orientados por processos seriam um dos principais componentes de uma cultura organizacional orientada por processos. Biro, Messnarz e Davison complementam a relação entre cultura e processos ao explorarem as mudanças nas práticas de melhoria de processos em função da cultura de diferentes países pesquisados.

De acordo com Davenport, a estrutura do processo (e não uma estrutura por processos) pode ser distinguida das versões mais hierárquicas e verticais da estrutura organizacional. Enquanto a estrutura organizacional hierárquica é, tipicamente, uma visão fragmentária e estanque das responsabilidades e das relações de subordinação, a estrutura dos processos é uma visão dinâmica da forma pela qual a organização produz valor. Além disso, embora não seja possível medir ou melhorar a estrutura hierárquica de maneira absoluta, os processos têm elementos que podem ser medidos e melhorados tais como custo, prazos, qualidade de produção e satisfação do cliente. Davenport afirma que, quando os custos são reduzidos ou a satisfação do cliente é aumentada, há conseqüente melhoria do processo em si. Dessa forma, sua prioridade é ver a organização sob uma ótica de processos e, conseqüentemente, por sistemas, em especial, sistemas de informação.

Com esse modo de visualização de uma organização, a comunicação entre os diversos departamentos da empresa fica reforçada. Isso cria uma pressão lateral e implica que a função do gerente passe a ter maior relação com a gestão das interfaces funcionais e das interfaces das ações constituintes dos processos. Ações de coordenação lateral aumentam em importância[51].

Hammer e Champy verificaram que, em alguns pontos de um processo em que os trabalhadores tinham que consultar um nível hierárquico superior, eles agora tomam as suas próprias decisões. Os trabalhadores realizam, então, parte do serviço antes realizada pelos gerentes. Entre os benefícios desse tipo de atitude estão reduções de atrasos, menores custos de despesas gerais, melhor atendimento aos clientes e maior delegação de poderes aos trabalhadores.

Hammer descreveu o pensamento por processos como responsável por criar na organização uma orientação transfuncional e por resultados. Existem quatro categorias para descrever uma organização orientada por processos: processos de negócios; cargos e estrutura; sistemas gerenciais e indicadores de desempenho; e valores e crenças. Por outro lado, há falhas da reengenharia no setor de telecomunicações, por exemplo.

Reijers percebe a discussão e a retrata como uma questão de ênfase. Para o autor, a orientação por processos também é resultado da redução da ênfase na hierarquia e nas estruturas funcionais e, em contraposição, do aumento no foco em cadeias de operações de negócios, usualmente orientadas por lógicas de cliente a cliente (*end-to-end*), o que reforça a noção de recebimento de uma demanda até a entrega ou atendimento completo dessa demanda (produto). Gardner destaca esses processos como sendo disparados (*triggered*) a partir de uma necessidade e resultando na criação de valor para o cliente. Davenport e Short explicitamente definem a orientação por processos como uma prática gerencial. Reijers, ao citar Hammer e Champy e Davenport, reforça seu argumento de que orientação por processos foi considerada essencial para o sucesso de iniciativas de desenho ou de reengenharia de processos. Ao citar Bryne, Reijers reforça a noção de organização horizontal; ao citar Hammer reforça a organização centrada em processos. Reijers destaca ainda os trabalhos de Hammer e Stanton sobre a empresa processual e, por fim, de Gardner, com as organizações focadas em processos (*process-focused organisation*).

Diversos autores apresentam caracterizações da orientação por processos ou "gestão funcional que reconhece a importância de processos transversais". A síntese das propostas desses autores está apresentada a seguir:
- Criação e sustentação de uma cultura de gestão baseada na visibilidade e no entendimento dos processos.
- Mensurar o desempenho dos processos e não somente das funções ou departamentos funcionais.
- Ter práticas para que os processos sejam melhorados quando necessário.
- Promover a integração e reduzir os conflitos interdepartamentais.
- Reforçar a noção de que o foco em processos é um meio para ter foco em clientes finais e que esse foco traz consigo a noção de processos transversais (da demanda até o atendimento por completo dessa demanda ao longo das atividades que compõem o processo "do início ao fim", conforme já explicado). Esse reforço cria uma orientação para gerar resultados dos processos voltados para os clientes finais de demanda e os produtos que os processos produzem.
- Criar uma responsabilidade compartilhada sobre o processo transversal e definir as responsabilidades pelas partes componentes do processo. Isso envolve mudar o que está prescrito como responsabilidade dos departamentos e cargos, mesmo que eles tenham lógicas funcionais. Envolve também responsabilidades para facilitar e promover a coordenação dos processos.

Essas orientações gerenciais podem ser aplicáveis em diferentes tipos de estruturas organizacionais[75]. Se na estrutura organizacional os processos são o primeiro eixo de organização do trabalho, a orientação por processos será priorizada. Se a estrutura é funcional, mas há incorporação no modelo de gestão de elementos com foco em processos, pode ser aceita uma estrutura funcional que tem orientação por processos. A estrutura dará conta principalmente da divisão do trabalho, e a orientação por processos responderá prioritariamente pela coordenação do trabalho e pela melhoria do projeto do trabalho.

3.3.5 Gestão por processos

A literatura também apresenta uma expressão que se confunde com a orientação por processos: gestão por processos. Neste trabalho, a expressão é utilizada de forma mais ampla que a gestão funcional de processos transversais (orientação por processos).

Na gestão por processos, há alterações na estrutura organizacional e em outros elementos integrantes do projeto organizacional visando a priorizar os processos como um eixo gerencial de maior importância que o eixo funcional. Há mudanças maiores do que simplesmente enfatizar os processos em oposição à hierarquia e colocar ênfase especial sobre os resultados e clientes[87].

Isso implica em mais do que orientar a gestão para entender os processos transversais e incluir ou alterar elementos integrantes do projeto organizacional para além da orientação por processos e para além de uma estrutura organizacional por processos. A Figura 3.7 mostra que as decisões organizacionais na gestão de processos funcionais tendem a ter mecanismos de coordenação, capacitação, reconhecimento, sistemas de informação, avaliação de desempenho, alocação de recursos financeiros, reprojeto de processos e tratamento de requisitos de clientes centrados nas unidades funcionais, enquanto que, na gestão por processos, essas decisões são orientadas prioritariamente pelos processos. A figura apresenta o espectro de decisão organizacional e reforça as diferenças entre uma gestão funcional pura e uma gestão completamente por processos.

Na gestão por processos, essas decisões e a estruturação dos elementos, apresentados na Figura 3.7, estão orientadas, prioritariamente, pelos processos. A gestão por processos engloba e precisa tanto de uma orientação por processos quanto de uma estrutura organizacional por processos. A gestão por processos não deve ser, portanto, uma panacéia, a ser desejada por toda e qualquer organização; ela será

Figura 3.7 Espectro de decisão organizacional: gestão de processos funcionais de processos *versus* gestão por processos

mais adequada para aquelas organizações nas quais a gestão em torno de processos se mostra mais apropriada, por ter grande interação com clientes e estar associada a demandas por velocidade e agilidade na produção e entrega de produtos. Isso envolve incluir grupos ou unidades responsáveis pelo processo como um todo e mudar o perfil de competências dos indivíduos e dos grupos – ou seja, envolve mudanças estruturais para a organização.

Há razões para a diversidade e a abrangência de nomenclaturas. Elas estão relacionadas ao estabelecimento de direitos autorais, à riqueza potencial e à amplitude das possibilidades de abordagens para o tema[71].

Cabe destacar que a estrutura da gestão por processos pode variar "desde a predominância funcional, passando pela matricial equilibrada, até a de processo puro"[71]. Neste trabalho, a gestão por processos é definida para os casos nos quais a estrutura organizacional está orientada por processos. A gestão de processos engloba, portanto, a gestão por processos, sendo essa última uma forma ou modelo especifico de gestão de processos.

Na gestão por processos a tendência não é mais enxergar a organização de uma maneira funcional, departamentalizada, e sim de uma maneira horizontal, integrando os diversos modelos e categorias básicas dos processos. As estruturas funcionais apresentam características indesejáveis, que comprometem o desempenho das empresas por priorizarem as funções de cada departamento em detrimento dos processos essenciais, por adotarem o critério da otimização do funcionamento das áreas funcionais e por apresentarem estruturas hierárquicas rígidas e pesadas, o que resulta na execução de pedaços fragmentados de processos de trabalho[84].

Em resposta a esse tipo de estrutura organizacional orientada por processos, estão surgindo, segundo alguns autores e evidências dos estudos de casos, organizações geridas por processos, que abandonam a estrutura por funções, resultando em uma estrutura organizacional por processo "pura" ou em estruturas matriciais, com elementos funcionais e processuais. Nesse contexto, as empresas estão organizando seus recursos e fluxos ao longo de processos básicos de operação. A lógica de funcionamento está mudando para a lógica desses processos e não mais sustenta o raciocínio compartimentado da abordagem funcional.

O funcionamento adequado de uma organização implica a existência de um modelo de gestão que oriente a organização por processos. Nesse modelo, as seguintes características devem estar presentes:
- as pessoas trabalham no processo e não mais nas áreas funcionais da empresa, que deixam de existir ou perdem importância;
- pessoas e equipes que promovem melhorias para clientes são reconhecidos pela organização como um todo;
- os objetivos são definidos visando o cliente;

- há uma integração para trás e para frente na cadeia ou na rede de suprimentos, associada à integração externa, e há uma integração interna entre as atividades que compõem os processos;
- as recompensas e os bônus estão baseados na capacidade de atingir melhorias nos processos;
- as pessoas vêem o negócio como uma série de processos interdependentes;
- os papéis da gestão de processos passam a estar formalmente enfatizados nas descrições de cargos;
- os empregados e os recursos são agrupados para produzir um trabalho completo;
- a informação segue diretamente para onde é necessária, sem o filtro da hierarquia .

A partir das análises realizadas, a gestão por processos pode ser definida como a aplicação de diferentes conceitos e teorias voltadas a melhor organizar/gerir os processos das organizações, sejam elas com ou sem fins lucrativos. Esses conceitos e teorias envolvem perceber direcionamentos estratégicos para os processos, projetá-los, controlar sua execução, bem como identificar e implantar tecnologias de apoio, e, de forma geral, trazer para as organizações a cultura de prover avanços ou ganhos de desempenho através da melhoria de seus processos, sejam essas melhorias realizadas de forma radical ou a incremental. Nesse conceito de gestão por processos, a questão central mudar a estrutura organizacional para incorporar unidade(s) responsável(is) pelos processos transversais e, ainda, enfatizar decisões baseadas em processos[75].

Uma estrutura orientada por processos transversais pode ser visualizada na Fifura 3.8. A figura apresenta um processo do início ao fim e com lógica de equipes com responsabilidade pelo processo como um todo. Nesse tipo de estrutura, os processos são priorizados em relação à lógica funcional, mas, assim como a estrutura funcional tem suas limitações, essa estrutura pode ser melhorada, por exemplo, criando grupos de interprocessos para discutir particularidades e especificidades de produtos que passam pelos mesmos processos.

Essa imagem reforça que pessoal integrante de equipes é necessário para que seja possível gerenciar o processo como um todo. Isso reforça uma das maiores dificuldades das estruturas organizacionais orientadas por processos: o perfil dos profissionais formados pelas universidades, e que aprendem enquanto trabalham, é predominantemente funcional. Logo, organizações por processos precisam trabalhar em equipe. A esse fato soma-se o grau de complexidade que há em se ser responsável por um processo como um todo, que impede, pelas limitações cognitivas do ser humano, que essa estrutura seja freqüentemente adotada[51].

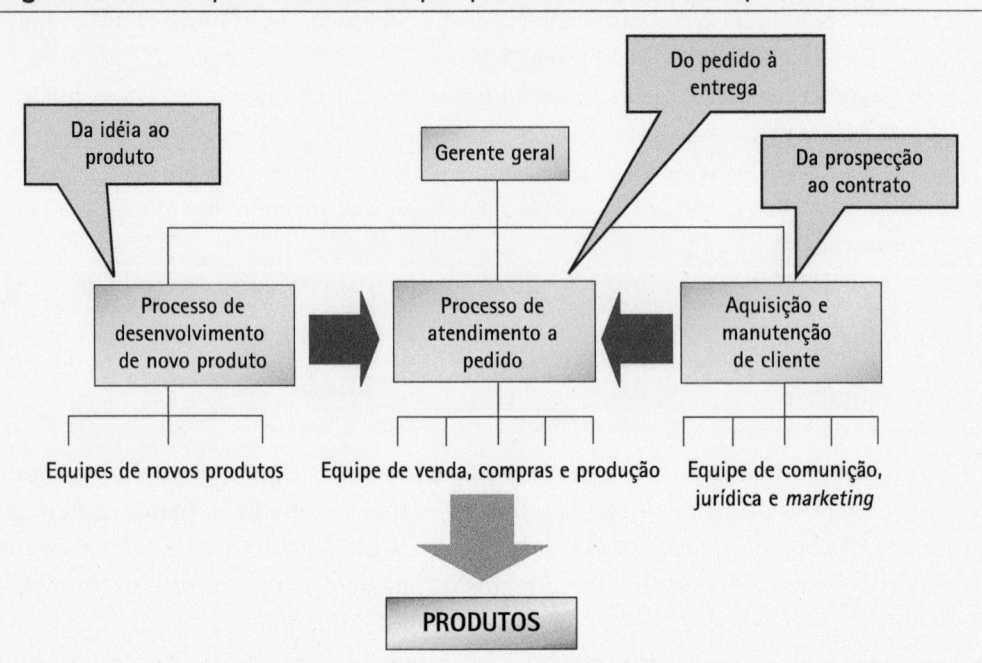

Figura 3.8 Exemplo de estrutura por processos em uma empresa têxtil

```
                            Do pedido à
                              entrega
        Da idéia ao
         produto         Gerente geral        Da prospecção
                                                ao contrato

        Processo de      Processo de         Aquisição e
      desenvolvimento   atendimento a        manutenção
       de novo produto      pedido           de cliente

   Equipes de novos produtos   Equipe de venda, compras e produção   Equipe de comunição,
                                                                      jurídica e marketing

                                 PRODUTOS
```

O grupo de estudos da Fundação Nacional da Qualidade criou a imagem representada na Figura 3.9, que permite diferenciar uma estrutura organizacional funcional com orientação por processos de uma estrutura organizacional por processos. Nessa estrutura não há criação formal de uma unidade organizacional responsável pelo processo como um todo. A solução foi a criação de grupos multifuncionais, compostos por representantes das unidades funcionais, que compartilham a responsabilidade pelo processo como um todo. A figura representa, então, uma estrutura funcional com forte orientação por processos.

Como destacado, a questão central a ser enfatizada é definir a estruturação organizacional por processos como uma alternativa que as organizações têm para orientar a forma de seu projeto organizacional e priorizar ao máximo o eixo de processos. Por outro lado, uma gestão de processos pode ser, e freqüentemente é, realizada em outros tipos de estrutura. A organização somente precisará de uma estrutura por processos se decidir ter um modelo de gestão por processos. Os demais tipos de estrutura podem ter orientação por processos.

Os resultados dessa pesquisa e de pesquisas anteriores demonstra que a opção pela gestão por processos é pouco freqüente ou mesmo rara, e que o mais comum é encontrar organizações funcionais que gerenciam seus processos transversais[75]. A Tabela 3.3 (pág. 124) mostra que a forma de estruturação das organizações pesquisadas tem predominância em uma gestão funcional de processos transversais. Dentre as 61

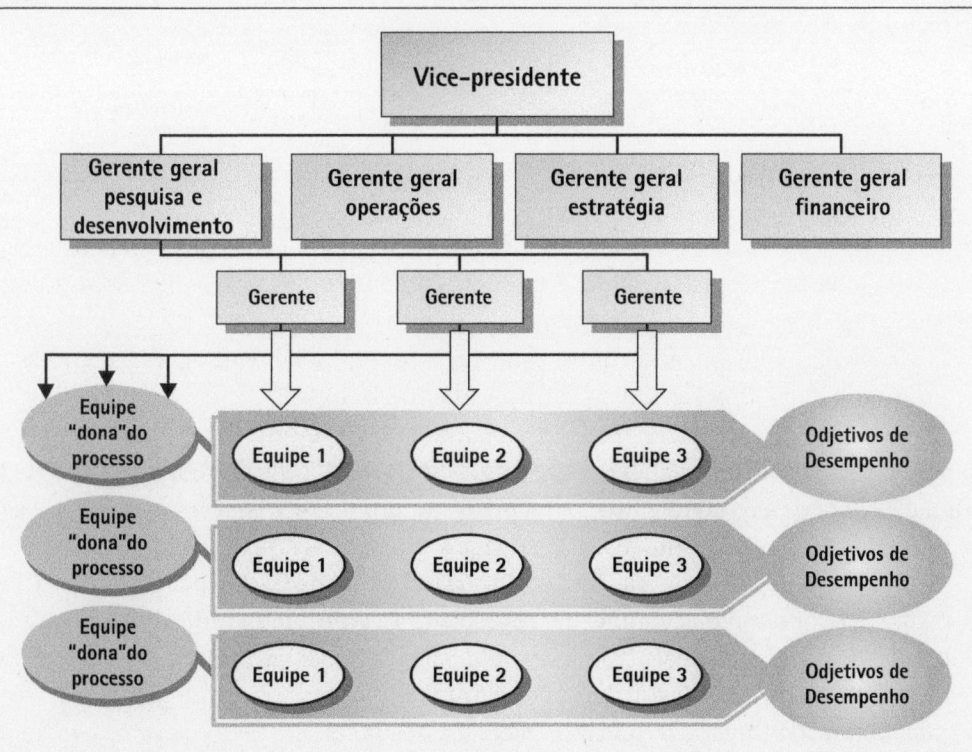

Figura 3.9 A visão do PNQ sobre a organização por processos[88]

respostas, somente cinco indicaram que têm uma estrutura por processos, logo, uma gestão por processos[75].

3.3.6 Saiba mais: trajetória em gestão de processos

As organizações formam trajetórias relacionadas com o modelo de gestão de processos; essas trajetórias usualmente pendulam entre os três modelos apresentados. No movimento que vai da gestão pura funcional para uma gestão por processos, Gonçalves[92] propõe a seguinte trajetória, representada pela Figura 3.10.

A Figura 3.11 apresenta uma trajetória de mudança da estrutura funcional tradicional até uma estrutura orientada por processos, na qual as unidades funcionais têm menos destaque. O esquema reforça alternativas em que os processos vão gradativamente sendo priorizados na estrutura. Primeiro, não há representação formal dos processos na estrutura, e somente os departamentos ou unidades organizacionais integram. Na segunda imagem da esquerda para a direita, os processos transversais passam a ser reconhecidos pela organização, que continua a ter elementos funcionais, mas reconhece, em segundo plano, os processos transversais, o que a caracteriza como tendo uma estrutura matricial fraca. Ela também pode ser definida como tendo

Figura 3.10 Trajetória: sentido gestão por processos[89]

| Conscientizar | Mapear processos | Selecionar processos essenciais | Melhorar processos essenciais + Tecnologia | Redistribuir recursos + *process owner* | Adotar modelo estrutural rompendo com as principais funções | Reformular o referencial e os mecanismos de gestão | Implantar |

uma organização funcional, que gerencia seus processos transversais, e não necessariamente uma estrutura matricial. A diferença estaria em não formalizar a responsabilidade pelo processo como um todo.

Na terceira imagem, a estrutura continua a ser matricial, mas agora os processos estão priorizados. Essa seria uma estrutura matricial forte[90]. No caso de conflitos, a prioridade decisória fica com os processos. Na quarta e última imagem, as unidades funcionais perdem importância e são, muitas das vezes, repositórios de recursos ou unidades para desenvolvimento dos recursos. Os processos transversais passam a ser o principal eixo em torno do qual a organização constrói seu projeto organizacional.

As duas últimas formas na Figura 3.11 são utilizadas na Gestão por Processo – GPP. A Figura 3.12 apresenta exemplos dessas estruturas. A primeira indica uma estrutura matricial, na qual permanecem unidades funcionais, que são responsáveis pela especialização do trabalho e dos indivíduos. Por outro lado, há uma nova unidade, transversal à estrutura, responsável por alocar os recursos nos processos. Essa estrutura, quando

Figura 3.11 Exemplos de alternativas de estruturas organizacionais[91]

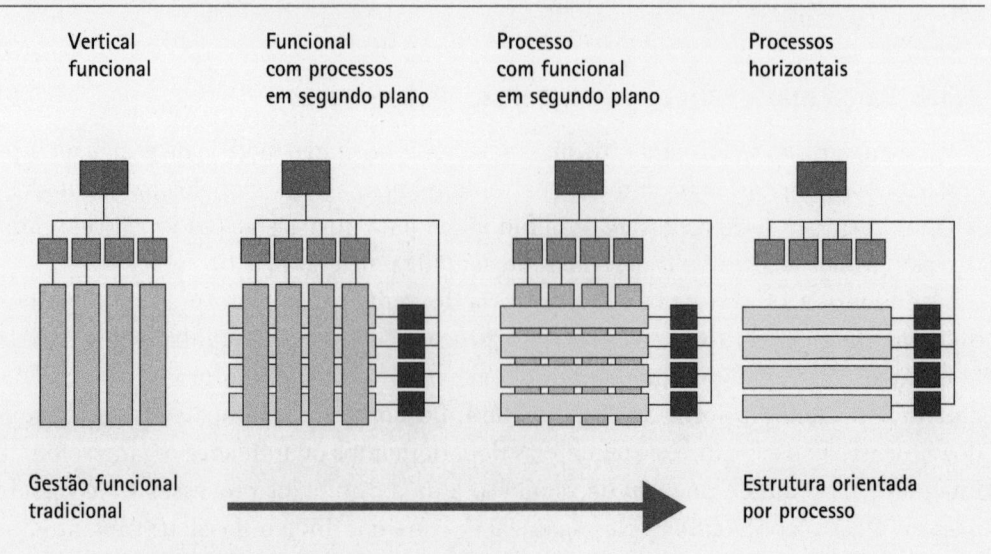

Vertical funcional | Funcional com processos em segundo plano | Processo com funcional em segundo plano | Processos horizontais

Gestão funcional tradicional → Estrutura orientada por processo

chamada de matricial forte, define que o gestor do processo tem maior autonomia sobre os recursos em relação ao gestor funcional[90]. Esse modelo híbrido teve os clássicos conflitos da dupla subordinação e dos indicadores de desempenho globais e locais.

A segunda imagem na Figura 3.12 ilustra uma estrutura por processos pura. Nela, há somente uma linha de autoridade. Essa linha está centrada na coordenação ao longo do fluxo de trabalho, e não na especialização do trabalho. Essa estrutura pode gerar redundâncias e precisa de profissionais com perfis generalistas, mas, por outro lado, tem amplo foco nos processos, o que significa dizer que tem foco nos produtos e nos clientes.

3.3.7 Saiba mais: um estudo e um instrumento prático para medir a orientação por processos

Uma importante pesquisa conduzida por McCormack[87] fez uso de extensa revisão da literatura, de entrevistas com especialistas na Europa e nos Estados Unidos e testou sua proposta com profissionais experientes e especialistas para definir o que

Figura 3.12 Estruturas por processos: híbrida e pura

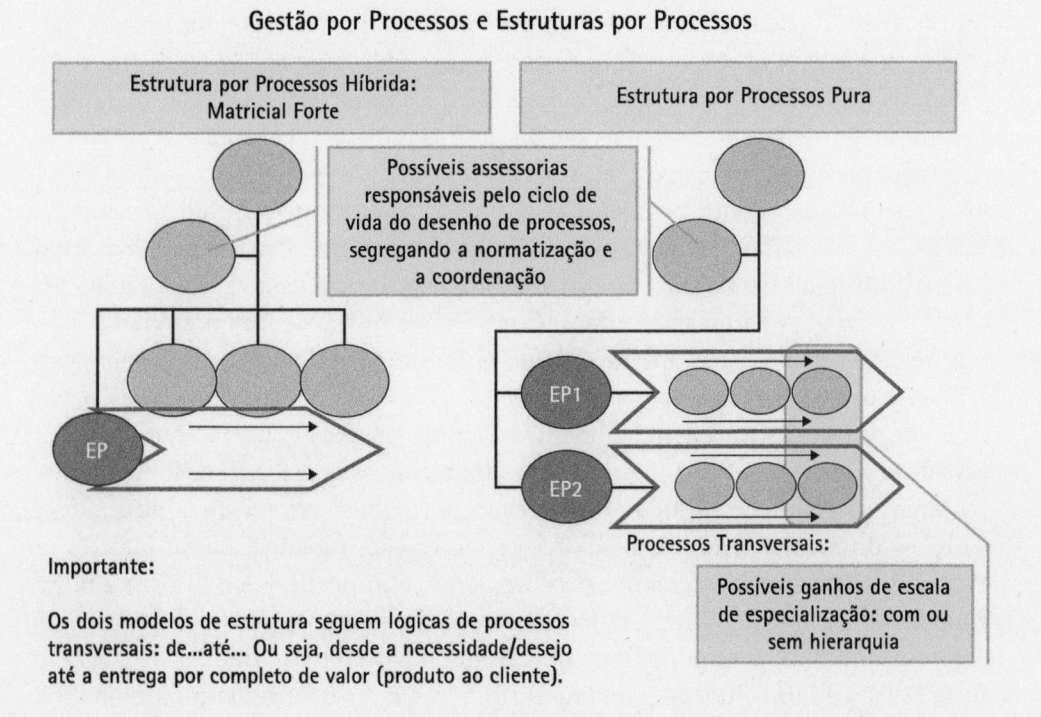

Gestão por Processos e Estruturas por Processos

Estrutura por Processos Híbrida: Matricial Forte

Estrutura por Processos Pura

Possíveis assessorias responsáveis pelo ciclo de vida do desenho de processos, segregando a normatização e a coordenação

EP

EP1

EP2

Processos Transversais:
Possíveis ganhos de escala de especialização: com ou sem hierarquia

Importante:

Os dois modelos de estrutura seguem lógicas de processos transversais: de...até... Ou seja, desde a necessidade/desejo até a entrega por completo de valor (produto ao cliente).

seria orientação por processos e determinar as variáveis da orientação por processos de negócios[87]. Foram usadas técnicas estatísticas, como amostra do domínio, teste do coeficiente alfa e análise de fator, para determinar as variáveis válidas e formar grupos. Foi criado, também, um instrumento de pesquisa tipo questionário que pode ser utilizado para avaliar a orientação por processos de uma organização.

Assim, os resultados da pesquisa indicam uma lógica para mensurar o nível de orientação por processos com a intenção de prover uma definição mais sólida e cientificamente justificada do que seria isso. O trabalho chegou à seguinte definição para organização orientada por processos: "uma organização que enfatiza processos em oposição à hierarquia e que coloca ênfase especial sobre os resultados e os clientes". O estudo possibilitou quebrar a orientação por processos em:

- Gestão e mensuração de processos. As métricas incluem aspectos de processos tais como qualidade, tempo de ciclo, custos e variabilidade.
- Trabalhos (*job*) de processos. Ter um dono do processo de desenvolvimento de produto e não um gestor de pesquisa.
- Visão do processo (e não necessariamente visão por processos). Uma profunda documentação e entendimento dos processos de cima para baixo e do início ao fim do processo.

Para determinar as questões, foram utilizadas uma base estatística e uma base intuitiva. Para a primeira, fez-se uma análise de fator, que é uma técnica usada para reduzir e sumarizar as inter-relações entre um grande número de variáveis e, em seguida, identificar matematicamente dimensões comuns subentendidas ou fatores. O estudo teve início com 200 questões divididas em cinco categorias, que depois foram reduzidas para três categorias, e, por fim as questões foram reduzidas para 11. Depois de análises de fator positivas, as questões finais foram retestadas usando-se métricas de coeficientes de alfa. As questões foram consideradas aceitáveis usando-se como critério o alvo de 0,6 até 0,7. No caso da pesquisa deste livro, as duas técnicas foram usadas na mesma ordem. Contudo, as questões foram enviadas para serem respondidas e, na primeira rodada, já foram consideradas aceitáveis, logo, não houve exclusão de fatores.

Sobre a base intuitiva, o trabalho de McCormack apresentou as 11 questões para especialistas no mundo inteiro, que concordaram com as questões finais.

Além da definição do que é orientação por processos, há duas outras contribuições do artigo de McCormack. A primeira está relacionada ao fato de ter demonstrado que a orientação por processo contribui positivamente para a moral organizacional (*Esprit de Corp*), com correlação de +0,500*; para a conectividade interdepartamental, com correlação de 0,365*; e para o desempenho do negócio, com 0,279**, e contribui negativamente para os conflitos interfuncionais, com correlação de −0,380*. O estudo também demonstrou que o conflito interfuncional tem correlação negativa de −0,497* com a moral organizacional e de −0,468* com o desempenho do negócio, e que, por outro lado, a conectividade interdepartamental tem correlação positiva de +0,542* com a moral organizacional e de +0,255* com o desempenho do negócio. As significâncias foram de * p<0,001; ** p<0,003; *** p<0,007.

As seguintes proposições foram colocadas:
- empresas com métricas fortes de orientação por processo tiveram melhor desempenho geral em seus negócios;
- empresas com métricas fortes de orientação por processo tiveram melhores resultados na moral organizacional, maior conectividade e menos conflitos;
- empresas mais estruturadas sobre equipes de processos e menos sobre departamentos funcionais têm menos conflitos e forte espírito de equipe.

Gestão e mensuração de processos e trabalhos de processos tiveram forte relação com as variáveis analisadas, mas a visão do processo não teve. O estudo reforça que isso deve estar relacionado ao fato de que a documentação de processos por si só não traz impactos. E, para reforçar, houve esforços de documentação infrutíferos relacionados à gestão da qualidade total na década de 1980.

No estudo, as indústrias de menor porte tenderam a ter melhores resultados que as grandes manufaturas. Esse resultado pode reforçar a noção da forte relação entre processos e coordenação, uma vez que empresas maiores naturalmente têm maior dificuldade para lidar com a interdependência de ações e recursos. Isso pode requerer mais estudos.

Os estudos de Gustafsson e Nilsson[92] em empresas suíças também reforçam o impacto positivo da orientação por processos na satisfação do cliente. No estudo desses autores, grandes empresas de serviço tiveram bons resultados, mas não houve indicação de resultados significativos para as pequenas empresas. Talvez nesse caso, a coordenação já estivesse presente nas empresas de menor porte.

Outro questionamento interessante que a pesquisa levanta está relacionado ao fato de as organizações de serviço terem menos iniciativas de gestão de processos do que as organizações industriais, mas apresentarem resultados semelhantes. Assim, é colocada a pergunta de se haveria uma natural orientação por processos nas organizações de serviços, visto que elas precisam ter mais contato com os clientes.

A segunda contribuição do trabalho, especialmente importante para este livro, são as questões propostas em seu questionário. Essas questões estão apresentadas na Tabela 3.4.

A Tabela 3.4 pode indicar tarefas que deveriam ser incorporadas em organizações que querem gerenciar seus processos e, mais ainda, tarefas que sejam específicas

Tabela 3.4 Questionário proposto por McCormack[87]

Aspecto	Questão
Visão do processo	O empregado típico vê o negócio como um conjunto de processos conectados. Termos de processos como entrada, saída, processos, donos de processos são usados na organização. Os processos de negócios estão suficientemente definidos de tal forma que a maioria do pessoal sabe como eles funcionam.
Trabalhos (*Job*) de processos	Os trabalhos são usualmente multifuncionais, e não tarefas simples. Os trabalhos incluem a resolução de problemas. Os empregados estão constantemente aprendendo novas coisas no trabalho.
Gestão e mensuração de processos	O desempenho do processo é medido. Métricas de desempenho são definidas. Recursos são alocados com base nos processos. Metas específicas dos processos estão disponíveis. Os resultados do processo são mensurados.
Dinâmica e conflitos interdepartamentais	A maioria dos departamentos se dá bem um com o outro. Quando membros de vários departamentos se reúnem, freqüentemente as tensões se elevam. Pessoas de um departamento freqüentemente não gostam de interagir com pessoas de outros departamentos. Empregados de diferentes departamentos sentem que as metas de seus departamentos estão alinhadas com as metas dos demais departamentos. Proteger o terreno do departamento é considerado um modo de vida na unidade de negócio. Há pouco ou nenhum conflito interdepartamental nesta unidade de negócio.
Conectividade interdepartamental	Nesta unidade de negócio, é fácil falar com qualquer pessoa, independentemente de cargo ou posição. Há ampla oportunidade para o pessoal de diferentes departamentos terem "conversas de corredor" informais. Empregados de diferentes departamentos se sentem à vontade para ligar um para o outro, quando uma necessidade aparece. Gerentes desencorajam os empregados a discutir assuntos relacionados com o trabalho com aqueles que não são seus superiores ou subordinados diretos. O pessoal aqui é bem acessível em relação aos de outros departamentos. Comunicação entre um departamento e outro deve ser feita pelos canais apropriados. Gerentes juniores de um departamento podem facilmente agendar uma reunião com gerentes juniores de outros departamentos.

(*continua*)

Tabela 3.4 *(continuação)*

Aspecto	Questão
Desempenho organizacional e métricas de espírito de equipe	As pessoas das unidades de negócios estão verdadeiramente se importando com as necessidades e problemas dos demais departamentos. O espírito de equipe está espalhado por todas as posições na unidade de negócio. Trabalhar para esta unidade de negócio é como fazer parte de uma família. Pessoas nesta unidade de negócio sentem-se emocionalmente ligadas umas as outras. Pessoas nesta unidade de negócio sentem-se como se estivessem unidas. A unidade de negócio carece de espírito de equipe. Pessoas nesta unidade de negócio sentem-se como indivíduos independentes que têm que tolerar aqueles que estão a sua volta.

de organizações que queiram ser geridas por processos. Essas possíveis tarefas foram sumarizadas na Tabela 3.5.

A orientação por processos permite que sejam identificadas as oportunidades de melhoria, que geralmente se encontram nas interfaces funcionais, onde existe passagem ou transferência de tarefas e informações necessárias à continuidade do processo em outras áreas[46].

3.4 Síntese do que se entende por gestão de processos

As definições apresentam termos centrais que se repetem freqüentemente, tais como melhoria, controle, documentação, modelagem, automação, otimização, colaboração, equipes, identificação, entendimento, mensuração, simulação, implantação, continuidade, execução, análise, projetar, aprender, engenharia e inovação.

A análise das definições permite a síntese dos elementos mais freqüentes nas definições e a proposição de critérios para agrupamento das tarefas necessárias à gestão de processos.

3.4.1 O que é gestão de processos

A partir dos enquadramentos conceituais realizados e com o objetivo de sintetizar essas definições e, ainda, permitir o desdobramento da definição sintetizada em tarefas, a gestão de processos será assim entendida neste livro:

"Um conjunto articulado de tarefas permanentes para projetar e promover o funcionamento e o aprendizado sobre os processos.

Tabela 3.5 Tarefas desdobradas do questionário de McCormack[87]

Aspecto	Possível Tarefa
Visão do processo	Modelagem dos processos do início ao fim e não com lógicas funcionais de modelagem. Treinamento do pessoal em conceitos de processos.
Trabalhos (*Job*) de processos	Definir equipes e times multifuncionais. Rever os planos de cargos, carreira, benefícios e salários para incorporarem orientação por processos. Resolver problemas. Desenvolver capacidade de aprendizado sobre os processos.
Gestão e mensuração de processos	Medir o desempenho dos processos. Alocar recursos com base nos processos. Definir objetivos e metas para os processos. Registrar o desempenho dos resultados dos processos.
Dinâmica e conflitos interdepartamentais	Envolver representantes dos departamentos na definição de processos. Utilizar técnicas de negociação e resolução de conflitos. Alinhar os objetivos e as metas entre os departamentos a partir dos objetivos e metas dos processos. Definir espaços físicos organizacionais para os processos.
Conectividade interdepartamental	Difundir formas para facilitar a comunicação interdepartamental, como sistemas, "conversas de corredor" informais, telecomunicação. Encorajar conversas sobre o trabalho em diferentes níveis decisórios e entre unidades organizacionais.
Desempenho organizacional e métricas de espírito de equipe	Envolver as partes interessadas na resolução de problemas e na identificação de oportunidades de melhoria nos processos. Reforçar o espírito de equipe por toda organização, envolvendo aqueles que estão isolados e reconhecendo aqueles que trabalham em equipe. Promover eventos sociais entre os empregados com o objetivo de criar laços emocionais e união.

Essas tarefas podem ser agrupadas em:
- desenhar processos com o objetivo de definir ou redefinir como os processos devem ser projetados para serem melhorados e implantados.
- gerir os processos no dia-a-dia com objetivo de assegurar a efetiva implementação dos processos e a realização de alocação de recursos para sua execução, bem como a realização de mudanças e adaptações de curto prazo.
- promover a evolução dos processos e o constante aprendizado com o objetivo de registrar o conhecimento gerado sobre os processos e construir uma base para que seja criado conhecimento para sustentar a evolução dos processo."

Essas tarefas vão ser aplicadas na prática de formas distintas se houver priorização ou escolha de um modelo de gestão GF, GFPT ou GPP.

Ao explorar a forma como a gestão de processos está retratada na literatura e definir que tarefas podem ser demandadas por profissionais que atuam sobre o objeto "processos", buscou-se uma forma de agrupar as tarefas. Três grupos de tarefas foram definidos e os critérios de agrupamento das tarefas relacionam-se com o quanto elas estão voltadas para o pensar (projetar processos), o agir (gestão do dia-a-dia) e o aprender (promover e registrar aprendizado).

O projeto-desenho (do inglês *design*) envolve tarefas de natureza conceptiva para definir ou redefinir como os processos estão sendo e devem ser realizados e geridos no futuro. As tarefas estão em horizontes de médio e longo prazo ou fora do eixo de execução ou realização dos processos no dia-a-dia. Tarefas de natureza executiva foram agrupadas como gestão do dia-a-dia quando entendidas como aquelas que viabilizam ou dão início, ou mesmo mantêm, a execução do processo dentro de limites ou padrões de desempenho, e são de horizonte de curto prazo. Essas tarefas, em síntese, promovem a realização dos processos conforme projetados ou definidos ou desenhados. Esses dois primeiros grupos são semelhantes à proposta de Falconi, na qual há um gerenciamento para melhorar e um gerenciamento para manter. Há, porém, uma diferença: o foco está nos processos transversais e não nas operações. A proposta de Falconi não inclui formalmente o aprendizado como um grupo que compõem o conceito de gestão.

As tarefas que objetivam a evolução foram agrupadas como promoção do aprendizado sobre processos. O aprendizado pode ser gerado tanto pelo acúmulo e o registro de conhecimento como pela criação de conhecimento. Essas tarefas têm natureza passiva de registro, que pode ser de aquisição ou de criação de conhecimento; em qualquer caso, o conhecimento deve ser armazenado e retido para uso futuro da organização. Elas não possuem atuação executiva sobre os processos, e estão orientadas para criar referências para o projeto ou reprojeto dos processos; são um repositório de conhecimentos sobre os processos.

As tarefas necessárias à gestão de processos emergem como resposta à natureza comparativa e competitiva das organizações privadas e públicas em uma constante busca por formas de aumentar a produtividade, maximizar o retorno e adquirir excelência em seus mercados.

Essa natureza desdobra influências externas às organizações, que precisam de respostas internas que podem ser dadas ou alcançadas pelo projeto ou reprojeto de processos, pelo gerenciamento do funcionamento no dia-a-dia dos processos, assim como pelo registro e acompanhamento sistemático do desempenho histórico dos processos. O objetivo é promover o aprendizado sobre os processos e, assim, sustentar o aprimoramento constante do desempenho organizacional.

Ao buscar essa resposta na literatura, identifica-se que a gestão de processos está relacionada à forma de conceber e promover o funcionamento da organização. As tarefas que compõem os grupos de tarefas esquematizados na Figura 3.13 serão

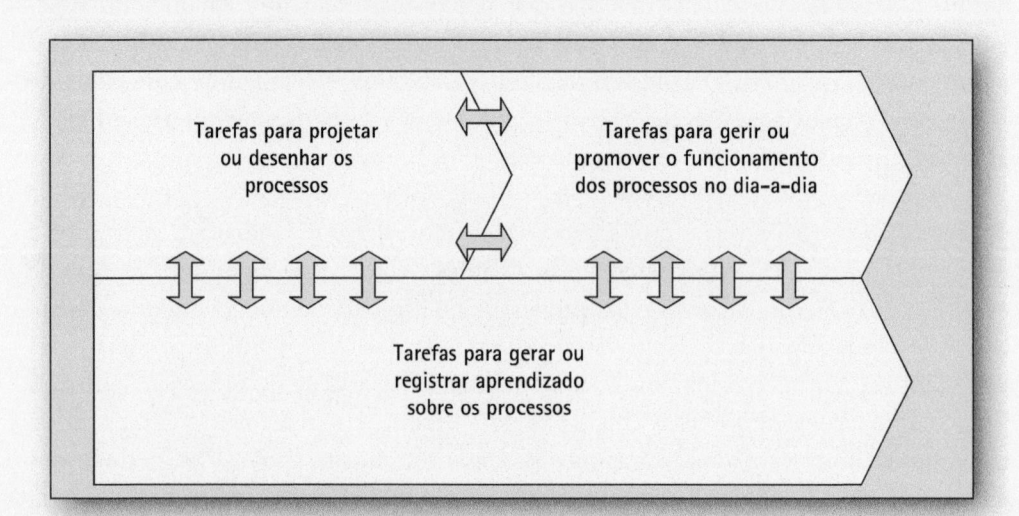

Figura 3.13 Grupos de tarefas necessárias para gerenciar processos

```
        Tarefas para projetar              Tarefas para gerir ou
        ou desenhar os                     promover o funcionamento
        processos                          dos processos no dia-a-dia


                        Tarefas para gerar ou
                        registrar aprendizado
                        sobre os processos
```

apresentadas no próximo capítulo. A Figura 3.13 destaca que os grupos de projeto e gestão no dia-a-dia têm sua evolução sustentada pela capacidade de aprendizado do terceiro grupo de tarefas.

3.4.2 O sistema de gestão de processos: indicações da articulação de como gerenciar processos

Antes de avançar para o próximo capítulo, faz-se necessário destacar que a gestão de processos deve ser entendida como um sistema composto por subsistemas articulados e integrados. Esse sistema não é apresentado como um processo estruturado lógico-temporalmente. Essa apresentação muda as tarefas e sua seqüência para a ação é apresentada como um macroprocesso de gestão de processos no Capítulo 6, que trata de escritório de processos.

Um sistema pode ser compreendido como um grupo de partes que operam conjuntamente para atingir um propósito comum[15]. A abordagem de sistemas tem foco na relação entre o todo de uma certa unidade em análise. O relacionamento do sistema com suas partes constituintes tem como pressuposto central alcançar um determinado objetivo comum. A gestão de processos pode ser endendida como o sistema que tem seus subsistemas constituídos pelos grupos de tarefas.

A abordagem dos sistemas postula que todas as "coisas" consistem de partes. Essas partes (entendidas como subsistemas), por sua vez, ao mesmo tempo em que consistem de outras partes menores, são parte de um sistema maior. Em outras palavras, os sistemas podem ser desdobrados em subsistemas e supersistemas. O supersistema seria a gestão organizacional como um todo, ou o modelo de gestão, visto que os supersistemas podem ser entendidos como um conjunto de sistemas. Cada subsistema do sistema de gestão de processos é composto por tarefas necessárias à gestão de processos. Nessa lógica, os sistemas são compostos por subsistemas e estão dentro de um sistema maior o supersistema.

O próximo capítulo define as fronteiras entre os subsistemas, ou grupo de tarefas. Ao final pode-se concluir que há relações entre sistemas que compõem o supersistema de gestão organizacional ao se identificar que a gestão de processos deve se relacionar com a gestão da estratégia, dos indicadores e dos demais elementos de gestão apresentados. Para a operacionalização do sistema de gestão de processos, a seguir estão definidas as tarefas no modo como formam os subsistemas que constituem o sistema de gestão de processos, bem como o inter-relacionamento entre esses subsistemas.

Conforme Pritsker,[15] a definição dos subsistemas não é arbitrária. Ela leva em conta as seguintes pontos:
- Ignorar os elementos que são considerados desprezíveis para fins da análise proposta
- Destacar, para cada subsistema, as tarefas importantes desempenhadas pelo mesmo
- Considerar as principais interações entre os diversos subsistemas
- Definir com clareza as fronteiras dos diversos subsistemas e do sistema como um todo

gestão
de processos
4

AS TAREFAS DEFINIDAS PARA PENSAR, AGIR E APRENDER

O quarto capítulo detalha o entendimento da gestão de processos com a apresentação da estrutura de tarefas necessárias à ela. O capítulo tem como objetivo central deixar claras as definições de cada uma dessas tarefas necessárias para a gestão de processos. Ele está dividido em quatro seções. A primeira apresenta as tarefas necessárias ao projeto dos processos. A segunda traz a descrição das tarefas para gerenciar a execução dos processos no dia-a-dia. A terceira descreve as tarefas relacionadas com a promoção do aprendizado sobre processos. A última seção destaca as relações entre os grupos de tarefas.

A gestão de processos é um objeto de estudo significativamente amplo. A definição das tarefas que integram o conceito de gestão de processos foi desdobrada do conceito de processos e da definição conceitual de gestão de processos e, em seguida, as tarefas foram agrupadas nos três conjuntos que serão apresentados. A descrição de cada tarefa, além de buscar esclarecer qual é a sua relação e por que elas são necessárias para a gestão de processos, busca apresentar os principais conceitos e utilizar as principais bibliografias que relacionam estes conceitos com a gestão de processos.

O grupo de tarefas para o projeto de processo envolve a realização de tarefas que respondem pelos conceitos de acompanhamento do ambiente interno e externo, seleção, modelagem, melhoria, implantação e gestão de mudanças nos processos. Essas tarefas estão listadas a seguir:
- entender o ambiente externo e interno e a estratégia organizacional;
- estabelecer estratégia, objetivos e abordagem para promover mudanças;
- assegurar patrocínio para a mudança;

- entender, selecionar e priorizar processos;
- entender, selecionar e priorizar ferramentas de modelagem;
- entender, selecionar e priorizar técnicas de melhoria;
- criar e formar equipes de gestão de processos;
- entender e modelar processos na situação atual;
- definir e priorizar problemas atuais;
- definir e priorizar soluções para os problemas atuais;
- definir práticas de gestão e execução dos processos;
- entender e modelar processos na situação futura;
- definir mudanças nos novos processos;
- implantar novos processos.

As tarefas para gerenciar os processos no dia-a-dia estão associadas aos conceitos de viabilização da execução, realização dos processos, acompanhamento e controle do desempenho dos processos e ajustes ou modificações de curto prazo nos processos. Essas tarefas são expressas como:
- implementar novos processos e mudanças;
- promover a realização dos processos;
- acompanhar a execução dos processos;
- controlar a execução dos processos;
- realizar mudanças ou ajustes de curto prazo.

A promoção do aprendizado sobre os processos agrupa as tarefas que acumulam informações ao longo do tempo sobre o desempenho do processo, comparam e buscam conhecer outros processos interna e externamente à organização, registram problemas de desempenho de grande impacto e avaliam a trajetória de desempenho dos processos. Também, elas registram documentação relacionada com os processos, tal como normas, procedimentos, políticas e outros documentos que prescrevem como o trabalho deve ser feito. São estas tarefas:
- registrar o desempenho dos processos ao longo do tempo;
- realizar o *benchmarking* com referenciais externos e internos;
- registrar e controlar desvios de desempenho significativos;
- avaliar trajetória de desempenho dos processos;
- registrar o conhecimento criado sobre os processos.

A seguir, cada uma das tarefas do grupo de projeto de processos será apresentada. Segue, após, a apresentação das tarefas de gestão de processos no dia-a-dia e de promoção do aprendizado.

4.1 Pensar: o projeto-desenho dos processos

Alguns autores[4,8,11,12,15,46,68,72,74,93-96] estão centrados na importância estratégica da associação de processos com a modelagem e a melhoria de processos, assim como destacam a importância da gestão de mudanças. Outros autores[32] definem que a visão de processos se consolida com a aplicação de técnicas de engenharia de produção. Os quadros-conceituais discutidos anteriormente, associados aos formados no início do século passado por Taylor e pelos Gilbreths, permitem a formação da noção de que o gestor de processos deve projetar processos. A função de projeto está centrada no direcionamento estratégico para a definição de processos, para o uso de técnicas de engenharia de processos, a modelagem, a definição qualitativa e quantitativa de problemas e a aplicação de métodos de identificação, análise e solução de problemas – MIASP. Tarefas de implantação de mudança e de definição de abordagens de mudança também integram este grupo.

4.1.1 Entender o ambiente externo e interno e a estratégia organizacional

O desenho de processos sempre está inserido dentro de um contexto organizacional, no qual há um ambiente externo que influencia e direciona a atuação da organização, e um contexto ou ambiente interno, que deve ser entendido para responder adequadamente às demandas do contexto externo. Dessa forma, a primeira tarefa associada ao desenho de processo está relacionada ao entendimento da estratégia organizacional ou de negócio.

Essa tarefa será apresentada sob duas perspectivas. A primeira sob um olhar das ferramentas necessárias para entender e relacionar os ambientes externo e interno. A segunda entende a tarefa como um típico processo transversal à organização, que, por si só, tem atividades que resultam na análise externa e em desdobramentos internos sobre os processos da organização. Essa segunda perspectiva, portanto, entende a estratégia como um processo gerencial.

Para a primeira perspectiva, na qual o entendimento do ambiente está orientado por processos, há necessidade de identificar e utilizar conceitos e ferramentas que:
- Permitam que a organização analise e entenda a relação e as condições que o ambiente externo cria sobre os processos.
- Permitam aos tomadores de decisão da organização entender como o "sistema produtivo", mais especificamente os processos, estão atualmente desenhados e como eles estão internamente desempenhando. Em outras palavras, que permitam entender o que pode-se esperar dos processos atualmente.

- Permitam criar expectativas de desempenho futuro dos processos, sustentadas por uma capacitação para mudar e melhorar o desenho dos processos.

A análise sobre a diferença entre essa demanda externa e a capacitação interna, ou sobre o encaixe ou o ajuste entre essas demandas, leva os gestores a tomar decisões que, em síntese, orientarão o desenho dos processos. De modo mais pragmático, a definição de formas específicas de alocar e arranjar os recursos organizacionais e definir objetivos estratégicos deve ser acompanhada da definição de quais processos devem ser selecionados para serem desenhados ou redesenhados. As deliberações estratégicas são, então, desdobradas do modelo operacional.

Tipicamente, há uma expectativa de que a estratégia seja concebida pela liderança da organização. Fica como questão a dificuldade para se visualizar e entender os processos. Ou seja, a liderança da organização deve incorporar ferramentas e pessoas que tenham visão e entendimento dos processos, assim a visão interna será melhor expressa na definição da estratégia.

A seguir, a relação das ferramentas que ligam estratégia com processos será apresentada, com a identificação das contribuições das ferramentas para o desenho de processos e apresentação de uma síntese das perspectivas da relação dos conceitos de processos e estratégia.

O modelo para análise de Forças, Fraquezas, Oportunidades e Ameaças (SWOT)[97] reforça a relação estratégia-processo e a necessidade da análise externa e interna. Não há formalmente indicação de que os processos transversais são elementos centrais para a identificação de forças e fraquezas internas na proposta. Entretanto, a ferramenta pode seguir o paradigma da gestão de processos, e incorporar a orientação dos processos e assim, orientar e auxiliar na realização da tarefa de entendimento do ambiente interno e externo e no desdobramento das orientações sobre o desenho de processos.

Em síntese, o modelo SWOT propõe que a melhor estratégia para uma organização está no encaixe entre suas características singulares internas (sua "competência distinta"), e as circunstâncias ambientais externas em que se encontra[98]. O modelo SWOT também contribui para a identificação do que distingue ou diferencia a organização e, aqui, novamente, os processos devem ser considerados. Por um lado, o ambiente externo e suas trajetórias e tendências são analisados para orientar decisões e, por outro, juntamente com a análise dos processos, devem ser definidas orientações dos processos para a estratégia. Essas orientações devem conduzir a mudanças na forma como estão desenhados os processos para suportar decisões estratégicas que podem manter ou ampliar a diferenciação.

Com a intenção de estabelecer uma estratégia competitiva, foi proposto por Porter (1980) o Modelo das 5 forças[43]. Esse modelo está centrado na análise do ambiente externo, mas traz além dessa contribuição a intenção de incorporar uma análise microeconômica à formulação de estratégias empresariais, que se relacionava com a identificação de oportunidades e ameaças do ambiente externo, mas não dava respostas para as forças e fraquezas do ambiente interno. Então, buscando olhar para o interior das organizações e identificar vantagens competitivas, a autor propôs a ferramenta "cadeia de valor agregado"[44].

Essa ferramenta sem dúvida se constitui como a principal forma de relacionamento entre a estratégia e os processos, e, ainda que tenha suas limitações, permitiu a consolidação de uma trajetória que possibilitou relacionar a macroeconomia com a microeconomia e, depois, a microeconomia com o ambiente interno da empresa, objeto principal da engenharia de produção e da gestão de processos.

Porter não chega a prover orientações específicas para o projeto de processos, tampouco para como modelar processos, mas desperta nos gerentes uma forma de ver a organização e, principalmente, de buscar vantagens competitivas a partir dos processos. Essa busca implica no redesenho dos processos. A orientação para esse redesenho está associada à identificação, à análise e ao entendimento dos orientadores ou direcionadores de custo e diferenciação. A análise envolve identificar as relações entre as atividades e suas interfaces internas com as atividades secundárias e externas com as atividades de fornecedores, distribuidores e compradores. Em síntese, o projeto ou desenho do processo deve ter integração intra- e interorganizacional. Essa noção de integração chegou mais tarde a definições sobre processos colaborativos[99,100].

Figura 4.1 Cadeia de valor[44]

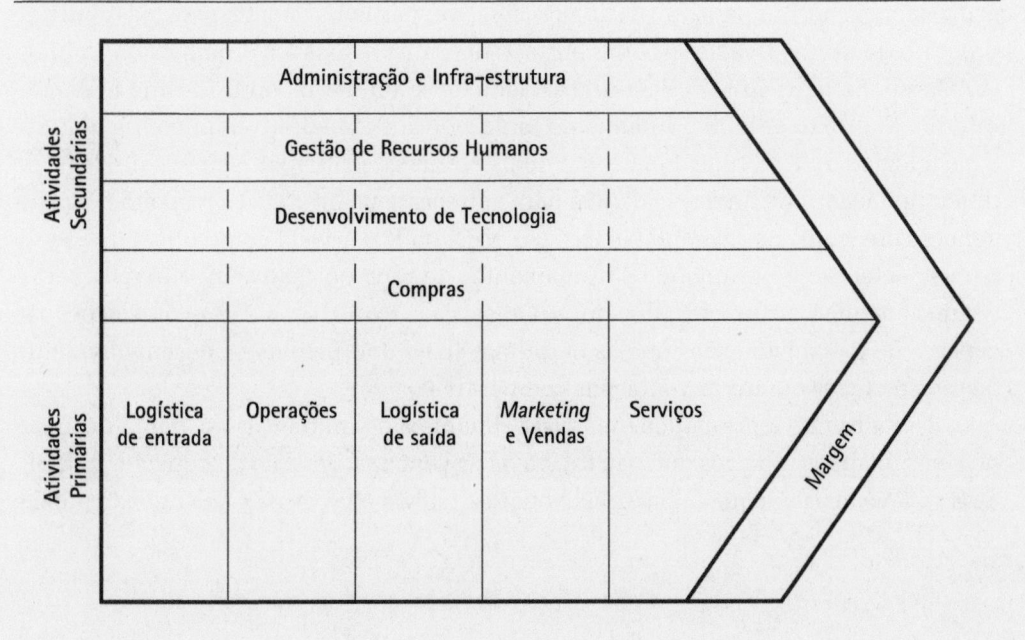

A mudança nos direcionadores pode ser entendida como uma mudança específica na estratégia organizacional, e, novamente, reforça a noção da identificação do que mudar no processo para "responder" à estratégia. Nesse caso, o direcionador de custo, em uma indústria clássica, teria impactos sobre a mudança na atividade de produção, principalmente para ampliar a ocupação da capacidade ou mesmo para migrar para uma tecnologia de produção mais barata e eficiente no longo prazo. No caso de um direcionador de diferenciação, podem haver desdobramentos para melhorar a qualidade e/ ou oferta de novos serviços, ou, simplesmente, pode haver a possibilidade de configurar e modularizar os produtos. Nos dois casos, haverá impactos sobre os processos.

A ferramenta, por outro lado, não pretende informar como a organização deverá, em momentos futuros, definir os seus processos, mas, por outro lado, é um bom ponto de partida para analisar como estão estruturados atualmente os processos. Nada impede, contudo, que seja criada uma variante da ferramenta para definir a cadeia de valor agregado futura, na qual o redesenho os processos estaria presente. Nessa variante, a ferramenta seria um instrumento de projeto para auxiliar na concepção do desenho de processos.

Mesmo assim, falta à ferramenta duas noções importantes. A primeira está associada à percepção do ambiente externo e a segunda à inserção de processos gerenciais como um terceiro tipo de processo. A noção de processos gerenciais foi originalmente proposta por Davenport. A combinação dos três conceitos e ferramentas – cadeia de valor, níveis de análise, processos gerenciais levaria à formação de uma imagem como a apresentada na Figura 4.4 (pág. 155).

A visão baseada em recursos – VBR e, mais especificamente, as capacitações organizacionais trazem para a gestão de processos e, particularmente, para o desenho de processos a perspectiva de suportar ou sustentar uma resposta à dinâmica do ambiente externo. Essa dinâmica cria a necessidade de se mudar os processos no ambiente interno. Externamente, há dinamismo tanto político social, econômico, regulatório e tecnológico. A VBR questiona sobre quais recursos, principalmente os únicos e de difícil imitação, a organização dispõe para entregar seus produtos e responder às mudanças constantes na demanda externa. A VBR pode ser vista como uma ferramenta para se entender o porquê ou os fundamentos de uma posição competitiva superior de uma organização ao longo do tempo. Ou seja, ela explica como as organizações são capazes de ter capacitações que as permitam sustentar, pelo uso e desenvolvimento de seus recursos ou ativos vantagens competitivas.

Essa afirmativa pressupõe uma visão dinâmica de mudanças no ambiente externo e nos recursos internos que não estava na origem da formação do conceito da VBR. Essa visão é mais adequada para relacionar estratégia e processos no contexto atual e futuro, no qual mudanças têm sido uma constante – em especial mudanças nos processos suportadas e integradas por tecnologia da informação[4,8,20].

Em relação à cadeia de valor, a VBR acrescenta a possibilidade e, muitas vezes, a necessidade de inovação e de mudanças. Essa visão mais dinâmica permite entender que, em caso de ocorrência de inovações tecnológicas, organizacionais ou mercadológicas geradas por competidores, ou mesmo de mudanças no ambiente regulatório, a organização será capaz de manter sua posição ou, e principalmente, mudar sua posição por meio de uso, rearranjo ou desenvolvimento de seus recursos. Sem dúvida essa mudança criará orientações para o desenho ou redesenho dos processos. Mais do que isso, a capacidade de desenhar e redesenhar os processos sustenta a dinâmica competitiva e de inovação.

Por outro lado, os processos também contribuem para a estratégia. A visão mais estática da VBR e as trajetórias de tomada de decisão para a alocação de recursos permitem a percepção do conceito de "dependência de percurso"[98]. Nesse conceito, há algumas decisões de *lock in* nas quais reverter ou sair de uma trajetória pode ser caro ou difícil, ou até mesmo impossível. Por essa ótica, processos que podem ser modificados mais fácil e rapidamente, sustentariam uma capacidade de mudança e, dentro dela, uma capacidade de reversão ou alteração de trajetórias estratégicas. Essas afirmativas se baseiam no fato de os recursos serem alocados ou utilizados pelos processos, logo, há uma relação estratégia-recurso-processo que pressupõe uma visão dinâmica dos processos, e não só dos recursos.

A ligação ou relação entre estratégia-recurso-processo está então baseada nas *capabilites*, ou capacitações, da organização. O que são *capabilities*, ou capacitações, como traduzido para o português? De forma bem simples, a resposta está relacionada àquilo que a organização é capaz de fazer ou, quando associada aos produtos da organização, à capacidade de entregar o que foi prometido ou acordado com o cliente ou quem irá receber o que a organização está oferecendo. A capacitação, interna à organização, tem por objetivo dotar a organização de uma capacidade de entrega externa a ela. Por exemplo, uma capacitação em gestão de projetos permite ou ajuda uma empresa de engenharia civil a entregar obras dentro do prazo e do custo acordados com os clientes, assim como uma empresa de desenvolvimento de sistemas a entregar os serviços conforme acordado com os clientes. Uma última consideração está relacionada ao fato de as capacitações evoluírem ao longo do tempo para que as organizações continuem "capazes de fazer" ou tenham "capacidade de entrega" sustentável. O termo "capacitação" em português é freqüentemente utilizado referindo-se a "treinamento" e esse não é o sentido aqui empregado.

As capacitações também têm relação com o uso dos recursos, sejam eles tangíveis ou não. Mais do que isso, as capacitações são um tipo de recurso, algo que a organização pode lançar mão ou fazer uso para realizar seus processos e entregar seus produtos. Tal perspectiva coloca uma orientação provavelmente generalizável para que o desenho dos processos incorpore ou considere o melhor uso possível das capacitações atuais e para que haja processos para construir capacitações.

As capacitações podem ser entendidas como habilidades organizacionais[98]. Elas são a utilização efetiva dos recursos para gerar serviços; elas tornam os recursos úteis. Há capacitações para saber fazer a baixo custo, saber fazer bem e para saber escolher o que fazer. Também há capacitações para fazer avançar o desempenho da organização em termos de novos produtos ou serviços, por exemplo, ou de novas formas de produção, venda, financiamento, divulgação etc. Por outro lado, a parte intangível das capacitações, que estaria entranhada na organização, cria restrições para a imitação e para a transferência para outras organizações.

A relação entre estratégia-recurso-processo pode, então, ser entendida com a utilização do conceito de capacitações. Um exemplo seria a capacitação para gerar bons produtos – tanto do ponto de vista tecnológico como mercadológico – a tempo e a hora, o que normalmente é uma capacitação importante para a competitividade de uma firma. Ela se manifesta na realização do processo de desenvolvimento de novos produtos pela organização. Em seu percurso, tal processo aciona tanto ativos tangíveis, como instalações, equipamentos e *softwares*, quanto ativos intangíveis, tais como o estoque de conhecimento das pessoas envolvidas, as formas de uso dos *softwares* e bancos de dados disponíveis, as conexões do pessoal técnico e de *marketing* com clientes, fornecedores, concorrentes e complementares a sua volta e os valores praticados por seu pessoal, expressos, por exemplo, em atitudes de relacionamento eficientes e cooperativas ou em decisões rápidas mesmo em situações de incerteza.

A relação entre processos e capacitações pode ser complementada. Isso devido ao fato de haver a necessidade de incluir a análise dos recursos e da cultura para entender uma capacitação organizacional[101].

Os processos estão relacionados às capacitações e as funções às competências[102]. A Figura 4.2 ilustra essas relações e ainda destaca que tanto as competências como as capacitações estão relacionadas com os consumidores. Deve haver atenção para as conseqüências.

O conceito de capacidade de absorção, ou *absorptive capacity*, traz a noção de que a organização deve ser capaz de absorver novas tecnologias e práticas do ambiente externo[103] para aprender e inovar e, assim, se sustentar.

O conceito de capacitação e, principalmente, de capacitações dinâmicas implica em perceber uma mudança no ambiente externo e desenhar um novo processo interno. Ele adiciona, porém, que o projeto dos processos deve ser capaz de ser modificado rápida e dinamicamente, o que dota a organização de flexibilidade e agilidade. Também acrescenta que a organização deve ter processos para gerenciar a manutenção e

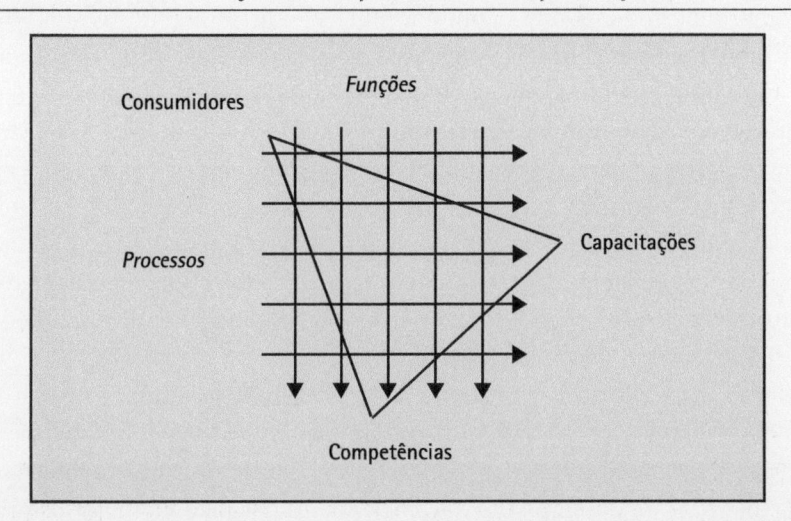

Figura 4.2 Processos, funções, competências e capacitações[102]

[Figura: diagrama com eixos mostrando Consumidores, Funções, Processos, Capacitações e Competências]

construção de capacitações, ou seja, deve ter capacitações gerenciais que resultem no aprendizado organizacional.

A segunda perspectiva trata da definição de um processo de planejamento estratégico ou de um processo para conceber e implantar uma estratégia. Essa discussão está mais associada a "como fazer acontecer" a estratégia de uma organização. Dessa forma, ela permite identificar como a tarefa de análise e de entendimento do ambiente externo e interno deve ser conduzida e, conseqüentemente, como uma estratégia pode ser definida em termos de atividades necessárias. Por essa ótica, as atividades de formulação e implantação serão separadas, mas uma seqüência de atividades será empreendida envolvendo as partes interessadas para que haja envolvimento e consenso ou acordo entre o que deve ser feito.

A questão central para orientar o desenho dos processos está em estabelecer metas organizacionais e convertê-las em objetivos para os processos transversais[4], uma vez analisados e entendidos os ambientes externos e internos e definida estratégia corporativa. Em seguida, está em converter os objetivos dos processos em objetivos de subprocessos ou atividades e atribuir responsáveis, sejam eles gerentes funcionais que respondam por parte do processo e/ ou gerentes de processos que respondam pelo processo transversal como um todo. Esse desdobramento deve seguir até o nível dos cargos, como propuseram Rummler e Brache, mas não se refere à responsabilização de um gerente de processo. Por fim, devem ser estabelecidas métricas ou indicadores de desempenho para acompanhar o desempenho dos processos, subprocessos e atividades que sejam, finalmente, alocadas para os diferentes níveis e unidades organizacionais envolvidas no processo.

Descrever o processo gerencial de definição de uma estratégia como um plano pode ser algo genérico e pouco detalhado, mas é suficiente para reforçar a necessidade de diferentes fases e níveis decisórios envolvidos. Essa proposta, ilustrada na Figura 4.3, permite entender uma seqüência de atividades que compõem o processo de formulação e implantação da estratégia.

A lógica apresentada na figura foi descrita em modelos de processos. O processo estratégico tem as seguintes fases: estabelecer os principais objetivos estratégicos e alvos de desempenho; formular a estratégia, envolvendo a análise do ambiente organizacional, das capacitações internas e a seleção de uma estratégia adequada; implementar a estratégia. A quarta e última fase envolve estabelecer formas de controlar e avaliar a estratégia com *feedback*s estratégicos[104].

A relação entre estratégia e processo pode ser reforçada, ainda, com a proposta do Balanced Scoredcard – BSC, originalmente proposta por Norton e Kaplan[47]. Nela, os processos são instrumentos para desdobramento e, mais tarde, implementação da estratégia, logo, métricas de desempenho devem ser definidas para melhorar os processos e assim impactar, direta ou indiretamente, a estratégia ou os objetivos definidos.

Por fim, a combinação dos conceitos e ferramentas relacionados com a gestão estratégica e que influenciam o desenho de processos e também a incorporação de um processo de formulação e implantação da estratégia podem ser sintetizados na Figura 4.4. Ela incorpora e combina as ferramentas SWOT, modelo de cinco forças, recursos e capacitações, os níveis de análise e a cadeia de valor como formas de analisar e entender o ambiente externo e interno da organização. A parte externa

Figura 4.3 Processo de formulação e implantação da estratégia[98]

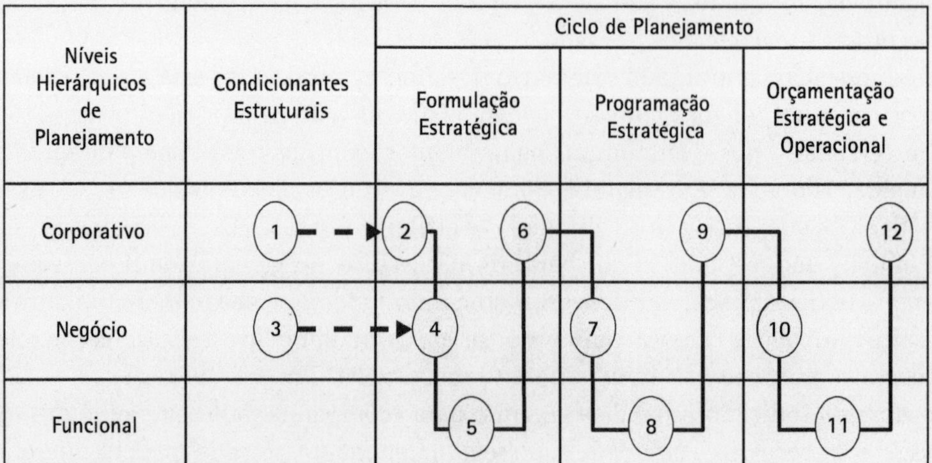

Níveis Hierárquicos de Planejamento	Condicionantes Estruturais	Ciclo de Planejamento		
		Formulação Estratégica	Programação Estratégica	Orçamentação Estratégica e Operacional
Corporativo	1 ---▶ 2	6	9	12
Negócio	3 ---▶ 4	7	10	
Funcional		5	8	11

Figura 4.4 Estrutura de análise e entendimento do ambiente interno e externo[75]

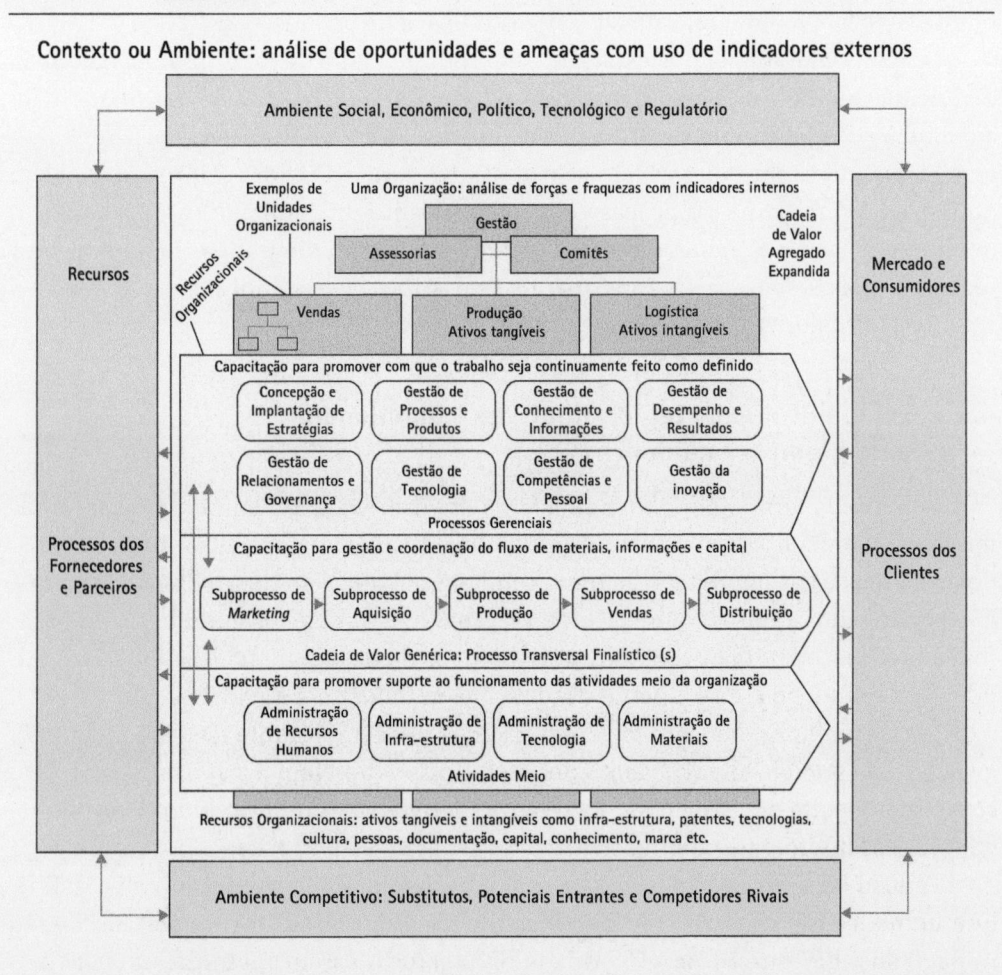

tem foco na análise das oportunidades e ameaças decorrente do entendimento dos recursos e processos de parceiros e fornecedores; dos substitutos, potenciais entrantes e competidores rivais à organização; dos mercados e consumidores potenciais e clientes atuais; e do contexto ou ambiente social, político, econômico, tecnológico e regulatório. A análise interna busca entender a organização e seus recursos, capacitações e processos para identificar suas forças e fraquezas por meio da compreensão da cadeia de valor, agora com o conceito estendido para incorporar tanto processos gerenciais, quanto a noção dinâmica das capacitações da VBR e não só atividades primárias e secundárias. Indicadores, por exemplo, definidos segundo a lógica do BSC, podem auxiliar tanto a análise externa como interna.

A síntese também incorpora a segunda perspectiva de entendimento da relação entre processos e estratégia que reconhece um processo a gerenciar que deve ser capaz de conceber e implantar uma gestão estratégica na organização.

A análise dos elementos externos e internos da figura deve resultar na definição de orientações ou direcionamentos para o desenho de processos, em particular para a definição da abordagem de mudança e para a seleção de processos, mas, de forma geral, irá condicionar todas as tarefas necessárias para o desenho de processos. Além de impactar o desenho do processo, o entendimento do ambiente externo também tem influência sobre como os processos serão geridos no dia-a-dia e como e o que a organização deve buscar aprender para se sustentar, buscar inovação e aumentar a agregação de valor para seus clientes atuais e futuros.

4.1.2 Estabelecer estratégia, objetivos e abordagem para promover mudanças

A segunda tarefa tem dependência da análise realizada na tarefa de entendimento dos ambientes externo e interno e deve resultar na definição da estratégia, dos objetivos e das abordagens para as mudanças no projeto do processo. A tarefa é essencialmente orientadora e direciona o projeto de processos em relação ao espalhamento e escopo organizacional, aos objetivos de desempenho a serem perseguidos com a mudança, e ao tipo de mudança com tendência a padrões radicais ou a padrões de melhoria ou mudança incremental. Tem importante destaque na tarefa a decisão do grau de envolvimento dos atores que gerenciam e executam os processos, o que resulta em projetos pouco participativos ou, do outro lado do espectro, em projetos muito participativos.

A ação de escolha do espalhamento e escopo organizacional envolve definir que unidades organizacionais, que localidades e que produtos ou serviços serão impactados. Em função da quantidade de objetos a serem incluídos no espalhamento e escopo organizacional, deve haver decisões sobre quais unidades serão envolvidas no entendimento detalhado de como o projeto dos processos está atualmente estruturado, e também decisões sobre a futura forma de implantação dos novos processos. Especial atenção deve ser dada à possível necessidade de realização de pilotos de implantação, com o objetivo de tanto aprimorar o projeto do processo quanto aprender como implantá-lo da melhor maneira. As orientações definidas terão grande influência sobre a decisão de quem deve participar das atividades do projeto do processo.

A definição de objetivos e metas para orientarem o projeto do processo é um desdobramento das expectativas de desempenho percebidas do meio externo e definidas como alvos a serem atingidos e efetivamente desdobrados como atributos de desempenho a orientar o desenho dos processos. Essa definição tem forte relação como a forma de entender a estratégia enquanto uma posição competitiva que deve ser convertida em critérios de desempenho a orientarem o projeto dos processos. Dentre esses critérios de desempenho, podem ser definidos como objetivos de mudança aumentar a satisfação dos clientes atuais ou consumidores futuros, mudar atributos de desempenho (como o tempo ou duração dos processos), reduzir custos, aumentar ou reduzir a customização do processo e, conseqüentemente, do produto, aumentar qualidade e outros. Por outro lado, objetivos organizacionais, e não necessariamente diretamente relacionados ao negócio e à visão externa, podem ser definidos. Por exemplo, podem ser definidas orientações para que os processos sejam projetados:

- De forma centralizada ou descentralizada.
- Com uniformidade e padronização entre unidades em diferentes localidades ou com formas distintas de atuação nas diferentes geografias de atuação.
- Pressupondo colaboração, trabalho em equipe e compartilhamento de conhecimento, ou com trabalho priorizando o esforço individual.
- Com estilos decisórios participativos, consensuais ou hierárquicos.
- Considerando pessoal com perfis de competências especializados ou generalistas.
- Com alto ou baixo nível de integração e dependência informática.
- Com níveis controle interno sobre o processo e/ou sobre o produto e/ou controle externo.
- Com níveis elevados ou baixos de autonomia.
- Para que sejam reprojetados mais rapidamente.
- Para que sejam de difícil imitação.
- Para que sejam fáceis de realizar ou executar e fáceis de ensinar como atuar no processo.

O tipo de abordagem é o último tópico relacionado às orientações para a mudança. A literatura usualmente reconhece dois tipos básicos de abordagem: radical ou incremental. Combinações dessas lógicas podem estar presentes simultaneamente numa mesma organização, com outras variações tais como: revolucionária – reengenharia; evolucionária – melhoria contínua; e discreto-contínua[72]. A decisão sobre a abordagem pode ter impactos significativos e influenciar ou ser influenciada pela cultura organizacional, o que implica em ter ou definir e buscar um estilo de abordagem que tenha mais aderência e contribua para a organização.

A principal idéia está associada a definir se o projeto do processo se posicionará em um espectro de possibilidades que variam entre uma abordagem radical e uma abordagem incremental. Normalmente, o grau de radicalidade está associado à quantidade de objetos que serão mudados e ao horizonte de tempo da mudança. Quanto maior a quantidade de objetos a serem mudados e menor o tempo para a mudança, mais radical será a orientação para o projeto dos processos. A radicalidade está, sobretudo, relacionada à mudança de tempos em tempos, com intervalos, mas muitas vezes pode ser a mudança de forma reativa, para resolver um grande problema ou responder a uma ameaça concreta e atual para a organização. A lógica reativa não é universal, o que permite definir que de tempos em tempos uma organização e seus processos irão passar por mudanças que foram motivadas de forma proativa.

A mudança revolucionária está associada ao conceito da reengenharia. A orientação básica, que reforça a noção de mudança radical, era partir da folha em branco, não considerar os processos existentes e introduzir uma mudança drástica, inovadora e de uma única vez. Havia também orientações para que o processo de mudança fosse iniciado e concluído rapidamente. A mudança radical usualmente está associada à definição de objetivos de cima para baixo, a um alto risco de erro, a estar amplamente baseada na introdução de tecnologia da informação, a ter impactos sobre a estrutura, conhecimento e cultura organizacional e, ainda, a ser de amplo escopo e espalhamento organizacional.

A mudança radical tipicamente envolve processos transversais ou "*cross*" funcionais, radicalidade de uma só vez, partir da folha em branco, ser alinhada com a estratégia, buscar ganhos de desempenho de alto impacto, ser orientada pelo consumidor, ampliar o poder dos funcionários e equipes, adotar métodos, ser sustentada por tecnologia de informação integrada e ser conduzida por consultores externos[105].

No outro extremo está a lógica de melhoria contínua, na qual o aprimoramento faz parte ou é intrínseco ao trabalho. As abordagens incrementais estão baseadas na introdução gradual de melhorias, pela atuação nos processos existentes com técnicas de controle de desempenho e controle estatístico do processo. Em geral, a melhoria contínua, se associada às operações, é associada a ações locais, com objetivos definidos de baixo para cima, em espaço de tempo curto e com pequenos ganhos contínuos de desempenho. Por tais características, possui risco moderado e traz mudanças culturais para a organização.

Práticas de melhoria contínua como as propostas no Sistema Toyota de Produção envolvem melhorar gradativamente as rotinas das empresas e estão baseadas em ações intituladas de *kaizen* (melhorias contínuas). O subsistema de melhorias do STP tem foco sobre a eliminação das causas fundamentais que ocasionam os resultados indesejáveis e, a partir da introdução de novas idéias e conceitos, visa a estabelecer novos níveis de desempenho.

Novamente, deve-se reforçar que o foco, seja na abordagem radical ou incremental, está em entender o processo e atuar para melhorá-lo. Antunes[15] reforça esse argumento ao afirmar que "estabelece-se uma clara diferença entre os fins que estão diretamente relacionados com as melhorias nos processos (melhoria do fluxo do objeto de trabalho/ circulação rápida do capital) e as conseqüências econômicas daí advindas e os meios que muitas vezes estão relacionados com a melhoria das operações, porém, sempre tendo em vista o processo como um todo". Essa passagem, além de deslocar o foco da operação e das iniciativas locais e desintegradas para o processo como um todo, ainda orienta a atuação local depois de uma análise global. Ou seja, o processo será entendido como um todo, mas uma das suas etapas será considerada a mais restritiva e deverá ser melhorada primeiro com impacto positivo no processo como um todo.

A polarização entre radical e incremental, embora verdadeira, não implica que uma organização somente passará por melhorias radicais ou o oposto. Principalmente em grandes organizações, diferentes abordagens podem ocorrer simultaneamente. A situação seria como a proposta na Figura 4.5, na qual em momentos ou unidades diferentes da organização podem coexistir duas abordagens distintas. Essa abordagem tende a ser a mais comum na maior parte dos casos.

O aumento no uso de modelos de referência, tais como ISO20000, ITIL, COBti, eSCM, CMMi, COSO, eTOM, BS15000, SCOR etc., para orientar o projeto dos processos e os mecanismos e processos de certificação das organizações tem suas vantagens, mas, por outro lado, pode criar uma motivação para que não ocorram mudanças nos

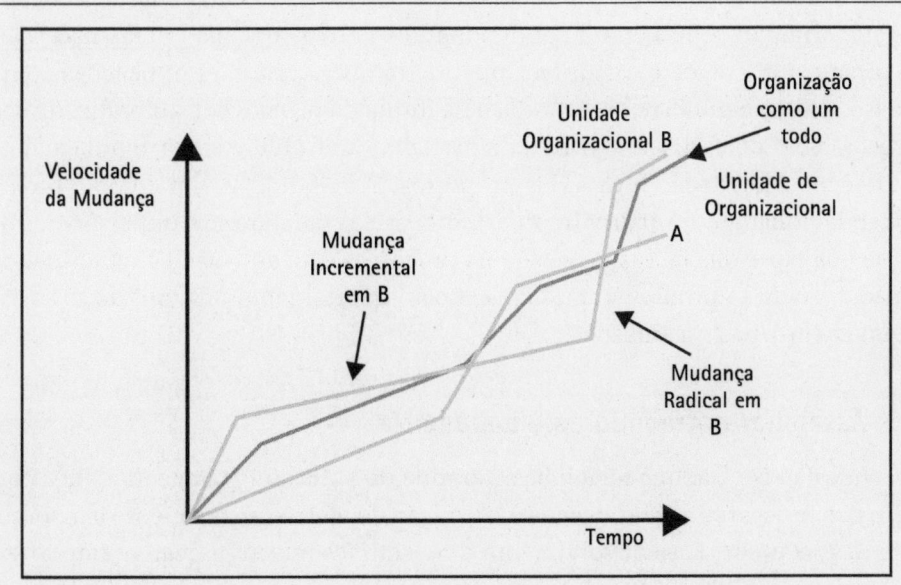

Figura 4.5 Abordagem híbrida de mudança[72]

processos uma vez que toda documentação – que explicita como os processos estão projetados – deve ser modificada. Esse grande esforço de modificação pode ser desmotivador de mudanças nos processos "para que não se tenha que atualizar toda aquela papelada". A conseqüência possível, nesse caso, seria uma limitação das mudanças ou mesmo uma restrição para a inovação.

Devido a isso, a introdução de mudanças e melhoria da organização deve ser discreto-contínua, ou seja, a execução deve estar em perfeita conformidade com a documentação normativa, seja ela uma lei, norma de qualidade, política, procedimento ou mesmo uma diretriz. Contudo, para não inibir a criatividade e o aprimoramento contínuo da organização, paralelamente devem ser projetados continuamente novos processos, que só podem ser implementados (colocados em prática) quando da aprovação da documentação de referência[72].

Deve-se esclarecer que há necessidade de se decidir se o projeto será ou não participativo. Projetos com poucos envolvidos podem ser realizados em menor tempo, mas terão maior dificuldade para implantação e aceitação das propostas. Por outro lado, projetos com muitos envolvidos normalmente têm dificuldades para obter consenso e tomam mais tempo. Há uma expressão que ilustra a diferença e que induz a identificação de formas mais balanceadas: "dar um passo com mil ou dar mil passos com um".

Em síntese, a abordagem para a mudança ou a estratégia para promover a mudança é condicionada pela natureza do tipo de resposta interna que a organização precisa dar em função das mudanças no ambiente externo, e também é condicionada pelo tipo de cultura interna da organização. A escolha de abordagens que oscilam ou tendem a ser variações ou combinações entre a lógica revolucionária (radical) ou evolucionária (contínua) criará condicionantes para as demais tarefas necessárias para projetar processos e, inequivocamente, também criarão implicações sobre o estilo e o esforço gerencial no dia-a-dia e na forma de promover o aprendizado sobre os processos. A decisão sobre o grau de participação influenciará a abordagem para a mudança e a aceitação futura das propostas. Essa tarefa, assim como a próxima tarefa, relacionada com patrocínio para mudança, é de grande importância, uma vez que boa parte das falhas na gestão de processos está associada à dificuldade e à incapacidade de se promover mudanças no comportamento dos indivíduos e, conseqüentemente, nas organizações.

4.1.3 Assegurar patrocínio para a mudança

A questão central que relaciona a garantia do patrocínio para a mudança com o projeto dos processos está associada à obtenção de efetivo engajamento e disponibilidade dos recursos. Esse envolvimento dos recursos tem significativa importância

Figura 4.6 Melhoria discreto-contínua[72]

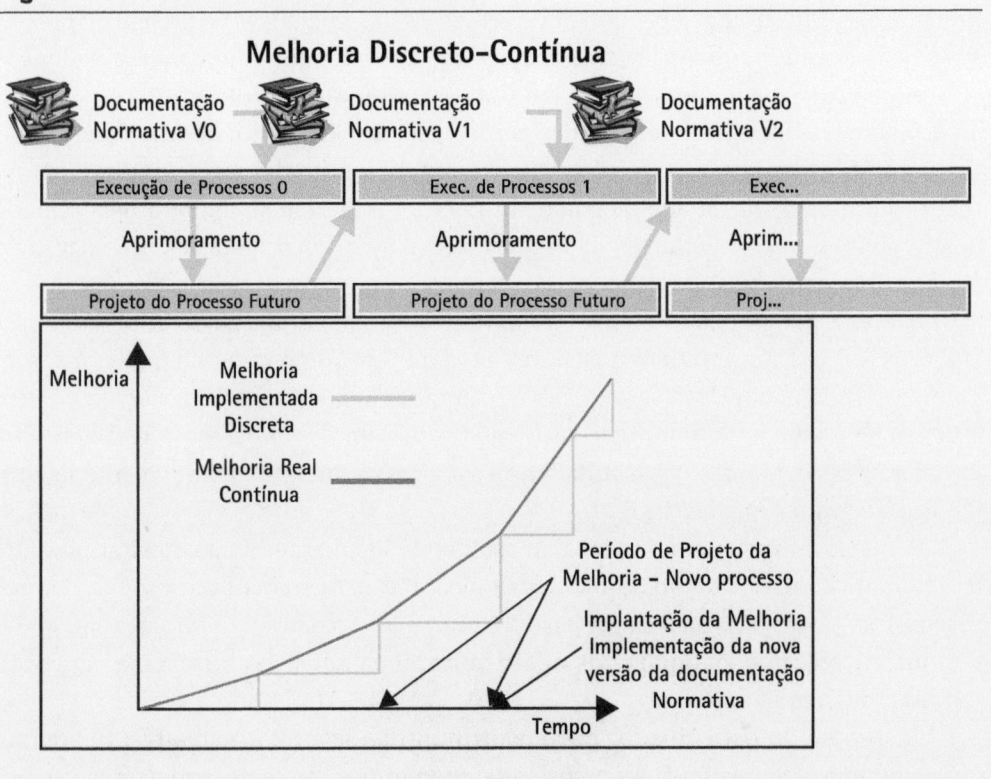

Melhoria Discreto-Contínua

| Documentação Normativa V0 | Documentação Normativa V1 | Documentação Normativa V2 |

| Execução de Processos 0 | Exec. de Processos 1 | Exec... |

Aprimoramento — Aprimoramento — Aprim...

| Projeto do Processo Futuro | Projeto do Processo Futuro | Proj... |

Melhoria

Melhoria Implementada Discreta

Melhoria Real Contínua

Período de Projeto da Melhoria – Novo processo

Implantação da Melhoria Implementação da nova versão da documentação Normativa

Tempo

para as tarefas relacionadas com o projeto de processos; por exemplo, a modelagem dos processos e a análise de problemas podem ser prejudicadas tanto pela alocação de pessoas inadequadas, que não entendam do processo ou não sejam capazes de contribuir para a identificação de problemas, quanto pela alocação de pessoas que não têm tempo para se dedicar à tarefa, por estarem sobrealocadas. Esse problema tende a se agravar, visto que é muito comum que as pessoas mais sobrealocadas sejam justamente aquelas que mais podem contribuir para o projeto do processo. Destaca-se que a questão não é somente ter um patrocinador, mas, principalmente, ter recursos e efetivamente envolver o patrocinador para apoiar e aumentar as chances de sucesso do projeto dos processos.

É importante assegurar o comprometimento da alta gestão para iniciar e implementar iniciativas de gestão de processos. Essa orientação é recorrentemente passada pelos principais autores sobre o tema gestão de processos[4,8,68,106].

Além de assegurar a alocação dos recursos nas tarefas de projeto de processos, o patrocinador da mudança terá o papel de direcionar e manter a motivação para a realização do projeto. Em muitos casos, esse ator tem a responsabilidade de ser um elo entre a visão estratégica e o desdobramento para os processos. A resolução de possíveis conflitos e a busca do alinhamento entre os envolvidos nas iniciativas de projeto de processos podem ser outras atividades que demandam envolvimento de um patrocinador.

As definições decorrentes da análise do ambiente externo e interno e, principalmente, as decisões desdobradas sobre escopo, objetivos e abordagem de mudanças irão orientar a escolha e o grau de envolvimento do patrocinador. Quanto maiores forem esses elementos e mais radical for a mudança, maior a necessidade de envolvimento de lideranças da organização para manter ativas as iniciativas do projeto de processos.

A busca por assegurar o envolvimento de patrocinadores não é uma tarefa isolada no tempo. Durante diferentes momentos ou fases do projeto de processos, a figura do patrocinador deve ser acionada, principalmente para reforçar e reconhecer o alcance de marcos importantes ao longo do projeto dos processos. Também para premiar os participantes por resultados alcançados ou mesmo dirimir eventuais problemas e conflitos que emergirem.

A noção de um patrocinador não está exclusivamente, nem prioritariamente, relacionada com a provisão de recursos de capital para sustentar o projeto de processos. Isso pode ser, e em muitos casos, é um papel do patrocinador, mas seu apoio tem maior relação com o papel de apoio cultural e com a sua influência enquanto um líder da organização.

A atuação do patrocinador pode contribuir das seguintes maneiras: liberando, aprovando ou influenciando recursos para atuarem nos diferentes momentos do projeto do processo; sendo o elo entre estratégia e processos, buscando alinhamento e resolvendo eventuais conflitos; reconhecendo e premiando ações associadas à gestão de processos; e motivando e exercendo o papel de liderança. Por fim, destaca-se que a existência de um patrocinador não assegura a boa gestão do projeto do processo. O patrocínio sem o efetivo engajamento dos vários atores em diferentes níveis não é bastante para garantir a realização de uma mudança.

4.1.4 Entender, selecionar e priorizar processos

A tarefa de entendimento, seleção e priorização de processos tem relação com a forma como o processo está definido ou como ele é entendido. Além disso, ela precisa ser conduzida com critérios para a seleção e a priorização dos processos, que devem ser, por um lado, desdobrados da análise externa e interna, mas, por outro, devem considerar o entendimento e a capacidade de visualização da forma como os processos estão projetados na organização. Esse último ponto cria um desafio para as organizações que não têm seus processos definidos. Como elas podem priorizar algo que não conhecem?

A primeira questão de destaque para esta tarefa está relacionada à identificação dos processos. A identificação basicamente depende do tipo de entendimento que a organização tem sobre "o que são processos" e "quais são seus processos". Se o modelo mental vigente tiver orientação do paradigma das operações, sem dúvida haverá entendimento do processo como algo que está dentro das unidades funcionais e, mais que isso, haverá uma tendência a realizar uma série de iniciativas locais antes de se chegar à formação do entendimento do processo transversal como um todo. Conseqüentemente, haverá definição de que parte desse processo deve ser selecionada para ser melhorada. Essa lógica pressupõe um entendimento conceitual dos processos transversais ou que cruzam unidades organizacionais.

Essa noção, portanto, depende da definição de se os processos a serem entendidos são processos transversais ou processos funcionais. Há exemplos de processos transversais para criar e gerenciar múltiplos canais de auto-atendimento pelos consumidores; para gerenciar uma cadeia de suprimentos; para gerenciar despesas com suprimentos, contratação, aquisição, pagamento e análises; para gerenciar capital humano; e para gerir o ciclo de vida de produtos. Em uma cadeia de suprimentos, os processos transversais seriam assim definidos:

- Planejamento até produção – envolve planejamento, suprimento, produção, estocagem e coordenação.
- Ponto de pedido até ressuprimento – envolve a identificação de níveis de estoques baixos, envio de ordens de ressuprimento para o armazém, seleção, logística de entrega por terceiros e ajuste financeiro.
- Ordem até pagamento – envolve gerenciamento de ordens, seleção de produtos, despacho e distribuição, faturamento, retorno e ajuste financeiro.
- Demanda até atendimento – envolve criação de previsões de venda, envio de previsões para os produtores contratados, suprimento, produção de estoque em terceiros e coordenação.
- Construção até ordem – envolve configuração do produto, verificação de disponibilidade, coleta de pagamento, alocação de fornecedor para o produto, combinação de produtos, entrega direta para o consumidor e retorno.

Cabe destacar que esses processos têm redundâncias e devem ser selecionados e não necessariamente utilizados em sua totalidade. Escolher todos pode ser um erro.

Há uma estrutura para entender a diferença entre os processos transversais e os silos funcionais, representada na Figura 4.7. Essas maneiras de entender os processos influenciam e mudam muito a lógica de seleção e priorização dos processos. Ao tomar a lógica funcional exemplificada na Figura 4.7, os "processos" a serem selecionados seriam *marketing*, produção ou outro silo funcional. Se o conceito que orienta o en-

Figura 4.7 Processos transversais e silos funcionais[107]

Típico silo funcional → Processos de negócios ↓	Marketing	P&D	Logística	Produção	Compras	Finanças
Gerenciamento do relacionamento com os clientes	Gerenciamento de conta	Definição de requisitos	Definição de requisitos	Estratégia de produção	Estratégia de Insumos	Lucro do cliente
Gerenciamento de serviços a clientes	Administração de conta	Serviço técnico	Especificação de Desempenho	Coord. de execução	Avaliação de prioridade	Custo de servir
Gerenciamento da demanda	Planejamento da demanda	Requisitos de processo	Previsão	Planejamento de capacidade	Fontes	Análise da negociação
Acato de ordens de clientes	Ofertas especiais	Requisitos de ambiente	Planejamento da rede	Direcion. de planta	Seleção de fornecedores	Custo da distribuição
Gerenciamento do fluxo produtivo	Especif. de empacotam.	Estabilidade de processo	Critério de priorização	Planejamento de produção	Fornecimento integrado	Custo de manufatura
Gerenciamento do relacionamento com fornecedores	Registro de pedidos	Especificação de materiais	Fluxo das movimentações	Planejamento integrado	Gerenciam. de fornecedores	Custo dos materiais
Desenvolvimento & comercialização de produtos	Plano de negócio	Projeto do produto	Requisitos de movimentação	Especificação de processo	Especificação de materiais	Custo da P&D
Gerenciamento das devoluções	Ciclo de vida do prod.	Projeto do produto	Logística reversa	Re-manufatura	Especificação de materiais	Custo & lucratividade

Fornecedores → ← Clientes

Arquitetura de Informação, Estratégia de Banco de Dados, Acessibilidade de Informações

tendimento assume processos transversais, seria, por exemplo, o gerenciamento de demanda ou desenvolvimento e comercialização de produtos.

Na lógica de condução dessa tarefa, primeiro será necessário definir os processos transversais, depois entender quais são as atividades que o compõem e, por fim, depois da seleção e priorização, identificar quem está envolvido nos processos. As seleções de "processos" usualmente começam pela identificação de quem tem problema. Essa identificação associa a unidade da organização que está envolvida em uma parte de um processo transversal, quando deveria identificar o processo com o problema. Em muitos casos, a identificação recai não sobre um processo, e sim um departamento (ou outro nome generalizável como unidade organizacional funcional).

Outro ponto importante com relação ao entendimento geral dos processos para que seja possível selecioná-los e priorizá-los diz respeito à forma como os diferentes tipos de processos estão organizados. Ao se considerar a diferença entre processos gerenciais, processos transversais e processos de apoio, esses tipos de processos também devem ser incluídos na lista de processos a serem projetados ou reprojetados.

Uma vez entendidos quais processos compõem a organização, há necessidade de se estabelecer critérios e ferramentas para orientarem e suportarem a seleção e a priorização. Somente para reforçar e distinguir o nível de detalhamento, nesta tarefa não há necessidade de entender a fundo como os processos estão funcionando. A ênfase maior está em quais são os processos, e não em como os processos funcionam. Há uma visão agregada ou pouco detalhada dos processos.

Os critérios propostos são fruto da síntese do trabalho de alguns autores que buscaram definir como selecionar e priorizar processos. A priorização pode ser feita por pessoas diferentes daquelas que entenderam e selecionaram os processos.

As seguintes atividades podem ser desenvolvidas para a seleção de processos: enumerar os principais processos; determinar os limites dos processos; avaliar a relevância estratégica de cada processo; fazer julgamento de alto nível sobre as condições reais de cada processo e qualificar a cultura e a política de cada processo. Os processos não selecionados devem também ser objetos de atenção, mas de forma aproximativa ou agregada. Para eles sugere-se que não seja aplicada a reengenharia, mas sim a melhoria de processos.

Há uma proposta de matriz para determinar os processos que merecem atenção e investimento[108]. A matriz representa o quanto o processo é importante para uma firma e quanto ele adiciona ou retira valor.

A posição do processo na matriz auxilia/informa aos gestores o que pode ser feito para mudá-lo. O lado direito, relativo à adição de valor do processo, considera que se o processo retorna mais dinheiro do que custa, então é um ativo/ adiciona valor. Se o processo custa mais do que dá retorno, então é um passivo, retira valor.

Ao lado esquerdo temos a importância do processo. Um processo identidade está relacionado a como a organização é reconhecida por investidores, clientes e por ela própria. Para a Federal Express (Fedex), os processos de entrega são identidades. Os processos prioritários são os elementos centrais para o funcionamento da organização, mas, em geral, são invisíveis para os clientes. Para a Fedex, a operação de aviões é prioridade. Os processos de suporte são necessários para as atividades do dia-a-dia, como os administrativos. Para ela os processamentos de pagamentos são processos de suporte. Os processos mandatórios são aqueles determinados por lei, e não podem deixar de ser executados. Apesar de fora da matriz, também existem processos do tipo folclore. Esses só estariam na organização por razões históricas e, segundo certas premissas, são sempre passivos por não possuir valor econômico. Assim, devem ser abandonados quando descobertos.

Há também uma lógica para a diferenciação da importância entre processos, que assume que possuem diferentes valores, uma vez que alguns impactam de foram crítica na organização[109]. Esses processos representam os meios pelos quais a organização busca atingir suas metas e objetivos, alcançar sua missão e perseguir sua visão.

O termo *core* é utilizado para diferenciar aqueles processos que são essenciais para o sucesso da organização dos outros tipos e ressalta que a organização que tiver a habilidade para definir claramente, entender e melhorar seus processos centrais (*core*) possui uma arma estratégica para competir no mercado.

As seguintes atividades devem ser desenvolvidas para se selecionar os processos: identificar as metas da organização; relacionar os processos da organização a essas metas e os subprocessos a esses processos. Para auxiliar na identificação, são propostos os seguintes atributos para processos centrais: importância estratégica, impacto no consumidor, ser transfuncional. Contudo, tais atributos podem trazer mais perguntas do que respostas. Assim, são propostos três fatores para classificar os processos: tamanho, importância e jurisdição.

Existem também os elementos para a seleção dos processos, tais como[5] as influências de técnicas como análise competitiva, análise da cadeia de valor, fatores críticos de sucesso, relação com os objetivos e metas da organização e indicadores de desempenho. Esses elementos reforçam a relação desta tarefa com a tarefa de análise externa e interna.

Para esta tarefa, é apresentado o "enunciado para seleção do impacto do processo"[5], no qual devem ser respondidas duas perguntas por fator de alinhamento aos processos:

1) Estratégia: o quanto o processo precisa ser mudado para suportar a estratégia corporativa? O quanto é possível redesenhar ou desenhar (projetar) um processo para melhor suportar a estratégia corporativa?
2) Gestão: o quanto devem ser mudados os atuais sistemas de gestão, estilos, valores e medidas de desempenho para melhorar a eficiência e a efetividade dos processos? O quanto é possível mudar os sistemas de gestão, estilos, valores e medidas de desempenho para melhorar a eficiência e a efetividade dos processos?
3) Pessoas: o quanto devem ser mudados os cargos, os comportamentos e a cultura das pessoas para melhorar a eficiência e a efetividade dos processos? O quanto é possível mudar nos cargos, nos comportamentos e na cultura das pessoas para melhorar a eficiência e a efetividade dos processos?
4) Estrutura: o quanto devem ser mudados os mecanismos de coordenação, o uso de times e as estruturas formais e informais para melhorar a eficiência e a efetividade? O quanto é possível mudar o uso de times, mecanismos de coordenação e as estruturas formais e informais para melhorar a eficiência e efetividade dos processos?
6) Informação e Tecnologia: o quanto devem ser mudados os atuais uso de sistemas de informação e da tecnologia para melhorar a eficiência e a efetividade dos processos? O quanto é possível mudar o uso de sistemas de informação e a tecnologia para melhorar a eficiência e efetividade dos processos?

O critério para a seleção de um processo a ser melhorado deve ser que ele seja o ponto mais fraco do processo ou o que imponha maior restrição ao sistema como um todo[37]. A visão econômico-financeira tem centralidade, em especial pelos indicadores globais, como lucro líquido, fluxo de caixa e retorno sobre investimento ROI (Return On Investment), e pelos indicadores operacionais, como ganho, despesas operacionais e inventário. Essa abordagem está associada a uma visão holística que percebe a relação entre elementos de um sistema, mas prioriza os esforços no ponto de principal restrição e alavancagem, ou seja, no ponto sobre o qual a atuação melhorará o sistema como um todo, no "elo mais fraco da corrente".

Das diferentes propostas para a seleção de processos, pode-se sintetizar os seguintes aspectos:

1) Devem ser selecionados os processos centrais para suportar as vantagens competitivas da organização, assim, tais processos devem estar relacionados a objetivos estratégicos e organizacionais e contribuir para a orientação da organização no sentido de melhor atender a seus mercados e clientes.

2) Das propostas também pode-se concluir que os processos de suporte não devem ser negligenciados e, possivelmente, estarão na relação dos indicadores, desde que possam contribuir para melhor alcançar os objetivos da organização. Os processos gerenciais têm também assumido cada vez mais importância tanto para melhorar o desempenho interno da organização quando para serem capazes de acompanhar as movimentações no ambiente externo.

Em resumo, são estes os seguintes pontos a se considerar na seleção de processos:
- Relação com a estratégia organizacional
- Potencial de melhoria econômico-financeira para o sistema como um todo através da identificação da restrição do sistema
- Importância interna e externa do processo
- Dificuldade para introdução das mudanças

A priorização desses pontos pode ser definida através da ferramenta como matriz de decisão. A matriz deve ser utilizada com base na relação de processos. Para se ter consistência com a estratégia, deve analisar-se se o processo está alinhado para contribuir com a estratégia organizacional. Para o potencial de melhoria, deve ser identificado o quão holístico pode ser o ganho com o aprimoramento do processo. Assim, a posição será mais alta se o processo contiver uma atividade que seja restrição para o desempenho global, ou seja, se a atividade for a principal restrição do sistema como um todo. Em outras palavras, se uma melhoria numa dada atividade do processo transversal tiver potencial de melhorar o sistema ou a organização como um todo.

O impacto positivo interno na organização e externo no cliente e a importância externa e interna que o processo tem dependem do quanto o dado processo é uma identidade interna ou externa à organização. Quanto maior a relação do processo com a identidade ou quanto maior a proximidade com o reconhecimento interno e externo da organização, maior será o valor da pontuação.

O custo e a resistência à mudança têm relação inversa para a seleção de processos e, por isso, seu peso deve ser negativo. Esse critério tem dois aspectos e ambos estão relacionados a uma análise de custo-benefício. O primeiro é relativo à necessidade de investimentos (aplicação de recursos) ou ao custo que pode ser necessário para projetar o processo. O segundo diz respeito às resistências às mudanças que serão encontradas nos grupos de interessados do processo. Quanto maiores forem os recursos necessários e a resistência encontrada, maior o valor no espectro. No momento da ponderação dos resultados, esse valor será multiplicado por um valor negativo do peso do critério. O objetivo será não priorizar processos que tendam a ser caros ou difíceis de mudar. Por outro lado, em alguns casos, mudar processos difíceis pode ser estritamente necessário.

Para a decisão final, os somatórios de cada processo devem ser ponderados e totalizados. Os valores da ponderação podem e devem ser definidos pela organização em função de suas prioridades. No caso de decisões participativas, com muitos integrantes no processo decisório, podem ser definidas notas padrão para afastar os resultados, tais como 1, 3 e 9. No caso de priorização em grupos menores, os valores podem ser 1, 2 e 6, por exemplo.

Figura 4.8 Proposta de matriz decisória para priorização e seleção de processos[72]

Matriz Decisória para Seleção e Priorização de Processos					
Processo *versus* Critérios	Critérios de Priorização				Totalização
Processos selecionados	Consistência com a estratégia	Contém atividade que é restrição para o desempenho global	Impacto positivo interno na organização e externo no cliente	Custo e resistência para mudar	
Do planejamento ao estoque					
Da venda à entrega					
Da ordem ao pagamento					
Da idéia ao produto					
Pesos dos critérios	2	3	2	−1	

Na bibliografia consultada, foram encontradas poucas publicações para estimar o retorno sobre investimento e orientar o uso de indicadores para definir em que processo investir. Isso foi reforçado nos resultados das entrevistas de pesquisa. A literatura fala pouco sobre isso, mas há vários indicadores utilizados para medir o retorno da melhoria de processos. Alguns estudos comprovam o retorno financeiro de investimentos em gestão de processos[110].

Os processos com maior somatório devem ser priorizados para serem projetados ou reprojetados. Com a lista dos priorizados, ainda deve ser realizada uma última análise, neste caso, qualitativa. A análise buscará identificar se os processos priorizados possuem independência em relação aos não priorizados, ou seja, se para melhorar um dado processo priorizado não há necessidade de melhorar um processo não priorizado. Caso haja dependência, devem mudar ou as pontuações dos processos priorizados ou dos não priorizados.

4.1.5 Entender, selecionar e priorizar ferramentas de modelagem

O uso de ferramenta de modelagem de processos é de suma importância como instrumento para ações de gestão de processos, em especial quando o projeto do processo tem complexidade significativa. A tarefa de entender, selecionar e priorizar ferramentas de modelagem com freqüência está fortemente associada à gestão de processos. A sigla para modelagem de processos em inglês se confunde com a sigla de gestão de processos (BPM – Business process management e BPM – Business process modeling)[2].

Essa forte relação apresenta dois aspectos. O primeiro, positivo, reforça a necessidade de se entender de forma integrada – e a partir de várias perspectivas das diferentes unidades organizacionais – os processos e, assim, conseguir geri-los da melhor forma possível. O segundo aspecto associa a gestão de processos, por meio do foco excessivo em modelagem, à documentação gerada em grande quantidade. Esse segundo aspecto traz pontos negativos, como muito esforço para documentar os processos e pouco esforço efetivo para melhorar e implantar os processos[19]. Uma organização, para ser modelada como um todo, pode demandar mais de mil diferentes modelos. Essa complexidade de modelagem torna a seleção da ferramenta de modelagem uma importante ação para suportar a tarefa de entendimento detalhado dos processos. Assim, ela tem o objetivo de comparar ferramentas e decidir qual será mais adequada para projetar os processos.

As ferramentas de modelagem também são importantes como forma de criar agilidade e dotar a organização de capacidade para mudar de forma mais rápida. A busca por reduzir o tempo entre as deliberações estratégicas e a implantação efetiva de sistemas de informação que estejam alinhados aos processos da organização tem sido uma constante. Empresas, fornecedores e a academia tentam desenvolver e colocar em prática técnicas e ferramentas que permitam essa redução. No passa-

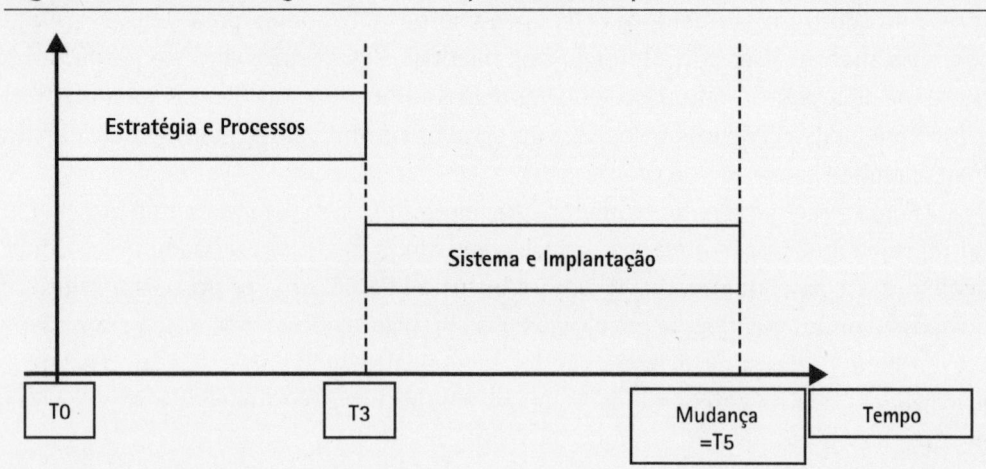

Figura 4.9 Da estratégia até o SI implantado: seqüencial[72]

[Diagrama: eixo do tempo mostrando "Estratégia e Processos" de T0 a T3, seguido por "Sistema e Implantação" de T3 até Mudança=T5, depois Tempo.]

do, as ferramentas CASE foram um desses movimentos. Depois, houve, e ainda há, a tentativa de unificação de linguagens com a definição da UML. Atualmente, com as linguagens BPMN e BPEL, há a intenção de eliminar etapas das fases de integração do negócio com a tecnologia.

A intenção de redução dos tempos de integração entre estratégia, processos e sistemas de informação está sintetizada na percepção das diferenças entre a Figura 4.9 e Figura 4.10. Cameira desenvolveu essa idéia e avançou da desintegração de

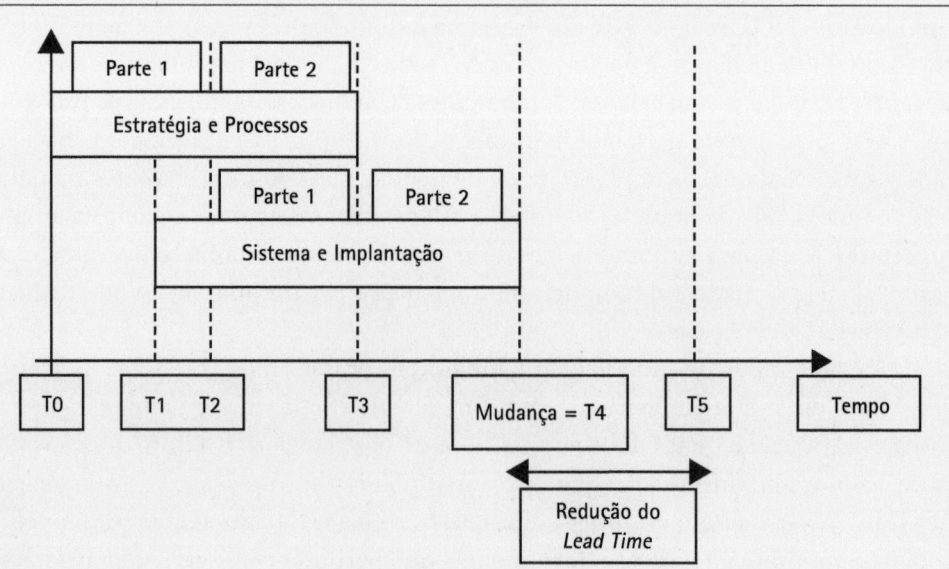

Figura 4.10 Da estratégia até o SI implantado: simultaneidade[72]

[Diagrama: eixo do tempo mostrando "Estratégia e Processos" (dividido em Parte 1 e Parte 2) de T0 a T3, sobreposto com "Sistema e Implantação" (dividido em Parte 1 e Parte 2) de T1/T2 até Mudança=T4, seguido de T5 e Tempo. Indicação de "Redução do Lead Time" entre T4 e T5.]

processos e sistemas para a hiperintegração interna e externa entre processos e sistemas dentro e entre organizações, antevendo o atual movimento de integração de processos pela arquitetura orientada por serviços e a integração entre componentes de sistemas e processos.

A discussão apresentada tem o objetivo de reforçar que o entendimento da ferramenta de modelagem como um simples instrumento para reduzir e facilitar o trabalho de modelagem não é adequado. As ferramentas devem ser entendidas como instrumentos para promover o entendimento, a integração e sustentar objetivos da organização. Quando ocorre a seleção de uma ferramenta que utilize uma linguagem que integra a visão de negócios com a visão de tecnologia da informação e ainda a lógica de gestão dos recursos humanos, a organização tanto promove integração como cria vantagem competitiva.

Uma vez reforçada a importância do uso de ferramentas de modelagem, há a necessidade entendê-las e de perceber que elas podem ser de diferentes tipos.

Uma tipologia de ferramentas de modelagem de processos, sintetizada na Figura 4.11, pode ser útil para diferenciar ferramentas[32]. Pela proposta, o primeiro tipo de ferramentas tem como objetivo somente o auxílio gráfico e não têm referenciais metodológicos nem são suportadas por banco de dados. Tais ferramentas cumprem o objetivo de representar a realidade, contudo não contribuem para sua análise. A ausência de um método de modelagem na ferramenta torna o processo mais aberto, sendo o usuário capaz de criar qualquer tipo de objeto ou modelo, sem pré-determinações impostas pela ferramenta ou método disponibilizado.

Há ferramentas com referências metodológicas, mas elas também não são baseadas em banco de dados. O segundo grupo de ferramentas envolve não apenas o desenho dos fluxos/ modelos, mas também a possibilidade de se trabalhar de acordo com

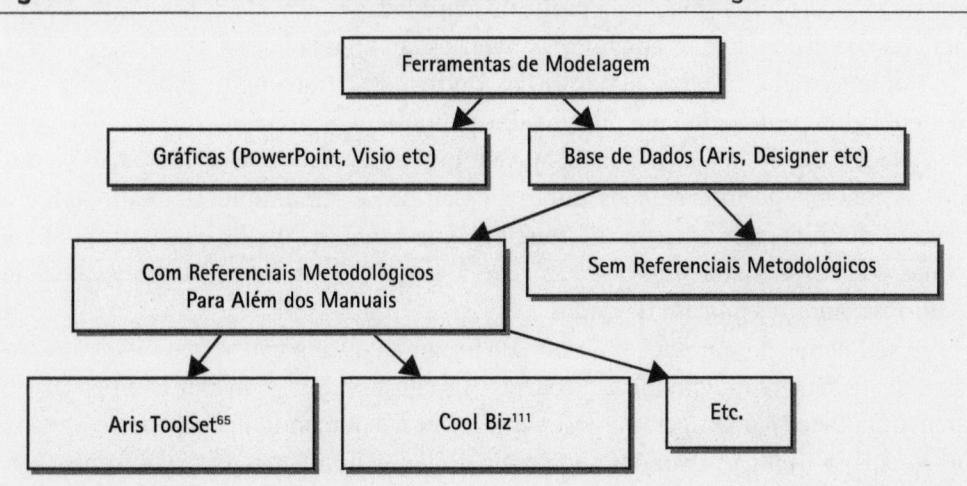

Figura 4.11 Ferramentas informáticas de auxílio à modelagem[32]

uma metodologia de gestão de processos. Nessas ferramentas, os objetos são agrupados logicamente em modelos, com forma de sequenciamento e inter-relacionamentos de objetos pré-definidos (de acordo com o tipo de objeto e o método). A vantagem está na exigência de uma maior padronização por parte do modelador, que deve respeitar as características do modelo. Estando também a metodologia alinhada com os objetivos de um projeto/ trabalho específico, ela é mais uma garantia para a obtenção de resultados desejados, servindo como intermediária entre a formulação e a implantação do trabalho de modelagem. As ferramentas nesse patamar apenas disponibilizam os objetos para o uso dentro da metodologia, o que não significa uma imposição. Mesmo tendo os objetos e modelos, a ferramenta não força o processo de modelagem (pela indicação de erro, impossibilidade de ligações entre determinados objetos, uso de objetos de modelos incompatíveis etc.).

Outro ponto é a existência de metodologias proprietárias ou não, sendo, no primeiro caso, específicas ou nativas a uma ferramenta, enquanto, no segundo, sendo utilizada por diferentes fornecedores e, geralmente, pertencendo a uma empresa que concebe e comercializa os direitos da ferramenta. Em geral, as ferramentas disponibilizam ao usuário diferentes possibilidades metodológicas (na forma de modelos ou *templates*), o que confere maior flexibilidade em termos de uso.

O tipo de ferramentas de modelagem e análise de processos com referências metodológicas e, ainda, baseadas em banco de dados tem maior importância. A principal diferença dessas ferramentas em relação às anteriores é que os objetos e informações modelados são armazenados de forma organizada em um banco de dados (BD), garantindo consistência e unicidade. Algumas ferramentas chegam inclusive a forçar, a partir dos pré-requisitos de cada tipo de objeto e modelo, a utilização do método.

Devido à presença do BD, surge também uma série de possibilidades organizacionais e analíticas relacionadas. A criação e manipulação de objetos passam a ser mais consistentes (prevenção de redundâncias e duplicidades incorretas), assim como a geração de informações a partir de facilidades típicas de aplicações baseadas em banco de dados (filtros, consultas, relatórios etc.) passam a ser possíveis.

Por outro lado, a existência do BD conformando o trabalho de modelagem exige do modelador, principalmente em trabalhos simultâneos, uma maior precaução para o resgate dos benefícios possíveis. Um exemplo prático disso, seria a criação de dois objetos, Sistema de Informações Gerenciais ou S.I.G. Ainda que, na realidade, eles sejam os mesmos, por estarem diferenciados no banco de dados eles permitem não apenas confusões visuais, mas até mesmo a geração de informações incorretas em relatórios e análises da base de dados.

Atualmente, há um novo conjunto de ferramentas que não só são integradas por bases de dados e têm metodologias de suporte, mas se destacam principalmente por serem orientadas para integrar o desenvolvimento ou a manutenção de aplicativos de *software*. Esse tipo de ferramenta terá mais destaque no mercado atual e futuro. Essa afirmação tem base no crescente interesse da área de tecnologia da informação pelos processos[1,2]. As ferramentas estão avançando para partir da modelagem de processos e gerar códigos para o desenvolvimento de soluções informáticas.

Entendidos os diferentes tipos possíveis de ferramentas, o próximo passo da tarefa está associado à seleção e priorização das ferramentas de modelagem.

Os critérios de escolha devem variar em função dos objetivos do trabalho, da necessidade/ intenção de desenvolver outras aplicações da gestão de processos (simulação, *workflow*, gerência de conhecimento, SIG etc.) e, do suporte oferecido pelo desenvolvedor, além de relações de preço. O fator que mais influencia o processo decisório é o entendimento do problema que será resolvido com o apoio da ferramenta a ser usada. É preciso definir os objetivos do projeto, além de variáveis como o grau de detalhamento do projeto, desdobramentos possíveis, tipo de decisão a tomar a partir dos modelos etc. O inter-relacionamento entre essas variáveis tornam a decisão relativa e passível de modificações ao longo do tempo. A partir desse entendimento, torna-se possível uma análise melhor das ferramentas.

A definição do propósito da compra da ferramenta, quais decisões ela apoiará, que características seriam desejáveis, o que se pretende fazer no futuro (desdobramentos) são importantes. Todos esses elementos devem ser claramente entendidos e definidos. Há uma série de requisitos técnicos e gerenciais que podem ser utilizados como referência para se especificar a ferramenta[72].

O próximo passo envolve a análise das disponibilidades do mercado. Um ponto importante é o dinamismo atual no desenvolvimento dessas ferramentas, algumas com *releases* em tempos menores que semestres. Isso demanda uma pesquisa para atualização contínua quanto às novidades disponíveis.

Definidos os objetivos e conhecidas as possibilidades, pode-se, finalmente, realizar a análise visando à tomada de decisão. Contudo, particularidades relacionadas ao trabalho de modelagem, até mesmo particularidades operacionais (criação, manipulação, navegação etc.), demandam do decisor um certo conhecimento do assunto – às vezes, testar se a ferramenta pode mostrar carências não previstas ou previsíveis sem o contato prático. Os conhecimentos prévios em modelagem servem como apoio a essa análise. A solicitação de documentação, análise de informações da empresa fornecedora, avaliação de versões demo e coleta de informações com outras empresas que já utilizam a ferramenta podem auxiliar na análise e apoiar a decisão de seleção de um conjunto menor de ferramentas para avaliação mais detalhada. As ferramentas selecionadas podem passar por pilotos ou pequenos testes para que ocorra, então, a seleção final e a negociação e contratação.

Finalmente, embasada nesses conhecimentos prévios, e não exclusivamente nas informações a respeito da ferramenta, a escolha pode ser feita de forma mais precisa.

Deve-se considerar também uma análise de preço no momento da decisão final. Assim, a seguinte lógica, esquematizada na Figura 4.12, deve ser seguida para

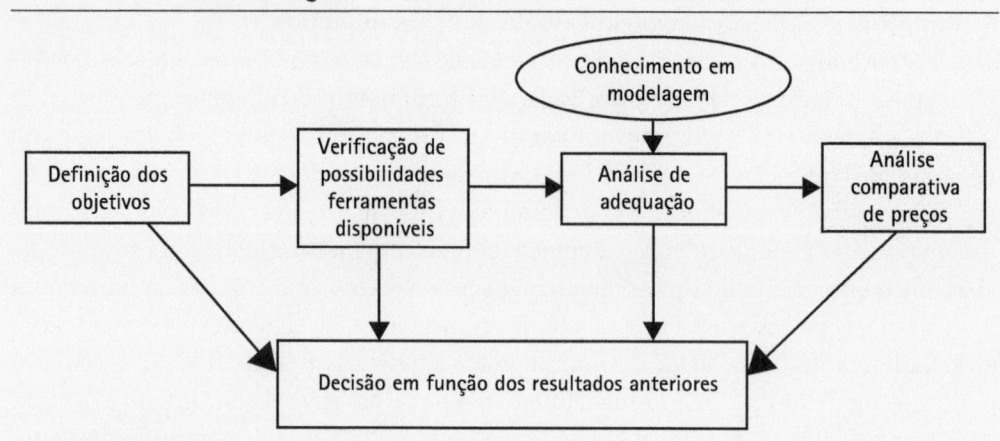

Figura 4.12 Metodologia de análise de adequação das ferramentas de modelagem[72]

[Diagrama de fluxo: Definição dos objetivos → Verificação de possibilidades ferramentas disponíveis → Análise de adequação (com entrada "Conhecimento em modelagem") → Análise comparativa de preços → Decisão em função dos resultados anteriores]

selecionar e priorizar ferramentas de modelagem. A análise de preço não deve desconsiderar os custos de treinamento no uso das ferramentas e da metodologia embarcada na ferramenta.

4.1.6 Entender, selecionar e priorizar técnicas de melhoria

A literatura e os profissionais que atuam nas organizações relacionam a gestão de processos fortemente com o conceito de melhoria ou aprimoramento. Por outro lado, o uso de técnicas para suportar a melhoria de processos, por meio da utilização de métodos de identificação, análise e solução de problemas – MIASP, deveria ter maior importância e ser mais freqüentemente dominado. Os MIASP devem ser utilizados como uma tarefa permanente e necessária à gestão de processos. A ampliação do uso das técnicas da modelagem de processos por profissionais da área de tecnologia da informação, em especial antes da implantação ou desenvolvimento de sistema, tem sido freqüentemente relatada na literatura[1,4,8]. Apesar de muito positiva, ela deve ser acompanhada da utilização de técnicas de MIASP. Não usar essas técnicas reforça a modelagem como apenas documentação, e não traz os benefícios da melhoria de processos incorporada ao projeto de processos. Se os profissionais que atuam com projeto de processos não incorporarem técnicas de MIASP, haverá um movimento semelhante ao período de críticas à gestão da qualidade total, que teve maior esforço em documentar do que em melhorar efetivamente o desempenho da organização.

As técnicas de MIASP devem ser entendidas como orientações sobre como promover melhorias nos processos a partir da análise dos processos modelados, incluindo a identificação de problemas e o desenvolvimento de soluções para, em síntese, incorporar nos processos futuros soluções que resolvam as causas dos problemas que afetam os processos atuais.

A idéia central dessa ação assume que os processos, como são realizados no presente, apresentam problemas e que esses problemas podem ser eliminados se forem realizadas melhorias e mudanças que resultem em um novo processo no futuro. Existe uma importante relação entre gestão de processos e solução de problemas. O resultado da década de 1990 foi o desenvolvimento de um "pensamento por processos", entendido como uma orientação gerencial para agir proativamente no sentido de identificar oportunidades de melhoria no fluxo de atividades e aplicar conceitos de processos na solução de problemas organizacionais[5].

Alvarez[112] analisou e comparou três importantes métodos de identificação e solução de problemas: o Processo de Pensamento da Teoria das Restrições, o QC Story e o Método Kepner e Tregoe. Suas conclusões demonstram que esses métodos não têm foco no entendimento das particularidades e da natureza dos processos. Muitas empresas industriais carecem de abordagens estruturadas e sistemáticas para o tratamento de problemas. O método proposto por Kepner e Tregoe[113] é o que mais se atém ao entendimento da situação; contudo, ele não apresenta foco no entendimento das especificidades e peculiaridades que podem levar à ocorrência dos problemas, nem foco inequívoco em melhoria de processos.

Há uma série de importantes técnicas que podem suportar a tarefa de identificação de problemas e definição de soluções. Entender as características dessas técnicas e selecionar aquelas que serão mais úteis para o alcance dos objetivos do projeto de processos se mostra necessário para gerir processos. As seguintes técnicas podem ser consideras para o suporte da identificação e da solução de problemas:

- Estabelecimento de relações de causa e efeito e resolução de conflitos por meio do uso dos processos de raciocínio.
- Lógicas simples de identificação de causa, como o método "espinha de peixe" ou o diagrama de Ishikawa, identificação dos cinco "por ques" e definição de lógicas como a identificação do 5W1H (What? Why? Who? How? Where? When? ou O quê? Por quê? Quem? Como? Onde? Quando?).
- Controle estatístico de processos.
- Uso das ferramentas da qualidade. São exemplos dessas ferramentas o método PDCA, que, atualmente, têm sido empacotadas por projetos seis sigma: diagrama de afinidade, controle estatístico de processo, *benchmarking*, *brainstorming*, análise de causas, análise competitiva, gráfico de controle, análise crítica, coleta de dados – grupos de foco, pesquisa de mercado, questionários, análise de modo e efeitos de falhas potenciais – FMEA, árvore de falhas, fluxograma, glossário, histograma, análise de Pareto, cronograma, análise dos tempos de processo, capabilidade do processo, análise de custo, ma-

trizes de seleção, planilha de necessidades dos consumidores, diagrama de árvore, análise de valor etc.
- Identificação de gargalos nos processos.
- Análise das sete perdas.
- Elaboração de planos de ação para a melhoria de processos.

A diversidade e a especificidade das técnicas disponíveis implicam que elas sejam selecionas e priorizadas, uma vez que fazer uso de todas trará mais esforço do que resultados e benefícios. Isso também provocará uma necessidade de diversidade de conhecimentos que aumentará muito os treinamentos requeridos para os envolvidos nas iniciativas de melhoria de processos.

A seleção e a priorização dos métodos de identificação, análise e solução de problemas devem ser realizadas considerando-se as características e a tipologia dos processos. Por exemplo, processos com alta maturidade e padronização, precisarão de ferramentas e técnicas de base estatística, enquanto processos desestruturados e *ad hoc* baseados em criatividade demandarão ferramentas e técnicas de base qualitativa.

Uma vez definido ou definidos os métodos a serem selecionados, há duas ações que se destacam como necessárias. A primeira está associada à incorporação, aos métodos de projeto de processos, de requerimentos necessários para suportar a utilização da técnica selecionada. Por exemplo, ao escolher uma técnica que demande registro de tempos de processos, há a necessidade de colocar como requisito da modelagem a situação atual e atividade de levantamento de tempo e, ainda, definir que a ferramenta de modelagem tenha capacidade para suportar o levantamento de tempos. A segunda ação implica em assegurar, por treinamento ou requisitos de seleção de pessoal, que os envolvidos no projeto dos processos tenham domínio adequado da técnica definida para a melhoria de processos.

Por fim, destaca-se que as técnicas de condução de MIASP deveriam ter relação com a lógica de gerenciamento dos processos no dia-a-dia e com a capacidade para promover aprendizado. Essa relação está associada à capacidade de resolução de problemas e ao uso de indicadores de desempenho.

A resolução de problemas também se dá no dia-a-dia e deve ser uma tarefa permanente e necessária à gestão de processos. Deve-se perceber que ela provoca uma necessidade de mudanças de curto prazo, "fora" do ciclo de projeto do processo, e que, muitas vezes, não pode ser impedida ou restringida. A resolução de problemas orientada por processos cria e reforça uma cultura organizacional que busca seguir a orientação de se fazer certo "desde a primeira vez" e, para isso, incorpora como valor organizacional a melhoria de processos. A trajetória de resolução de problemas ainda contribui para o aprendizado ao longo do tempo da organização.

As técnicas de condução de MIASP, principalmente as de base quantitativa, têm relação com os indicadores de desempenho. Eles servem como orientadores para identificar a ocorrência de um problema, mas nem sempre são úteis para identificar as causas dos problemas, visto que, para isso, os indicadores deveriam estar estruturados com relações de causa e efeito e teriam que medir "muitos pontos", o que descola a curva custo-controle para uma faixa não justificável. Para os casos nos quais os indicadores não são suficientes para identificar as causas dos problemas, surge a necessidade de associar a mensuração de desempenho com a utilização de técnicas de MIASP para que sejam definidas soluções que reduzam ou eliminem as causas dos problemas.

Os indicadores de desempenho também são úteis tanto para orientar a identificação de problemas na fase do projeto do processo e na gestão do dia-a-dia, quanto para formar uma trajetória de desempenho que permita avaliar se a organização está aprendendo a gerir melhor seus processos ao longo do tempo.

4.1.7 Criar e formar equipes de gestão de processos

A lógica da organização do trabalho por especialidades funcionais e a oposta vinculação do conceito de processos à multifuncionalidade tornam a definição e a estabelecimento de equipes, times ou grupos de processos uma tarefa necessária e importante para a gestão de processos. Sem a composição de conhecimento e experiências dos vários envolvidos na gestão e na execução dos processos, principalmente os transversais, não é possível ter aderência de entendimento e, conseqüentemente, a gestão de processos fica limitada.

A criação e formação de equipes é uma forma de gerenciar processos[114]. A relação entre a gestão de processos e a gestão de equipe pode ser ilustrada pela analogia de que a gestão de processos é um "esporte de equipe" e pode ser ampliada com o argumento de que as interações humanas são centrais para a gestão de processos.

Telleria e colaboradores[113] apresentam uma pesquisa de 1992[55] sobre a formação de equipes multifuncionais que reforça a importância de grupos *cross* ou multifuncionais para a coordenação do trabalho, e propõe que o trabalho com equipes seja incorporado pelas organizações. As equipes multidisciplinares ou *cross* funcionais são meios de se obter vantagens competitivas tais como maior velocidade; capacidade para resolução de problemas complexos; aumento do foco no consumidor; combinação de experiências, gerando maior criatividade; facilitacão do aprendizado organizacional; e ser um único ponto de contato, pela concentração de competências dos integrantes da equipe.

A formação de grupos tem relação com a criação de projetos de organizações integradas e flexíveis[7]. A tarefa trata do "(...)' trabalho em grupo', que não tem somente um significado; sob o nome de 'grupo', 'equipe', 'time', 'núcleo' e outros, há conceitos, abordagens e práticas muito diferentes, que é preciso distinguir".[7] Destaca-se que há necessidade de utilização de uma tipologia para que o trabalho em grupo possa ser qualificado.

Existem propostas para que as equipes sejam pequenas, tendo entre 2 e, no máximo, 24 integrantes. Alguns estudos sugerem o máximo de 20 integrantes; outros sugerem 5 e 9 integrantes, com o tamanho ideal de 7. Números maiores que esses seriam grupos e não mais equipes[106].

Verdadeiras equipes ou equipes reais são compostas por um número pequeno de membros, com conhecimentos e perfis complementares, que compartilham o mesmo propósito e algumas metas específicas, e que tem co-responsabilidade e claro entendimento da abordagem para o trabalho que será coletivamente realizado[115]. Já uma boa definição genérica de grupo nas organizações pode ser encontrada na obra de Tjosvold[7]:

"Grupos são duas ou mais pessoas que interagem e se influenciam diretamente, são mutuamente dependentes e têm papéis entrelaçados e normas comuns, e que se vêem mutuamente como uma unidade na busca de objetivos comuns que satisfaçam suas aspirações e necessidades individuais. Uma característica básica dos grupos, especialmente os organizacionais, é que eles são sistemas abertos. Eles, como as organizações, dependem do ambiente e precisam negociar essa dependência. Grupos obtêm seus membros, missão e recursos das organizações e do resto do ambiente, e espera-se que retornem benefícios. Grupos não atingem esses critérios todo o tempo. Membros podem resistir à influência; podem ter expectativas de papéis incompatíveis e assumir diferentes normas. Os membros de um grupo podem discordar sobre seus objetivos ou ter objetivos muito significativos do ponto de vista individual (...)".

Uma definição um pouco mais precisa é a apresentada por Wellins e colaboradores[7]:

"Uma equipe autogerenciada é um grupo de colaboradores que têm a responsabilidade diária de gerenciar a si próprios e o trabalho que realizam. Normalmente, os membros das equipes autogerenciáveis de suas atribuições funcionais planejam e programam o trabalho, decidem sobre assuntos relacionados à produção e tomam providências com relação aos problemas. Nessas equipes, os colaboradores trabalham com um mínimo de supervisão direta. As equipes autogerenciáveis não são círculos da qualidade, nem grupos de tarefas interfuncionais".

O argumento da importância dos times para se alcançar os benefícios da orientação por processos é reforçado por fatos como "os pesquisadores de Tavistock descobriram que o trabalho individual combinado com novas tecnologias era menos produtivo do que o trabalho em equipe com novas tecnologias"⁶⁸. O argumento sustenta que a orientação por processos seria o motivo de os times ou equipes trabalharem melhor, uma vez que a questão central é a combinação de múltiplas funções e competências em uma só unidade, no caso o time ou equipe.

Para a teoria da qualidade, há explicitamente a referência ao cotidiano (grupo permanente) e a diferenciação frente ao Círculo de Controle de Qualidade – CCQ e aos grupos interfuncionais, muito conhecidos devido à difusão dos métodos da "Qualidade Total"; e há, também, uma ligeira menção à supervisão.

Pode ser identificada uma tipologia de grupos, que deve ser entendida para orientar as diferentes formas de organizar a tarefa de gestão de processos. Existem os grupos ao estilo Toyota; o trabalho "polivalente", muitas vezes confundido com equipe; a descentralização de serviços de apoio à produção, criando "unidade" de produção; os grupos semi-autônomos; e grupos de projetos, grupos-tarefas ou interfuncionais.

A discussão desta tarefa está usualmente associada ao último tipo de grupo, visto que, normalmente, representantes das unidades funcionais são alocados em equipes ou grupos para atuarem no projeto ou desenho do processo. Isso tem como principal vantagem a alocação de um profissional que realmente está envolvido e "entende do processo", o que resulta no aumento da aderência do desenho do processo e, por exemplo, da identificação de problemas. Por outro lado, também é freqüente o conflito das tarefas do dia-a-dia com a tarefa de "pensar" em como melhorar o projeto do processo, o que geralmente acaba resultando em prejuízo da última tarefa.

O aumento da demanda e da freqüência de mudanças nos processos, associado à maior utilização de tecnologia da informação nos processos, parece indicar que a utilização de "forças tarefas" ou alocação temporária de pessoas para projetar ou reprojetar processos pode estar mudando para outros tipos de lógicas de formação de grupos. Os grupos migram para utilizar os tempos mortos – como no Sistema Toyota de Produção – ou mesmo reprojetar ou projetar o trabalho como parte incoparada das tarefas do dia-a-dia. Nesses casos, os grupos multifuncionais podem ser permanentes.

O projeto de processos está fortemente ligado à discussão conceitual de grupos. Pelo lado técnico, a escolha de grupos para a definição de processos é questão central para assegurar a diversidade de conhecimentos necessários para entender o processo como um todo – logo, critérios objetivos para a seleção de integrantes devem ser utilizados. Pelo lado político e social, a formação de grupos também norteia a condução desses projetos, visto que grupos se articulam tanto para favorecer quanto para dificultar ações.

As equipes podem ser combinações de formais ou informais e permanentes ou transitórias. Parker⁵⁵ apresenta os resultados de um estudo que orientam como responder questões intrinsecamente relacionadas com a formação de grupos multifuncionais⁵⁵. O trabalho argumenta que devem ser definidos: o papel da alta gestão;

como selecionar um líder para a equipe; como escolher a melhor pessoa para fazer parte da equipe; qual a quantidade de membros que uma equipe deve ter; que treinamento deve ser oferecido para os membros da equipe; qual o grau de autonomia que uma equipe deve ter; como avaliar as contribuições da equipe para o desempenho da organização; como definir prêmios e recompensas para a equipe; como os membros da equipe se relacionam com outras partes interessadas; como a equipe deve lidar com diferenças culturais; e como uma equipe pode fazer o melhor uso possível da tecnologia para suportar comunicação.

A revisão da literatura permite indicar alguns critérios para a formação de equipes para atuar no projeto de processos. É preciso avançar sobre esses critérios e chegar ao modo de se orientar a decisão sobre grupos permanentes para a gestão do dia-a-dia, com responsabilidade pela execução do processo como um todo, não sendo apenas um grupo reunido temporariamente para projetar ou reprojetar um processo transversal. Esses critérios seriam:

- Representação lateral – na composição da equipe, deve haver representantes das diferentes unidades organizacionais envolvidas no processo transversal. A questão central é alcançar espalhamento organizacional e/ou da cadeia de suprimentos. Esses envolvidos podem ser internos à organização ou ser representantes de outros elos da cadeia de suprimentos.
- Balanceamento vertical – a equipe pode, em muitos casos deve, ter representantes multihierárquicos ou ter acesso aos diferentes níveis decisórios para tanto conseguir apoio e patrocínio como para aumentar a aderência do entendimento e da modelagem dos processos. A falta de representantes da alta gestão usualmente provoca a falta de inclusão dos processos decisórios na modelagem, e a falta de pessoal envolvido com a execução dos processos provoca a modelagem de processos pouco aderentes e muito idealizados, ou seja, distantes da prática real. O estilo decisório da organização pode orientar a decisão de incluir ou não diferentes níveis hierárquicos em uma mesma equipe.
- Capacidade de visão específica e detalhada – individualmente, os membros devem ser capazes de fornecer informações para o entendimento das partes constituintes do processo transversal, bem como de seus problemas.
- Capacidade de visão geral e agregada – alguns membros devem ter mais visão genérica do processo como um todo. Em muitos casos, essa visão será uma "construção" criada pela equipe, ou seja, somente estará disponível depois que os processos forem modelados.
- Disponibilidade e compromisso – os recursos devem estar disponíveis para colaborarem para o projeto do processo. A identificação de membros que terão compromisso com o trabalho e contribuirão para o trabalho em equipe tem significativa importância.

- Adequação ao trabalho em equipe – os integrantes devem ter conhecimentos, perfis e atitudes típicas para trabalhar em equipe.
- Utilização de métodos e facilitação – para a equipe desenvolver as habilidades com maior produtividade, pode ser necessário incluir um facilitador na sua composição ou formação. Ele pode contribuir para promover o diálogo e construir habilidades de reflexão e inquirição. Essa noção se mostra fundamental para projetar processos com envolvimento de muitas pessoas de uma organização. Esse membro deve ser externo à equipe, mas há a possibilidade de utilizar um membro interno para facilitar o trabalho da equipe, esse papel pode, inclusive, ser alternado por diferentes membros da equipe ao longo do tempo[116].

A formação de equipes está associada ao aprendizado organizacional, uma vez que há relação entre esse e o aprendizado em equipes. Para a tarefa de definição de equipes e grupos de processos, deve ser percebida essa relação com a necessidade de se registrar o aprendizado gerado durante a fase de projeto do processo[55].

Cabe também observar que o próprio trabalho da equipe de processos deve ser gerenciado. São propostas cinco dimensões para avaliação: desdobramento da estratégia; competências para trabalhar em equipe; sistemas de mensuração de desempenho, com foco tanto no desempenho da equipe quanto no desempenho individual, mas com maior peso para o desempenho da equipe; treinamento e desenvolvimento; prêmios e reconhecimento.

Por fim, a formação dos grupos também ultrapassa a fronteira do projeto do processo e atinge a gestão de processos no dia-a-dia se constitui um instrumento de aprendizado. Na relação com a gestão do dia-a-dia, a literatura reforça a definição de equipes ou grupos para gerir um processo como um todo, do início ao fim. A diferença em relação ao projeto do processo está centrada no fato de a equipe estar envolvida e ser responsável pela coordenação do dia-a-dia e pela efetividade da execução do processo, e não somente na concepção ou no projeto do processo. Por exemplo, quando uma equipe é responsável por fazer com que uma demanda seja recebida em único ponto de contato e seus resultados sejam entregues para quem colocou a demanda, envolvendo fazer com que todas as etapas de um processo sejam realizadas, essa equipe está envolvida na gestão do dia-a-dia.

Um importante conceito está associado à discussão da "responsabilidade completa", por meio da discussão dos grupos semi-autônomos, mas que, por outro lado, contribui para a percepção da dificuldade de se estabelecer um grupo que seja responsável por um processo transversal completo. O Instituto Tavistock e seus autores apresentam uma definição de grupo semi-autônomo:

> um grupo que assume a responsabilidade completa pela produção de um produto ou linha de produtos. Esse grupo não deve possuir tarefas fixas predeterminadas para

cada componente, e a supervisão não deve interferir na maneira pela qual o grupo se auto-atribui às tarefas. Cabe à supervisão a função de servir como elo entre cada grupo e seu meio externo.

Existe, então, uma responsabilidade completa, o que permitiria a construção da noção de que o grupo é responsável pelo processo como um todo. Na passagem citada, fica claro que o grupo está envolvido na execução do processo e que, nesse caso, o próprio grupo é responsável pela gestão do dia-a-dia do processo. Com a discussão, há um avanço em relação à discussão do projeto do processo para a gestão do dia-a-dia. Em outras palavras, os grupos ou equipes devem ser formados para, em conjunto, projetarem processos, mas poderiam também ser responsáveis pela gestão do dia-a-dia dos processos e atuarem como "elo de ligação". Cabe, por fim, observar que a composição de grupos ou equipes formadas para gerir processos no dia-a-dia pode ser diferente da composição de equipes formadas para projetar ou reprojetar processos. Isso pode ser, mas não necessariamente deve ser, diferente. Esse trabalho tem evitado a discussão entre quem é ou deve ser responsável pelas tarefas, mas o envolvimento de atores que estão na gestão e na execução de processos no dia-a-dia é fundamental para o alcance de resultados nas tarefas associadas ao projeto ou desenho dos processos.

É importante destacar que a gestão de processos deve ser realizada por profissionais devidamente preparados para essa finalidade[117]. Isso permite incluir o treinamento das pessoas que vão compor a equipe da gestão de processos. O treinamento dependerá das tarefas que o grupo assumir e da forma como elas serão conduzidas. Assim, por exemplo, ao escolher uma abordagem participativa com o uso de técnicas de seis sigma, haverá necessidade de treinamento em resolução de conflitos, condução de reuniões e ferramentas de melhoria de processos como as propostas pelo seis sigma.

A formação de equipes está associada ao aprendizado organizacional. Há relação entre o aprendizado em equipes e o aprendizado organizacional[116]. Para a tarefa de definição de equipes e grupos de processos, deve ser percebida a relação com e a necessidade de registrar o aprendizado gerado durante a fase de projeto do processo.

4.1.8 Entender e modelar processos na situação atual

O entendimento dos processos da situação atual por meio da modelagem tem como questões centrais as decisões sobre os objetivos da modelagem, a definição de quem participará da modelagem de processos como fonte de informação e os métodos e metodologias disponíveis para a realização dessa tarefa. A escolha da ferramenta de modelagem também tem influência e influencia a condução desta tarefa. A atividade de "fluxogramar" ou mapear para visualizar os processos sempre fez parte das tarefas organizacionais e tem tomado maior importância nos últimos anos[19].

As motivações, objetivos, propósitos e benefícos da modelagem de processos partem do pressuposto de que a modelagem é essencial para que ocorram integração e coordenação nas organizações. Assim, a modelagem empresarial é um pré-requisito para a integração. Esse entendimento pode ser ampliado ao se associar a modelagem à resolução de problemas organizacionais[94].

No início do desenvolvimento da manufatura integrada por computador, a integração era percebida como um problema de desenvolvimento da base de dados e de interconexão por meios de redes de computadores e protocolos de comunicação. Isso era chamado de integração de dados e informações. Hoje, já percebe-se que se trata, em primeiro lugar, de coordenação de processos de negócios. Para ocorrer integração de processos, é necessária a formalização dos objetos utilizados, como atividades, recursos, informações e responsabilidade/autoridade para controle. Dentro desse contexto, a modelagem tem como objetivo:
- atingir um melhor entendimento e representação uniforme da empresa;
- suportar o projeto de novas partes da organização;
- adotar um modelo utilizado para controlar e monitorar as operações da empresa.

A motivação para a modelagem tem os seguintes pontos: gestão de sistemas complexos; melhor gestão de todos os tipos de processos; explicitação do conhecimento e *know-how* organizacional; reengenharia de processos; e integração empresarial propriamente dita.

Um modelo da empresa ou organização, uma vez aceito por um grupo de usuários, representa uma visão de consenso, ou uma trilha (*road-map*) daquela empresa para o dado grupo. Esse ponto tem especial importância quando, por exemplo, há busca pelo alinhamento entre a visão de negócio, tipicamente associada ao modo de ver dos envolvidos com a entrega dos serviços ou a produção dos produtos entendem os processos, e a visão da tecnologia da informação, tipicamente associada à maneira como a unidade responsável por tecnologia da informação entende o negócio. Os processos têm sido utilizados para alinhar essas duas formas de entender o funcionamento da organização.

Nesse quadro, o modelo deve passar pelos seguintes entendimentos: o modelo é resultado útil da representação de algum objeto; um constructo da modelagem é um elemento básico de uma linguagem de modelagem definida por uma sintaxe e uma semântica; o modelo de uma empresa ou organização é um conjunto consistente de propósitos específicos e modelos complementares que devem descrever as várias facetas de uma empresa para satisfazer alguns propósitos de certos usuários do ne-

Box 4.1 Uma estrutura de grupos para a implantação de mudanças

A formação dos grupos também está associada à tarefa de implantação de mudanças. Os grupos de trabalho que conduzirão a mudança normalmente ficam sobre estruturas transitórias, que podem ser formalizadas no início de um projeto de mudança e encerrados com o seu término. Entretanto, nada impede que os grupos gerados nesse momento acabem migrando para unidades organizacionais definitivas no organograma. A Figura 4.13 apresenta um exemplo de estruturação de grupos.

O Grupo de Coordenação da Implantação (GCI) é responsável pela condução das ações de planejamento e estruturação da implantação, com definição, divulgação e controle de cronogramas, alocação e gestão de funcionários e disponibilização de recursos. Posteriormente, o GCI assume as atividades de monitoria e direcionamento das ações que estão sendo conduzidas. O GCI também acaba sendo a interface principal entre a organização e uma possível consultoria contratada para assessorar as atividades. Contudo, ele não depende dessa assistência, embora entenda que a experiência e a contribuição de terceiros seja importante nesse momento. Ainda, é de responsabilidade do GCI formar uma estratégia e visão claras, coerentes com a cultura da organização e de fácil comunicação cuidar para que os objetivos de curto prazo sejam alcançados e mensurados e não diminuir o grau de conscientização da necessidade da mudança.

O Grupo de Implantação de Processos (GIP) é uma instância entre o GCI e os Grupos de Melhoria de Processos (GMP). O GIP coordena, direciona, monitora e apóia esses GMPs, reduzindo a necessidade de tomada de decisão e a influência do GCI, o qual pode se concentrar em outros assuntos mais relevantes. Já cada GMP é formado e depois destituído para a melhoria de um só processo, sendo sugerido que seus participantes sejam pessoas envolvidas no processo e que ele tenha participantes envolvidos em atividades anteriores e posteriores. Assim, garante-se uma visão sistêmica de identificação das melhorias nos processos e se fortalece seu entendimento uniformizado.

O Grupo de Desenvolvimento da Tecnologia da Informação (GTI) é responsável pelas ações pertinentes à área de TI, dentre elas a concepção de uma arquitetura integrada de sistemas; a estruturação do banco de dados; a identificação da necessidade de aquisição ou desenvolvimento de *software* e *hardware* (deve ser uma decisão do GTI em parceria com o GCI); a implantação das propostas de mecanismos gerenciais nos sistemas existentes; e dar seu parecer técnico nas reuniões de melhoria de processos.

(continua)

Box 4.1 (continuação)

O Grupo de Desenvolvimento do Sistema Gerencial (GSG) deve definir a estrutura agregada de indicadores de desempenho e seu desdobramento detalhado pelos níveis hierárquicos da organização, formalizar as análises de méritos ao longo do processo, estudar oportunidades de aumento da autonomia dos funcionários, decidir sobre ações para concentrar ou desconcentrar poder e desenvolver novas formas de recompensa e gratificação. Há ainda alguns objetivos mais amplos associados a esse grupo, como a implantação, na organização, de grupos multifuncionais, gerentes de relacionamento com cliente, coordenadores de processos etc., de acordo com as necessidades da organização.

O Grupo de Desenvolvimento de Recursos Humanos (GRH) tem atribuições de gestão comportamental ao longo da implantação, capacitação dos funcionários de acordo com as necessidades de conhecimento identificadas nos processos e no conjunto de competências disponíveis. Além disso, este grupo ainda acompanha o clima da organização em relação à mudança, potencializa a valorização dos funcionários enquanto capital intelectual e, principalmente, difunde e fomenta, dentro da organização, a necessidade da mudança, através de seminários, reuniões, publicações etc.

Finalmente, o Grupo dos Facilitadores é integrado por representantes externos ou da própria organização que serão responsáveis por atividades de apoio e devem estar capacitados para auxiliar na mudança. O grupo também pode assumir atividades de natureza mais simples, abarcando papéis de apóio a reuniões.

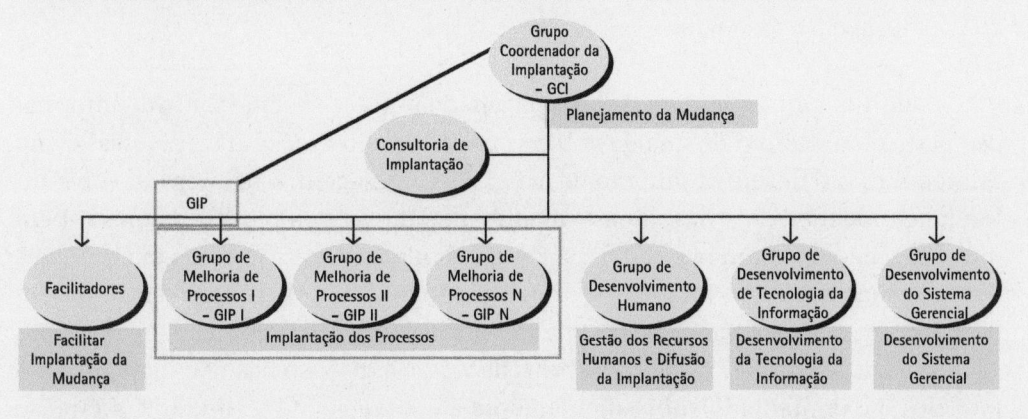

Figura 4.13 Exemplo de estrutura de grupos

gócio. Assim, há modelos para produtos, recursos, atividades, informação, organização, modelos econômicos, de otimização e de tomada de decisão. A modelagem de organização ou empresa é um conjunto de atividades ou processos usados para desenvolver várias partes de um modelo de organização ou empresa para atender a alguma finalidade desejada.

Em síntese, um modelo de processos representa e explicita, de forma simplificada, a realidade da estrutura das atividades e dos recursos que permitem a organização funcionar. Esses modelos devem seguir princípios de modelagem de processos.

As finalidades ou propósitos desejados da modelagem de processos podem ser definidos como: melhor representar ou entender como uma organização (ou alguma parte dela) funciona; usar e explicitar o conhecimento adquirido e a experiência para usos futuros; racionalizar e assegurar o fluxo de informações; projetar ou reprojetar e especificar uma parte da organização (aspecto funcional, comportamental, informacional, organizacional ou estrutural); analisar alguns aspectos da organização (análise econômica, organizacional, quantitativa, qualitativa, *layout* e outras); simular o comportamento de algumas partes da organização; realizar melhores decisões sobre as operações e a organização da empresa; e controlar, coordenar ou monitorar algumas partes da organização (isto é, alguns processos).

Os benefícios da modelagem de processos seriam:
- a capacidade de construir uma cultura e o compartilhamento de uma visão comum para ser comunicada através da organização por meio de uma mesma linguagem dos modelos utilizados;
- a capacidade para usar e explicitar o conhecimento e a experiência sobre a organização para construir uma memória da organização, o que reforça a noção da relação da tarefa com o aprendizado organizacional, em especial com o registro de informações sobre os processos, que se transforma em um ativo da organização;
- capacidade de suportar a tomada de decisão considerando a melhoria e o controle organizacional, ou seja, a modelagem é entendida como instrumento de apoio à gestão da organização.

Definir quem participará da modelagem de processos como fonte de informação parte do princípio de que deve haver cobertura do processo transversal como um todo. Para o desenvolvimento de ações de modelagem, a empresa envolve diferentes unidades organizacionais, idealmente em grupos multifuncionais, para que os processos sejam explicitados. Essas atividades são realizadas em reuniões com os especialistas no processo e os demais envolvidos. As ações de modelagem permitem que esses atores cheguem a um mesmo entendimento sobre como a organização deve atuar. Há busca por consenso; esse consenso fica documentado nos modelos e é implantado subseqüentemente à aprovação. O resultado é a criação de uma visão ou de um entendimento homogêneo da forma de atuação da organização. Desse modo, os participantes passam a conhecer melhor os processos em discussão, o que traz benefícios para o desempenho global do negócio e leva à integração do mesmo.

Os métodos e as metodologias disponíveis para a realização desta tarefa estão associados, respectivamente, ao tipo de linguagem que explicita a semântica e a sintaxe para representação simbólica dos processos e às abordagens conceituais que orientam as atividades que devem ser empreendidas para a modelagem de processos.

A ação de modelagem de processo é suportada por diferentes métodos. Eles têm o objetivo de prover uma linguagem comum e estruturada à ação de modelagem de processos. Aqui, um método será entendido como uma disciplina ou prática organizada com um propósito único. O método pode ou não ter uma fundamentação teórica. Em geral, um método é o resultado apurado das melhores práticas em um domínio particular de uma dada atividade. A seguir, são apresentados os principais métodos que suportam as ações de modelagem de processos. O método combina poder de representação com uma semântica formal que permite análise.

Os métodos disponíveis para modelagem de processos têm grande variedade. Os principais métodos utilizados na década de 1990 foram:
- ARIS – Arquitetura de Sistemas de Informação Integrados,
- IDEF – Métodos Integrados de Definição,
- Petri Nets.

Atualmente, os métodos têm avançado para ampliar a integração da linguagem de processos com a linguagem da tecnologia da informação. Os seguintes métodos estão ganhando importância:
- BPMN – Business Process Modeling Notation (linguagem que busca facilitar o entendimento dos processos internos e externos de uma organização).
- BPEL – Business Process Execution Language (linguagem orientada por processos para assegurar a interoperabilidade entre sistemas de informação).

O BPMN usa diagramas gráficos, como o BPD – Business Process Diagram, e está associado à visualização do processo modelado numa linguagem XML, em documento BPEL4WS – Business Process Execution Language for Web Service. O objetivo dessa linguagem é aproximar a visão de processos da visão da tecnologia da informação. O BPEL4WS é um mecanismo formal de representação da modelagem de processos que utiliza gráficos e princípios de modelos matemáticos, conseguindo, através do próprio *software*, converter os processos modelados em um documento com linguagem XML. Essa linguagem otimiza a operação e a interoperação entre sistemas BPM.

A BPEL é uma linguagem para especificação formal de processos de negócio e protocolos de interação entre negócios, que permitem a realização de transações de negócio por meio da ampliação do modelo de interações baseado em Web Services. O BPEL4WS define um modelo de integração que facilita a expansão da automação de processos tanto intra-organizacionalmente como interorganizações.

A utilização dessa linguagem é freqüentemente associada com a analogia entre orquestração e coreografia de processos. A linguagem BPEL seria uma linguagem para orquestração, uma vez que articula vários processos para que estejam em harmonia, não sendo uma coreografia que pode ser feita de forma isolada.

A relação com as ferramentas está, basicamente, associada à capacidade dessas ferramentas de suportar e facilitar as atividades de modelagem da situação atual e de incorporar a linguagem definida para a modelagem dos processos.

A modelagem para levantamento da situação atual pode ter diferentes abordagens, por exemplo, variando de levantamentos que são realizados de baixo para cima ou de cima para baixo. Começar de cima para baixo, indo somente até um nível semi-detalhado, e revisar o modelo agregado tem se mostrado uma prática mais adequada.

A modelagem dos processos se inicia, geralmente, com a realização de entrevistas com os principais líderes da organização, gerando, como resultado inicial, um diagrama da visão agregada da situação atual da organização. Posteriormente, esse diagrama macro deve ser decomposto em diagramas mais detalhados que representem tanto as atividades internas quanto as interfaces de cada uma das unidades organizacionais. Finalmente, são desdobrados modelos detalhando cada uma das atividades identificadas e explicitando entradas e saídas, documentos, executores, sistemas e outras informações associadas a cada função contida na atividade. Esses elementos explicados podem variar em função da linguagem selecionada. O uso desses níveis de detalhamento não é uma regra rígida, e fica a critério de cada organização definir a estrutura de detalhamento de modelagem que lhe parece mais favorável e adequada.

Quanto à metodologia de modelagem de processos, ela deve definir claramente: níveis de detalhamento desejados; modelos a serem utilizados para cada nível de detalhamento; formas de integração e navegação vertical e horizontal entre modelos; objetos a serem utilizados em cada modelo; lógica de utilização de cada objeto – quando devem aparecer e como devem se relacionar com outros objetos; regras de utilização de cada objeto – como o texto deve ser escrito, quais as formas verbais preponderantes; nível de explicação necessário a cada objeto; e, finalmente, atributos a serem detalhados para cada objeto utilizado.

Esse conjunto de definições constituintes da metodologia de modelagem deve ser concebido de forma coerente com as especificidades da ferramenta de trabalho escolhida, avaliando os objetivos da modelagem de processos e o custo-benefício associado ao cadastro e à formatação excessivos ou superficiais de cada informação.

Uma série de falhas comuns em ações de modelagem de processos estão documentadas em Rosemann[19,118]. Quando não há uso de uma metodologia claramente definida, essas falhas aumentam. Para se evitar os erros, princípios de modelagem já comentados devem ser seguidos.

4.1.8.1 Saiba mais: princípios de modelagem segundo Scheer

O GoM-Guidelines of Modeling indica os seguintes princípios de modelagem geralmente aceitos[72]:
- Aderência – este princípio norteia o entendimento do quão perto o modelo está da estrutura e do funcionamento da realidade modelada. Técnicas de levantamento e validação dos modelos de processos são aplicadas para aumentar a aderência e compatibilizar as diferentes percepções acerca de como o processo realmente é. Técnicas de simulação também podem ser aplicadas para verificar se o modelo está ou não aderente.
- Relevância ou suficiência – cada objeto representado em um dado modelo deve ter um propósito e, nesse sentido, um dado modelo não deve conter mais informações do que o necessário. Destaca-se que a definição do que é ou não relevante deve ser cautelosa. Uma vez que há um processo não-prioritário para a organização, seria razoável que ele não fosse modelado; contudo, caso haja a intenção de se realizar uma ação de gestão do conhecimento em toda a organização, por exemplo, todos os processos deveriam ser modelados e os objetos da gestão do conhecimento utilizados. Em uma primeira análise, tal modelagem de conhecimento poderia ser considerada como irrelevante; porém, esse quadro pode se reverter.
- Custo/benefício – para a aplicação deste princípio, deve ser analisada a quantidade de trabalho necessária para criar o modelo *versus* a utilidade do modelo *versus* quanto tempo o modelo será usado.
- Clareza – este princípio, um dos mais importantes em função da própria definição do que é um modelo, está relacionado à capacidade de o modelo ser entendido e usado pelos usuários.
- Comparabilidade – este princípio deve nortear a comparação de diferentes processos, logo, apresenta como necessários a aplicação do mesmo método para diferentes modelos com a utilização dos mesmos objetos, a correção/uniformização da nomenclatura e os níveis de detalhamento homogêneos;
- Estruturação sistemática – este princípio está ligado à capacidade de integrar modelos representando diversos aspectos da realidade e à capacidade desses modelos de se estruturarem metodologicamente.

Box 4.2 Como realizar entrevistas de modelagem de processos

Para a construção dos modelos, há tipicamente dois insumos principais: documentos que expliquem o funcionamento da organização e entrevistas com os funcionários. Para maior detalhamento da lógica das entrevistas, faz-se necessário o uso de um cronograma de reuniões que dinamize o ritmo das modelagens e habilite o agendamento prévio das reuniões. Isso porque, dada a premissa de que o projeto dos processos depende da participação de pessoas da organização, é importante que os entrevistados dediquem um tempo para a externalização de seus conhecimentos, experiências e percepções acerca da realidade.

Nesse sentido, a lógica defendida é de que o modelador agende uma entrevista com o funcionário responsável pelo processo a ser desenhado, realize a entrevista coletando as informações necessárias e desenhe o processo resultante. Posteriormente, faz-se necessário o retorno a um segundo entrevistado para a validação do modelo gerado, a verificação de dúvidas e inconsistências, o detalhamento das informações mais superficiais e os ajustes para a integração com outros modelos. Feito isso, os processos mapeados são revisados de modo a serem inseridas as críticas percebidas e as alterações sugeridas.

Durante a modelagem, podem e devem ser registrados pontos que podem auxiliar na identificação de problemas, que é objeto da próxima tarefa necessária ao projeto de processos. Por fim, deve-se considerar que a coordenação de uma ação de modelagem de processos pode acabar sendo difícil caso não sejam corretamente sistematizados os procedimentos que garantam que os modelos serão gerados no nível de detalhamento necessário, com a qualidade e integração com outros modelos esperadas, no prazo definido e com a formatação previamente padronizada.

As ações de coordenação podem ser feitas por membros mais experientes para validar a conformidade dos modelos de processos que forem sendo desenhados, participar de reuniões mais estratégicas, promover a integração entre modelos, garantir o preenchimento correto dos documentos produzidos, controlar reuniões, em suma, garantir o bom andamento da modelagem de processos.

Na aplicação desses princípios, especial atenção deve ser despendida em suas relações. O princípio da clareza, por exemplo, está diretamente ligado ao princípio da relevância, visto que um modelo com muitos objetos não será facilmente entendido.

4.1.8.2 Saiba mais: princípios de modelagem segundo Pidd

Pidd[119] apresenta outros princípios de modelagem:
- Modelo simples, pensamento complicado
- Seja parcimonioso, comece pequeno e vá adicionando
- Divida e conquiste, evite mega-modelos
- Use metáforas, analogias e similares
- Não se apaixone por dados

A elaboração de um modelo deve dar a sensação de que "agora ficou claro e eu entendi", ou seja, deve ser esclarecedora.

4.1.8.3 Saiba mais: princípios de modelagem segundo Vernadat

O autor apresenta os seguintes princípios de modelagem:
- Separação de focos para reduzir a complexidade
- Decomposição funcional
- Modularidade
- Generalidades do modelo
- Reusabilidade
- Separação do comportamento e funcionalidade
- Descasamento entre processos e recursos
- Conformidade
- Visualização do modelo
- Simplicidade *versus* adequação
- Gestão da complexidade
- Rigor na representação
- Separação de dados e controle[11]

4.1.9 Definir e priorizar problemas atuais

Um problema é o resultado indesejado de um processo, e sua identificação é o passo mais importante na obtenção de uma solução[120]. Para Wordnet, há outras definições mais gerais, como definir problema como um estado de dificuldade que precisa ser resolvido. Outra definição semelhante é a dos pesquisadores da Japanese Union of Scientists and Engineers – JUSE, para os quais um problema é uma diferença entre o desempenho obtido e as metas, ou "a maneira como as coisas deveriam ser"[121]. Pode-se observar, portanto, que as definições convergem no que se refere à identificação de uma situação não prevista e estão fortemente relacionadas ao conceito de qualidade. Esse padrão de qualidade, pórem, pode não explicitar os reais anseios ou necessidades dos clientes e, assim, pode-se ter um problema mesmo em excelentes padrões de conformidade.

Uma questão central está associada a separar as conseqüências finais dos problemas, suas causas e sua causa raiz. As conseqüências finais seriam os efeitos (ou o efeito) indesejados provocados pelas causas que, geralmente, têm uma ou poucas causas que são a origem das conseqüências negativas ou indesejadas do problema. Essas relações de causa e efeito usualmente são identificadas pelo uso de técnicas de pensamento sistêmico e de processos de raciocínio[42]. Os problemas devem emergir da análise crítica dos processos modelados e dos dados e das informações obtidas com entrevistas, observações, registros de sistemas de informação e outras fontes. Há estudos sobre a identificação de problemas a partir da modelagem de processos com o uso de técnicas como os processos de raciocínio[122,123].

Em geral, após a fase de levantamento, os processos entram numa fase de estudo e melhoria dos processos. Nessa fase, são utilizados quadros-conceituais como o STP, a Qualidade, a Reengenharia e a Teoria das Restrições. O STP tem relevância por ressaltar que as identificações de melhorias devem começar pela eliminação das perdas no processo prioritariamente em relação às perdas nas operações (etapas) e aos subsistemas do STP[124].

Os sistemas de qualidade difundiram técnicas como o Controle Estatístico de Processos (CEP), os métodos de identificação, análise e solução de problemas (MIASP) e a ferramenta 5W1H e as sete ferramentas da qualidade, com destaque para o diagrama espinha de peixe. Essas técnicas têm os objetivos de simplificar, eliminar, reunir e padronizar os processos para aperfeiçoar o modo como o trabalho é realizado nas organizações. Esse aperfeiçoamento pode ser acompanhado de estudos de tempos para a identificação de gargalos e de redundâncias de trabalho. Essas técnicas foram discutidas na tarefa de seleção de técnicas de melhoria.

A Reengenharia tem papel importante por incentivar a aplicação de tecnologia da informação à melhoria de processos, e a Teoria das Restrições por priorizar os esforços de melhoria no gargalo ou nas restrições.

Outros importantes estudos dos processos são as análises de paralelismo, a simultaneidade, o seqüenciamento e a alocação de recursos às atividades, inclusive pessoas. A representação dos processos possibilita a discussão em torno da ordem do fluxo das etapas, da alocação de recursos e das interfaces entre processos. Quando a representação é realizada em um *software* modelador que realiza análises, é possível, associando tempos às etapas dos processos, a identificação de gargalos e, ainda, a realização de simulações, por exemplo. O resultado dessas análises pode ser a alteração no fluxo do processo ou as modificações na alocação de recursos, sejam eles máquinas ou pessoas.

A definição de processos normalmente está associada à maneira como a organização agrega valor aos seus produtos. Pode-se perceber na definição de processos, a partir do conceito por Zarifian, citado por Salerno[7], Davenport[68,69] e pela própria definição de processo apresentada no Capítulo 3, a orientação para o cliente final e o para o "adicionamento" ou agregação de valor ao longo das atividades. Dessa definição, surge outra técnica relacionada à análise de valor. De modo geral, a análise de valor está relacionada à percepção de utilidade e benefício ou ganho de um dado processo. Esse conceito passa pela percepção de valor dos clientes dos processos, pela transformação efetiva do objeto processado e, idealmente, pela não ocorrência de retrabalho. A finalidade da análise de valor do processo é identificar oportunidades para melhorar o desempenho da organização de forma durável[125]. A análise de valor do processo é uma técnica adequada para a identificação de oportunidades de melhoria caso o iniciador suspeite que parte do trabalho executado pode ser desnecessário ou redundante; o tempo e/ou custo necessários à conclusão do trabalho parecem desproporcionalmente altos em relação ao seu valor para a organização; um processo parece ser mais complexo do que o necessário; os recursos da organização parecem estar presos a atividades não-lucrativas.

Uma característica peculiar da análise de valor do processo está em sua orientação pelas contribuições dos clientes. As principais oportunidades para melhorias vêm das atividades que agregam tempo ou custo a um processo, sem agregar valor segundo a percepção do cliente. A análise de valor do processo ajuda a identificar essas atividades e a eliminá-las mediante análise e eliminação das suas causas básicas. Na análise de valor do processo, uma equipe coleta, organiza e apresenta informações para guiar o desenvolvimento de um plano de melhorias. Os dados fundamentais necessários à análise de valor incluem o tempo de ciclo e a estimativa de valor dos clientes. As etapas para a execução de uma análise de valor do processo são: 1) seleção de um processo para análise; 2) determinação do tempo de ciclo; 3) estimativa do custo para cada atividade/segmento; 4) estimativa de valor.

A análise crítica dos modelos de processos deve resultar em uma listagem de pontos entendidos como problemas ou oportunidades de melhoria que devem ser tratados de forma adequada. A lógica central está em envolver pessoas e informações para entender os problemas que estão impactando o desempenho dos processos da situação atual – como em inglês "AS IS" ou "assim como o são hoje". A definição de participantes em reuniões para melhoria de processos deve considerar que pessoas que atuam em atividades que tem interface com as atividades do processo analisado podem colaborar para identificar as causas dos problemas e propor soluções.

Uma vez identificados, os problemas também devem ser priorizados. Essa priorização pode e irá influenciar a decisão sobre quais atividades ou mesmo que processos serão selecionados para serem reprojetados ou redesenhados.

A identificação de problemas pode ser facilitada se o processo for bem entendido, e a modelagem de processos cria um referencial objetivo para isso[123]. Quando as características inerentes às atividades que compõem os processos estão entendidas, os problemas e suas causas podem ser melhor identificados. Eles podem ser identificados de forma equivocada se os processos não estiverem adequadamente entendidos, o que, conseqüentemente, levará à proposição de soluções que não resolverão os reais problemas do processo.

A Figura 4.14 apresenta as dificuldades associadas ao entendimento das características intrínsecas dos processos, das dificuldades de definição dos problemas e da formulação de solução. A Figura, porém, tem como maior contribuição reforçar que os processos e suas características devem ser entendidos, depois os problemas e suas causas devem ser definidos e, somente então, as soluções devem ser definidas. Usualmente, problemas são verbalizados ou definidos como falta de pessoal ou falta de sistemas de informação adequados. Essas faltas podem ser, no máximo, causas de problemas, mas estão muito mais associadas à expectativa de que a inclusão de mais pessoas ou a mudança no sistema de informação eliminem os problemas. Esses problemas não foram declarados; o que de fato está ocorrendo? Os prazos não estão sendo cumpridos? Os clientes estão insatisfeitos? Esses seriam problemas que podem ser solucionados de diferentes formas, dentre elas com o aumento de pessoal ou um novo sistema de informação.

4.1.10 Definir e priorizar soluções para os problemas atuais

Uma solução deve ser formulada como uma ação que não só elimine um problema, mas que, também, estabilize o processo e, no limite, impeça o retorno do problema[112]. Esse entendimento traz consigo a noção de que as soluções são ações que devem ser implementadas sobre os processos da situação atual para que, na situação futura, não haja, ou sejam minimizados, problemas que estavam impactando o desempenho do processo.

O redesenho dos processos é resultado das melhorias implantadas de modo a padronizar para a organização o novo modo de se realizar os processos que foram

Figura 4.14 Tríade: característica-problema-solução

Características:	Problemas:	Soluções:
Dificuldades para entendimento das particularidades e da natureza dos processos	Dificuldades para entendimento das causas dos efeitos indesejados ou das conseqüências negativas decorrentes do desempenho dos processos	Dificuldades para formular e colocar em prática as soluções para as causas dos problemas

Pressupostos Centrais:
- Interdependência seqüencial característica-problema-solução
- Falta de quadros conceituais específicos para a caracterização de processos

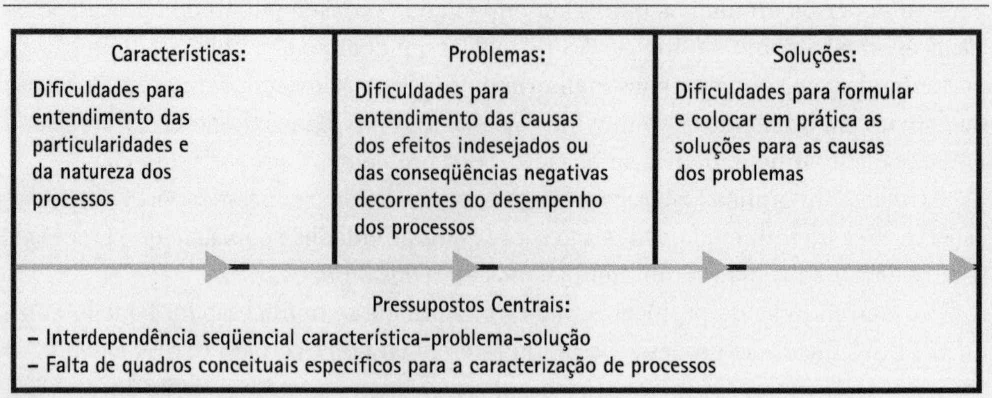

melhorados. Esse redesenho deve ser realizado usando-se a mesma metodologia de modelagem de processos para garantir a consistência e a coerência com os modelos da situação anterior. Vale ainda enfatizar a necessidade de se manter a base de dados anterior para se a viabilizar as análises comparativas entre a situação original e o novo modelo implantado. Finalmente, esses processos redesenhados devem ser de fácil acesso para todos da organização, subsidiando não só a difusão das novas práticas, como justificando com resultados concretos o sucesso da mudança proposta e realizada.

Esse entendimento implica a noção de melhoria. Melhorar processos é identificar e implantar soluções para os problemas que afetam o desempenho do processo. Essas ações de melhoria normalmente começam com a lista de problemas priorizados para que sejam definidas soluções e, em seguida, sejam criadas modificações no desenho dos processos para que essas soluções sejam incorporadas. O novo desenho é criado na tarefa de modelagem da situação futura, e as mudanças identificadas são comunicadas na tarefa de definição de mudanças nos processos.

A solução seria uma nova prática que tanto colocaria o processo em conformidade com o esperado quanto satisfaria o cliente. As soluções para os problemas dos processos geralmente envolvem pontos que podem motivar e viabilizar soluções para a melhoria de processos, que costuma ser motivada por intenções de:
- uniformização e padronização da forma de trabalho;
- melhoria do desempenho, em especial pelo aumento da satisfação de clientes, aumento do lucro por aumento das receitas ou redução de custo ou por alcance de resultados em organizações sem fins lucrativos.

As soluções para melhoria de processos freqüentemente são viabilizadas por ações relacionadas com pessoas, tecnologia, processo, cultura e desempenho. São ações de "adequação" do processo que podem envolver a simplificação ou mesmo o aumento da complexidade dos processos por meio das seguintes iniciativas:
- Ações associadas a pessoal, como treinamento, seleção ou movimentação de pessoal, com destaque para a identificação das necessidades e da disponibilidade de conhecimentos existentes na organização como os processos tendendo a ser executados como referenciais para a concepção de um plano de capacitação dos funcionários – e para a identificação de carências e excessos de funcionários por setor, de modo a orientar programas de contratação e deslocamento de funcionários.
- Ações ligadas à tecnologia, principalmente sistemas de informação e equipamentos, demandas por sistemas de informação organizados por processos e implantação de sistemas de BPMS, como aplicações de *workflow*. Normalmente, envolvem ações para a concepção de um amplo projeto de informatização aderente aos processos e para a gestão e integração dos fluxos de in-

formação para abastecer os bancos de dados, os indicadores de desempenho e os sistemas de tomada de decisão. As ações de mudanças das tecnologias "físicas" geralmente impactam as instalações, e podem envolver a expansão ou o redesenho do arranjo físico (*layout*) das salas das unidades organizacionais, da compra de equipamentos, das máquinas etc.

- Ações ligadas aos processos, como o redesenho dos modos de coordenação e do normativo organizacional, como normas, procedimentos e políticas, mas também as mudanças específicas no desenho do processo, como eliminação de atividades redundantes (como múltiplas revisões e aprovações, inspeções, atividades ineficientes e transportes desnecessários), combinação de atividades semelhantes, redução de tempo e custos dos processos, identificação de atividades gargalo que restrinjam o fluxo de atividades, melhoria do fluxo de informações, possibilidade de certificação dos processos, análise comparativa com outras organizações e incorporação de melhores práticas disponíveis em modelos de referência, formas de custear os processos e as atividades. Essas ações podem envolver iniciativas para reprojetar os processos operacionais, identificando possibilidades de melhorias, reduzindo tempo de atravessamento, minimizando erros e maximizando a satisfação dos usuários; padronizar os processos operacionais até então tidos como informais, verificando a necessidade de sua existência considerando-se os custos que a organização soma e os valores que agrega, dado o planejamento estratégico definido; estruturar a lógica de funcionamento dos processos decisórios, reduzindo a burocracia e o tempo de tomada de decisão, mas assegurando a confiabilidade e a legitimidade dos processos.
- Ações ligadas à estrutura organizacional, como a criação ou as mudanças das unidades organizacionais e dos cargos, a centralização e descentralização do trabalho, o alinhamento com objetivos organizacionais, a organização de equipes multifuncionais, as mudanças nos arranjos físicos para expressarem as mudanças na estrutura organizacional.
- Ações ligadas à cultura organizacional, como mudanças nas lideranças, nos valores organizacionais, nas formas de reconhecimento de custeio e demais ações que impactam o comportamento dos indivíduos e da organização.
- Ações ligadas ao modo de controle e mensuração do desempenho, por conceber ou reconceber métricas e indicadores aderentes aos processos e consistentes com suas diretrizes estratégicas para orientar a lógica do comportamento das pessoas, sistematizar um mecanismo de avaliação para seus respectivos gestores e controlar os alcances de objetivos de eficiência, eficácia e efetividade.

As técnicas de simulação e modelagem de sistemas podem ajudar na decisão de que ações tomar para melhorar processos, mas não são ações para melhoria de processos e sim técnicas de suporte ao projeto de processos.

A definição dessas soluções é tipicamente realizada em reuniões de melhoria de processos, que devem ter coordenadores e envolver pessoas que executam atividades do processo ou atividades que antecedem ou sucedem suas atividades. Nessas reuniões, podem ser utilizadas técnicas como a 5W1H, que, aplicadas nesse contexto, consistem no preenchimento de uma planilha que responde às perguntas que vão permitir entender a mudança e criar um plano de ação para promover a mudança. Atualmente, estas técnicas têm sido referidas como 5W2H:

- What – Qual é a proposta de melhoria?
- When – Até quando deve ser implementada?
- Where – Em qual(is) setor(es) organizacional(is) ela ocorre?
- Why – Qual é o motivo? Por que a mudança é necessária, ou seja, que problema ela resolve e que benefício traz consigo?
- Who – Quem é o responsável por conduzir a ação?
- How – Quais são os passos ou atividades principais da tarefa?
- How Much – Qual será o custo ou quanto de recursos será necessário para a melhoria?

Como resultados dessa etapa, surgem os relatórios 5W2H, que descrevem todas as tarefas a serem executadas de modo preciso e objetivo e que vão servir de insumo para a formulação de um plano de ação estruturado com o conjunto de todas as melhorias propostas. Essas ações de melhoria devem ter responsáveis que recebam recursos para viabilizar a realização da ação para o qual estão alocados. Há necessidade de gestão do andamento das ações que foram definidas para melhorar os processos, mas, principalmente, para não causas desmotivação. Esse acompanhamento deve considerar a importância de se ter ações em diferentes horizontes de tempo. Algumas devem gerar resultados de curto prazo para manter a motivação e outras devem ou podem ter horizontes de médio e longo prazos.

Os planos de curto prazo devem especificar claramente os responsáveis, os prazos, as metas e os custos visando à concepção de um documento formal que seja eficaz para exercer o controle da implantação das ações de melhorias propostas. Finalmente, conforme esses planos vão sendo implementados, os envolvidos retornam às suas atividades do dia-a-dia e asseguram que o novo processo continue a ser executado conforme projetado até que mais melhorias sejam necessárias – ou seja, até que sejam identificadas novas oportunidades de melhoria que impliquem na revisão do projeto ou do desenho do processo.

Novamente, e pela terceira vez, há necessidade de priorização. Os processos foram selecionados e priorizados, depois os problemas dos processos foram definidos e priorizados e, nesta tarefa, as soluções para os processos precisam ser priorizadas. Os critérios para a priorização das melhorias são o impacto no desempenho global da organização, duração estimada para implementação e necessidade de alocação de recursos (aqui entendidos como recursos físicos, financeiros e humanos).

A definição de soluções deve estar associada a uma cultura de constantes melhorias. A idéia da melhoria contínua ou discreto-contínua dos processos deve ser enraizada na cultura da organização, estando bem clara no pensamento de cada pessoa a importância da contínua observação das atribuições realizadas e da visão do modo como as atividades são executadas e se encadeiam para alcançar seus objetivos finais a partir de um conjunto inicial de insumos.

Nesse âmbito, o conceito que deve começar a emergir da metodologia é o da oportunidade de melhorias. A oportunidade de uma melhoria seria algo mais sutil e menos transparente do que um "típico problema", visto que, aparentemente, não proporciona uma sensação de desconforto ou instabilidade na organização. Por conseguinte, um dos esforços é justamente direcionado para essa mudança da cultura organizacional, que deveria adotar uma postura mais proativa. A essência desse novo modelo de trabalho se baseia na identificação periódica de novas oportunidades de melhorias, antecipando a implantação das soluções de problemas antes que eles ocorram.

Dessa forma, além de melhorias tangíveis e facilmente perceptíveis nos processos, a organização também se fortalece com o enraizamento dessa nova sistemática de operação baseada na melhoria contínua, resultante, justamente, do aprendizado da metodologia de trabalho proposta e da nova cultura organizacional difundida. Ou seja, a organização deve operar na lógica de melhorias permanentes, para não usar o termo contínua, que carrega consigo a noção de melhorias graduais ou incrementais.

O uso de matrizes 2 por 2 pode ajudar na priorização de soluções de forma articulada com os problemas. Na Figura 4.15 são apresentados critérios para identificar os problemas mais críticos e as soluções mais fáceis. O relacionamento entre problema e solução permite definir um modelo para a priorização e a seleção de soluções.

4.1.11 Definir práticas de gestão e execução dos processos

As soluções para os problemas dos processos exigem dois tipos de novas práticas. O primeiro tem impacto sobre a forma com que o funcionamento do processo é gerenciado e o segundo sobre a forma como o processo é executado. Essas práticas devem ser discutidas para serem posteriormente incorporadas aos modelos de processos da situação futura. A definição dessas práticas pode ser suportada pelo uso de modelos de referência que orientam tanto o modo como um processo pode ser gerido quanto como um processo pode ser executado.

Figura 4.15 Matriz de priorização de soluções

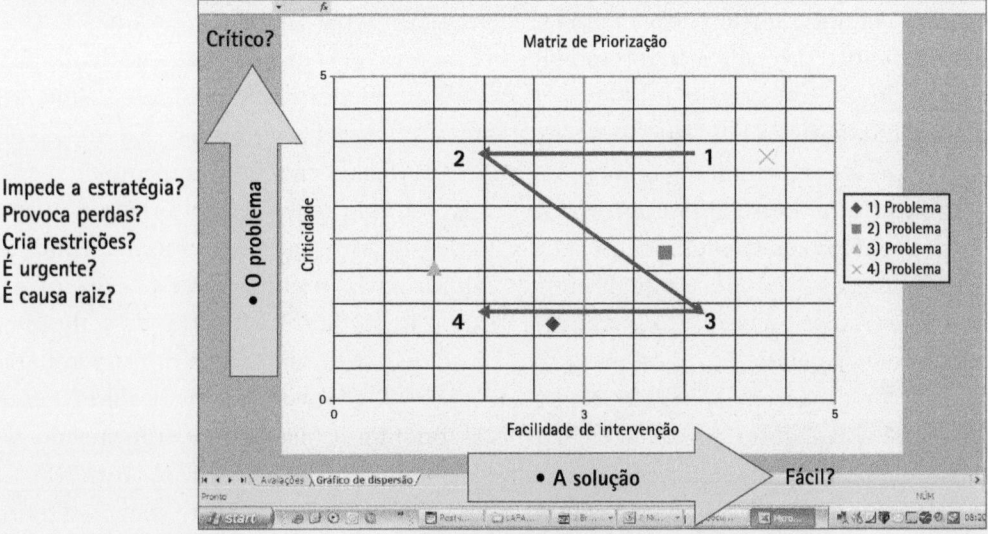

Impede a estratégia?
Provoca perdas?
Cria restrições?
É urgente?
É causa raiz?

Provoca pouca resistência à mudança?
Possui soluções simples de informatização?
Possui soluções de rápida implementacão?
Possui rapidez na obtenção de resultados?
Possui baixo custo?

Já foram identificados e classificados 30 diferentes modelos de referência[126]. Alguns deles estão orientados para auxiliar na definição de melhores práticas de gestão e execução, como: SCOR – Supply Chain Operation Reference Model e ITIL – Information Technology Infrastructure Library. Há outros modelos orientados especificamente para a definição da forma de execução de processos, tais como SAP R/3 Reference Models, Baan Reference Models.

Existem outros modelos de referência que podem ser úteis como apoio na definição de práticas de gestão e execução de processos. Alguns desses modelos tendem a ser mais genéricos e pouco detalhados a fim de serem aplicáveis a diferentes setores da economia; outros são aplicáveis para um segmento específico da economia. Dentre os modelos genéricos, se destacam o modelo da ISO e os Prêmios de Qualidade americano, europeu e brasileiro. O grau de detalhamento desses modelos freqüentemente não é suficiente para a definição da forma de execução de um processo, mas, por outro lado, permite a definição de requisitos que podem orientar o modo como os processos devem ser gerenciados. Modelos como o eSCM (Modelo de Capacitações para Prestação de Serviços Habilitados por tecnologia da informação) desenvolvido pela Carnegie Mellon University (CMU) são um pouco mais específicos, mas ainda assim têm um elevado grau de generalidade.

Os modelos se aproximam mais da orientação do modo de execução dos processos quando estão definidos para um setor específico da economia ou quando estão orientando um processo com características particulares. São exemplos desses modelos o próprio ITIL e o modelo eTOM, que possui melhores práticas para o setor de telecomunicações. O modelo SCOR, já mencionado, seria um exemplo de modelo de referência que mantém a generalidade para vários setores, mas tem características particulares de processos de logística da cadeia de suprimentos. Os modelos de referência da empresa alemã SAP lidam com a necessidade de processos genéricos e específicos pela criação de modelos variantes que incorporam características particulares de diferentes setores da economia, como, por exemplo, da indústria de energia, do governo e outras. O modelo CMMi (Modelo de Maturidade e Capacitações para processos de *software*) também está orientado para um tipo de processo específico. Nesse caso, o CMMi provê orientação sobre como gerenciar e executar o processo de desenvolvimento de sistemas de informação. O modelo com melhores práticas para a gestão de projetos, o PMBOK, é outro exemplo de melhores práticas para orientar a gestão de projetos e, neste caso, definem processos de gestão de projetos.

Uma melhor prática pode ser definida como uma maneira aceitável e costumeira de fazer alguma coisa que tem demonstrado melhoria significativa na linha de base de desempenho em termos de produtividade, custo, programação, qualidade, satisfação do usuário, ou previsibilidade[73].

Embora comumente utilizado, o adjetivo "melhor" pode ser mal entendido, pois depende do contexto no qual a prática está sendo implementada. Por exemplo, valor agregado é uma melhor prática para projetos para o trabalho de desenho e engenharia; em um ambiente operacional em que o planejamento é baseado no nível de esforço, valor agregado não é útil. "Aceitável e costumeira" sempre depende do contexto. Melhores práticas aceitáveis e costumeiras podem não ser aceitáveis num contexto comercial e talvez sejam ilegais em um contexto de contratos governamentais. Em contratos governamentais, a prioridade tende a ser a justiça e a eqüidade, mais do que a eficiência, devido à necessidade de se evitar a aparência de corrupção.

Os processos estão virando *commodities*, ou seja, as organizações estão cada vez mais gerenciando e padronizando seus processos[127]. Esses processos padronizados permitem, e ao mesmo tempo demandam, referências ou modelos que definam formas predefinidas de gestão e execução dos processos.

A Figura 4.16 identifica que os modelos de referência orientam o modo como os processos e o trabalho como um todo podem ser projetados ou prescritos. O trabalho e os processos reais serão executados conforme prescritos, e a prescrição pode incorporar melhores práticas de modelos de referência. A mesma figura demonstra que esses modelos podem estar em diferentes níveis de detalhamento. Alguns são mais agregados e, portanto, orientam de forma geral o trabalho, alguns são prescritivos e dão orientação específica sobre como os processos podem ser executados e alguns são ainda mais detalhados e servem como referenciais instrumentais para a execução dos processos.

A Figura 4.16 também destaca que, para serem implantados e virarem "realidade", os processos devem ser entendidos pelos envolvidos em sua gestão e execução. Essa afirmação permite definir que o projeto dos processos deve facilitar o entendimento dos processos por aqueles que serão responsáveis pela gestão e execução dos mesmos.

As principais fontes para a definição da forma de gestão e execução dos processos estão na experiência das pessoas envolvidas com os processos. Assim, a realização de reuniões e entrevistas com esses profissionais tem muita importância para esta tarefa.

O estudo de Mintzberg[83] sobre a natureza das práticas gerenciais defende que os processos, tais como descritos na década de 70, não se adequavam para descrever como a gestão deveria ser realizada[67]. As práticas gerenciais são entendidas como abertas e sem fim. Os processos gerenciais para Mintzberg seriam uma tarefa sem fim e sem marcos claros que poderia definir que uma meta ou objetivo foi alcançado ou concluído. Alguns autores refletem se assumir processos gerenciais pode ser um erro[83]. Para não criarem problemas, esse processos devem ser definidos, então, como um padrão mais flexível.

Figura 4.16 Modelos de referência, prescrição e execução do trabalho

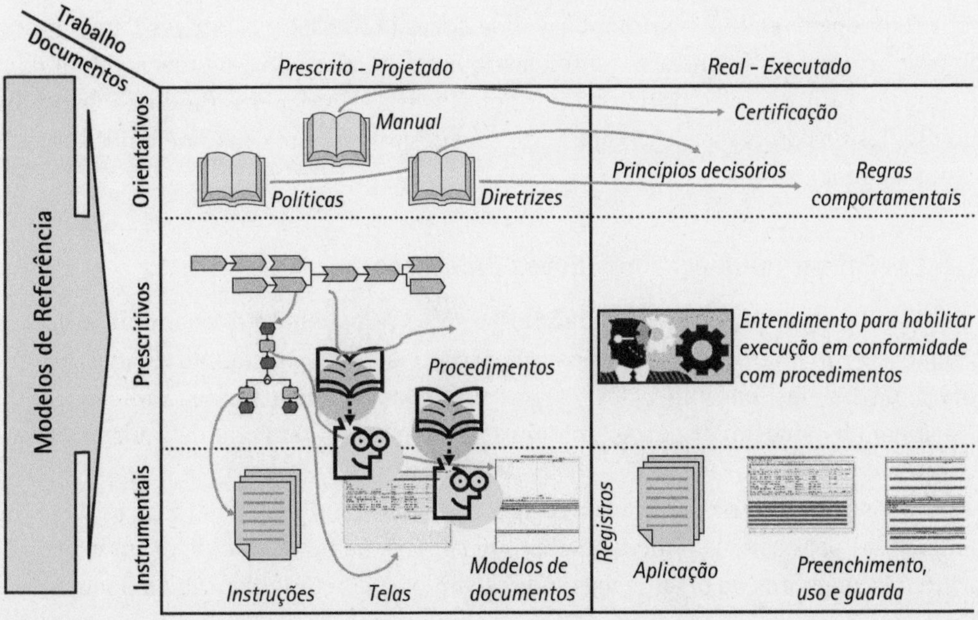

Por fim, cabe reforçar que esta tarefa será implementada e realizada na tarefa de promover o funcionamento dos processos. Logo, o objetivo aqui é criar uma referência para prescrever como os processos devem ser geridos e como devem ser executados. A efetivação da gestão e execução dos processos, porém, se dará no âmbito da tarefa de promover o funcionamento dos processos. Essas duas tarefas, se estiverem com bom desempenho, resultarão em uma boa avaliação do desempenho histórico dos processos, e, claro, o oposto também será verdade – se o projeto da gestão e a execução não estiverem bons ou se eles não estiverem funcionando na prática, a avaliação do desempenho indicará maus resultados.

4.1.12 Entender e modelar processos na situação futura

O redesenho de processos é o ponto central das aplicações da gestão de processos. Nesta tarefa, são incorporadas as definições sobre a forma de gestão e execução dos processos em modelos da situação futura. A questão central é documentar os modelos de processos que incorporaram soluções para os problemas da situação atual ou oportunidades que levam a melhorias e serão a referência para a implantação de mudanças que vão materializar a evolução da organização.

Há intenção de separar a formulação ou concepção das soluções, tratadas nas duas tarefas anteriores, da representação em modelos, que ocorre por meio do entendimento e da modelagem de novos processos que incorporam soluções dos problemas da situação atual.

Os modelos da situação futura devem, assim como os modelos da situação atual, ser validados. A validação pelos envolvidos na gestão e na execução dos processos contribuirá para facilitar a implantação dos novos processos e é, por si só, uma forma de treinamento das equipes. A definição do que será alterado da situação atual para a situação futura tem importância para clarificar as mudanças que impactaram os envolvidos nos processos. Essa definição está descrita na próxima tarefa necessária à gestão de processos.

4.1.13 Definir mudanças nos novos processos

Esta tarefa está associada à definição, ao esclarecimento e à comunicação das mudanças que foram realizadas nos processos. As alterações em atividades, tecnologias, papéis, responsabilidades, cargos, unidades organizacionais, indicadores de desempenho e quaisquer outras mudanças devem ser claramente definidas e comunicadas.

A comunicação da mudança à organização trata da difusão de todas as decisões deliberadas para os envolvidos, idealmente, através da promoção de eventos com os principais membros da organização, por exemplo. A disponibilização da documentação sobre o novo processo e o treinamento dos envolvidos no processo são formas de comunicação e divulgação das mudanças decorrentes do reprojeto dos processos.

A questão central está em deixar claro o que mudará nos processos e perceber que essas mudanças normalmente envolvem a alteração dos elementos que se conformam com ou que influenciam o modo como os processos são geridos e executados. Esses elementos a serem modificados impactam ou envolvem mudanças na seqüência de atividades e recursos, mas também freqüentemente mudam o projeto organizacional, os sistemas de informação, as formas de avaliação de desempenho, os conhecimentos e informações, as competências dos indivíduos e a estratégia e as formas de alocação dos recursos.

Os indicadores e suas conseqüências devem ficar claros; novas unidades organizacionais, cargos e responsabilidades devem ser divulgados; as mudanças nos sistemas de informação devem ser difundidas, novos conhecimentos, documentos e informações que são necessários aos novos processos devem ser definidos. O que se espera como capacidade de realização de atividades deve ficar claro por meio da definição das novas competências dos indivíduos. A forma como os novos processos sustentam ou suportam a estratégia organizacional também deve ser comunicada aos envolvidos, e as decisões sobre como alocar os recursos que darão suporte aos novos processos devem ser clarificadas.

4.1.14 Implantar novos processos

A implantação de processos associa-se à criação de um plano que disponibiliza os recursos necessários para que os novos processos comecem a ser implementados para, em seguida, serem gerenciados e executados conforme os modelos da situação futura. Assim, esta tarefa tem como objetivo a introdução dos meios que viabiliza a inserção das idéias e propostas nas práticas "reais" da organização. A delimitação está na preparação para a execução, ou, em outras palavras, na preparação da transição da situação atual para a situação do processo futuro. A execução dos novos processos começa somente na implementação dos processos. A questão central aqui é "preparar o terreno" por meio da disponibilização dos recursos que permitirão que os novos processos passem a ser executados. Esta é uma das tarefas mais difíceis.

É importante definir e efetivar uma estratégia de mudança para orientar a formação de grupos de implantação de novos processos. O estudo desenvolvido no projeto de reforma administrativa e gestão pública aplicado para a prefeitura de Florianópolis é um exemplo[128]. Ele seguiu o método de Beer, Eisenstat & Spectro (1990), no qual são propostos seis passos críticos para a promoção de mudanças[129].

O primeiro passo é assegurar o comprometimento, o segundo é conseguir compartilhar uma visão de futuro com os envolvidos, depois, o terceiro é promover consenso sobre essa nova visão. Como quarto passo, deixa-se que os envolvidos identifiquem as mudanças que desejam realizar e, como quinto passo, internalizam-se políticas, sistemas e estruturas formais que permitam que a mudança continue mesmo diante de mudanças nas pessoas. O sexto passo crítico envolve ajustar e monitorar as estratégias para responder a problemas que irão ocorrer durante a mudança. Esse último passo está associado à capacidade de aprender e de se adaptar ao ambiente competitivo. Os passos propostos pelos autores reforçam que promover mudanças envolve tarefas que vão além da tarefa de implantação dos novos processos. Por exemplo, a implementação e os ajustes de novos processos, assim como a promoção do aprendizado sobre os processos, são exemplos de tarefas que contribuem para a promoção de mudanças.

Os fatores culturais têm grande impacto na efetividade dos métodos de melhoria de processos. Esses fatores podem influenciar, e influenciam, o modo como os recursos necessários aos novos processos são implantados. São dados como exemplo casos em que a cultura prioriza o desempenho do grupo e casos em que a cultura está orientada para a hierarquia. Essas características culturais influenciam a melhoria de processos. As melhorias apresentam diferenças na França, na Alemanha e na Inglaterra[130]. Na França, a mudança dos processos geralmente parte do questionamento aos chefes, na Alemanha, a solução normalmente envolve a criação de procedimentos e, na Inglaterra, envolve a negociação com os envolvidos no processo. Entender essas características culturais das organizações e dos envolvidos na gestão e na execução dos processos é importante para facilitar a aceitação dos novos processos.

Maquiavel[131] já destacava a dificuldade de promover mudanças ao afirmar que não há nada mais difícil de manejar, mais perigoso conduzir, ou mais incerto de sucesso do que a introdução de uma nova ordem de coisas. Para o filósofo, o inovador tem contra si todos os que se beneficiam das antigas condições e tem apoio apenas tíbio dos que se beneficiarão com a nova ordem de coisas[72].

É de alta complexidade a tarefa de convencer todo um coletivo de indivíduos a acreditar nos benefícios da mudança e conseguir retirá-los de sua zona de conforto para uma nova lógica de atuação, com outros valores, propósitos, processos, sistemas, conhecimentos etc. Nesse sentido, existem oito erros mais comuns que podem causar o fracasso de um projeto de mudança organizacional – e os respectivos modos de evitá-los ou minimizá-los[132].

Para se evitar o primeiro erro, deve-se assegurar que uma parte relevante da organização tenha o real entendimento da necessidade da mudança que está por vir. Em segundo lugar, deve ser garantida a autonomia e a influência para o grupo responsável pela coordenação do processo de transformação. O terceiro erro pode ser evitado pela definição da estratégia de atuação e da visão de futuro almejada, e o quarto, por sua comunicação, de forma abrangente e expressiva, para a organização. O quinto erro pode ser evitado pela preocupação de que essa visão corresponda às expectativas e possibilidades viáveis da organização, não se constituindo em uma utopia, desacreditada pelos envolvidos.

Posteriormente, durante os processos de mudança, que tendem a ser longos e cansativos, devem ser tomadas ações para que não se incorra no sexto erro. Assim, as pessoas devem permanecer motivadas. Objetivos de longo prazo, por serem complicados de monitorar e difíceis de serem percebidos pelos profissionais, acabam não sendo eficazes para esse propósito. Faz-se fundamental, portanto, a definição de objetivos de curto prazo, que criam a percepção da agregação de valor que a mudança gerará.

O ponto a ser percebido é o monitoramento contínuo da implantação. Isso permite evitar o oitavo erro, com ações que visam a assegurar a continuidade da postura pró-mudança dos profissionais. Isso evita uma regressão do projeto e combate os obstáculos, entendidos como forças contrárias à mudança.

A tarefa de implantação dos novos processos envolve a realização de atividades associadas ao planejamento que, por sua vez, envolvem a estruturação e a implantação das ações de melhorias. Essa tarefa, portanto, objetiva a geração de um plano de ação que sirva de instrumento de gestão e de coordenação na implementação das melhorias propostas na organização. O plano de ação pode ser composto de um conjunto de subplanos de ação, explicitando responsáveis e resultados esperados.

A elaboração dos subplanos consiste no desdobramento e na consolidação das melhorias propostas em ações concretas a serem implementadas, levando-se em consideração prioridades e o alinhamento com os objetivos da organização. Cada ação de melhoria deve ser detalhada e conter informações necessárias para sua execução e acompanhamento. Nesse momento, pode ser necessário realizar a descrição da ação; a definição do responsável pela efetividade da ação; a estimativa da data de início e a duração; a estimativa dos recursos humanos a serem alocados, assim como sua carga de trabalho; a estimativa dos recursos físicos a serem alocados/ adquiridos; a estimativa dos custos envolvidos com a ação; os resultados esperados para a ação.

A formação de uma referência que oriente a implementação das ações de melhoria de processos e, principalmente, a capacidade de usar mecanismos gerenciais que promovam a efetiva implementação são os principais resultados esperados desta tarefa. Ou seja, espera-se que o plano seja colocado em prática para que os processos sejam efetivamente modificados.

Para algumas organizações, o modelo de gestão baseado em um plano de ação não deve ser tão formal e seguir lógicas rígidas de gestão de projetos. Embora tenha sido cuidadosamente planejado e formatado, o plano de ação não pode ser entendido como um contrato formal de trabalho entre os funcionários. Há necessidade de adaptação durante a implantação.

A sistemática de trabalho deve buscar o estabelecimento de uma pactuação entre as pessoas, conformando uma coalizão unida em prol da implantação dos novos processos. Assim, os participantes dessa coalizão devem estar realmente envolvidos com as questões sob sua responsabilidade e, conseqüentemente, preocupados com o cumprimento dos acordos pactuados.

A realização desta tarefa envolve as seguintes atividades de preparação do ambiente para a mudança e consiste na elaboração de um Plano de Implantação. Dentre elas se destacam a estruturação da mudança; a definição do escopo de mudança, a capacitação de pessoal, a mudança cultural e a definição do tempo para implantação de plano de mudança. A estruturação da mudança está associada a um entendimento e difusão do que está para acontecer. Embora esta atividade esteja sendo apresentada como pontual, a estruturação da mudança deve ser constantemente pensada e diluída ao longo de toda etapa de implantação da mudança e, muitas vezes, ao longo de todo o projeto. A idéia a ser compreendida é a criação na mente dos gestores da percepção do que está por vir, de forma a torná-los aptos a conduzir este difícil processo com maior agilidade e competência. Ainda deve ser considerado o estabelecimento de um contato com líderes que já conduziram processos de mudança em suas organizações visando a ampliar a visibilidade dos gestores.

O escopo de uma transição passa pelo planejamento da implantação, pela capacitação dos recursos humanos, pela aplicação da estratégia formulada, pelo desenvolvimento de projetos, planos definidos e sistemas de informação, pelo detalhamento e implantação do projeto organizacional e, também, pelo controle e avaliação da transição e de seus resultados. Para tanto, a implantação dos resultados deve ser realizada de forma coerente com as ações acima, e envolver a definição de grupos para implantação, responsáveis pela transformação organizacional. Essa fase de transição normalmente tem uma base participativa para facilitar a aceitação dos novos processos.

As soluções propostas criam uma boa demanda de capacitação da organização. Novas tarefas demandarão a formulação de programas de treinamento em conhecimentos, entendidos como mais críticos para a organização e suas unidades. Como exemplo, para colocar em prática a nova estrutura organizacional, pode ser necessária a definição de nomes de profissionais que atuarão em cada unidade, o detalhamento dos cargos e salários e a definição do custo total da nova estrutura. Outro exemplo seria manter ou rever os sistemas de informação já em implantação e adquirir ou desenvolver e implantar novos sistemas.

A mudança deve estar vinculada a uma transformação da cultura e do modelo organizacional vigentes. Para ilustrar esse tipo de mudança, pode ser necessário que a instituição valorize seus recursos humanos entendendo suas competências como recursos organizacionais. O desenvolvimento da visão interfuncional colaborativa entre os funcionários deve ser induzido, assim como um aumento de autonomia para a redução dos tempos de espera por aprovações verticais, sem deixar de lado os usuais controles necessários aos processos. Outro exemplo de mudança cultural pode ser o aumento da valorização da tecnologia da informação enquanto vetor importante para a integração organizacional.

A mudança cultural também pode ser influenciada pela mudança nas formas de avaliação de desempenho. Torna-se também importante uma busca contínua por medidas e indicadores, que viabilizem um aumento da dinamicidade e desempenho da organização, desenvolvendo sua capacidade de responder a estímulos internos e externos. Os indicadores podem favorecer ou dificultar uma maior integração e relacionamento harmônico dos responsáveis pelas atividades ao longo dos processos transversais.

Na implantação, normalmente surgem diversas possibilidades de escopo. Em muitos casos, é importante a realização de projetos pilotos, que podem ocorrer de forma paralela ou serial, cabendo aos gestores da mudança tomar as decisões necessárias para priorizar as ações a serem encaminhadas.

O projeto piloto consiste em determinar um processo e implantar nele as mudanças propostas. Dessa forma, possíveis problemas associados a essa fase poderão ser percebidos, analisados e combatidos de maneira mais eficiente, assim como novas oportunidades de desenvolvimento poderão ser identificadas. Nesse sentido, a organização adquire experiência no processo de implantação, tornando-se apta a replicá-la de modo muito mais rápido e efetivo, diminuindo progressivamente o tempo de implantação em cada processo. Além disso, a publicação dos primeiros resultados dos locais onde a transição fora efetuada potencializa a aceitação e a receptividade das pessoas à mudança, reduzindo a natural tolerância e a insegurança em relação a esse processo. Contudo, não se descartam os casos nos quais a metodologia de trabalho já possui uma considerável estabilidade, e a proposição de uma estratégia, que não utilize um projeto piloto, e abarque a organização como um todo desde o início, é possível.

A implantação da mudança passa ainda pela decisão quanto ao tempo de duração da transição, de forma que ela não acabe sendo muito rápida e, conseqüentemente, incipiente ou, por outro lado, que ela não se prolongue demais, se tornando dispendiosa e excessiva. Finalmente, deve-se levar em consideração o grau de ruptura que a mudança pretende provocar. Inicialmente, as organizações, que se propõem a passar por uma transição têm objetivos mais amplos do que pequenas melhorias incrementais, que podem ser alcançadas, por exemplo, com um programa de qualidade interno. Entretanto, deve-se ter sempre a preocupação de que grandes rupturas têm uma maior susceptibilidade ao fracasso em virtude da dificuldade de se quebrar, simultaneamente, múltiplos paradigmas existentes.

Por fim, a mudança só está completa quando os novos processos, conhecimentos, estruturas e instrumentos estão incorporados à cultura da organização. Isso não termina na implantação, e se estende para tarefas do grupo de gestão do dia-a-dia, em especial, para a tarefa de implementação de novos processos e mudanças e para a tarefa de ajustes dos processos. A conscientização de que os resultados obtidos foram conseguidos através dos esforços coletivos e da aceitação da mudança é importante para que as pessoas não voltem a agir como antes[132].

4.2 Agir: a gestão dos processos no dia-a-dia

Promover o funcionamento, ou gerenciar, envolve fazer com que o trabalho ocorra de maneira adequada ou como esperado e projetado[4,20,68]. Para esse fim, o gestor de processos precisa manejar ou lidar com o fluxo de objetos nos sistemas produtivos industriais ou de serviços e, basicamente, fazer o "bastão ser transferido" ao longo das etapas do processo no dia-a-dia da organização. Normalmente, as etapas são realizadas por diferentes unidades organizacionais. Esses objetos, ou, por analogia, "o bastão", são freqüentemente informações, materiais, equipamentos, capital, pessoas, idéias e conhecimentos que (para dificultar um pouco mais o papel do gestor de processos), em muitos casos, devem "andar em conjunto", de maneira articulada, sincronizada, integrada e coordenada, intra- e interorganizações. As passagens de bastão não ocorrem adequadamente nas organizações funcionais, pois existem vazios entre uma etapa e a seguinte.

> As estruturas hierárquicas, a burocratização e o modelo de divisões de trabalho foram adequadas a um período e paradigma gerencial, mas, no ambiente complexo apresentado pela economia presente, as organizações estão engessadas e perdem flexibilidade[75].

Com toda a demora associada à tradicional passagem de responsabilidade por cada departamento, a vantagem na inovação e o ganho pela oportunidade são limitados ou até mesmo perdidos. Assim, o gerenciamento de processos também possui papel importante na comunicação interna entre as diversas etapas que geralmente permeiam as atividades e processos.

As definições de processos já apresentadas permitem perceber que a gestão de processos também deve ser realizada no dia-a-dia. As práticas gerenciais que deixam claro a necessidade de se planejar a execução do processo, alocar recursos para as tarefas, supervisionar o andamento e controlar resultados podem ser sintetizadas como "fazer com que as atividades dos processos sejam realizadas"[4,68].

Nesse grupo, estão presentes as tarefas de implementar ou colocar em prática novos processos, promover a realização dos processos (que envolve planejamento, programação e alocação de recursos), acompanhar a execução dos processos, controlar a execução dos processos e realizar mudanças de curto prazo.

A "gestão no dia-a-dia (*on going*) dos processos que foram melhorados é tão problemática quanto a implementação de um projeto de melhoria de processos"[133]. A gestão no dia-a-dia dos processos que foram melhorados é o que sustenta a melhoria, e requer uma mudança no modelo mental e no comportamento dos executivos no longo prazo. Existem requisitos para a gestão de processos no dia-a-dia: um conjunto acordado de métricas de performance para ser usado no monitoramento do desempenho dos processos; a definição de um dono de processos que seja responsabilizado pela performance do processo e que, continuamente, tome ações para melhorá-lo; uma equipe transfuncional (*cross*) de alto desempenho para atuar na melhoria do desempenho do processo; uma clara responsabilização pela desempenho dos processos e seus subprocessos; um programa de treinamento executivo e gerencial na abordagem escolhida para melhoria de processos; e, por fim, a definição de incentivos viáveis e aderentes para promover e estimular o trabalho transfuncional[133].

4.2.1 Implementar novos processos e mudanças

A implementação de novos processos e das mudanças que caracterizam esses processos como novos pode ser conceituada como o início da execução dos processos, e equivale a uma "operação assistida". Nesta tarefa, todos os recursos necessários já estão disponíveis e tem início a nova forma de execução dos processos. A questão central desta tarefa não é a implantação dos meios para que seja possível executar os novos processos, e, sim, o início da utilização desses meios ou recursos nos novos processos.

A importância desta tarefa é ampliada uma vez que a tendência é haver dificuldades para a disponibilização dos recursos necessários aos novos processos. Normalmente, é difícil começar a execução dos novos processos conforme eles foram definidos ou projetados[4,8].

A tarefa transforma os processos da situação futura em situação atual. O grupo de tarefas de projeto ou desenho de processos transforma processos da situação atual em processos da situação futura. Na implementação dos processos de mudanças, a questão realmente é formar um ciclo no qual o processo recém projetado, ou da situação futura, seja colocado em prática, ou seja, passe a ser o processo da nova situação atual.

A implementação de processo "pode envolver o início da utilização de novas estruturas de governança ou organizacionais"[133]. A nova estrutura será comunicada na tarefa de implantação de mudanças, mas os envolvidos somente começam a exercer as atividades a eles atribuídas quando da implementação dos novos processos e mudanças.

A implementação envolve, por exemplo, colocar em vigência novas normas e procedimentos que impactam os processos. Na implantação, as equipes são treinadas para estarem aptas a realizar ou exercer as atividades previstas no novo procedimento. As equipes começam a trabalhar seguindo as orientações que estão definidas no novo normativo dos processos. Esta tarefa começa a mensurar os processos segundo os novos indicadores de desempenho e passa a utilizar novas tecnologias que dão suporte à gestão e à execução dos novos processos, como, por exemplo, novos sistemas de informação. Esses últimos foram implantados na última tarefa de projeto de novos processos, e as informações começam a ser lançadas nos novos sistemas na tarefa de implementação.

A tarefa de implementação de novos processos tem relação com a tarefa de realização de mudanças de curto prazo por dois motivos principais. O primeiro está associado ao fato de os novos processos serem um projeto ou modelo que, ao serem implementados, demandam alterações e ajustes para se adaptarem à realidade. O novo processo pode ter sido concebido de uma maneira que não estava aderente à realidade, e isso não foi identificado durante a realização das tarefas de projeto dos processos. O segundo está associado à própria dinâmica do ambiente das organizações. Um processo pode ter sido projetado ou desenhado de forma correta e alinhada ao ambiente da organização, mas, com o passar do tempo, o ambiente mudou e, como conseqüência, os novos processos passaram a demandar pequenos ajustes e adaptações.

Em síntese, esta tarefa deve colocar os novos processos em funcionamento com o suporte da organização. Novas atividades serão realizadas, dados sobre indicadores dos processos serão coletados, documentos normativos começarão a ser utilizados efetivamente, sistemas de informação serão alimentados, equipes e pessoas passarão a estar alocadas em novas atividades, novas responsabilidades passarão a valer, novas máquinas e novos espaços e arranjos fiscos entrarão em uso e, como conseqüência, os novos processos passarão a ser a nova realidade.

4.2.2 Promover a realização dos processos

Gerenciar a dinâmica de funcionamento dos processos explica o objetivo da tarefa de promoção da realização ou execução dos processos. Esta tarefa envolve, principalmente, a utilização das novas práticas de gestão. Fazer com que os fluxos de objetos passem a ocorrer ao longo da cadeia de atividades e recursos envolve ações de planejamento, programação e alocação de recursos necessários aos processos. Decisões sobre a gestão de demanda e a alocação de capacidade para o atendimento a essa demanda são necessárias nesta tarefa.

Promover a realização dos processos envolve a identificação de metas a serem alcançadas, a organização de atividades para alcançar essas metas, o monitoramento dos resultados das atividades para assegurar que elas atinjam as metas definidas e, ainda, o diagnóstico de problemas e sua resolução quando um resultado for inadequado. Nesta tarefa, contudo, a gestão está limitada a buscar fazer com que o processo seja executado conforme foi projetado. Assim, a tarefa se divide em três grupos: planejar, organizar e controlar os processos. O interesse principal está em usar metas e métricas para garantir que os processos funcionem como deveriam. Em outras palavras, os gestores são responsáveis por verificar se o trabalho foi feito nos processos que eles gerenciam. Essa perspectiva traz a gestão para o dia-a-dia.

O planejamento do processo tem relação com a determinação e a comunicação das metas e expectativas para os envolvidos nos processos. Também com o empenho em seguir planos e usar orçamentos para os processos e decidir como alocar recursos e pessoal para as atividades dos processos. Esta tarefa inclui apresentar aos executores do processo uma visão geral da cadeia de valor da organização e fazer com que os envolvidos entendam o contexto e as relações de um dado processo.

A gestão dos processos envolve reforçar a utilização dos novos procedimentos que orientam a execução dos processos e comunicar desvios identificados durante o acompanhamento e controle dos processos. Inclui, além disso, agir quando os processos não estão seguindo os padrões esperados, identificar quando será necessário promover pequenas mudanças de curto prazo e quando será necessário mudar a forma como o processo está concebido e projetado.

A gestão de processos transversais pode ser responsabilidade de uma unidade organizacional como objeto de atuação envolvendo a coordenação de todas as atividades de um processo. Nesse caso, essa unidade deve promover o funcionamento adequado dos processos. Alguns departamentos funcionais ficam responsáveis por processos que compõem a cadeia de valor. A diferença está na existência de um departamento para o processo como um todo, no qual o foco está em planejar e controlar os processos que, em conjunto, integram a cadeia de valor, e organizar o trabalho dos gerentes funcionais em uma equipe de gestão de processos. A equipe é liderada pelo gerente de processos. A gestão dos processos envolve monitorar a satisfação dos consumidores[4].

Sugere-se que seja verificado se há suporte para as atividades dos processos, se há padrões que orientem como os processos devem ser realizados e se os envolvidos no processo conhecem esses processos, têm os perfis, conhecimentos e capacidade necessários aos processos, se recebem *feedback* sobre a forma como estão desempenhando as atividades do processo e se os resultados e conseqüências dos processos estão sendo avaliados.

4.2.3 Acompanhar execução dos processos

Acompanhar ou monitorar a execução dos processos tem como objetivo identificar a trajetória de desempenho e tornar possível tanto a decisão de controlar o processo quanto a formação de um histórico de desempenho que permita melhor conhecer o processo.

O acompanhamento permite a monitoração do andamento do processo e a formação de uma trajetória de desempenho atue de forma corretiva ou preventiva, com ações para intervenção caso o processo indique a possibilidade de desvio dos limites de aceitação. Se os limites forem efetivamente rompidos, uma medida de controle deve ser introduzida. Se houver a indicação que o processo pode vir a sair de controle, haverá uma ação preventiva. Essas medidas de intervenção no processo estão definidas na próxima tarefa de controle de processos.

O acompanhamento pressupõe que, na tarefa de definição de mudanças nos processos, ainda no grupo de tarefas de projeto de processos, tenham sido definidos indicadores de desempenho a serem acompanhados durante a gestão do dia-a-dia. O uso de ferramentas informáticas facilita o monitoramento do desempenho. Essas ferramentas são úteis para a coleta de dados que possam gerar informações sobre a trajetória de desempenho dos processos. Acumular e registrar informações pode gerar um importante conhecimento sobre a organização.

O acompanhamento dos processos pode e deve ser feito de forma qualitativa e quantitativa. O acompanhamento qualitativo envolve o gerente em atividades que o permitem formar opinião sobre o desempenho do processo, muitas vezes por observação direta. O monitoramento quantitativo envolve a definição de indicadores mensuráveis numericamente para serem acompanhados. A Figura 4.20 identifica os vários pontos de medição de desempenho de um processo e também destaca que o acompanhamento permite identificar quando o processo está dentro ou fora dos limites de controle.

Sistemas de coleta automática de dados, associados a sistemas de execução de manufatura (MES – Manufacturing Execution Systems), podem automatizar o acompanhamento. Nesses casos, associar e integrar a coleta de dados com controle, mas, principalmente, com métodos para melhoria de processos amplia o benefício do acompanhamento do desempenho dos processos. A tarefa de comparação de desempenho externo ou interno pode utilizar os dados acumulados com o acompanhamento dos processos para facilitar a realização de *benchmarking*.

O acompanhamento tem ainda um papel importante na determinação da variabilidade do desempenho do processo. O entendimento da variabilidade possibilita, por sua vez, que seja melhorado o prometido com o desempenho do processo e, sobretudo, cria uma referência para a melhoria dos processos quando há intenção de reduzir a variabilidade do processo. Alguns autores defendem a idéia de promover melhorias nos processos que tenham como objetivo futuro chegar a níveis de variabilidade muito baixos, em que mais de 99,99966% do desempenho dos processos estejam dentro dos limites de controle. Esses autores e consultores usam métodos de melhoria como o seis sigma, por exemplo[134,135].

4.2.4 Controlar a execução dos processos

A intervenção para mudar a trajetória de desempenho pode ser definida como controle de processos. O processo pode ser executado ou por pessoal ou por sistemas, ou mesmo por máquinas, e pode demandar a intervenção com ações que visem a manter o processo dentro dos limites de controle. O controle de processos envolve monitorar os processos, reforçar o sucesso de práticas que mantêm ou melhoram o desempenho dos processos, evitar ou mesmo punir comportamentos que tiram os processos de seus limites de controles. O controle envolve, então, o diagnóstico de desvios e a tomada de ações de controle corretivo ou preventivo. A Figura 4.17 ilustra no gráfico indicado pela letra (a) quando o acompanhamento permite uma intervenção de controle preventivo nos casos nos quais houve a formação de uma tendência indicando o processo pode sair dos limites de controle. A mesma figura no gráfico indicado pela letra (b) ilustra que, em alguns casos, o limite de controle já foi ultrapassado e há necessidade de intervenção corretiva.

A gestão do dia-a-dia, em muitos casos, depende de ações corretivas em relação ao que foi planejado. Nesses casos, a questão central está associada à tomada de ações para, em primeiro lugar, colocar o processo dentro do planejamento, em se-

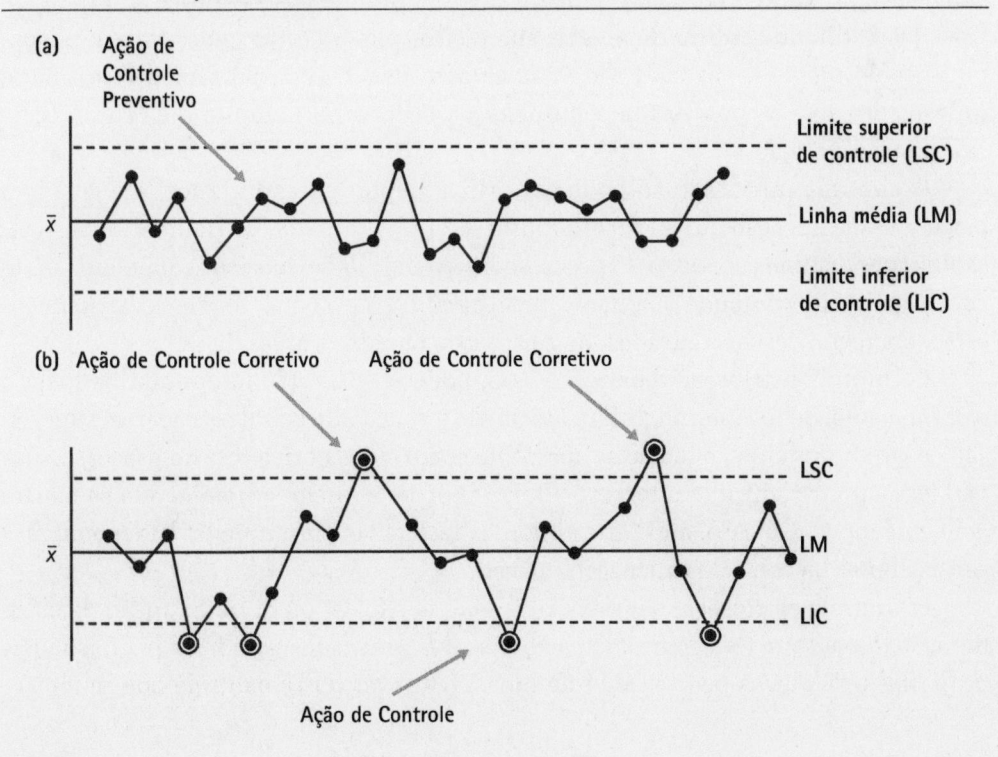

Figura 4.17 Gráfico de controle: exemplo de ações de controle corretivas e preventivas

gundo lugar alterar o que foi planejado se as variáveis de demanda e capacidade não puderem ser atendidas pelo que foi previamente planejado e, em terceiro e último lugar, tomar ações para rever como o processo está projetado. Todas essas ações corretivas, quando determinadas, devem ser acompanhadas até que sejam concluídas ou mesmo descontinuadas.

Controle pode ser definido como as iniciativas da organização para aumentar a probabilidade dos indivíduos se comportarem de modo que os objetivos da organização sejam alcançados[5]. Para complementar essa definição, há outras três principais vertentes das definições de controle: controle como a gestão da dependência entre recursos; controle como processos de *feedback* dinâmico que envolve o planejamento, a implementação, a monitoração e o reforço da regulação do fluxo de recursos; controle como uma categoria de práticas organizacionais com um conjunto único de características, como a ênfase em procedimento para controle do comportamento, definição de alvos na geração de resultados, controle das relações de socialização e melhoria do processo decisório dos indivíduos através do aumento de seus poderes.

O controle pode ser intrínseco, quando é parte inerente ao próprio processo, sendo executado ao longo e como elemento essencial de sua própria realização. Apresenta efeitos que se produzem antes da consumação do resultado final, evitando, assim, a geração de um produto indesejado. O controle também pode ser extrínseco, quando é realizado por intermédio de uma ação externa ao processo. Essa ação atua no sentido de atestar sua conformidade, mas tem reflexos e constatações *post factum*, ou seja, não evita a ocorrência do comportamento/resultado indesejado, apenas possibilita a punição de tal comportamento e a tentativa de evitar sua repetição.

O controle intrínseco só pode ser realizado por atores internos, e é gerado a partir da especificação do seu fluxo próprio de aprovação e da distribuição de responsabilidades distintas ao longo do processo. Esse controle intrínseco se preocupa tanto com a análise do conteúdo quanto de quem conduz o conteúdo, mas essas atribuições estão, em regra, desconcentradas, ou seja, são atribuídas a áreas distintas.

O controle extrínseco, por outro lado, pode ser exercido tanto interna quando externamente. Se for interno, estará associado à função de coordenação e de supervisão do gestor principal, que não se apresenta como etapa obrigatória do processo, mas que tem a prerrogativa de intervir e alterar as ações a qualquer tempo que se mostre conveniente. Nesse caso, auditorias internas realizadas por unidades independentes são exemplos de controle extrínseco interno.

O controle extrínseco externo é tipicamente realizado por uma função de auditorias externas, que tem como foco a análise dos resultados gerados à luz das metas propostas e de outros padrões de referência. É através desse controle que se mostra possível a identificação da aderência geral entre os esforços empregados e os resultados obtidos pela organização.

Os indicadores de desempenho e as técnicas de controle serão úteis e utilizados nesta tarefa. Dentre essas técnicas, se destacam o Controle Estatístico de Processos – CEP, os indicadores de desempenho e os sistemas para controle do fluxo do trabalho, como o *workflow*.

O controle estatístico de processos – CEP pode ser definido como uma ferramenta de análise de dados que consiste na aplicação de técnicas estatísticas para determinar se o resultado de um processo está em conformidade com o projeto do produto ou serviço. O CEP também pode ser entendido como uma disciplina de gestão de processos em que a estatística é utilizada para avaliar o seu desempenho e dar suporte para ações corretivas e de aprimoramento. O CEP tem como objetivos a prevenção contra a perda de qualidade e a busca permanente da melhoria[135,136].

4.2.5 Realizar mudanças e ajustes de curto prazo

A dinâmica de mudanças dos processos demanda que alterações de curto prazo sejam realizadas nos processos. Todo modelo é, por definição, incompleto por ser uma simplificação da realidade[11,94]. Há, então, a necessidade de realização de ajustes de curto prazo. Esses ajustes podem não mudar significativamente a forma como o projeto foi concebido ou desenhado, mas, em alguns casos, a necessidade de mudança pode envolver adaptações ou mesmo revisões de médio e longo prazos no projeto do processo.

Nos casos de mudanças de pequeno porte, os processos podem ser alterados pelos próprios envolvidos na gestão e na execução dos processos. Essas mudanças podem incluir, excluir ou somente alterar uma ou mais atividades do processo. Nos casos de mudanças significativas, pode ser necessário investigar a causa da baixa aderência do projeto do processo em relação à forma como o processo é realizado, e será necessário realizar tarefas que permitem redesenhar o processo.

A realização de mudanças de curto prazo pode demandar a identificação prévia das consequências da mudança em outras atividades integrantes do processo. Isso pode demandar negociação e coordenação com os demais envolvidos sobre o que deve ser mudado e se o ajuste será permanente ou se será temporário.

Adaptar os processos às mudanças que podem emergir mostra-se necessário. A gestão do dia-a-dia envolve entender os resultados dos processos com o auxílio de indicadores de desempenho e prover *feedback* para os envolvidos no processo. A metodologia proposta prevê que haja previsão para modificações no projeto do processo na fase de transição, se necessário, e durante a implementação do processo redesenhado.

As mudanças de curto prazo podem ser identificadas pelo *feedback* dos envolvidos no processo. A análise dos resultados gerados pelo processo, suportada pelo acompanhamento e pelo controle dos processos, pode determinar se as conseqüências estão alinhadas com o desempenho desejado. A mudança passa a ser constante e a ser a normalidade do ambiente. Isso implica capacidade de realizar também mudanças de pequeno porte.

A realização de ajustes é uma das tarefas necessária à gestão. Especificamente, as alterações nos processos podem envolver a alteração de regras, mudanças nos recursos contratados para executar os processos, a substituição de máquinas e outras ações possíveis[137]. É preciso ter flexibilidade para gerar adaptações nos processos que foram implantados. Como conseqüência, os processos precisam ser revistos depois de implantados[138,139].

4.3 Aprender: a promoção do aprendizado sobre processos

O acompanhamento e a formação do histórico de desempenho têm sido fortalecidos ao longo do tempo, mas já estavam presentes desde a administração científica, quando da observação do trabalho feita por Taylor, pelos Gilbreiths e por Barnes, e foram reforçadas pelas técnicas de controle estatístico de processos. Mais recentemente, com o avanço da tecnologia da informação e das técnicas de inteligência de negócio, houve maior disponibilidade de registro do desempenho histórico para análise, avaliação e aprendizado, de modo a orientar novos projetos de processos. Essa terceira função do gestor de processos está fundamentada no entendimento da trajetória da evolução do processo através de ações que aumentem a capacitação (*capability*) do processo. (Como já destacado, capacitação é entendida como a melhor relação entre prometer ou esperar um desempenho e conseguir entregar o que foi prometido ou acordado). Essa capacidade depende, basicamente, de se conseguir saber quais são as bases históricas do desempenho. Essa função tem sido suportada de forma significativa por sistemas de informação.

No grupo de tarefas de aprendizado, medir e registrar o desempenho, seja através do uso de indicadores de desempenho ou pela normatização de políticas, diretrizes, normas e procedimentos, possuem papel central. Práticas de *benchmarking*[140] também são importantes neste grupo. Registrar o desempenho, comparar o desempenho com referenciais externos e internos, registrar e controlar desvios, avaliar desempenho, registrar aprendizado são as principais tarefas deste grupo.

O objetivo mais importante da gestão de processos é aprender como entregar cada vez mais valor para os consumidores[8]. Arie De Geus afirma que aprender mais rápido que os concorrentes é a única forma de criar vantagens competitivas[8].

Gerir informações sobre os processos é de suma importância. Essa importância aumenta conforme a internalização da gestão dos processos ocorre no dia-a-dia das organizações. As informações sobre os processos estão relacionadas com os ciclos de aprendizado[141].

4.3.1 Registrar o desempenho dos processos ao longo do tempo

O aprendizado organizacional está associado à criação, à retenção e à transferência de conhecimentos[142]. O registro do desempenho dos processos está especificamente associado à retenção de conhecimentos por meio do acúmulo de dados e informações, como indicadores e documentos. Eles devem ser registrados em um banco de desempenho dos processos. Esse banco deve ter o histórico de desempenho e ser uma referência para decisões sobre manutenção ou melhoria da performance das atividades e recursos envolvidos nos processos.

A gestão de processos está relacionada ao registro de desempenho dos processos[3-5,7,8]. O registro de desempenho está relacionado ao acompanhamento do desempenho que ocorre na gestão do dia-a-dia. A diferença central está em acumular séries históricas longitudinais que permitam avaliar a trajetória de desempenho ao longo do tempo.

A definição de bases de desempenho de capacitações tem como objetivo permitir a análise dos dados de desempenho e, assim, orientar decisões. Essas bases de desempenho, se registradas e bem definidas, permitem predizer o desempenho, fazer estimativas acuradas e melhorar a qualidade. Uma base de capacitações estatística provê uma referência para a organização analisar quando os desvios de desempenho estão dentro de faixas esperadas ou se eles representam exceções que precisam ser investigadas e endereçadas. Isso provê à empresa a base para decidir como alocar recursos e fazer melhorias organizacionais.

A definição de bases de desempenho está relacionada aos objetivos organizacionais e, por tanto, depende das estratégias que orientam a atuação da organização e se desdobram sobre os processos. Novamente, técnicas de controle estatístico de processos serão úteis para a análise do desempenho registrado. A comparação estatística das bases de desempenho pode ser usada para *benchmarking* de processos.

O acúmulo de dados e informações sobre o desempenho dos processos também permite avaliar a efetividade de ações ou programas de melhoria de processos. A organização pode aprender sobre quais iniciativas são mais efetivas para melhorar o desempenho dos processos, mas para isso precisa ter como cultura o registro do desempenho histórico dos processos.

A tarefa de registro do desempenho de processos envolve selecionar indicadores de desempenho que possam mensurar a performance dos processos. Há casos nos quais há necessidade de registro do desempenho do processo como um todo, mas há situações nas quais somente alguns pontos críticos precisam de registro de desempenho. Os indicadores de desempenho não precisam controlar todas as partes do processo, mas devem ter atenção especial para o registro do desempenho do recurso gargalo e dos recursos que podem afetar o desempenho do gargalo e reduzir a taxa de saída do sistema (*throughput*)[143]. Para implantar essa idéia, um conjunto de bases de desempenho pode cobrir uma capacitação organizacional como um todo, mas pode também ser feito sobre bases de desempenho individuais, do compromisso (*engagement*), do projeto ou de outro nível de detalhe[73].

As bases de desempenho das capacitações organizacionais podem incluir indicadores de diferentes naturezas, mas devem priorizar as métricas baseadas na garantia e na promoção do fluxo ao longo das atividades dos processos. Isso envolve indicadores para cobrir responsabilidades globais e para mensurar o desempenho local no âmbito de cada tarefa. Articular e balancear os indicadores a serem registrados é de grande importância[47].

Criar e manter essas bases de desempenho também envolve identificar as métricas de desempenho a serem utilizadas nas bases de desempenho, coletar dados de desempenho para as métricas identificadas e analisar as métricas de desempenho para determinar que desempenho pode ser esperado dos processos. A análise de desempenho pode ser auxiliada por gráficos de controle. Essa tarefa deve rever periodicamente dados das métricas de desempenho e alterar as bases de desempenho das capacitações quando necessário.

Por fim, deve-se considerar que os indicadores a serem registrados para medir o desempenho dos processos foram definidos no grupo de tarefas de projeto de processos por meio da tarefa de definição de práticas de gestão (e execução) dos novos processos. Esses indicadores devem ficar claramente definidos pela tarefa de definição das mudanças dos novos processos. Os meios que possibilitam que os indicadores sejam coletados e registrados devem ser disponibilizados na implantação dos novos processos. A coleta efetiva dos indicadores ocorrerá durante a gestão do dia-a-dia, na tarefa de acompanhamento do desempenho dos processos. Assim, esta tarefa tem relação com o grupo de tarefas de projeto de processos e de gestão de processos no dia-a-dia.

4.3.2 Realizar *benchmarking* com referenciais externos e internos

O *benchmarking*, ou a comparação de desempenho com referenciais externos e internos, surgiu de forma intensa na década de 1960 como parte das ações de planejamento estratégico das organizações. Sua aplicação passa, em essência, pela comparação de indicadores de desempenho e de processos entre organizações com processos de natureza semelhante.

O conceito de *benchmarking* envolve a determinação de metas comparáveis e o entendimento de como as empresas homólogas alcançam essas metas através do entendimento de seus processos. Como desdobramento desse conceito, reafirma-se que o *benchmarking* está baseado em dois pilares: comparação de indicadores, para verificar o alcance das metas estabelecidas, e comparação de processos, para verificar como as organizações homólogas alcançam essas metas. Atualmente, o uso de modelos de referência tem sido ampliado e a melhoria de processos tem sido apoiada pela utilização de melhores práticas, que estão embarcadas nesses modelos, que podem ser entendidos como modelos para a elaboração de modelos[144].

Dentre as diversas abordagens de *benchmarking*[145], a mais completa é a que descreve esse processo como sendo uma avaliação contínua das operações correntes na respectiva unidade de negócios; a ela segue-se uma comparação com as práticas vigentes nas empresas consideradas detentoras dos melhores processos e a conseqüente aplicação do conhecimento assimilado para o delineamento de planos, visando a atingir o nível de excelência praticado por essas empresas consideradas como líderes.

O *benchmark* do desempenho organizacional está também associado à identificação oportunidades de melhoria. O *benchmark* das práticas organizacionais usa as melhores práticas dos modelos de referência, dos competidores ou dos líderes da indústria para identificar oportunidades de melhoria. A comparação e a análise de desempenho são uma base para decidir como alocar recursos para fazer melhorias organizacionais.

Há três tipos diferentes de *benchmarking* que são comumente utilizados pelas organizações para melhorar o desempenho. O primeiro tipo mede o desempenho dos processos da organização em comparação com as métricas de desempenho das melhores práticas da indústria. Esse tipo de *benchmarking* é utilizado para determinar diferenças quantificáveis no desempenho – quando a diferença importa.

O segundo tipo compara os processos da organização às melhores práticas da indústria para identificar práticas que levam a um desempenho superior[140]. Ele é utilizado para se atingir um desempenho superior.

O terceiro tipo de *benchmarking* compara o desempenho dos processos da organização em relação a padrões ou modelos. Ele é utilizado pela organização para determinar que processos precisam ser definidos ou melhorados para se atingir desempenho superior.

Os dados de desempenho podem variar amplamente, já que duas situações nunca são exatamente iguais. Entender essa variabilidade e responder por ela de forma metodológica e sistemática é a chave para uma justa e repetitiva abordagem de *benchmarking*. Por essa razão, o plano de *benchmarking* não pode somente identificar os atributos a serem mensurados e as fontes de dados para comparação; também deve identificar os fatores que influenciam os atributos. Fatores como tamanho, complexidade e confiabilidade requeridos de um processo podem afetar substancialmente os atributos identificados. A influência dos fatores será usada no estabelecimento de mecanismos para ajustar ou normalizar dados para se comparar, de maneira mais justa, os processos em relação às melhores práticas e estabelecer expectativas realistas para melhorias.

O *benchmarking* envolve a coleta de dados internos sobre os processos da organização para a comparação dos melhores desempenhos. Esses dados usualmente estão em uma base de desempenho que contém os dados de desempenho necessários. Especial atenção deve ser dada à qualidade dos dados externos. A seleção é feita por meio da verificação das metodologias de coleta de dados (consistência), dados do ambiente que estão disponíveis para caracterizar os dados do atributo do desempenho desejado, atualidade dos dados, fontes de dados (por exemplo, tipos de provedores de serviços dos quais os dados foram obtidos: externos, internos ou primeira camada, segunda camada).

Ao comparar o desempenho dos processos da organização com as melhores práticas, identificando problemas no desempenho, a organização deve considerar o registro do desempenho dos processos com o uso de técnicas de controle de processos. Mas, mesmo que a organização tenha habilidade para comparar estatisticamente os processos organizacionais em relação às melhores práticas, comparações estatísticas ou quantitativas não são sempre necessárias.

4.3.3 Registrar e controlar desvios de desempenho significativos

Aprender sobre as causas que geram desvios significativos envolve o registro e o controle dos processos. Esta tarefa tem atenção especial para os desvios de impacto significativo, ou seja, para aqueles que alteraram de forma considerável o desempenho dos processos. A questão então não está em registrar, nesta tarefa, os desvios de pequena variabilidade ou variância, mas, sim, os eventos que modificam o curso usual dos fluxos nos processos.

É de grande importância conhecer os eventos que influenciam dos processos. O termo "evento" serve para destacar que há casos nos quais há ruptura com o desenrolar regular dos fenômenos para os quais se dá importância. O tratamento dos eventos pode ser base para a eficiência produtiva dos sistemas integrados e flexíveis ainda associados à qualidade e à agilidade das interfaces entre as atividades dos processos[7].

Mudanças significativas podem ter origem no ambiente externo no qual a organização está inserida e que, conseqüentemente, impacta os processos. Para exemplificar, mudanças na regulamentação dos negócios, nos requerimentos de auditoria etc. criam uma necessidade de processos móveis ou com capacidade intrínseca de mudar. A organização deve ter uma tarefa para aprender e registrar quando os processos estão demandando mudanças significativas. Mais do que isso, há necessidade de entender por que essa mudança é necessária e qual a causa da mudança. Uma vez identificadas as causas, elas devem ser registradas e ações de controle devem ser realizadas. Essas ações de controle, em função do porte do impacto nos processos, geralmente demandam a revisão do projeto do processo.

Isso indica uma importante distinção entre o controle do dia-a-dia e o controle desta tarefa. O controle desta tarefa, na maioria dos casos, tende a rever a forma como o processo está projetado. O controle no dia-a-dia tende a realizar mudanças de pequeno impacto.

A metodologia de Rummler e Brache propõe que o ambiente de negócio da organização seja monitorado para que possam ser identificadas oportunidades e ameaças que demandem revisão dos processos. Essa necessidade de identificação dos desvios de impacto originados no meio externo à organização implica na relação dessa tarefa com a tarefa de entendimento do ambiente externo e interno da organização. O aprendizado organizacional depende, então, da relação entre as tarefas de natureza estratégica e as tarefas de entendimento e registro de desvios de desempenho significativos e a conseqüente tomada de decisão sobre mudanças nos processos.

4.3.4 Avaliar a trajetória de desempenho dos processos

O registro do desempenho, a comparação com referenciais internos e externos e a identificação das causas de impactos significativos sobre os processos criam, em conjunto, uma base para julgar a trajetória de desempenho e, assim, avaliar os processos. A avaliação de desempenho está associada ao aprendizado sobre os processos por ter como objetivo a criação de conhecimento sobre o que pode ser esperado e o que não pode ser esperado como desempenho dos processos. A questão central não está na criação ou na coleta de indicadores, mas, sim, na análise dessas métricas de desempenho de modo que seja possível formar uma síntese e, assim, predizer o desempenho dos processos.

A avaliação de desempenho tem como objetivo analisar se um processo pode ter seus limites de desempenho reduzidos, mantidos ou mesmo ampliados. A verificação, quando há necessidade de promover melhorias no processo devido à constante demanda do desempenho por ações preventivas, é um exemplo de atividade de avaliação. Nesse caso, há recorrente necessidade de intervenções gerenciais para evitar que o processo saia dos limites de controle. A avaliação poderia indicar um caso pior, no qual as ações de intervenção freqüentemente são corretivas.

A avaliação também pode determinar quando é necessário ou possível reduzir os limites de controle. Isso ocorre quando o desempenho do processo está freqüentemente distante, mas dentro das fronteiras que delimitam a boa ou má performance do processo. Nesses casos, a menor variabilidade do processo indica que os limites de controle podem ser reduzidos. A Figura 4.18 ilustra que a avaliação da trajetória de desempenho do processo pode verificar que, em fases iniciais, o processo está com causas atuantes que sustentam problemas e provocam imprevisibilidade dos resultados dos processos. Nesses casos, os limites de controle não são respeitados e a variabilidade dos processos é alta. No segundo momento, as causas dos problemas são eliminadas e os processos passam a ter um comportamento previsível e padronizado, mas a variabilidade ainda é alta. No terceiro momento, depois de novas ações de melhoria, o processo passa a ter resultados ainda mais padronizados, o que pode permitir o julgamento sobre a possibilidade de criar novos limites de controle.

A avaliação quantitativa ou qualitativa com freqüência tem relação com a gestão de processos. Muitos autores[3-8,11] defendem a necessidade de avaliação do desempenho de processos como tarefa para a gestão de processos.

A avaliação do desempenho pode ser bastante auxiliada por metodologias de avaliação da maturidade e da capacitação ou capabilidade dos processos. No caso da maturidade, o ponto central será a organização aprender como criar uma trajetória para a melhoria do desempenho do processo. As capacitações dos processos permitem prever o desempenho dos processos.

Figura 4.18 Avaliação da trajetória de desempenho do processo ao longo de ações de melhoria[146]

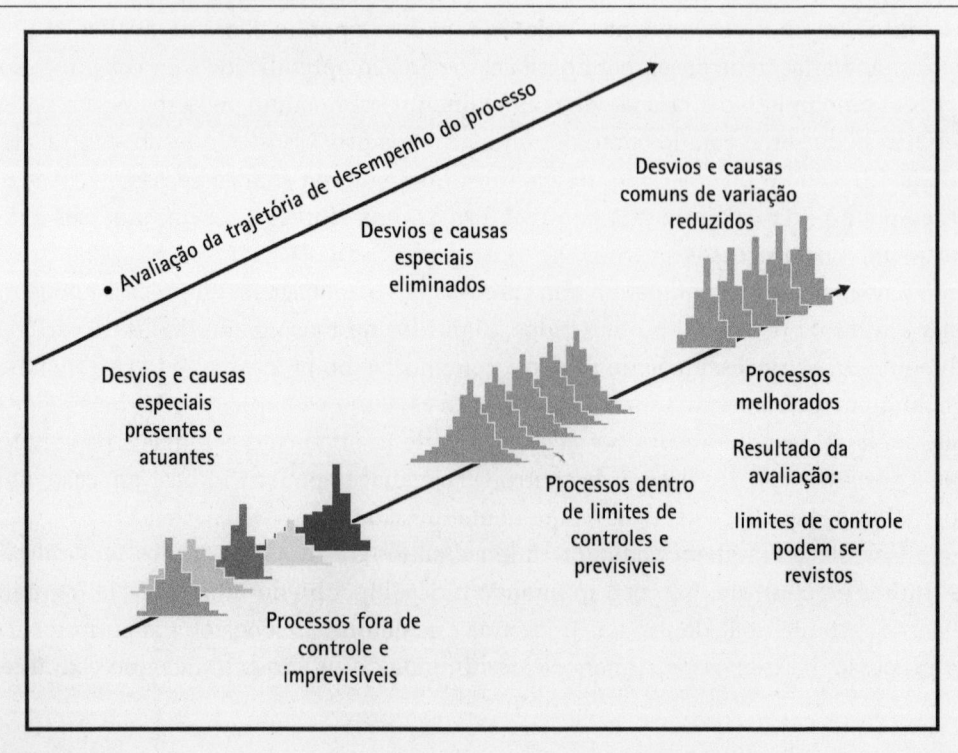

A Figura 4.19 combina os conceitos de capacitações e maturidade de processos. A baixa maturidade indica que os processos não têm padrões definidos para serem realizados. Dessa forma, não há como assegurar que eles sejam capazes de entregar o que se espera. No segundo nível de maturidade, os processos começam a ter um padrão para execução e poucos instrumentos gerenciais associados, mas todos tendem a ser informais. A padronização está registrada na experiência dos envolvidos nos processos. No terceiro nível de maturidade, os processos estão padronizados e documentados formalmente. Há normas, procedimentos, políticas e outros instrumentos para prescrever e definir o que se deve fazer para executar o processo. Nesse nível, espera-se um pequeno aumento nas capacitações dos processos, pois há definições e prescrições sobre como realizar os processos, mas ainda não há, necessariamente, práticas gerenciais para promover o modo com que esses padrões normativos serão seguidos. No quarto nível de maturidade, há práticas gerenciais para fazer com que os processos sejam realizados conforme o definido, ou, em outras palavras, há ações gerenciais que visam a utilizar a prescrição do trabalho e todos os seus instrumentos de apoio (como sistemas de informação etc.)

Figura 4.19 Combinação dos conceitos de maturidade e capacitações de processos[146],*

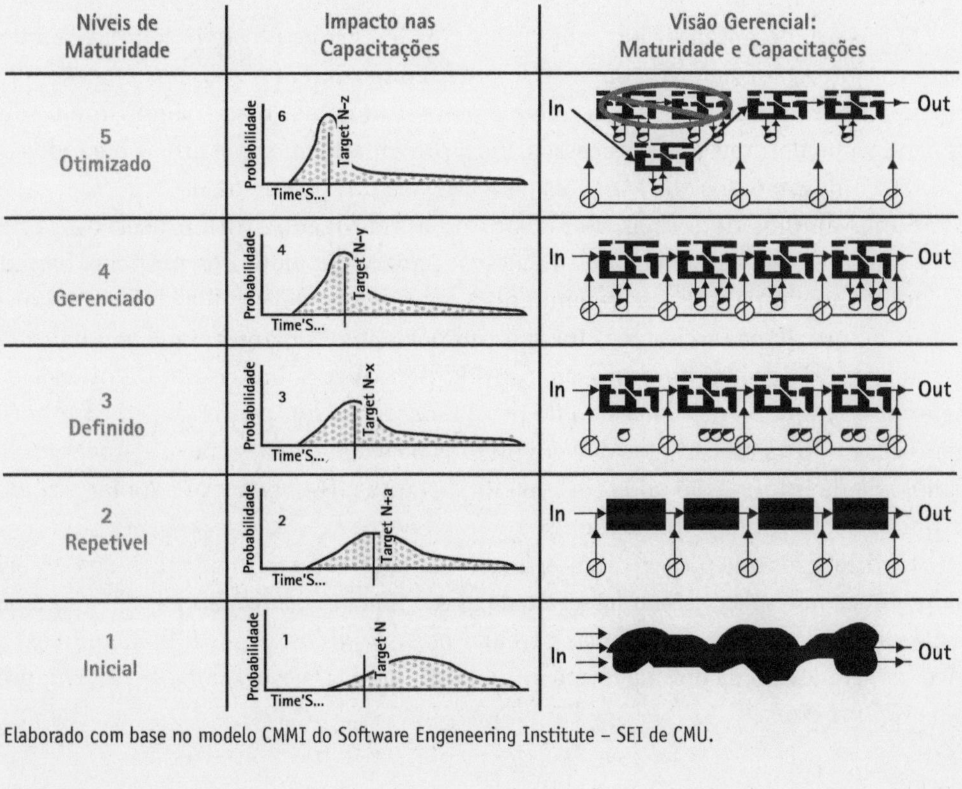

Níveis de Maturidade	Impacto nas Capacitações	Visão Gerencial: Maturidade e Capacitações
5 Otimizado		
4 Gerenciado		
3 Definido		
2 Repetível		
1 Inicial		

* Elaborado com base no modelo CMMI do Software Engeneering Institute – SEI de CMU.

e gerenciar os processos para que sejam entregues ou executados de acordo com o que se espera ou com o que foi acordado. Nesse caso, o nível de capacitações aumenta e a probabilidade de o processo estar próximo do alvo de desempenho esperado aumenta significativamente. No quarto nível, a questão central é ter e seguir práticas e normas para além daquelas que prescrevem a execução dos processos. Passa a ser diferencial ter práticas gerenciais que promovam o funcionamento dos processos da melhor forma possível.

A Figura 4.19 indica que o alvo de desempenho ou o desempenho previsto pode ser gradativamente melhorado conforme a maturidade dos processos aumenta. Isso equivale a dizer que o aumento da maturidade do processo contribui para o aumento das previsibilidades das capacitações dos processos. No último nível de maturidade, têm lugar ações de melhoria que redesenham o projeto do processo e, dessa forma, tanto aumenta a maturidade quanto impactam positivamente as capacitações dos processos.

A avaliação da trajetória da maturidade e das capacitações dos processos deve ser realizada no âmbito desta tarefa. Como conseqüência, podem ser definidos programas de melhoria, formados grupos para aprimorar processos e outras ações que dependem de tarefas que estão no grupo de projeto ou desenho dos processos.

4.3.5 Registrar o conhecimento criado sobre os processos

O registro do aprendizado sobre processos tem como objetivo definir e manter um "espaço" organizacional com os diferentes conhecimentos sobre os processos da organização. Em uma analogia, a tarefa é manter uma biblioteca que guarde os documentos que descrevem os processos, mas, principalmente, que armazene todos os tipos de conhecimentos que são úteis para a gestão dos processos.

São exemplos de formas de registro do aprendizado sobre processos a criação e manutenção de bancos de processos, bancos de melhores práticas, bancos de indicadores e painéis de desempenho, bibliotecas de técnicas e ferramentas, bancos de problemas e soluções, bancos do normativo organizacional e bancos de metodologia de gestão de processos. Ainda literatura sobre gestão de processos, material de treinamento de gestão de processos, relatórios de projetos de melhoria de processos, lista de contatos dos envolvidos na execução e gestão de processos. A tecnologia da informação pode ser uma importante ferramenta para apoiar a coleta de informações sobre os processos.

Há diretrizes que podem orientar a internalização da gestão de processos[8]. A primeira indica que seja criada uma forma de aprendizado organizacional sobre a gestão de processos para informar, educar e treinar os envolvidos. O portfólio de processos deve ser gerenciado da mesma forma que o portfólio de investimentos de uma empresa de *venture capital*.

A criação de uma base de conhecimentos pode servir como uma fundação para permitir o crescimento da gestão de processos na organização. O objetivo é conseguir duas alavancagens. A primeira visa a obter benefícios imediatos com a gestão de processos e a segunda a manter uma base para a melhoria ou mudança contínua e a suportar a inovação.

As bases de conhecimento da organização devem ser organizadas em torno dos processos. Os sistemas de gestão de conhecimento têm por objetivo capturar o conhecimento usado para realizar as atividades da organização. A base de conhecimento deve ser organizada em torno dos processos como forma de integrar e organizar os esforços de tecnologia da informação e de recursos humanos. Materiais de treinamento, descrição de cargos, diagramas de bases de dados, políticas organizacionais, modelos que explicitam a relação entre a arquitetura de processos, de sistemas e de competências são exemplos de conhecimentos que podem ser gerados e registrados como aprendizado sobre os processos da organização.

O registro de lições aprendidas é uma importante capacitação para a promoção de melhorias[73]. O uso das lições aprendidas das experiências atuais e passadas tem como objetivo fazer melhorias nos processos atuais e futuros. A análise e o uso dos conhecimentos obtidos em experiências passadas e atuais possibilitam à organização reutilizar suas próprias melhores práticas para responder aos problemas ocorridos e para melhorar o desempenho global dos processos atuais ou futuros.

As lições aprendidas podem ser geradas pela análise e pela coleta de conhecimento dos processos. Um exemplo importante envolve a utilização ou reutilização de um modelo de documento que dê apoio à execução do processo, ou então a identificação de que esse documento precisa passar por melhorias para que o processo seja aprimorado. A realização de reuniões para avaliar o desempenho do processo normalmente gera um registro do que poderia ter sido feito para aprimorar esses processos. Esse registro pode ser armazenado como forma de promover o aprendizado organizacional sobre processos.

Os problemas, suas causas e soluções que suportam o ciclo de melhoria de processos são um importante tipo de conhecimento sobre os processos. A documentação sobre os problemas e suas causas faz parte desta tarefa. O registro de previsões de problemas que podem precisar ser corrigidos é tipicamente feito pela revisão de problemas conhecidos que não estão sendo prevenidos (por exemplo, porque os custos de prevenção ultrapassam os benefícios). Planos de gestão de risco também identificam problemas potenciais e podem ser outro exemplo de conhecimento a ser registrado.

Classificar os problemas identificados com base na análise da probabilidade dos impactos e determinar possíveis respostas e correções para os problemas identificados também resulta em conhecimentos sobre os processos. As bases de conhecimentos sobre os processos podem ser mantidas em localizações acessíveis, mas, por outro lado, devem ser protegidas, porque têm importância e, certamente, guardam material sigiloso e com propriedade intelectual.

Por exemplo, se há um conjunto predefinido de ações que pode ser utilizado como base para responder aos problemas já conhecidos, essas ações devem estar disponíveis para os envolvidos na gestão e execução do processo. Pode haver casos nos quais um problema não tem um conjunto de ações que estão predefinidas e documentadas. Nesses casos, a organização tipicamente resolverá problemas na base do melhor esforço possível e depois atualizar o conjunto de ações para responder ao problema. Quando a causa do problema for identificada, a base de conhecimentos sobre os processos deve ser atualizada. A criação de uma base de conhecimento sobre os processos permite analisar a aplicabilidade do conhecimento para outras partes da organização ou dos processos.

Novamente se reforça a importância de gerenciar as informações sobre os processos. Definir o que são informações sobre o processo é difícil, mas há necessidade de se registrar métricas e idéias sobre os processos. Esses dois tipos de informação estão associados aos dois tipos de aprendizado propostos por Argyris & Schön. O ciclo simples de aprendizado pode ser chamado "ciclo de desempenho" e o ciclo duplo de aprendizado pode ser chamado de "ciclo de relevância"[147]. No primeiro, há monitoramento do desempenho do dia-a-dia no âmbito de uma atividade, resolução de pequenos problemas de parte do processo e acompanhamento e formação de tendências sobre os processos. No ciclo de relevância, os processos como um todo devem ser adaptados ao ambiente, objetivos de desempenho devem ser definidos e níveis de mudanças necessários verificados.

Informações úteis para o ciclo duplo de aprendizado são mais freqüentes em empresas que buscam realizar iniciativas de melhoria de processos amplos e multifuncionais, ou processos transversais como um todo, como em iniciativas de inovação ou reengenharia. O aprendizado decorrente do uso de informações de ciclo duplo é tipicamente usado no desenho de novos processos, e essas informações podem ser coletadas e armazenadas a partir de iniciativas de *benchmarking*, entrevistas com consumidores e *brainstorming*. As informações de ciclo duplo de aprendizado são mais difíceis de gerenciar. Elas tendem a vir de diferentes fontes, formas, níveis de exatidão e graus de estruturação. Capacidade de síntese e criatividade são necessários para interpretar tais informações e convertê-las em aprendizado útil para os processos. A estratégia organizacional, as abordagens dos concorrentes e os *benchmark*s são exemplos dessas informações que devem ser conhecidas para promover aprendizado de ciclo duplo.

Conforme a gestão dos processos avança para o dia-a-dia das organizações, mais se faz necessário gerenciar as informações sobre os processos. Em síntese, esta tarefa pode ser entendida como a guardiã da memória organizacional sobre os processos para suportar e sustentar o crescimento da gestão de processos.

4.4 Ciclos de aprendizado entre os grupos de tarefas

Os grupos formam ciclos de aprendizado entre si. De modo geral, há pequenos ciclos de aprendizado entre as tarefas, mas o grupo de aprendizado sobre processos forma um ciclo (*looping*) simples de aprendizado com a gestão do dia-a-dia e um ciclo duplo de aprendizado com o desenho de processo.

Isso se sustenta no modelo de ciclo simples e duplo de aprendizado de Argyris & Schön, visto que, no ciclo simples, não há mudanças significativas entre as políticas e normas que definem as variáveis que governam os modelos mentais sobre a gestão de processos. Ou seja, a concepção básica do processo não muda, mas, no ciclo duplo, as políticas, normas, valores e objetivos organizacionais serão alterados. A Figura 4.20 apresenta o modelo original de Argyris & Schön e a adaptação para as tarefas necessárias à gestão de processos.

Esse argumento é reforçado pela já discutida adaptação sobre os ciclos de performance e ciclo de relevância, como referências ao ciclo simples e duplo de aprendizado, respectivamente. Isso reforça a validade da idéia e permite afirmar que as dificuldades de implantação de processos está associada tanto à dificuldade de se mudar as variáveis que governam os modelos mentais dos envolvidos na gestão e execução dos processos como à dificuldade de se coletar e registrar informações para sustentar ou defender a necessidade de aprendizados de ciclo duplo ou relevantes. Os autores dão como exemplo de ações para coletar informações de ciclo duplo de aprendizado iniciativas como tornar amplamente público o desem-

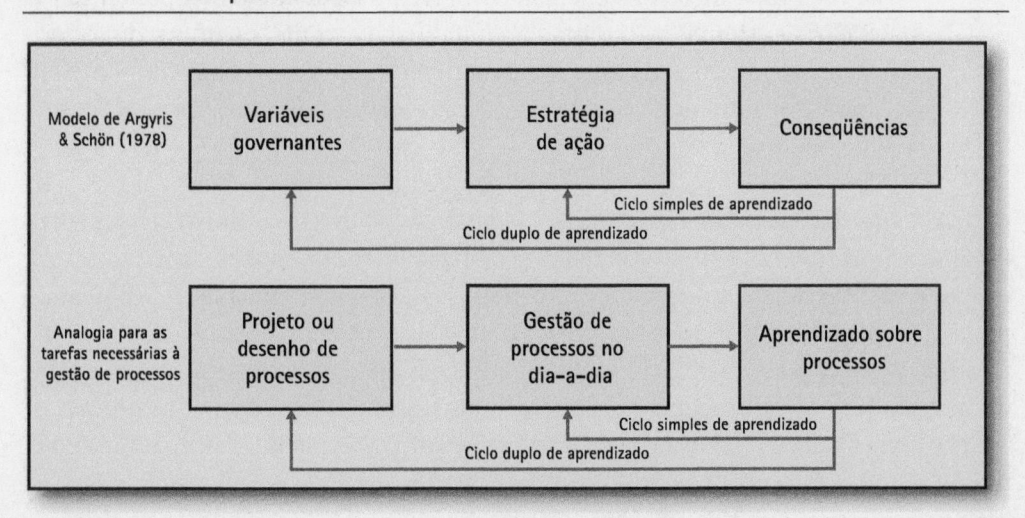

Figura 4.20 Ciclos de aprendizado e as tarefas necessárias à gestão de processos

penho dos processos, criar grupos de foco para explicar a opinião de consumidores, comparar desempenho por *benchmarking*, escutar reclamações de clientes, ter mecanismos para receber *feedback* dos clientes e pesquisar as causas de conflitos com clientes.

O argumento também encontra sustentação nas lógicas de melhoria evolucionária e revolucionária[5]. Os autores se referem às melhorias incrementais como evolucionárias e às mudanças radicais, tipicamente associadas à reengenharia, como revolucionárias.

Karrer (2006) contribui para o entendimento das relações entre os grupos de tarefas ao atribuir aos processos três papéis essenciais: a coordenação/integração (conceito estático), o aprendizado (conceito dinâmico) e a reconfiguração (conceito transformacional). Os processos organizacionais e gerenciais têm como papel coordenar e integrar recursos para habilitar a firma a realizar suas atividades. Os processos de aprendizado, através da repetição e da experimentação, permitem que as tarefas sejam executadas melhor e mais rapidamente. Por fim, os processos de reconfiguração possuem o papel de adaptar a estrutura da firma para que ela se adeqüe às novas necessidades do mercado, característica especialmente importante em ambientes de rápida mudança.

O entendimento das relações entre os grupos de tarefas pode ser melhor endentido ao considerar a existência das seguintes capacitações[98]:

- Capacitações estáticas e rotineiras que objetivam manter o nível de desempenho em termos de produtividade, prazo, qualidade e flexibilidade.
- Capacitações dinâmicas, mas rotineiras, que objetivam mudanças no nível de desempenho por meio da identificação, análise e solução de problemas e pela retenção do que foi aprendido ou pela reprodução das soluções.
- Capacitações evolucionárias, que seriam dinâmicas e não rotineiras e resultariam em mudanças nas capacitações. Elas teriam como componentes capacitações sustentadas por uma racionalidade *ex-ante*, ou antes, de experimentar, dependentes de uma visão empreendedora, mas também poderiam ser baseadas em componentes *ex-post* para reter o conhecimento gerado e promover aprendizado.

As capacitações estáticas estão associadas à gestão do dia-a-dia; as capacitações dinâmicas e rotineiras estão associadas à realização de mudanças de curto prazo, mas que envolveriam a solução de problemas que não mudam significativamente o projeto ou desenho dos processos; e as capacitações evolucionárias são responsáveis por transformações nos padrões de desempenho e mudanças nas variáveis governantes, portanto, estão principalmente relacionadas à mudaça do projeto dos processos. Tanto as capacitações dinâmicas e rotineiras quanto as capacitações dinâmicas não rotineiras envolvem a busca por promover o aprendizado organizacional.

gestão de processos

5

PESQUISAS TÊM UTILIDADE PRÁTICA

> Uma das principais motivações para a publicação desta obra, a pesquisa de campo, é analisada e discutida neste capítulo. Ele está dividido em três partes: a primeira analisa a pesquisa *survey*, a segunda analisa as entrevistas realizadas com professores e pesquisadores da Carnegie Mellon University, e a terceira avalia os resultados e define as implicações para as conclusões do livro.

As tarefas necessárias à gestão de processos foram geradas a partir de uma busca bibliográfica, que permitiu a definição do conceito de gestão de processos e o desdobramento e proposição dos grupos de tarefas, que foram discutidos com os orientadores e colegas de trabalho, e depois foram validados pelo instrumento de pesquisa *survey* com profissionais que atuam com gestão de processos. Os resultados da pesquisa *survey* foram analisados e questões foram geradas e utilizadas em entrevistas com especialistas em temas correlatos à gestão de processos da Carnegie Mellon University. As entrevistas tiveram o objetivo de validar os resultados da pesquisa *survey*, assim como de identificar questões importantes para a gestão de processos.

Assim, este capítulo especificamente visa a identificar bases para reforçar ou refutar a validade das tarefas propostas como necessárias para a gestão de processos; validar as conclusões quantitativas geradas a partir da pesquisa *survey* com informações qualitativas das entrevistas com especialistas; e identificar como os entrevistados entendem o conceito de gestão de processos, quais barreiras identificam a gestão de processos, tanto para o estudo acadêmico como para a internalização pelas organizações, e, por fim, quais temas apontam para estudos futuros.

O resultado principal deste capítulo está relacionado à validade das tarefas e de seus agrupamentos na opinião dos participantes da pesquisa, sejam eles os profissionais que atuam com gestão de processos em suas organizações ou os profissionais da academia que pesquisam e ensinam temas relacionados com a gestão de processos.

Esta análise dos resultados da pesquisa permite ajustes finais ao modelo proposto para que sejam apresentadas as conclusões do trabalho.

Cabe destacar que os procedimentos seguidos para a realização da pesquisa estão apresentados no item 1.5, do primeiro capítulo. Neste capítulo, foi priorizada a apresentação e a análise dos resultados.

Os valores de Alfa de Cronbach* da Tabela 5.1 permitem perceber que a forma de estruturação sempre teve resultados maiores que a importância atribuída para as tarefas. Também é possível perceber que há valores maiores para o projeto ou desenho de processos que vão decrescendo para a gestão do dia-a-dia e a promoção do aprendizado, respectivamente. Esse resultado reforça a evolução Paradigmática.

Atualmente, as tarefas que mais tem correlação entre si são aquelas associadas ao projeto dos processos, que estão amplamente ligadas ao conceito de melhoria de processos. A migração para o paradigma de gestão de processos implica em avançar mais sobre os constructos de gestão de processos no dia-a-dia e promoção do aprendizado, que não estão compostos por tarefas tão correlacionadas entre si quanto o constructo de projeto ou desenho de processos. Isso equivale a dizer que os modelos mentais atuais aceitam mais as tarefas relacionadas à melhoria de processos, ou vincularam a gestão de processos ao conceito de melhoria de processos mais do que vincularam a uma gestão de processos na execução de tarefas do dia-a-dia ou na forma como promover o aprendizado.

A análise de fator complementa a análise da validade dos constructos identificados. Hair e colaboradores[148] definem que a Análise de Fator Confirmatória auxilia na verificação da capacidade das manifestações observáveis em expressar o construtos

Tabela 5.1 Resultados da validação da pesquisa

Constructo	Alfa de Cronbach	Cumunalidade na extração do fator	Carregamentos das Variáveis	Número de Assertivas
Projetar (estruturação)	0,921	49,9%**	Entre 0,573 e 0,816	14
Projetar (importância)	0,906	45,6%**	Entre 0,513 e 0,769	14
Gerir (estruturação)	0,900	71,6%	Entre 0,783 e 0,899	5
Gerir (importância)	0,828	59,8%	Entre 0,660 e 0,856	5
Aprendizado (estruturação)	0,835	60,6%	Entre 0,693 e 0,875	5
Aprendizado (importância)	0,819	58,1%	Entre 0,717 e 0,821	5

**Autovalor 4x maior que o segundo fator.

* Indica a confiabilidade da afirmativa. Assim, pode-se acreditar ou aceitar com maior ou menor certeza se os grupos de tarefas formam ou não uma idéia consistente, quanto maior ou menor forem os valores de alfa, respectivamente.

ou grupos semelhantes de idéias. Isso é feito por meio da extração *a priori* dos fatores, ou seja, extrai-se uma ou mais idéias que podem estar contidas nos fatores. Basicamente, a análise de fator busca identificar se há mais de uma idéia que pode estar contida no constructo criado ou, nesse caso, no grupo de tarefas necessárias à gestão de processos. A análise de fator indica que há uma idéia formando o constructo quando apresenta cumunalidade próxima a 50% e carregamentos superiores a 0,5[148].

5.1 Os resultados da validade dos grupos de tarefas

Os resultados apresentados na Tabela 5.1 com os alfas de Cronbach sempre superiores a 0,70, a cumulatividade próxima ou superior à 50% e os níveis de carregamento superiores à 0,50 permitem afirmar que existem três grupos, ou fatores, ou ainda constructos para definir a gestão de processos. Assim, é possível concluir a validade dos resultados. Por outro lado, a cumulatividade no primeiro constructo apresenta valores inferiores à 50%. Isso implicou avaliar as causas possíveis desses resultados e complementar o teste de validade desse grupo com perguntas que foram incluídas nas entrevistas com especialistas. Essas análises estão apresentadas mais adiante neste capítulo.

5.2 Análises dos resultados da importância das tarefas

Na análise dos resultados da pesquisa, é possível verificar a importância atribuída pelos respondentes às tarefas de gestão de processos nos três constructos formados.

A importância na visão prática teve resposta igual ou superior a "concordo" em 87 %, com o somatório de 49% de "concordo" e 38% "de concordo totalmente". A média é superior a 4, quando a escala Likert é convertida para número de 1 até 5. Esse resultado reforça a percepção da importância prática das tarefas.

O instrumento retornou maior importância do grupo de tarefas relacionado ao projeto de processo, com destaque para um nível de discordância muito baixo ou até mesmo nulo. O grupo de tarefas relacionado à gestão de processos no dia-a-dia teve o segundo maior grupo de concordância com a importância, mas houve maior concentração na resposta "concordo". O terceiro grupo, mesmo tendo alto nível de concordância, foi o menor entre os três grupos. A Tabela 5.2 apresenta a síntese dos resultados das respostas com relação à importância atribuída pelos profissionais que atuam na prática com gestão de processos.

Na mesma tabela, pode ser identificado na linha em cinza o percentual de respostas de "discordo totalmente" até "concordo totalmente". Como já mencionado, essas respostas foram convertidas para valores de 1 até 5. Por exemplo, se 1 em 10

Tabela 5.2 Síntese do nível de importância atribuído para as tarefas de gerenciamento de processos

QUESTIONÁRIO DE AVALIAÇÃO DAS LÓGICAS GERENCIAIS DE PROCESSOS E POR PROCESSOS	Importância da tarefa				
	DT	D	I	C	CT
	1%	3%	10%	49%	38%
1. PROJETAR PROCESSOS	0%	3%	8%	42%	46%
2. GERIR PROCESSOS	1%	3%	8%	48%	41%
3. PROMOVER EVOLUÇÃO E APRENDIZADO	1%	3%	11%	46%	38%
4. ALOCAÇÃO DO GESTOR DE PROCESSOS	0%	4%	12%	58%	26%

respostas foram de valor "discordo", então 10 % foi atribuído na linha cinza para o valor "discordo". Se 3 em 10 indicaram "concordo totalmente", então houve indicação de 30%. Desse modo:

- 1% do total de respostas indicaram discordar totalmente (DT) das 24 tarefas apresentadas como necessárias à gestão de processos;
- 3 % das respostas indicam discordar (D) da importância das tarefas;
- 10% indicaram serem indiferentes (I) em relação às tarefas;
- 49% das respostas indicaram que concordam (C) que a tarefa é importante para a gestão de processos;
- 38% das respostas definiram as tarefas como muito importantes para a gestão de processos pela indicação que concordam totalmente (CT) com a importância.

Assim, praticamente 90% das respostas tiveram valores 4 e 5, ou "concordo" e "concordo totalmente", respectivamente. Isso indica um nível bem elevado de concordância, embora seja uma análise agregada, que, em detalhes, pode revelar alguns aspectos interessantes, como os indicados a seguir na análise dos resultados apresentados na Tabela 5.2.

Antes de avançar, cabe comentar que o questionário inclui uma pergunta isolada sobre a importância da existência e da alocação de um gestor de processos. Novamente, houve baixa discordância e alta concordância dessa importância, com valores de 0%, 4% e 12 % para DT, D e I, respectivamente, e 84% das respostas indicando concordar ou concordar totalmente com a importância da alocação de um gestor de processos.

Esses resultados contrastam razoavelmente com a forma de alocação do gestor de processos apresentada na Tabela 5.3, que indica que os gestores de processos não se aplicam em 26% dos casos; que são gerentes funcionais que atuam em processos funcionais em 11% dos casos; que, em 33% dos casos, o gestor de processo está

Tabela 5.3 Síntese da forma de estruturação das tarefas de gerenciamento de processos

QUESTIONÁRIO DE AVALIAÇÃO DAS LÓGICAS GERENCIAIS DE PROCESSOS E POR PROCESSOS	Forma de gerenciamento de processos					
	NA	1	2	3	4	5
	14%	22%	16%	29%	13%	8%
1. PROJETAR PROCESSOS	6%	22%	18%	29%	16%	9%
2. GERIR PROCESSOS	3%	26%	16%	31%	17%	7%
3. PROMOVER EVOLUÇÃO	19%	27%	17%	23%	9%	5%
4. ALOCAÇÃO DO GESTOR DE PROCESSOS	26%	11%	11%	33%	8%	10%

dentro das unidades organizacionais, com articulação e capacidade de atuação em processos transversais, por meio da formação de grupos multifuncionais, sem autonomia para impactar os processos transversais como um todo, mas com autonomia para atuar com o apoio dos gestores funcionais; e que, em 10% dos casos, o gestor de processo está em unidade organizacional centralizada para a coordenação de todas as iniciativas que impactam os processos transversais, com um coordenador formal com equipe representada por todas as unidades organizacionais/departamentos envolvidos na gestão e execução dos processos transversais.

A análise da tabela permite perceber que o projeto de processos tem mais respostas indicando concordância total com a importância que os demais constructos, e que essa importância decresce para a gestão no dia-a-dia e para a promoção do aprendizado. Por outro lado, a resposta "concordo" teve maior freqüência na gestão de processos, depois na promoção do aprendizado e, por fim, no projeto de processos. De qualquer forma, há, novamente, um reforço da associação da gestão de processos com as tarefas para projetar processos.

5.3 Análises dos resultados da forma de estruturação das tarefas

Análise similar pode ser realizada com os resultados da indicação dos respondentes sobre a forma pela qual a tarefa é gerida. Os resultados, consolidados por cada constructo, indicam um posicionamento dos respondentes entre a gestão funcional de processos transversais (valor 3) e a situação intermediária da gestão puramente funcional para funcional de processos transversais (valor 2). Essa situação é pertinente nos três constructos identificados. Ou seja, a análise da forma de estruturação para a gestão de processos pelo instrumento de pesquisa retornou que há concentração no modelo funcional para a gestão de processos transversais nos três grupos de tarefas, com 29% de concentração na resposta 3 e média predominantemente próxima de 3, conforme demonstra a Tabela 5.3.

Na mesma tabela, pode ser identificado na linha em cinza o percentual de respostas entre "não se aplica" e os valores de 1 até 5. Por exemplo, se três em 10 respostas foram de valor 1, então foi atribuído na linha cinza 30 %. Assim:

- 14% dos respondentes indicaram que suas organizações têm uma gestão funcional de processos que está limitada às unidades funcionais, e os processos são projetados ou desenhados com base em modelo funcional de processos funcionais.
- Em 29% dos casos a gestão de processos se dá de forma funcional para processos transversais.
- Somente 8 % têm uma gestão orientada por processos para processos transversais.

Além disso, 14% das respostas tiveram indicação de "não se aplica", 16% estão em uma situação intermediária entre a organização completamente funcional que não consegue ter tarefas para reconhecer e gerir os processos transversais e a organização que é funcional mas reconhece e gerencia processos transversais. treze por cento das respostas indicam que há organizações entre uma gestão funcional de processos transversais e uma gestão processual de processos transversais.

A Tabela 5.3 apresenta a síntese dos resultados das respostas com relação à forma de gerenciamento de processos na visão dos profissionais que atuam na prática com processos.

5.4 Análises cruzadas entre a importância e a forma de estruturação

As tarefas que tiveram médias maiores, ou seja, mais próximas de uma gestão processual ou por processos transversais, com valores entre 2,80 e 2,92, foram novamente aquelas associadas com estratégia, gestão da mudança e seleção de processos e modelagem dos processos da situação atual. Em relação às tarefas mais importantes identificadas na análise sobre a importância, somente não houve semelhança na tarefa de implantação de mudanças. Isso talvez esteja associado ao fato de implantação usualmente seguir lógicas hierárquicas com apoio e atuação dos gerentes funcionais.

As tarefas que tiveram os menores valores de importância novamente aparecem com valores baixos sobre a forma de estruturação da gestão de processos (entre 2,32 e 2,52). Isso se repete para as tarefas de seleção de ferramentas de modelagem e técnicas de análise e solução de problemas, no projeto de processos, para a realização de mudanças de curto prazo, na gestão do dia-a-dia, e, por fim, para a comparação de desempenho e controle de desvios significativos na promoção de aprendizado.

Aparecem como diferentes, e com valores baixos, tarefas do grupo de promoção do aprendizado, especificamente, a avaliação de desempenho, com 2,42, e o registro do aprendizado sobre processos, com o menor valor de todos (2,00), possivelmente indicando que há maior tendência ao aprendizado com lógicas funcionais nas organizações nas quais os participantes trabalham.

Isso permite afirmar que no grupo estudado, quanto mais uma tarefa está gerida e estruturada em torno de processos transversais, maior importância é atribuída a ela pelos participantes. O aposto também foi verificado, visto que praticamente todas as tarefas menos importantes têm lógicas de gestão baseadas em modelos funcionais.

As mesmas considerações feitas na análise de importância podem ser aplicáveis aqui, mas cabe buscar entender o porquê de avaliação de processos e o registro de desempenho tem lógicas funcionais. Para essa finalidade, foram criadas questões para serem aplicadas aos especialistas da Carnegie Mellon. A hipótese possível seria que os processos são tipicamente avaliados funcionalmente e o conhecimento ainda é acumulado prioritariamente nas funções ou departamentos funcionais. A confirmação dessa hipótese indica que o paradigma de gestão de processos precisa que indicadores de desempenho globais sejam utilizados e que haja compartilhamento de conhecimentos e lógicas e "espaços organizacionais" para acumular conhecimentos dos processos transversais.

Cabe também perceber que a definição de estratégia e abordagem de mudança e implementação das mudanças e dos novos processos foram as tarefas que tiveram lógicas que mais tenderam para a gestão por processos, o que indica que estão baseadas em processos transversais e no envolvimento de várias unidades organizacionais, sobre a coordenação de uma unidade central.

gestão de processos

6

A ESTRUTURAÇÃO DE UM ESCRITÓRIO DE PROCESSOS

Este capítulo trata da estruturação de um escritório de processos genérico, responsável por promover e induzir a realização da gestão de processos nas organizações. Para esse fim, apresenta itens que introduzem o tema, apresentam os principais resultados do projeto, apresentam o macroprocesso da gestão de processos e informações sobre como inserir a gestão de processos na cultura organizacional. Ainda trazem as visitas e entrevistas realizadas por meio de tabelas comparativas entre as empresas. São também apresentadas as conclusões e destacados os pontos positivos das práticas de gestão de processos da ABN-AMRO Real, Embraer, Natura, Serasa e Vale.

O conteúdo apresentado neste capítulo é resultado de um desdobramento da pesquisa sobre as tarefas para a gestão de processos. Nesse momento, a pesquisa se voltou para a identificação de um processo de gestão de processos ou, em outras palavras, para a busca pelo entendimento de "como" fazer gestão de processos. Nas tarefas, o leitor pode conhecer "o que" deve ser feito. Para entender o "como" da gestão de processos, além da base conceitual foi buscada uma fundamentação prática, com a realização de visitas de *benchmarking* sobre a estruturação de escritório de processos em importantes empresas instaladas no Brasil. A seguir, o leitor encontrará as motivações para a criação, manutenção e melhoria de uma unidade ou sistema organizacional para gestão de processos. Em seguida, poderá entender como estruturar um escritório de processos e, assim, entrar ou ampliar seus esforços para a manutenção e melhoria do desempenho organizacional.

6.1 Estruturação da gestão de processos: introdução

Este item aborda a motivação para a concepção do escritório, os objetivos a serem alcançados, o método utilizado e a estrutura do capítulo. O capítulo está estruturado conforme abaixo:
- Primeiro explica brevemente o projeto de pesquisa "estruturação de escritório de processos". Em seguida apresenta a motivação para a pesquisa, os objetivos e a metodologia que descreve o projeto.
- O segundo item apresenta os resultados do projeto, abordando a busca bibliográfica realizada e o quadro conceitual formado sobre o tema "escritório de processos".
- O terceiro item apresenta o macroprocesso concebido para o escritório de processos genérico.
- No item 4, são apresentadas possíveis formas organizacionais para o escritório de processos.
- O quinto item apresenta a síntese das visitas e entrevistas que foram realizadas com empresas de diversos setores de atuação e que possuem escritórios de processos.
- O sexto item apresenta as conclusões do projeto realizado, envolvendo a avaliação dos resultados da pesquisa, bem como a importância da presença e a permanência de um escritório nas organizações.
- O último item descreve os escritórios das empresas estudadas e apresenta práticas que tiveram destaque nestas empresas.

6.1.1 Motivação: por que é importante estruturar a gestão de processos?

O interesse, a importância e a efetiva incorporação de tarefas para gerenciar processos nas organizações têm crescido ao longo dos anos. No início do século passado, os processos já se mostravam presentes na gestão organizacional. Durante as décadas de 70 e 80, esse conceito teve influência e demonstrou resultados com a lógica japonesa de organização da produção. No início da década de 90, a gestão de processos estava vinculada às idéias da Reengenharia e, mais recentemente, retornou com múltiplas motivações, como integração de sistemas de informação, ampliação de controles internos, uso de modelos de referência e outros desdobramentos. Esses pontos têm sido reforçados ao longo deste livro.

Devido à crescente complexidade e abrangência dos processos nas organizações e à freqüência com que a modelagem, a melhoria, a implantação, a integração e a coordenação de processos têm acontecido – muitas vezes de forma isolada – é cada vez maior a necessidade de empresas e instituições se estruturarem para gerenciar seus

processos. A gestão de processos, se estruturada, pode dotar a organização de capacitação para, efetivamente:
- Fazer com que os processos sejam adequadamente entendidos pelos envolvidos, seja na forma como estão sendo realizados hoje, seja na forma como a organização deseja que sejam entendidos no futuro.
- Conseguir ter um referencial de desenvolvimento e primoramento organizacional que resulte em vantagens competitivas ou comparativas para organizações privadas e públicas (e sem fins lucrativos), respectivamente.
- Promover o funcionamento integrado e coordenado das atividades e recursos que resultam nos produtos e serviços da organização, entregues ou produzidos por meio do efetivo funcionamento dos processos no dia-a-dia.
- Cumprir com requisitos de desempenho, tais como entrega dentro de prazos, custos, qualidade, margens de lucro/resultados e outros níveis de serviços, viáveis somente pela contínua gestão integrada e articulada dos processos.

Dentro desse contexto, conceitos e orientação sobre como estruturar um centro de excelência ou escritório de processos têm sido buscados pelas organizações. Por outro lado, ao buscar referências consolidadas sobre como estruturar um escritório de processos, são encontradas poucas publicações acadêmicas sobre o tema. A quantidade de publicações encontradas permite perceber que, mesmo com várias palavras-chave ou expressões de busca, poucas publicações foram encontradas em jornais de reconhecimento e validade para acadêmicos e profissionais do mercado.

A criação de unidades organizacionais – responsáveis por induzir que sejam realizadas e por realizar, efetivamente, realizar ações em gestão de processos – tem contribuído para que as organizações possam ter mais resultados quando atuam para melhorar o desenho dos processos, sua gestão e operacionalização no dia-a-dia. Essas unidades podem contribuir para promover ou induzir a gestão de processos a ser efetivamente realizada nas organizações para enfrentar típicos problemas decorrentes da falta de gestão da coordenação e de melhoria das atividades e recursos, como os resultados indesejados indicados:
- Desintegração da gestão organizacional com redundância tanto de atividades e responsabilidades quanto dos modelos e iniciativas, bem como práticas gerencias. Nesses casos, usualmente os indicadores de desempenho, competências, orçamento, estrutura organizacional, sistemas de informação, conhecimentos e estratégia não convergem nem são consistentes entre si. Esses elementos gerenciais "partem" de um processo desconhecido ou mal conhecido.
- Dificuldade para manter integrada e atualizada a documentação dos processos e, principalmente, dificuldade para promover o entendimento dos processos transversais à organização.

- Concentração excessiva na atuação no dia-a-dia para "apagar incêndios" sem ter tempo e estrutura para pensar em como melhorar os processos.
- Desmotivação e perda de desempenho por não conseguir efetivamente implantar novos processos, o que resulta no "engavetamento" da documentação dos novos processos, sem que eles passem a ser a nova realidade das organizações.
- Dificuldade para atuação coordenada e sincronizada devido à forte cultura funcional, centrada na especialização e departamentalização do trabalho.
- Atrasos, aumentos nos custos, perdas de oportunidades de ganhos, perda de mercado e clientes e conflitos internos ou na cadeia de suprimentos em função da falta de apoio, de continuidade e de permanência das práticas e iniciativas de gestão de processos.

Há iniciativas que respondem como a gestão de processos pode ser, permanentemente, internalizada ou institucionalizada nas organizações. Este estudo pretende contribuir para responder às questões que se colocam para aqueles que desejam implantar um escritório de processos. Essa unidade organizacional pode contribuir para resolver ou minorar esses problemas.

Exemplos dessas iniciativas são os diferentes modelos de maturidade da gestão de processos que vêm sendo propostos. O uso da expressão Chief Process Officer – CPO para uma posição ou cargo tem crescido, aumentando a relevância de se estruturar um espaço organizacional responsável e promotor da gestão de processos. Algumas questões se colocam para muitas organizações e aumentam a relevância deste estudo:

- Como uma organização possui processos de diferentes naturezas, cada qual com seus recursos, fluxos e finalidade específica, deve haver um gestor de processos transversais?
- No intuito de estabelecer uma governança de processos da organização, um gestor de processo deve ser indicado para cada um desses processos (ou para cada processo considerado relevante de ser gerido)?
- Tal gestor deve projetar e/ou coordenar a equipe multifuncional responsável pelo alcance da finalidade específica daquele processo, promovendo colaboração?
- Há necessidade de um gestor de processos, de um escritório de processos, ou de uma estrutura de governança de processos?

6.1.2 Objetivos da pesquisa: estruturação da gestão de processos

Devido à importância do tema "centro de excelência em gestão de processos"*, e com a intenção de ajudar a responder as perguntas colocadas, foi desenvolvida uma

---

* Este livro utiliza as expressões "centro de excelência em gestão de processos" e "escritório de processos" para denotar a unidade ou sistema organizacional responsável por induzir e promover e gestão de processos da organização. São sinônimos ou alternativas de nomenclatura.

pesquisa com o objetivo geral de propor uma forma genérica de estruturação de um escritório de processos que seja passível de adaptação para as realidades específicas das organizações.

Os objetivos específicos da pesquisa foram identificar o que deve ser feito para gerenciar processos; identificar possíveis envolvidos na gestão e operação das tarefas de gestão de processos; e identificar como as tarefas para a gestão de processos podem ser estruturadas em um processo de gestão de processos.

O trabalho apresenta como resultados o desenho de um macroprocesso de gestão de processos, a identificação das formas de divisão e coordenação do trabalho de gestão de processos nas empresas estudadas e a apresentação de cenários de organização interna do escritório. Por fim, apresenta discussões fruto da revisão conceitual e dos estudos dos casos para, então, indicar conclusões e propostas de estudos futuros.

6.1.3 Metodologia do projeto de pesquisa

O método para atingir esse objetivo envolveu busca bibliográfica, levantamento por pesquisa *survey* de tarefas necessárias à gestão de processos, estudos de casos em empresas brasileiras que possuem unidades responsáveis pela gestão de processos e discussão com especialistas da academia.

A metodologia utilizada para desenvolver a pesquisa apresentada dividiu-se em três principais etapas: 1) definição e planejamento, 2) preparação, coleta e análise e 3) análise e conclusão, que estão esquematizados na Figura 6.1. O método foi concebido a partir do trabalho de Yin[149], que propõe um método genérico para pesquisas de estudos de caso. Houve, ainda, inclusão de busca e revisão bibliográfica extensa e entrevistas com especialistas da academia. O projeto foi patrocinado pela Petrobras e realizado pelo Grupo de Produção Integrada – GPI da Poli/COPPE/UFRJ e pelo NP2Tec da Unirio.

6.2 Apresentação dos resultados do projeto

Este item do capítulo apresentarão os resultados gerados pelo projeto de pesquisa. São apresentados um detalhamento maior da busca bibliográfica; a afirmação dos conceitos sobre gestão de processos, anteriormente estudados em outras publicações (artigos, teses, etc.); os macroprocessos desenhados para o escritório de processos genérico concebido; as formas organizacionais desse escritório; os sistemas que apóiam a gestão de processos; e, por fim, os produtos gerados por esse escritório.

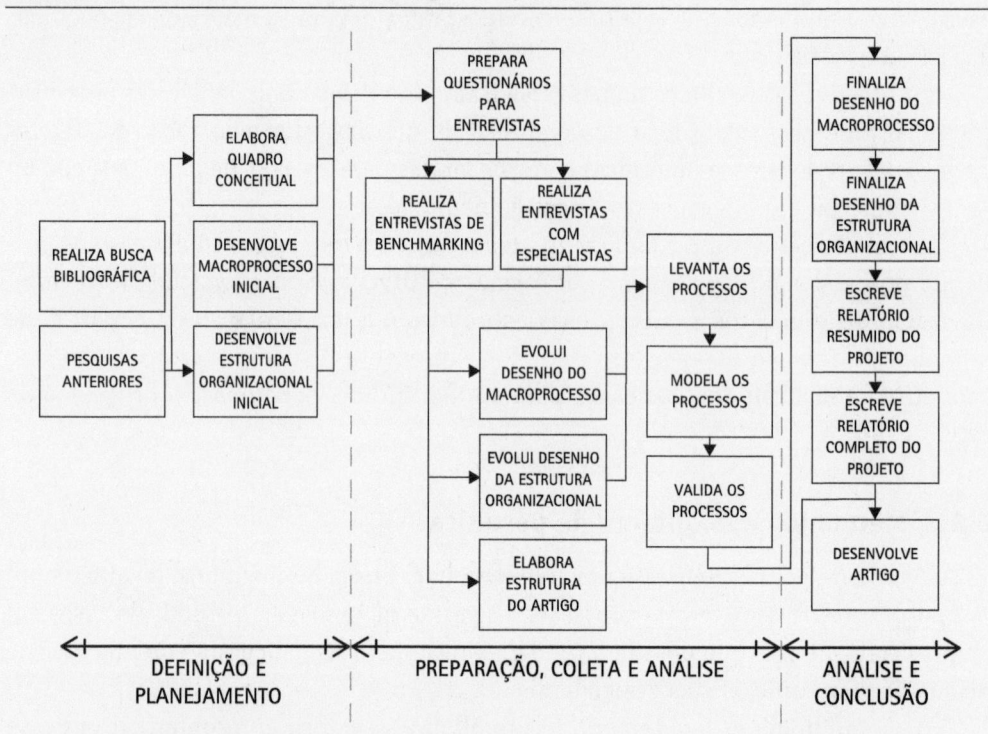

Figura 6.1 Desenho da metodologia de pesquisa[149]

```
DEFINIÇÃO E          PREPARAÇÃO, COLETA E ANÁLISE       ANÁLISE E
PLANEJAMENTO                                            CONCLUSÃO
```

(Fluxo: REALIZA BUSCA BIBLIOGRÁFICA / PESQUISAS ANTERIORES → ELABORA QUADRO CONCEITUAL, DESENVOLVE MACROPROCESSO INICIAL, DESENVOLVE ESTRUTURA ORGANIZACIONAL INICIAL → PREPARA QUESTIONÁRIOS PARA ENTREVISTAS → REALIZA ENTREVISTAS DE BENCHMARKING, REALIZA ENTREVISTAS COM ESPECIALISTAS → EVOLUI DESENHO DO MACROPROCESSO, EVOLUI DESENHO DA ESTRUTURA ORGANIZACIONAL, ELABORA ESTRUTURA DO ARTIGO → LEVANTA OS PROCESSOS, MODELA OS PROCESSOS, VALIDA OS PROCESSOS → FINALIZA DESENHO DO MACROPROCESSO, FINALIZA DESENHO DA ESTRUTURA ORGANIZACIONAL, ESCREVE RELATÓRIO RESUMIDO DO PROJETO, ESCREVE RELATÓRIO COMPLETO DO PROJETO, DESENVOLVE ARTIGO)

6.2.1 Busca bibliográfica

Para a formulação de um quadro conceitual consistente e a verificação do que a literatura (academia e empresas) fala sobre o assunto principal da pesquisa, o escritório de processos, foi realizada uma busca bibliográfica nos principais periódicos internacionais. Essa busca foi realizada através da base CAPES e procurou por publicações recentes, filtradas pelas palavras-chave descritas na Tabela 6.1.

A busca bibliográfica resultou em 56 artigos selecionados. Foi feita uma filtragem qualitativa desses artigos e o critério principal foi a relevância do assunto em relação ao escritório de processos. O resultado final está demonstrado na Tabela 6.2.

Cabe ressaltar que alguns dos artigos encontrados defendem a existência de um escritório de processos ou centro de excelência em processos em uma organização. Entretanto, nenhum apresenta uma estruturação de escritório de forma clara e consistente.

6.2.2 Institucionalizando a gestão dos processos

Entender a lógica da gestão "de" ou "por" processos e criar uma visão sistêmica da organização não são suficientes se isso não for internalizado na estrutura do

Tabela 6.1 Palavras-chave da busca bibliográfica realizada

Legenda	Busca por:
CIO	"Chief information officer" or "Chief information officers" or "CIO"
CPO	"Chief process officer" or "Chief process officers" or "CPO"
PMA	"Process management architecture" or "Process management architectures"
PMG	"Process management governance"
PMO	"Process management office" or "PMO"
PMP	"Process management process" or "Process management processes"
PCE	"Process center of excellence"

negócio, de forma a utilizar essas análises na busca de resultados organizacionais concretos. A ênfase aqui destacada é a aplicação prática e institucionalizada da gestão de processos na solução de problemas organizacionais, identificando oportunidades nos processos e orientando-os de forma a permitir ações integradas no dia-a-dia das organizações.

Existem diversas áreas na organização executando ações voltadas aos processos da empresa. A dificuldade fica em como convergir as informações específicas de forma consistente e integrada, numa visão única do processo[137]. Exemplos de áreas com as quais o escritório de processos tem que se relacionar estão representadas pela Figura 6.2. A figura não esgota os tipos de relacionamentos e, por exemplo, podem ser incluídos relacionamentos com agências reguladoras, conselho de administração, comitê de processos e outros. O escritório busca criar um espaço comum, com visão compartilhada dos processos, capaz de apoiar cada uma das partes na gestão de seus processos e no alcance de resultados globais. Mesmo com o escritório ao centro da figura, não há intenção de definir que o escritório centraliza (ou descentraliza) a gestão de processos. O escritório auxilia na promoção da articulação da gestão de processos.

O escritório conforma uma área fortemente focada na permanência na organização – a garantia de que práticas e a lógica da gestão de ou por processo vão continuar internalizadas e atualizadas.

Ao buscar a solução desse desafio de institucionalização permanente, os itens a seguir justificam a opção pela inserção de um escritório de processos na cultura organizacional e detalham propostas de aplicação e atuação do mesmo dentro de uma organização. Vale ressaltar que todos os pontos apresentados são exemplos com possíveis aplicações com resultados, e estão sendo tratados de forma agregada. O detalhamento de cada escritório de processos a ser instituído em uma organização

Tabela 6.2 Artigos filtrados da busca bibliográfica

Item	Título Publicação	Autor	Ano
1	Michael Hammer's Process and Enterprise Maturity Model	Brad Power	2007
2	Best Pratice BPM	Derek Miers	2006
3	Cutting corners: CKO and knowledge management	Kevin C. Desouza & Jeffrey J. Raider	2006
4	Implementing BPM systems: the role of process orientation	Hajo A. Reijers	2006
5	The Management of Processes	Paul Harmon	2006
6	Process Governance Best Pratices: Bulding a BPM Center of Excellence	Clay Richardson	2006
7	Chief Information Officer	Bengtson Johan & Forsberg Niclas & Wahlberg Lars-Ake	2006
8	CIO at the heart of IT all	Stephen Hinde	2005
9	A Matrix Approach to Designing IT Governance	Peter Weill & Jeanne Ross	2005
10	From CIO to CPO via BPM	Howard Smith	2005
11	Best Pratices in IT Portfolio Management	Mark Jeffery & Ingmar Leliveld	2004
12	ERP implementation factors	Kwasi Amoako-Gyampah	2004
13	Introducing the Chief Process and Information Officer (CPIO)	David M. Fisher	2004
14	The Chief Process Officer ?	Michael Hammer	2004
15	The Chief Process Officer	Paul Harmon	2003
16	The Process Enterprise	Dutch Holland	2003
17	Process Management and the Future of Six Sigma	Michael Hammer	2002
18	Managing the Knowledge Life Cycle	Julian Birkinshaw & TonySheehan	2002
19	Defining Process-oriented Knowledge Management Strategies	Ronald Maier & Ulrich Remus	2002
20	Predictive process management	Tom Pearson & Tom Womeldorff	1999

Figura 6.2 Típicos relacionamentos do escritório de processos

Diagrama com "Escritório de Processos" ao centro, conectado a: Operações / Produção, Atendimento ao Cliente / Clientes, Parceiros e Terceiros, Gestão da Qualidade, Controladoria, Finanças, Tecnologia da Informação, Gestão de Pessoas.

deve levar em conta as especificidades da mesma e, logo, tende a ser único e particular para sua dada realidade.

6.2.3 As formas de atuação do escritório de processos

O modelo do escritório de processos aqui adotado define-o como uma unidade relacional (com contatos, práticas de negociação etc.), normativa e coordenadora, que prescreve métodos e ferramentas que orientem o gerenciamento dos processos da organização e que atua como elo de comunicação entre os diferentes departamentos envolvidos nos processos gerenciados. A visão sistêmica do escritório sobre o processo permite uma análise mais eficaz, gerando (e coordenando) sugestões de melhoria que beneficiem um dado processo como um todo. Seu objetivo vai além das tarefas sistemáticas de modelagem, análise, proposta de melhorias e redesenho dos processos, propondo-se a constituir a instância organizacional responsável por inserir e gerir a prática de gestão de ou por processos no escopo de atuação e na cultura da organização.

O escritório deve estar apto a priorizar processos, não necessariamente trabalhando com todos da organização. Ele pode focar nos seus processos-chave ou definir, através de um método, sobre quais processos deve atuar.

A inserção de um escritório de processos como aqui definido tem aplicação direcionada para organizações de estrutura funcional, departamentalizada. No caso de organizações processuais, por sua própria essência, não seria necessária a atuação do escritório como eixo de coordenação. Nesse último caso, o escritório atuaria apenas com o seu papel normatizador, estabelecendo linguagem comum e padronizada para a representação dos processos, instrumentalizando gestores e coordenando suas atividades buscando uniformidade. Ainda nesse caso, as ações de coordenação dos processos ficariam sob responsabilidade das unidades gestoras de cada processo. Em alguns casos, essas unidades gestoras precisariam ser coordenadas para promover a integração entre processos transversais.

A Figura 6.4 apresenta um exemplo de estrutura funcional que reconhece a existência de processos transversais e tem um escritório de processos para cuidar prioritariamente do ciclo de vida do desenho de processos, possuindo atribuições de natureza normativa e de melhoria A Figura 6.3 apresenta um exemplo genérico de estrutura por processos, com duas alternativas de escritório de processos. Na primeira, com a

Figura 6.3 Exemplo de estrutura funcional de processos transversais e a inserção do escritório de processos normativo*

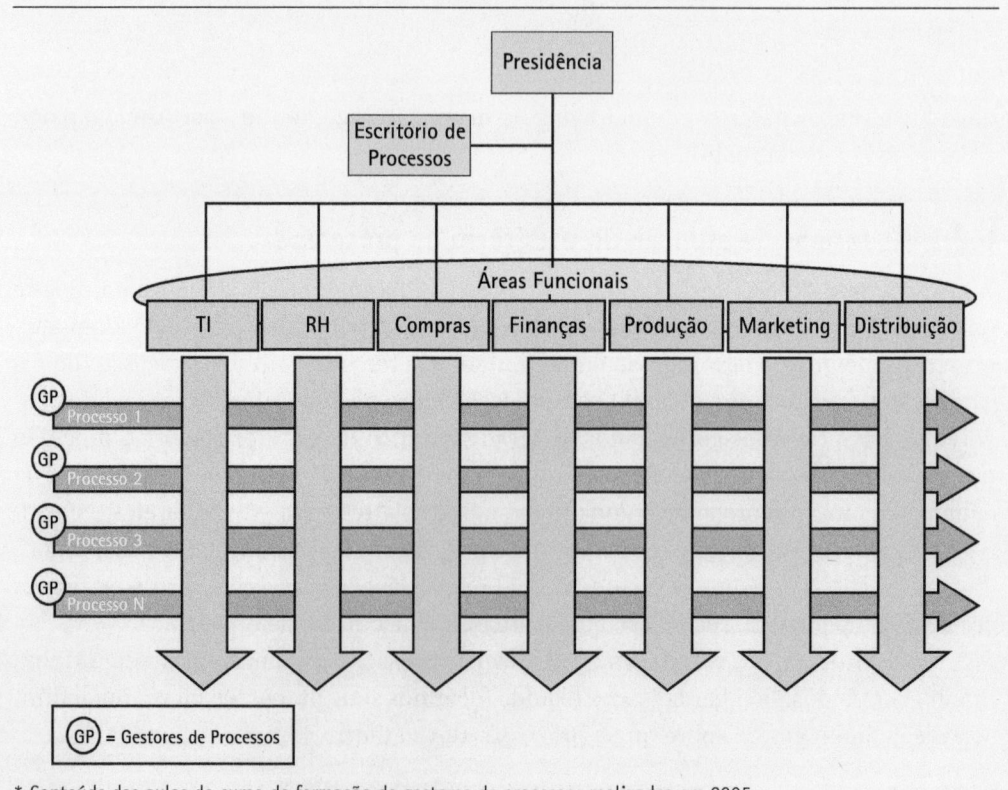

* Conteúdo das aulas do curso de formação de gestores de processos realizadas em 2005.

segregação das atribuições de normatização/melhoria e coordenação; na segunda, o escritório acumularia essas atribuições.

6.2.4 Objetivos e ações do escritório de processos

Uma vez contextualizado e definido o escopo de atuação do escritório de processos, podem-se delinear os macroobjetivos a serem alcançados e que justificam a implantação de uma unidade como a aqui proposta.

Para o alcance de tais objetivos, uma série de atividades específicas e consistentes deve ser desdobrada. Novamente, o detalhamento de tais atividades está diretamente relacionado ao escopo da organização, cujos processos em questão estão sendo gerenciados. No entanto, podem-se listar algumas ações que, quando aplicadas aos casos específicos, contribuem para a realização dos objetivos enunciados. A Tabela 6.3 relaciona essas atividades específicas e consistentes com os objetivos delineados.

Figura 6.4 Exemplo de estrutura por processos e a mudança no papel do escritório de processos

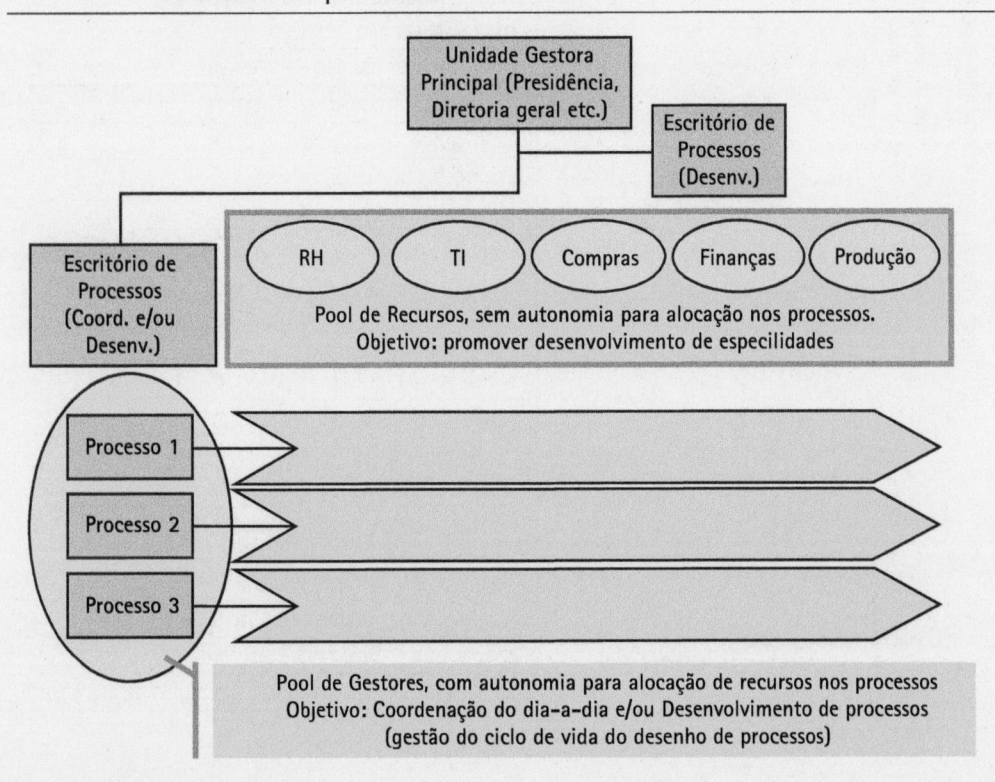

Tabela 6.3 Relação dos macroobjetivos e atividades do escritório de processos

Macroobjetivos do Escritório de Processos			Atividades do Escritório de Processos
Uniformizar o entendimento de processos hoje e no futuro	Promover a gestão de processos		Promover a governança dos processos
			Articular estratégia, processos e abordagem de mudança
			Selecionar processos
			Selecionar sistemas de gestão de processos
			Selecionar técnicas de gestão de processos
			Gerenciar o orçamento do escritório de processos
			Gerenciar o portfólio de projetos de gestão de processos
			Gerenciar a qualidade da gestão de processos
			Gerenciar os processos do escritório de processos
	Promover a evolução do desenho de processos	Modelar e representar processos	Gerenciar o levantamento de processos
		Promover a melhoria do desempenho dos processos	Gerenciar a melhoria de processos
		Integrar mecanismos de coordenação organizacional	Definir indicadores de desempenho para os processos
			Definir sistemas para os processos
			Definir competências para os processos
			Definir responsáveis para os processos
			Definir procedimentos para os processos
			Definir riscos para os processos
		Implantar processos	Gerenciar a implantação de mudanças nos processos
		Capacitar os gestores de processos	Preparar equipes de gestão de processos
	Promover a gestão no dia-a-dia		Acompanhar a execução dos processos
			Controlar a execução dos processos
			Registrar o desempenho dos processos
			Controlar desvios de impacto
			Avaliar o desempenho dos processos
	Oferecer suporte ao escritório		Manter sistemas do escritório de processos
			Preparar e manter equipe do escritório de processos
			Registrar o aprendizado sobre processos
			Manter o plano de comunicação do escritório de processos

Entende-se aqui que a concretização dessas atividades orienta a organização para o gerenciamento de seus processos críticos e busca a inserção e a manutenção dessa prática na cultura organizacional.

6.3 O processo de gestão de processos

O macroprocesso a seguir busca outra forma de representação dessas ações, mais relacionada a "como fazer" a gestão de processos. Há uma ordenação lógico-temporal, representada em um modelo que explicita como pode ser feita a "gestão da gestão de processos". A Figura 6.5 apresenta o macroprocesso do escritório de processos genérico. Esse escritório é divido em quatro tipos de processos: gerenciais, gestão do ciclo de vida do desenho dos processos, gestão dos processos no dia-a-dia e suporte ao escritório.

6.3.1 Gestão de processos: gerencial

Os tipos de processos gerenciais descrevem a gestão dos processos em sua etapa mais macro, com mais envolvidos, e com o objetivo de fazer com que os processos sejam gerenciados de forma articulada e integrada através da organização. Eles provêem o escritório de estrutura que permite promover a governança dos processos, atribuindo responsabilidades e apresentado os resultados do escritório para a organização; entender a estratégia da organização e alinhar todos os processos de negócio da empresa a essa estratégia; definir a abordagem de mudança; priorizar os processos e selecionar as melhores ferramentas e técnicas para a gestão desses processos; gerenciar o orçamento disponibilizado ou a receita obtida pelo escritório de processos; definir padrões de trabalho e realizar auditorias para garantir que os padrões definidos sejam seguidos; gerenciar o portfólio dos projetos que "alimentam" o escritório, adequando padrões de trabalho utilizados em projetos já desenvolvidos para novos projetos; e, gerenciar os processos do próprio escritório de processos.

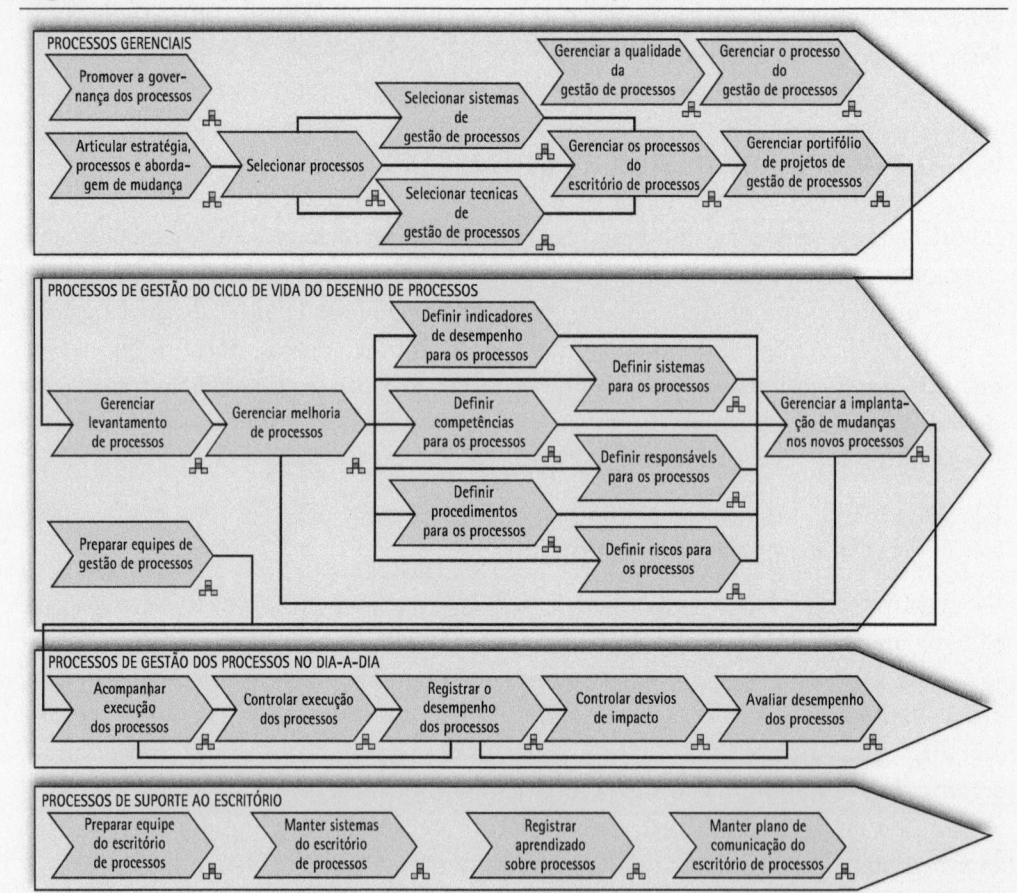

Figura 6.5 Macroprocesso de um escritório de processos

6.3.2 Gestão de processos: ciclo de vida do desenho de processos

Os tipos de processos de gestão do ciclo de vida do desenho de processos por muitas vezes são considerados finalísticos, considerando a forma de atuação normativa do escritório. Esses tipos de processos vão da necessidade de entendimento da forma de trabalho até a implantação de uma nova forma de trabalho e permitem ao escritório preparar e realizar o levantamento dos processos da situação atual; preparar e realizar a melhoria dos processos com base na modelagem da situação atual e com base em parâmetros definidos para os processos; definir e redefinir indicadores, sistemas, competências, procedimentos, riscos e responsáveis relacionados aos processos. Essas definições servem para apoio a tomadas de decisão, principalmente a respeito da melhoria; preparar e realizar a implantação dos processos; e, em paralelo, preparar as equipes de gestão de processos.

6.3.3 Gestão de processos: gestão do dia-a-dia

Os tipos de processos de gestão dos processos no dia-a-dia são considerados finalísticos quando o escritório, além da função normativa, passa a exercer um papel de coordenação no dia-a-dia da organização. Esses tipos de processos permitem ao escritório acompanhar e controlar a execução dos processos; registrar o desempenho dos processos; registrar e controlar desvios de impacto; avaliar o desempenho dos processos. Esta etapa se destaca por completar o ciclo de melhoria contínua dos processos.

6.3.4 Gestão de processos: suporte ao escritório de processos

Os tipos de processos de suporte ao escritório são considerados processos de apoio e são responsáveis por preparar e manter a equipe do escritório de processos; manter sistemas do escritório de processos; registrar o aprendizado sobre processos e manter o plano de comunicação do escritório de processos.

6.3.5 Saiba mais: detalhamento e descrição dos fluxos de atividades do escritório de processos

Foram criadas descrições para cada um dos fluxos de atividades do escritório de processos genérico. Essas descrições constam do relatório de pesquisa entregue para as empresas participantes. Um exemplo de descrição está a seguir apresentado:

"Selecionar processos – este fluxo de atividades gerencial tem como objetivo entender, selecionar e priorizar os processos que devem ser inseridos em projetos de desenho de processos. Devem ser coordenadas ações que envolvam desdobrar da estratégia diretrizes para elaborar uma matriz com a relação de processos selecionados, assegurar que esses processos estejam claramente entendidos pelos envolvidos no preenchimento da matriz e, sobretudo, assegurar que os processos sejam efetivamente transversais. Há necessidade de entender quais unidades organizacionais estão envolvidas na gestão e operação desses processos, assim como definir critérios e pontuar os processos para que sejam priorizados e, posteriormente, avaliados qualitativa e quantitativamente; finalmente, há necessidade de sequenciar os processos por ordem de prioridade.

O fluxo de atividades tem relação de dependência com o entendimento da estratégia e a abordagem de mudança e, por outro lado, orienta a definição de necessidade orçamentária e pode orientar a seleção de sistemas ou técnicas de gestão de processos."[150].

6.4 Inserção de processos na cultura organizacional

Depois de apresentadas as indicações da razão pela qual se propõe a inserção de um escritório de processos em uma organização, e quais seriam suas principais atribuições, este item visa a explicitar como se sugere que essa instância organizacional seja, de fato, inserida em uma instituição.

6.4.1 Modelos de inserção na estrutura organizacional

O escritório de processos pode ser inserido em diferentes tipos de estruturas organizacionais, que podem variar entre modelos puros funcionais, híbridos e puros por processos.

Ao se avaliar as estruturas organizacionais no caminho de uma gestão funcional para uma estruturação orientada por processos, a forma de inserção do escritório de processos irá variar de acordo com o modo que a organização visualiza seus processos. Essa visão da empresa caracterizará a atuação do escritório.

Na Figura 6.6, definida como uma estrutura matricial fraca, o escritório de processos pode atuar como uma unidade de linha funcional, normatizando a gestão de processos e colaborando para a gestão dos processos transversais no dia-a-dia. As unidades organizacionais responsáveis por processo são responsáveis por essa gestão no dia-a-dia.

Já na Figura 6.7, os processos estão priorizados e ela seria uma estrutura matricial forte. O escritório de processos, então, pode assumir, além da função normativa, um papel coordenador, tornando-se o responsável "prioritário" pela gestão dos processos no dia-a-dia. As unidades organizacionais funcionais ou os departamentos

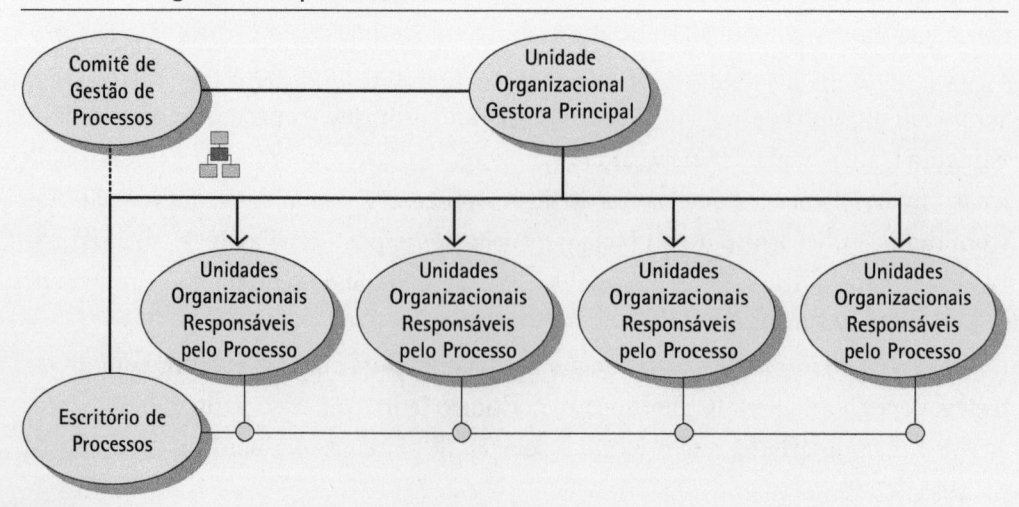

Figura 6.6 Proposta de alocação do escritório de processos em uma gestão de processos

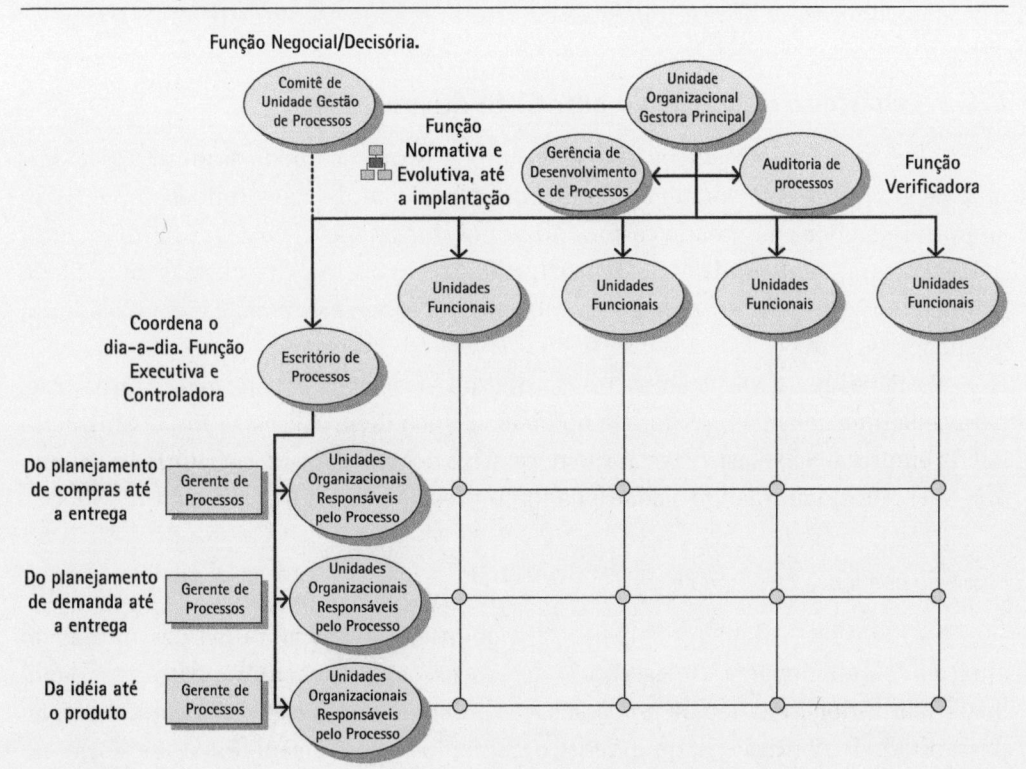

Figura 6.7 Proposta de alocação do escritório de processos em uma gestão por processos

dividem essa responsabilidade com o escritório. No caso de conflitos, a prioridade decisória fica com o escritório.

Independentemente da decisão quanto à estrutura de inserção do escritório na organização, é importante a existência de indicadores de desempenho da organização que, de certa forma, avaliem os resultados das ações do escritório. O monitoramento desses índices, como dito anteriormente, pode ou não ser atribuição do escritório. Não sendo atribuição do escritório, é válido que seja estabelecido contato com o pessoal responsável para a garantia da divulgação dos índices que refletem a atuação do escritório. Sendo positivos, esses índices garantem a credibilidade de suas ações. Além disso, os indicadores contribuem para o alinhamento da atuação dos departamentos, fazendo, idealmente, com que todos sigam na mesma direção, valorizando e facilitando as ações do escritório.

Nos dois últimos modelos, pode haver separação entre atividades de natureza normativa e de natureza executiva. A primeira está relacionada ao ciclo de vida do desenho de processos, e pode ser segregada para uma unidade organizacional que não seja o escritório. A segunda, de natureza executiva para coordenação do dia-a-dia, poderia ficar com o escritório de processos. Também é possível considerar essas atividades sendo acumuladas pelo escritório. Nesse caso, a gestão do dia-a-dia e das "passagens de bastão e da alocação de recursos serão realizadas pelo escritório, assim como o desenho ou redesenho dos processos será atribuição do escritório de processos".

6.4.2 Cenários de atuação do escritório de processos

O escritório de processos dentro de uma organização pode assumir várias formas de atuação e relacionar-se hierarquicamente com diversas unidades organizacionais, sejam elas a unidade gestora principal (presidência, diretoria geral ou outra nomenclatura), uma unidade finalística (produção ou operações centrais), ou unidade gerencial ou de apoio (tecnologia da informação, recursos humanos, controladoria, qualidade ou outras).

Nesta pesquisa, verificam-se três formas de atuação do escritório de processos e, para cada uma delas, um posicionamento específico dentro da estrutura organizacional da empresa. São elas: 1- escritório normativo colaborativo, 2- escritório coordenador, 3- escritório normativo e coordenador, representadas na figura a seguir.

Escritório normativo colaborativo

Na Figura 6.8, no canto superior à esquerda está descrita uma das formas de atuação defendidas para um escritório de processos. Esse escritório assume o papel de normatizador da gestão de processos, caminhando desde a governança, estratégia, passando pelo controle de qualidade, orçamentos, modelagem, até a melhoria e a implantação. No escritório de processos genérico criado, ele seria responsável pelos tipos de processo gerenciais, de gestão do ciclo de vida do desenho de processos e de suporte ao escritório.

O tipo de processo para gerenciar os processos implantados no dia-a-dia fica sob responsabilidade das demais unidades organizacionais responsáveis por processos; porém, o escritório auxilia, ou seja, colabora para que essa gestão seja feita de forma adequada.

Escritório coordenador

O escritório denominado como coordenador, demonstrado no canto superior direito da Figura 6.9, atua de forma complementar ao escritório normativo. A função de normatizar a gestão de processos, descrita na forma do escritório normativo colaborativo, passa a ser responsabilidade das demais unidades organizacionais responsáveis por processos.

A forma de atuação em questão é responsável pela gestão dos processos no dia-a-dia, ou seja, envolve atividades tais como acompanhamento, controle, registro de dados e identificação de desvios nos processos, interferindo no ciclo dos processos se

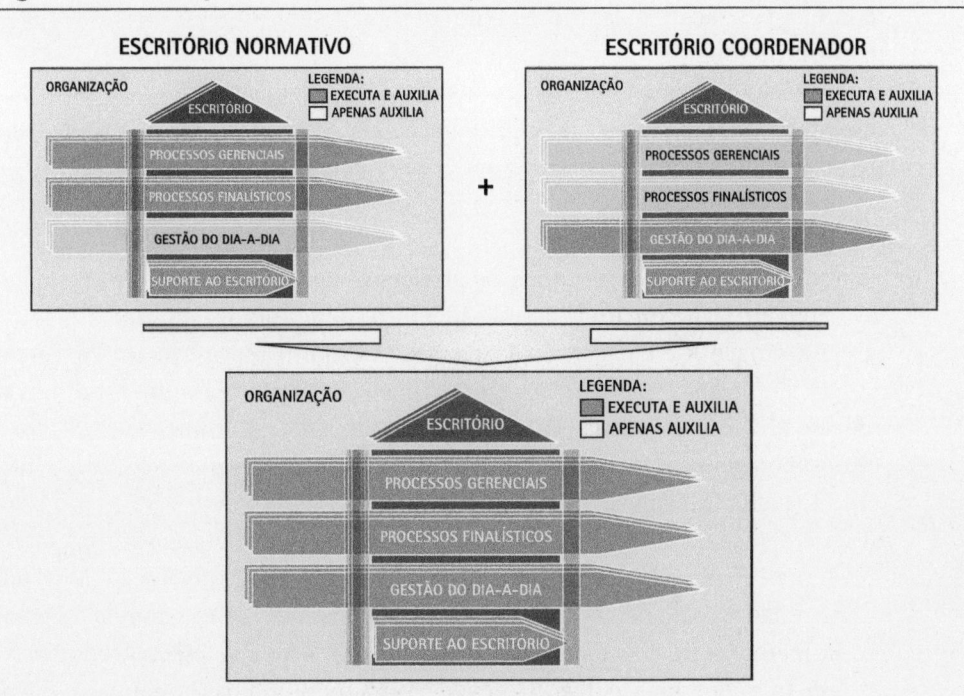

Figura 6.8 Atuações do escritório de processos

necessário e viável. Essa gestão é importante para que o ciclo de melhoria contínua dos processos seja realizado.

Escritório normativo e coordenador

O escritório de processos definido como normativo e coordenador acumula as atribuições de normatizador da gestão de processos e de gestor do dia-a-dia dos mesmos. Esse escritório está representado na figura como resultado da união dos demais processos.

As demais unidades organizacionais responsáveis por processos apenas auxiliam nas ações do escritório. Esse tipo de atuação pode causar alguns problemas, pois o escritório assume uma postura centralizadora e com um possível acúmulo de poder, que pode gerar um desequilíbrio organizacional.

A escolha sobre onde localizar o escritório de processos na estrutura organizacional depende de vários fatores. Alguns deles estão apresentados a seguir:

1) Deve-se considerar o equilíbrio de poder necessário ao funcionamento das organizações. Concentrar muitas responsabilidades em uma só unidade pode trazer mais problemas que soluções. Por outro lado, em casos de mudanças radicais, pode ser necessário dotar o escritório de maior poder.

2) Se houver intenção de integrar, alinhar e disseminar a gestão de processo em toda a organização, o escritório tenderá a ficar subordinado diretamente ao gestor principal.
3) O escritório pode ser concebido considerando a centralização ou descentralização da normatização, da coordenação do dia-a-dia e do controle. Uma possibilidade é centralizar a normatização (ciclo de vida do desenho de processos) e descentralizar a execução (gestão do dia-a-dia). O controle tende a ser centralizado.
4) Se houver intenção de gerenciar os processos com algum tipo de viés ou ênfase, uma unidade organizacional específica poderá ser escolhida:
   a) Se a ênfase for na tecnologia da informação, o escritório terá a vantagem de promover melhorias, gerar coordenação no dia-a-dia e promover aprendizado com o uso intensivo de tecnologia da informação, e terá a desvantagem da típica dificuldade de alinhamento entre negócios e tecnologia da informação.
   b) Se a ênfase for nas atividades finalísticas, o escritório terá a vantagem de estar alinhado com o corpo técnico e de negócios da organização, mas, por outro lado, pode haver dificuldade para diferenciar os momentos de atuar na melhoria de processos dos momentos de executar esses processos, o que, freqüentemente, resulta em "deixar a melhoria para quando o incêndio acabar". O dia-a-dia é um incêndio permanente.
   c) Se o viés for para qualidade, a vantagem estará na histórica cultura de melhoria e documentação associada à lógica de atuação dessas unidades. A desvantagem estará na usual associação à excessiva documentação e idealização dos processos, em especial quando o foco não está em gestão e, sim, em ter um selo de qualidade, ou seja, em certificar por certificar.
   d) Se o viés for para controle, a vantagem pode estar na busca por indicadores e formas de acompanhar o trabalho para melhorar seu desempenho, mas, em contraposição, pode haver uma descrição idealizada do trabalho para facilitar o controle e, em alguns casos, resultar em uma cultura de não mudar e não melhorar para não sair dos limites de controle.
   e) Há outras ênfases não tão freqüentes, como alocar o escritório na unidade de gestão de pessoas (RH), *marketing* ou outras[2].

6.4.3 Escritório de processos: formas organizacionais

O escritório de processos pode assumir diferentes formas ou cenários organizacionais que evoluem de acordo com seus macroprocessos, ou melhor, com a forma de atuação do escritório. A Figura 6.9 representa essa relação entre a estrutura organizacional e os macroprocessos do escritório, demonstrando a relação de proporcionalidade entre os cenários organizacionais e o tamanho/maturidade do escritório. Conforme aumenta o número de atividades e a experiência do escritório, mais papéis devem ser assumidos pelo escritório, o que pode resultar em uma unidade organizacional maior e mais complexa.

6.4.3.1 Escolha e adaptação dos cenários

Inicialmente, cabe destacar que o escritório tem uma mesma base para sua organização interna. Essa base sempre terá papéis ou unidades para entender ou modelar os processos, para analisar os processos e para gerenciar projetos de melhoria (ciclo de vida do desenho de processos). Por essa base sempre estar presente, foi criado um cenário zero. Esse número foi escolhido para denotar que esse cenário é básico ou comum para todos os casos de estruturação de um escritório de processos.

Cabe também considerar que as unidades apresentadas podem expressar papéis, e não necessariamente departamentos. Isso implica na possibilidade de acumulação de papéis por um mesmo departamento ou por um mesmo cargo ou por um mesmo profissional ou pessoa.

Figura 6.9 Evolução da estrutura organizacional do escritório

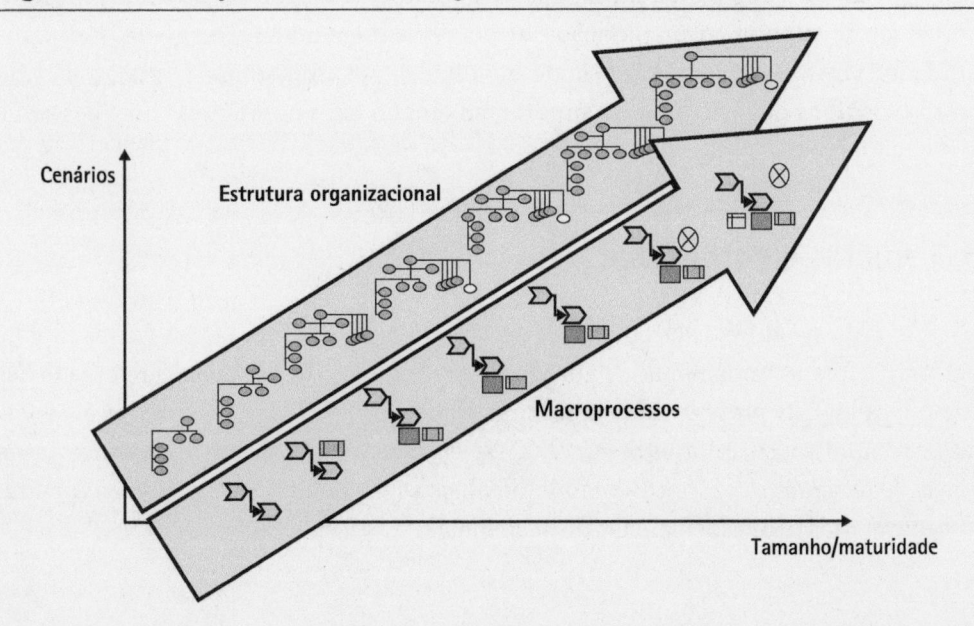

6.4.3.2 Saiba mais: cenários organizacionais

Foram criados setes cenários organizacionais projetados para um escritório de processos genérico. Esses cenários foram descritos e constam no relatório de pesquisa entregue para as empresas participantes. A seguir está apresentado um exemplo de cenário disponível no relatório[150]:

Cenário 4

Neste cenário, percebe-se um aumento de demanda por parte da organização por projetos de processos com várias iniciativas simultâneas para gestão de projetos de mudança no ciclo de vida do desenho de processos. Com isso, há o surgimento de um departamento responsável por esses projetos. Este cenário atende a um escritório de processos de grande porte. A forma de atuação do escritório continua flexível; além de normativa colaborativa, pode possuir um caráter de coordenação. Há assessorias específicas responsáveis pela implantação e pela comunicação e pelo controle de qualidade das ações do escritório. Há possibilidade de uso de capacidade externa, com terceirização de atividades do escritório. Neste cenário, a importância da gestão dos padrões e da qualidade aumenta, em especial se houver terceirização.

Os tipos de processos centrais são os gerenciais, com destaque para a gestão da qualidade, seleção e orçamentação; a gestão do ciclo de vida do desenho de processos, com destaque para a implantação de processos e preparação de equipe; e os processos de suporte. A preparação de equipes aumenta sua relevância, pois mais unidades organizacionais estão sendo envolvidas nas iniciativas de gestão de processos. Os tipos de processos de suporte aumentam em importância, pois passam a gerenciar terceiros.

6.5 Visitas e entrevistas

As visitas e entrevistas com diversas empresas de diversos setores da economia brasileiras foram fundamentais para adequar este projeto de pesquisa à realidade das organizações. Este presente item apresenta: o questionário elaborado para as entrevistas nas empresas; os critérios de escolha e seleção das empresas envolvidas nas entrevistas de *benchmarking*, apresentando detalhes específicos das empresas envolvidas e as entrevistas com especialistas da academia.

6.5.1 Elaboração de questionário-padrão

A elaboração do questionário-padrão foi um passo que antecedeu as entrevistas com as empresas participantes. Este questionário foi elaborado com o intuito de levantar as informações necessárias sobre o negócio da empresa estudada, bem como coletar dados sobre como ela gerencia seus processos e a forma de atuação do seu escritório de processos.

A aplicação do questionário resultou em quadros sínteses, apresentados ainda neste capítulo, que nos proporcionaram dados concretos para validar o escritório de processos genérico concebido.

6.5.2 Entrevistas de benchmarking

A parte final da pesquisa é importante para a validação na realidade empresarial, pois contempla os resultados obtidos das entrevistas de *benchmarking* com cinco grandes empresas brasileiras. Quatro delas são multinacionais. Algumas dessas organizações ganharam importantes prêmios por suas ações ligadas a processos, como, por exemplo, prêmio nacional de qualidade, e-finance, dentre outros.

Os critérios de escolha dessas empresas foram, basicamente, os seguintes: 1) a importância dessas empresas na economia brasileira; 2) estrutura empresarial sólida; 3) ter uma cultura empresarial voltada a processos; 4) possuir um escritório de processos estruturado.

A Figura 6.10 apresenta informações sobre as organizações estudadas quais foram relevantes como objeto de estudo e avaliação da forma como essas empresas gerenciam seus processos.

Cabe destacar que as informações apresentadas não objetivam identificar quais empresas tiveram quais resultados. A intenção da pesquisa foi conhecer como fazer a gestão de processo. Não houve intenção de julgar ou avaliar a empresa participante da pesquisa. Por essa razão, não há relação entre as colunas de resultados nas tabelas e os nomes das empresas.

O quadro síntese representado na Tabela 6.4 apresenta os responsáveis, representados pela letra R, e os colaboradores, representados pela letra A, de cada uma das tarefas de gestão de processos definidas na pesquisa. Por vezes, a parceria, caracterizada pela ação conjunta de ambos os envolvidos para a execução destas atividades, se mostra presente em algumas organizações.

Com estes dados, é possível perceber o foco de atuação do escritório de processos de cada organização e estimar o quanto cada empresa está orientada a processos, tanto pela atuação de seu escritório como pela atuação das unidades organizacionais responsáveis por processos.

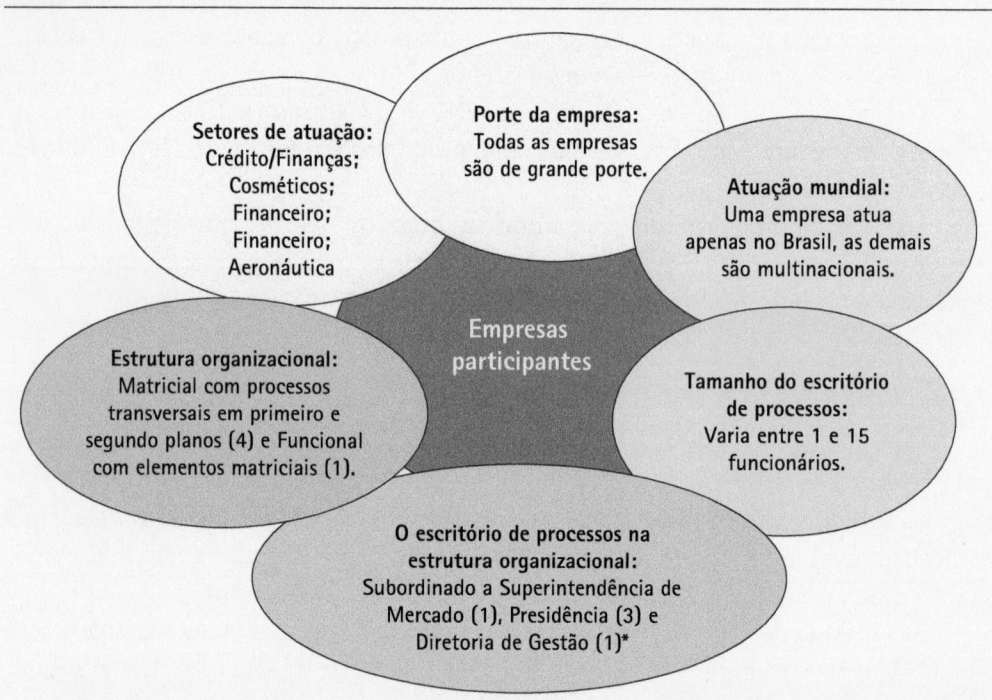

Figura 6.10 Caracterização das empresas escolhidas como casos

- **Setores de atuação:** Crédito/Finanças; Cosméticos; Financeiro; Financeiro; Aeronáutica
- **Porte da empresa:** Todas as empresas são de grande porte.
- **Atuação mundial:** Uma empresa atua apenas no Brasil, as demais são multinacionais.
- **Estrutura organizacional:** Matricial com processos transversais em primeiro e segundo planos (4) e Funcional com elementos matriciais (1).
- **Tamanho do escritório de processos:** Varia entre 1 e 15 funcionários.
- **O escritório de processos na estrutura organizacional:** Subordinado a Superintendência de Mercado (1), Presidência (3) e Diretoria de Gestão (1)*

Empresas participantes

Essas tarefas foram aceitas por todas as empresas participantes da pesquisa como necessárias para se construir um escritório de processos completo dentro de uma organização.

A Tabela 6.5 contém o resultado das entrevistas de *benchmarking* realizada nas grandes empresas relacionado a uma síntese dos sistemas BPMS que suportam a gestão de processos dentro da organização estudada[20,151]. Esses sistemas de informação podem ser ferramentas utilizadas exclusivamente pelo próprio escritório de processos para gerir os processos da organização, ou podem ser utilizadas por outras unidades organizacionais funcionais responsáveis por processos.

A Figura 6.11 apresenta o posicionamento de cada uma das empresas participantes da pesquisa. O critério utilizado para esse posicionamento é qualitativo, baseado nos conceitos e visões defendidas neste relatório.

Esse posicionamento não representa uma evolução empresarial e, sim, uma evolução quanto à visão por processos. Portanto, a decisão de "caminhar" para uma gestão por processos transversais envolve, principalmente, uma mudança de estrutura organizacional e depende do nível de processibilidade que caracteriza a organização[89].

Tabela 6.4 Quadro síntese das atividades realizadas para gestão de processos nos estudos de caso

	Empresa									
	ORG 1		ORG 2		ORG 3		ORG 4		ORG 5	
Tarefas de gestão de processos	Escritório de processos	Unidade organizacional funcional	Escritório de processos	Unidade organizacional funcional	Escritório de processos	Unidade organizacional funcional	Escritório de processos	Unidade organizacional funcional	Escritório de processos	Unidade organizacional funcional
Processos gerenciais										
Promover governança dos processos	C	C	C	C	C	C	C	C	R	A
Articular estratégia, processos e abordagem de mudança	C	C	R	A	C	C	R	A	R	R
Selecionar processos	C	C	R	A	C	C	R	N	R	R
Selecionar sistemas de gestão de processos	R	A	A	R	A	R	A	A	R	R
Selecionar técnicas de gestão de processos	R	A	R	A	R	N	R	N	R	N
Gerenciar orçamento dos escritório de processos	R	N	R	N	R	R	R	N	R	R
Gerenciar portfólio de projetos de gestão de processos	R	A	R	A	R	A	N	R	R	R
Gerenciar qualidade da gestão dos processos	C	C	R	A	R	N	R	N	R	N
Gerenciar os processos do escritório de processos	R	N	R	N	R	N	R	N	R	N
Processos de gestão do ciclo de vida dos processos										
Gerenciar levantamento dos processos	R	A	R	A	R	A	R	N	A	R
Gerenciar melhoria dos processos	R	A	R	A	R	A	R	N	A	R
Gerenciar a implantação de mudanças nos novos processos	C	C	A	R	R	A	N	R	A	R
Preparar equipes de gestão de processos	A	R	R	A	R	A	R	N	R	N
Definir indicadores de desempenho para os processos	A	A	R	A	R	A	C	C	A	R
Definir sistemas para os processos	A	R	N	R	N	R	A	R	A	R
Definir competências para os processos	C	C	N	N	R	A	N	R	A	R
Definir responsáveis para os processos	R	A	R	A	R	A	A	R	A	R
Definir riscos para os processos	N	N	R	A	A	R	N	R	A	R
Definir procedimentos para os processos	A	R	R	R	R	A	C	C	A	R
Processos de gestão no dia a dia										
Acompanhar execução dos processos	R	R	A	R	A	R	A	R	N	R
Controlar execução dos processos	N	R	N	R	N	R	N	R	N	R
Registrar o desempenho dos processos	N	R	N	R	N	R	R	A	N	R
Controlar desvios de impacto	A	R	A	R	N	R	N	R	N	N
Avaliar desempenho dos processos	N	R	N	R	N	R	N	R	R	R
Processos de suporte ao escritório										
Manter sistemas do escritório de processos	R	A	R	A	R	A	C	C	R	N
Preparar equipe do escritório de processos	R	A	R	A	R	A	R	N	R	N
Registrar aprendizado sobre processos	R	N	R	N	R	N	R	N	N	N
Manter plano de comunicação do escritório de processos	R	A	R	A	R	A	R	N	R	A

R - Responsável   A - Auxilia   C - Co-responsável   N - Não envolvido

Tabela 6.5 Quadro síntese dos sistemas de apoio à gestão de processos identificados nos estudos de caso

Sistemas BPMS	Empresa ORG 1 Escritório de processos	ORG 1 Outras áreas	ORG 2 Escritório de processos	ORG 2 Outras áreas	ORG 3 Escritório de processos	ORG 3 Outras áreas	ORG 4 Escritório de processos	ORG 4 Outras áreas	ORG 5 Escritório de processos	ORG 5 Outras áreas
Fluxo de Trabalho (Workflow)	N	U	-	-	-	-	U	U	N	U
Intranet (Enterprise Content Management)	N	U	N	U	N	U	N	U	U	N
Portal Corporativo	N	U	N	U	N	U	N	U	U	U
Sistemas de Análise Qualitativa de Processos	U	N	-	-	-	-	-	-	U	U
Sistemas de Análises Estatísticas de Processos	U	N	N	U	-	-	U	N	N	U
Sistemas de Análises Gráficas de Processos	U	N	-	-	U	N	U	N	U	U
Sistemas de Benchmarking	U	N	U	-	-	-	-	-	-	-
Sistemas de Coleta de Indicadores	U	N	N	U	-	-	U	U	U	U
Sistemas de Comunicação	U	N	-	-	-	-	U	N	U	N
Sistemas de Data Warehouse	N	U	-	-	-	-	N	U	N	U
Sistemas de Desenvolvimento de Sistemas	-	-	-	-	N	U	N	U	U	U
Sistemas de Divulgação de Mudanças	N	U	-	-	-	-	N	U	U	U
Sistemas de Execução de Manufaturados (MES)	N	U	N	U	-	-	N	U	N	U
Sistemas de Extração de Relatório Analíticos	N	U	N	U	N	U	U	U	U	U
Sistemas de Gerenciamento de Recursos Humanos	N	U	N	U	N	U	U	U	U	U
Sistemas de Gestão da Cadeia de Relações (SRM)	N	U	U	N	-	-	N	U	U	U
Sistemas de Gestão da Cadeia de Suprimentos (SCM)	N	U	-	-	-	-	-	-	U	U
Sistemas de Gestão das Regras de Negócio	N	U	-	-	-	-	-	-	U	U
Sistemas de Gestão de Competências	N	U	U	N	-	-	N	U	-	-
Sistemas de Gestão de Conteúdo	N	U	U	-	-	-	-	-	-	-
Sistemas de Gestão de Desenvolvimento de Produto (PDM)	-	-	U	N	N	U	-	-	U	U
Sistemas de Gestão de Indicadores	U	N	N	U	-	-	U	N	-	-
Sistemas de Gestão de Projetos	N	U	-	-	N	U	U	N	U	U
Sistemas de Gestão de Relacionamento com o Cliente (CRM)	N	U	N	U	N	U	U	U	U	U
Sistemas de Gestão de Risco	N	U	-	-	U	N	U	N	-	-
Sistemas de Gestão do Ciclo de Vida do Produto (PLM)	-	-	-	-	-	-	-	-	U	U
Sistemas de Gestão de Conhecimento	N	U	-	-	-	-	N	U	U	U
Sistemas de Gestão Eletrônica de Documentos (GED)	N	U	N	U	N	U	N	U	U	U
Sistemas de Medição de Performance	U	N	-	-	-	-	-	-	-	-
Sistemas de Mineração de Dados (Data Mining)	N	U	N	U	N	U	-	-	-	-
Sistemas de Modelagem de Processos	U	N	U	N	U	N	U	N	U	U
Sistemas de Modelagem Organizacional	U	N	U	N	U	N	U	N	U	U
Sistemas de Monitoramento de Atividades de Negócio (BAM)	N	U	-	-	N	U	U	N	-	-
Sistemas de Planej dos Recursos Empresariais (ERP)	N	U	N	U	N	U	N	U	-	-
Sistemas de Planej dos Recursos Manufaturados (MRP)	N	U	N	U	-	-	-	-	N	U
Sistemas de Apoio à Decisão	N	U	-	-	-	-	-	-	U	U
Sistemas de Publicação dos novos processos	U	N	U	N	U	N	-	-	U	N
Sistemas de Simulação	N	U	-	-	-	-	-	-	N	U
Sistemas de Treinamento de Pessoal	N	U	-	-	N	U	N	U	U	N
Trabalho Colaborativo (Groupware)	N	U	-	-	N	U	N	U	U	N
Outros:	-	-	-	-	-	-	-	-	-	-
Outros:	-	-	-	-	-	-	-	-	-	-
Outros:	-	-	-	-	-	-	-	-	-	-

U - Utiliza   N - Não utiliza   - Não sabe informar

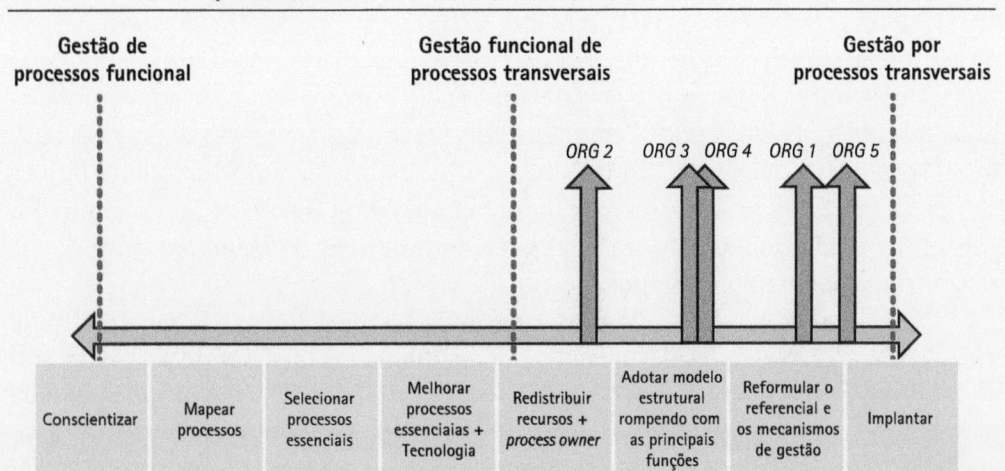

Figura 6.11 Posicionamento da organização de acordo com a sua visão de processos

| Gestão de processos funcional | Gestão funcional de processos transversais | Gestão por processos transversais |

ORG 2   ORG 3 ORG 4   ORG 1 ORG 5

| Conscientizar | Mapear processos | Selecionar processos essenciais | Melhorar processos essenciais + Tecnologia | Redistribuir recursos + *process owner* | Adotar modelo estrutural rompendo com as principais funções | Reformular o referencial e os mecanismos de gestão | Implantar |

Há destaque para o fato de Figura 6.11 não ser uma comparação entre empresas. Portanto, novamente, não há intenção de indicar que as empresas são melhores por estarem mais próximas da gestão por processos. Tal comparação, se realizada, deveria considerar as particularidades do setor, o histórico e os objetivos das empresas, além de outros aspectos, que não foram analisados no trabalho.

6.5.3 Entrevistas com especialistas

As entrevistas com especialistas indicaram o estudo da variação da forma de atuação do escritório de processos em função da natureza das tarefas normativa, coordenadora e de controle do dia-a-dia. Esses especialistas têm mestrado ou doutorado em engenharia de produção ou em sistemas de informação. As discussões com esses grupos universitários também indicaram a avaliação de uma trajetória de desenvolvimento ou incorporação das tarefas. Essas indicações influenciaram o desenvolvimento da pesquisa e o conteúdo deste relatório. A fase de entrevistas foi importante para validar as tarefas de um escritório de processos genérico e, com isso, evoluir tanto o macroprocesso quanto a estrutura organizacional elaborados na fase inicial. Em decorrência da pesquisa, foram iniciadas as entrevistas de levantamento dos processos de gestão de processos também envolvendo os mesmos especialistas e, por conseguinte, teve início a modelagem dos processos de gestão de processos. Essa modelagem foi baseada nas entrevistas de levantamento realizadas, nos materiais obtidos na busca bibliográfica e em estudos anteriores. Posteriormente, ocorreu a validação dos processos levantados com o grupo de entrevistados.

6.6 Escritório de processos: conclusão sobre a estruturação e adoção pelas empresas

Este estudo buscou identificar formas de estruturação do escritório de processos por meio da busca de referenciais conceituais e de visitas e entrevistas em empresas brasileiras reconhecidas por terem iniciativas avançadas em gestão de processos. A motivação para a realização do trabalho partiu, por um lado, da crescente importância da gestão de processos e, por outro, da falta de publicações com um quadro conceitual para orientar a prática da gestão de processos de maneira estruturada e referenciada por melhores práticas.

Os resultados revelam uma estruturação de escritório que pode ser sintetizada pela Figura 6.12. Nela pode-se perceber que há diferentes modelos de gestão de processos, com variações entre uma lógica prioritariamente funcional, passando por uma gestão funcional de processos transversais e podendo chegar a uma gestão por processos. Essa última necessariamente muda a estrutura organizacional, e a divisão do trabalho passa a ser definida a partir dos fluxos que resultam em produtos. Na gestão funcional, a divisão do trabalho segue a lógica de especialização e agrupamento por semelhança de conhecimentos.

Figura 6.12 Estruturação de um escritório de processos

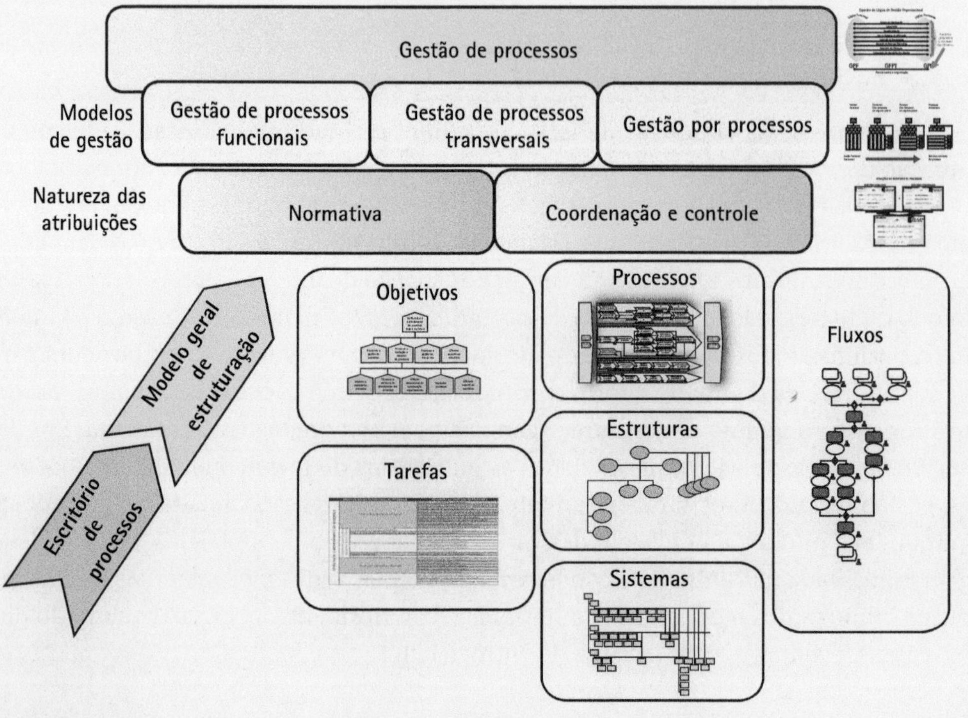

Figura 6.13 Síntese sobre as trajetórias em gestão de processos

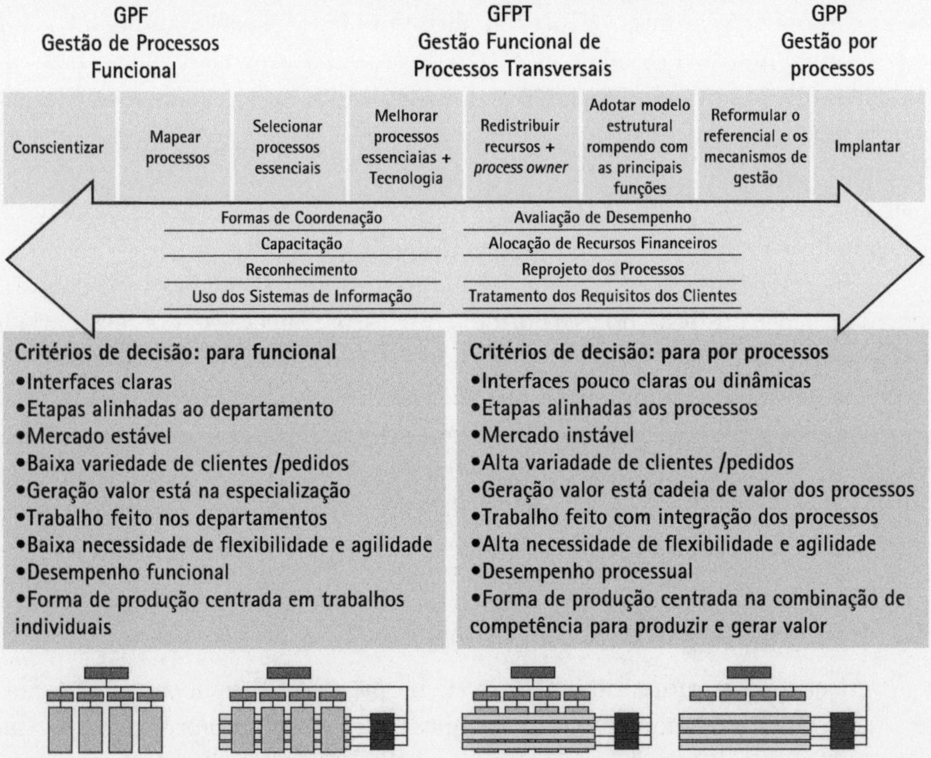

GPF Gestão de Processos Funcional				GFPT Gestão Funcional de Processos Transversais				GPP Gestão por processos
Conscientizar	Mapear processos	Selecionar processos essenciais	Melhorar processos essenciaias + Tecnologia	Redistribuir recursos + *process owner*	Adotar modelo estrutural rompendo com as principais funções	Reformular o referencial e os mecanismos de gestão		Implantar

Formas de Coordenação	Avaliação de Desempenho
Capacitação	Alocação de Recursos Financeiros
Reconhecimento	Reprojeto dos Processos
Uso dos Sistemas de Informação	Tratamento dos Requisitos dos Clientes

Critérios de decisão: para funcional	Critérios de decisão: para por processos
•Interfaces claras •Etapas alinhadas ao departamento •Mercado estável •Baixa variedade de clientes /pedidos •Geração valor está na especialização •Trabalho feito nos departamentos •Baixa necessidade de flexibilidade e agilidade •Desempenho funcional •Forma de produção centrada em trabalhos individuais	•Interfaces pouco claras ou dinâmicas •Etapas alinhadas aos processos •Mercado instável •Alta variadade de clientes /pedidos •Geração valor está cadeia de valor dos processos •Trabalho feito com integração dos processos •Alta necessidade de flexibilidade e agilidade •Desempenho processual •Forma de produção centrada na combinação de competência para produzir e gerar valor

A estruturação do escritório deve considerar que ele pode assumir atribuições de diferentes naturezas. O escritório pode ser essencialmente normativo e focar no projeto-desenho do trabalho, com viés de levantamento, melhoria e implantação de novos processos. Por outro lado, o escritório pode avançar sobre a coordenação e o controle das atividades e sobre a alocação de recursos que ocorrem no dia-a-dia das organizações. Esses casos tendem a ser mais vinculados a uma gestão por processos.

O escritório tem como objetivo promover o entendimento dos processos hoje e no futuro. Essa expressão busca reforçar que os processos devem ser entendidos na forma como estão sendo realizados no dia-a-dia, mas, sobremaneira, precisam ser redesenhados e, no futuro, ser novamente entendidos por todos os envolvidos em sua execução e gestão.

Desses objetivos, podem ser desdobradas tarefas necessárias para gestão de processos. As tarefas foram transformadas em um processo de gestão de processos que, depois de dividido em quatro tipos, foi apresentado às seis empresas participantes do estudo. O resultado foi a validação dos processos, o que aumenta o grau de confiabilidade no uso do modelo de estruturação de escritório de processos proposto por este estudo.

A estruturação do escritório também inclui propostas de inserção desta unidade na estrutura organizacional geral da empresa, assim como inclui cenários de organização interna do escritório. A inserção dessa unidade na estrutura organizacional pode variar em função do modelo de gestão de processos e da natureza normativa ou coordenadora do escritório. Os cenários de organização interna podem ser sintetizados pela Tabela 6.6, que relaciona os tipos de processos com os cenários de estruturação organizacional interna ao escritório. Essa relação entre atividades e unidades ou papéis organizacionais resulta na percepção de que o escritório gradativamente fica mais complexo, conforme aumenta sua maturidade e tamanho.

Na Figura 6.12 (pág. 264), pode ser identificado um desdobramento natural e integrador da estruturação do escritório de processos. Sugere-se que sejam criados, detalhados ou adaptados fluxos de processos em função das realidades específicas de cada organização ou unidade organizacional. Esses fluxos devem ser orientados pelos conceitos e objetivos do escritório. Deve-se considerar que as tarefas, unidades organizacionais e sistemas devem ser realizados com lógica ou visão de processos por meio da definição de fluxos de atividades que possam orientar, de forma prática, como a gestão de processos pode ser realizada.

6.6.1 Trajetória de estruturação: cenários e tipos de processos

A criação e a estruturação do escritório de processos devem considerar que há necessidade de uma trajetória de desenvolvimento de cultura de processos na organização. Isso envolve incluir ou mudar gradativamente os artefatos culturais, como procedimentos, formas de premiação, lideranças, trabalho em equipe, formas de remuneração e orçamentação, políticas organizacionais, estruturas organizacionais e outras. O estudo propôs uma trajetória que pode andar em dois sentidos no espectro de gestão de processos, esquematizado pela Figura 3.10, apresentada no Capítulo 3, na pág. 134.

Uma vez adaptados às necessidades de uma dada organização ou unidade, os próprios processos de gestão de processos passarão pelo desafio de serem implantados e entrarem no dia-a-dia das organizações. Isso não é fácil, mas é o caminho para tornar, primeiro, a gestão de processos permanente nas organizações e, segundo, permitir que o escritório de processos seja reconhecido como um indutor ou um motor de indução para que a gestão de processos seja institucionalizada. Essa internalização criará uma cultura de gerar continuamente melhores resultados para a organização.

Esse desenvolvimento de cultura e trajetória em gestão de processos deve considerar a relação dos tipos de processos de maneira alinhada com a estrutura interna do escritório de processos. A Tabela 6.6 apresenta a trajetória dos cenários de estrutura organizacional interna do escritório em relação aos processos de gestão de processos. É possível perceber que há estágios iniciais, intermediários e avançados de estrutura que, conforme avançam, incorporam e estruturam mais processos de gestão de

Tabela 6.6 Relação entre os cenários de estrutura interna e tipos de processos do escritório de processos

Cenário/ tipo de processos	Gerencial	Ciclo de vida do desenho de processos/ normatização	Dia-a-dia/ coordenação	Suporte/ apoio
Cenário 0	Inicial.	Centrado no levantamento.	Inexistente	Inicial.
Cenário 1	Inicial, com foco na qualidade.	Centrado na melhoria.	Inexistente	Inicial.
Cenário 2	Intermediário, com foco na qualidade, padronização e seleção de processos.	Centrado na implantação, com aumento da importância da preparação de equipes, que agora podem ser de terceiros.	Inicial, com o foco na transição de novos processos para o dia a dia	Intermediário: suporte a várias iniciativas e à gestão de terceiros.
Cenário 3	Intermediário, com foco na qualidade, padronização e seleção de processos.	Centrado na implantação, com aumento da importância da preparação de equipes.	Inicial, com o foco na transição de novos processos para o dia-a-dia	Intermediário para suporte a várias iniciativas simultâneas.
Cenário 4	Avançado, com foco na qualidade, padronização e seleção de processos. Há destaque para a gestão de iniciativas simultâneas e para a orçamentação dessas iniciativas.	Centrado em todo o ciclo de gestão do ciclo de vida do desenho de processos, com levantamento, melhoria, implantação e preparação de equipes sendo realizados de forma integrada e simultânea.	Inicial, com o foco na transição de novos processos para o dia-a-dia. Pode ser intermediário, se houver decisão de entrar na coordenação do dia-a-dia.	Intermediário para suporte a várias iniciativas simultâneas.
Cenário 5	Avançado, com foco na gestão da qualidade, seleção, orçamentação e na gestão da gestão de processos.	Centrado em todo o ciclo de gestão do ciclo de vida do desenho de processos, com levantamento, melhoria, implantação e preparação de equipes sendo realizados de forma integrada e simultânea.	Inicial, com o foco na transição de processos para o dia-a-dia. Pode ser intermediário, se houver decisão de entrar na coordenação do dia-a-dia.	Intermediário para suporte a várias iniciativas simultâneas.
Cenário 6	Avançado, com foco no alinhamento estratégico com os processos.	Centrado em todo o ciclo de gestão do ciclo de vida do desenho de processos, com levantamento, melhoria, implantação e preparação de equipes sendo realizados de forma integrada e simultânea.	Intermediário, com o foco na transição de novos processos para o dia-a-dia. Pode ser avançado, se houver decisão de entrar na coordenação do dia-a-dia.	Avançado para suporte a várias iniciativas simultâneas.

processos. Ao se considerar essa relação, deve-se atentar que há decisões a serem tomadas. Uma delas diz respeito à natureza das atribuições do escritório e outra diz respeito ao modelo de gestão de processos: gestão de processos funcionais, gestão funcional de processos transversais ou gestão por processos.

Sobre a trajetória, cabe ainda concluir que há uma síntese entre os modelos de gestão de processos, os tipos de estruturas organizacionais, os passos para "andar" no sentido da gestão de processos funcionais para a gestão por processos (e vice-versa) e os critérios que podem orientar esta decisão. A Figura 6.13 (pág. 265) esquematiza esses elementos já apresentados em separado ao longo do capítulo.

Esta síntese indica que o movimento no sentido da gestão por processos tem fases que criam uma cultura de gestão de processos. Essas fases já foram propostas por diferentes autores, mas o trabalho de Gonçalves[89], apresentado na Figura 3.10 (pág. 134), foi utilizado como referência. O espectro de mudanças da lógica de decisão organizacional, esquematizado pela Figura 3.6 (pág. 125), indica que práticas de gestão devem assumir a orientação dos processos para que, efetivamente, a organização passe por uma mudança. Os critérios para decidir entre modelos de gestão de processos foram discutidos previamente nesta conclusão, assim como os tipos de estruturas organizacionais foram apresentados e esquematizados na Figura 3.11 (pág. 134).

6.6.2 Respostas às indagações iniciais

O estudo também se propôs a responder as questões estruturantes. A primeira delas, sobre a necessidade de se ter, ou não, gestores de processos, tem a seguinte resposta:
- As organizações pesquisadas neste estudo têm, sem exceção, gestores de processos. Cabe ressaltar que todas foram escolhidas exatamente por esse motivo. Outros estudos indicam que 26% das organizações não têm gestores de processos, 11% têm gestores de processos dentro das unidades funcionais (processos funcionais), 11% estão em transição para uma gestão funcional de processos transversais, 33% têm gestão funcional de processos transversais, 8% estão em transição para uma gestão por processos e 10% efetivamente tem um modelo de gestão por processos.[75]
- A segunda delas, sobre a necessidade de um ou vários gestores de processos, tem a seguinte resposta:
  - As organizações usualmente têm mais de um gestor de processos transversais. Um para cada processo.
- A terceira pergunta, relacionada à decisão de se gestor de processos deve projetar (desenhar) e/ou coordenar a equipe multifuncional responsável pelo alcance da finalidade específica daquele processo, promovendo colaboração, tem a seguinte resposta:

- Tanto neste trabalho quanto em estudos anteriores, os gestores de processos não chegam, freqüentemente, ao dia-a-dia ou à coordenação com alocação/realocação de recursos nas organizações. Em outras palavras, os gestores de processos estão concentrados em gerir o ciclo de vida do desenho de processos. A gestão do dia-a-dia parece ser uma vontade, mas poucas organizações têm efetivamente uma gestão por processos. Na maioria dos casos, há uma gestão funcional de processos transversais.
- A última pergunta, sobre a necessidade de um gestor de processos, de um escritório de processos, ou de uma estrutura de governança de processos, pode ser respondida como segue:
  - Há critérios para essa decisão. Se a organização tem fronteiras ou interfaces organizacionais bem definidas, com etapas muito claramente estabelecidas e alinhadas ao que cada departamento funcional tem como responsabilidade. Ainda, se a organização tem um mercado estável, com baixa variação na demanda e baixa variedade de clientes e tipos de pedidos. Se a forma de gerar valor está na especialização do trabalho e não na cadeia de valor integrada dos processos. Se a maior parte do trabalho deve ser feito nos departamentos sem integração dos processos. Se há baixa necessidade de flexibilidade e agilidade. Se os requisitos de desempenho são prioritariamente funcionais em oposição a indicadores globais, tais como um nível de serviço ou qualidade, um prazo de entrega e outros. Se a forma de produção está centrada em trabalhos individuais ou especializados e não está centrada na combinação de competências para produzir e gerar valor.
  - Então, a resposta indica se há, ou não, necessidade de um gestor, governança ou escritório de processos.

6.7 Escritório de processos para as empresas estudadas

As visitas para estudar os casos das empresas brasileiras que têm iniciativas de gestão de processos resultaram na identificação de práticas ou mesmo características que se destacaram. Essas práticas podem ser úteis para que outras organizações tenham uma referência do que podem fazer para aprimorar o processo de gestão de processos. A seguir, estão destacadas algumas dessas práticas que foram identificadas quando da visita e entrevista nas empresas. Cabe considerar que, neste caso, as empresas estão identificadas, diferentemente dos itens anteriores deste relatório. A identificação visa a permitir maior colaboração entre as próprias empresas e, claro, entre outras possíveis empresas que tenham acesso autorizado a este relatório.

6.7.1 Destaques do caso Serasa

A Serasa se destacou por ter práticas de gestão de processos realmente internalizadas e disseminadas. Em especial, houve destaque para o que, neste documento, será chamado de "circuitos gerenciais".

Estes circuitos permitem que a Serasa tenha uma efetiva gestão integrada e baseada em processos. Um exemplo de destaque está na capacidade da organização de representar seus processos e divulgá-los. Para essa prática, a organização usa o macroprocesso representado a seguir e, além disso, coloca em todos os departamentos representações da inserção do processo (no qual o departamento está envolvido) no macroprocesso geral da Serasa. Esse macroprocesso está representado na Figura 6.14 e o detalhamento de um desses processos está representado na Figura 6.15. Isso assegura a visão de processos transversais.

Em contraposição, e para dar entendimento do que o departamento faz, o escritório também disponibiliza a representação de SIPOC (fornecedor, entrada, processamento, saída e cliente). O SIPOC expressa a visão funcional (de processos funcionais) e o macroprocesso expressa a visão por processos. O escritório de processos na Serasa também é responsável por divulgar, nos setores, indicadores de desempenho.

Dentre os vários destaques das práticas da Serasa, estão os circuitos gerenciais. Uma exemplificação dessa prática é no fato de haver reuniões, procedimentos e sistemas de informação que apóiam a geração de sugestões de melhoria para os processos. Essas sugestões podem ser de grande porte e "subir" das discussões estratégicas ou ir direto para uma mudança no desenho do processo. Se a mudança for aceita, haverá alteração de procedimento com posterior treinamento das equipes envolvidas.

Diferentes unidades organizacionais estão envolvidas nesses circuitos gerenciais. Por exemplo, o escritório de processo recebe as sugestões, os processos são melhorados e a área de qualidade e gestão normatiza os novos processos. Esses

Figura 6.14 Macroprocesso da Serasa[152]

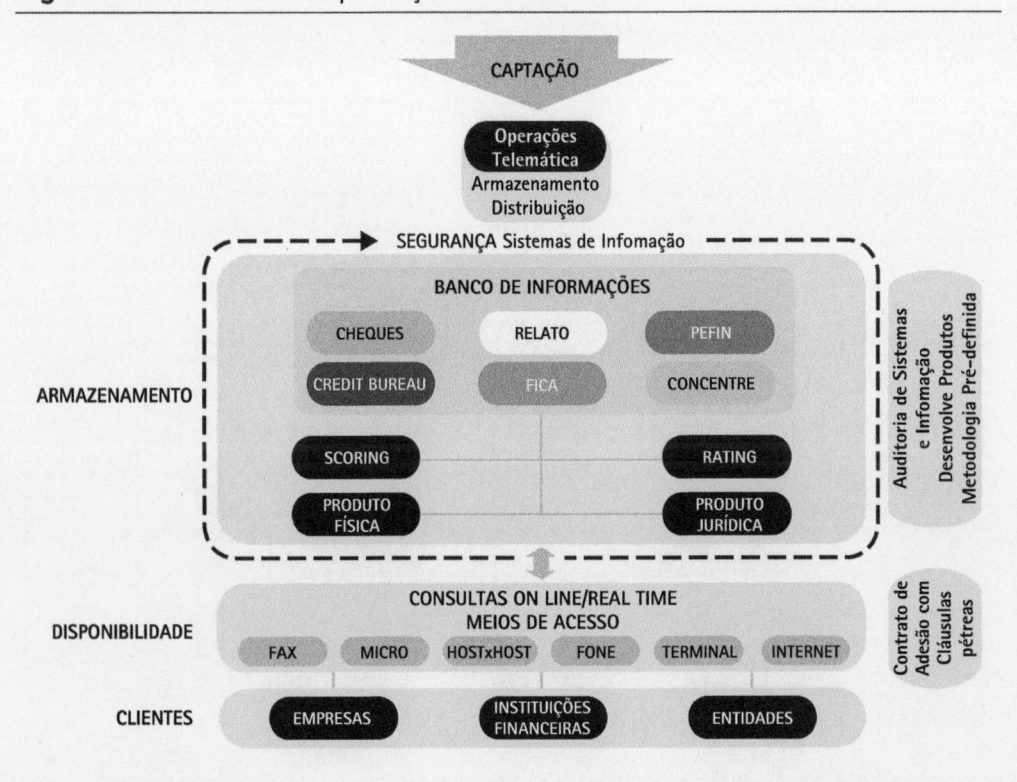

Figura 6.15 Processo de produção da Serasa[152]

circuitos são uma forma de assegurar ou de buscar assegurar consistência organizacional.

Por fim, outro destaque da Serasa é sua estrutura organizacional. Para tentar resolver o dilema entre apagar os incêndios do dia-a-dia e ter tempo para pensar o futuro, seja inovando seja parando para melhorar o processo, a Serasa criou uma estrutura organizacional bipolar. Bipolar porque todas as unidades sempre têm uma parte para pensar o futuro e outra para "tocar" o dia-a-dia.

6.7.2 Destaques do caso Natura

A Natura se destacou pela capacidade de perceber e praticar uma gestão de processos inserida dentro do contexto da gestão organizacional como um todo. Também se destacou por apresentar um estrutura/*framework* e uma metodologia para gestão de processos.

A gestão de processo na Natura está vinculada à área de gestão, responsável pelo Sistema de Gestão Natura. A organização faz questão de não chamar esta área de es-

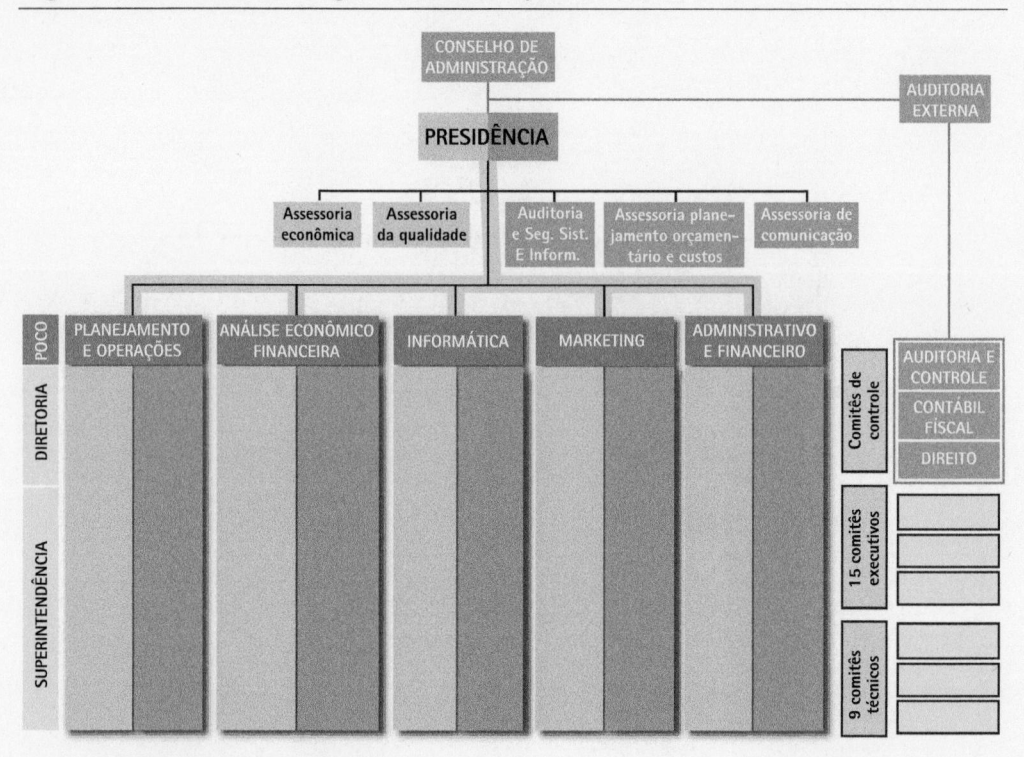

Figura 6.16 Estrutura organizacional bipolar Serasa

Fonte: Relatório Gerencial Serasa 2005.

critério de processos. Essa decisão tem o objetivo de reforçar que a gestão se faz com lógica de processos, não só com processos. Na Natura, os processos são desdobrados da estratégia, há relação com indicadores de desempenho e também integração entre outros elementos gerenciais.

A metodologia da Natura tem 10 passos bem estruturados. Essa metodologia é aplicada gradativamente em diferentes processos e tem os seguintes destaques:

- Suporta a estratégia de internacionalização da Natura.
- Está claramente referenciada por um macroprocesso, que vem sendo ao longo de três anos aprimorado. Atualmente, esse macroprocesso se encontra em uma versão que já incorpora uma lógica de processos transversais (de... até...). Estão caminhando muito bem para melhorar essa representação e alinhar os processos ao modelo de gestão da Natura e à estratégia de negócios.
- Há uma ferramenta para a priorização de processos que considera a maturidade dos processos e orienta bem a decisão de qual processo selecionar para apoiar a estratégia e gerar resultados para a organização e os acionistas.

- Há uma ferramenta para a classificação da maturidade e a qualidade dos processos.
- Os processos são entendidos como importantes para o crescimento porque contribuem para uma estruturação organizacional e para melhorar a coordenação, dificultada pela hierarquia verticalizada, como em qualquer empresa.
- Em relação à gestão de processos, a área de gestão tem os seguintes objetivos: desenvolver, implantar e manter a metodologia de gestão de processos; promover melhorias nos processos da Natura; assegurar a certificação ISO 9001 dos processos; documentar os processos (usa a ferramenta ARIS); promover a capacitação (treinamento) em gestão de processos dos colaboradores Natura; criar desdobramento e instrumentos para difusão da gestão de processos, como a inclusão na PLR (participação nos lucros e resultados).
- O modelo de gestão de processos da Natura também se destaca por perceber a relação de processos com a cultura organizacional. Em função dessa percepção, as lideranças são atores chaves para a disseminação da gestão de processos.

6.7.3 Destaques do caso ABN AMRO/Real

O banco ABN AMRO/Real já ganhou um prêmio da revista e-Finance por sua "processwarehouse". O modelo de gestão está formalmente suportado por valores baseados em processos. Esses são apenas dois dos destaques desta organização. O escritório de processos está inserido em uma estrutura robusta, com escritório de processos, escritório de projeto (PMO) e outras unidades subordinadas a uma diretoria de processos. Há uma forte orientação para controles internos, natural ao setor financeiro. A prática de modelagem está bem disseminada, com todos os processos finalísticos já mapeados.

O modelo do ABN AMRO/Real busca gerar resultados sustentáveis e um dos valores centrais é "melhores processos e disciplina na execução". Como pode ser visualizado na Figura 6.17, esse é um dos valores para se chegar ou sustentar a satisfação total dos clientes. Esse valor, defendido pela principal liderança da organização, tem um significado muito forte. A primeira parte, melhores processos, cria uma motivação de futuro para sempre avançar no desempenho por meio da melhoria de processos. A segunda parte, "disciplina na execução", indica que os processos definidos devem ser seguidos e padronizados, incluindo ações de controles para que a execução esteja conforme o processo está modelado (conforme o desenho de processos).

O Real criou, em 2004, uma diretoria de processos considerando chegar a ser "a empresa orientada a processos"[153]. Na época, houve priorização do Projeto da Base

Figura 6.17 O modelo de atuação ABN AMRO/REAL

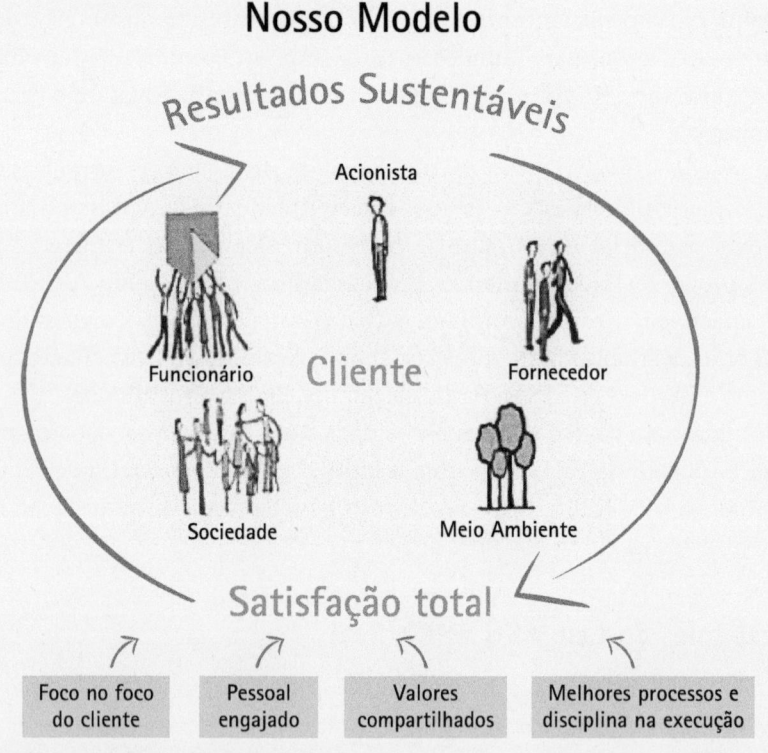

Nosso Modelo

Resultados Sustentáveis

Acionista

Funcionário Cliente Fornecedor

Sociedade Meio Ambiente

Satisfação total

| Foco no foco do cliente | Pessoal engajado | Valores compartilhados | Melhores processos e disciplina na execução |

Fonte: Material institucional ABN AMRO/REAL.

Corporativa de Processos. Esse projeto tinha como desafio a integração de processos com várias iniciativas, como custos, TI, controles internos, riscos operacionais, auditoria, desenvolvimento de produtos. Todas deveriam estar ligadas à visão de processos e gerar benefícios diretos para todos. O reconhecimento pelo projeto foi marcado pelo recebimento do prêmio e-Finance.

Os controles internos associados aos processos têm grande relevância para o banco. "O setor é também altamente regulamentado, o que exige rapidez de implementação do regulatório/legal. Nesse cenário, a lei Sarbannes-Oxley exigiu que uma necessidade já conhecida ganhasse prioridade. Para garantir a certificação, é necessário identificar as contas que são relevantes para a análise financeira, documentar os processos correspondentes, identificar os riscos e os controles que efetivamente mitigam esses riscos"[153].

O banco tem um dos melhores macroprocessos dentre os já identificados em empresas e publicações sobre processos. Esse macroprocesso, elaborado pela unidade brasileira, foi inclusive adotado pela matriz do ABN AMRO/Real em Amsterdã. Os destaques desses processos estão relacionados com a capacidade de representar diferentes tipos de processos, seguir uma orientação forte *end-to-end*, como eles mesmo escrevem, e, sobretudo, incorporar a visão do cliente e do processo "do negócio", do ambiente regulatório e dos processos de suporte (provedores de recurso). Esse macroprocesso está representado na Figura 6.18.

Há grande relevância de processos para bancos[153]. A dinâmica do mercado financeiro exige que os lançamentos de novos produtos tenham seu *time-to-market* cada vez mais reduzido. Isso implica em ter processos enxutos, com o mínimo de retrabalho, e implica que as análises dos processos sejam feitas para o processo como um todo (*end-to-end*).

O escritório de processos no banco tem os seguintes objetivos: manter a base de processos como um ativo organizacional; preservar a memória da forma de funcionamento do banco, por meio do mapeamento e da documentação dos processos; contribuir para a criação de uma cultura com orientação por processos; promover treinamento dos colaboradores (*workshop*/vivência); e contribuir para a conformidade com a regulamentação dos processos.

Por fim, há um interessante destaque para o caso do ABN AMRO/Real. A equipe do escritório de processos teve uma grande idéia para fazer com que os profissionais do banco tivessem uma visão das várias perspectivas de processos. As perspectivas estão relacionadas para enxergar os processos com um olhar de

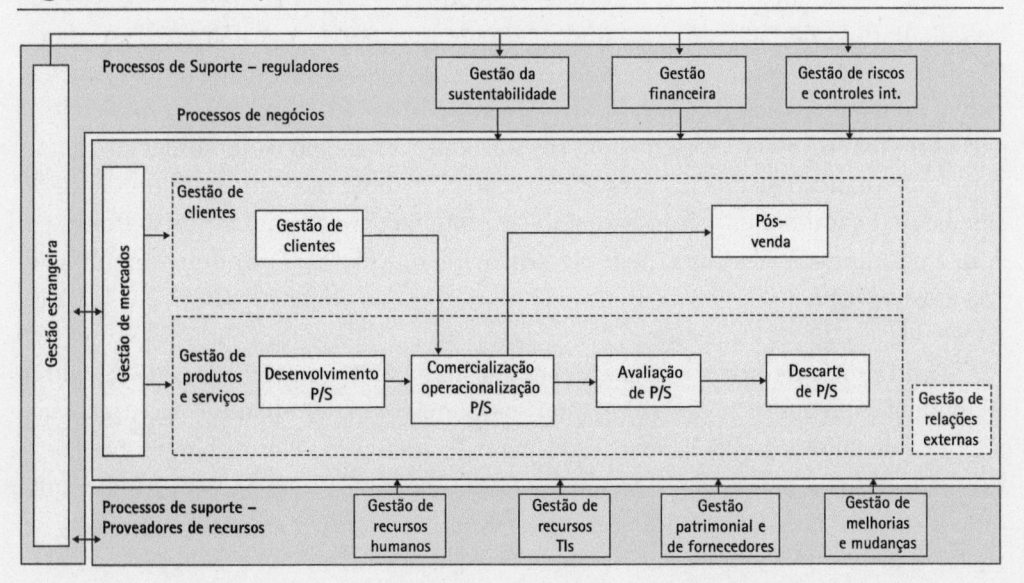

Figura 6.18 Macroprocesso do ABN AMRO/Real[153]

tecnologia da informação, com um olhar de controles, com um olhar de competências e outros tantos olhares. A equipe montou um cubo físico – tal como os de montar que são dados como brindes em eventos – que pode ser montado e desmontado para integrar as várias visões – por exemplo, a visão de negócio com a visão de tecnologia.

6.7.4 Destaques do caso CSC da Vale

O Centro de Serviços Compartilhados da Companhia Vale, ou CSC da Vale, teve como maior destaque o foco em resultados e a estruturação interna do escritório de processos.

A principal motivação da criação do escritório de processos no CSC da Vale foi a internalização e a necessidade de padronizar suas operações em diferentes localidades. A estruturação do escritório desde sua formação seguiu uma lógica forte de busca pela geração de resultados. Por exemplo, o objetivo não é somente produzir modelos de processos, mas modelar processos dentro de um contexto de aprimorar a gestão e, como conseqüência, gerar mais resultados para a organização como um todo. Esses resultados são orientados para o "cliente" do CSC, que pode ser entendido como a própria CVRD, mas gera uma diretriz de produzir resultados para o próprio CSC ao reduzir custos e aumentar a produtividade.

A estruturação interna do escritório de processos do CSC conta com um gestor principal do escritório, um assessor e vários gerentes de processos. Cada um desses gerentes fica responsável por levantar, melhorar e implantar os processos. Esses gerentes são auxiliados pelos profissionais que atuam nos departamentos funcionais quando entram no ciclo de vida do desenho de processos. A gestão do dia-a-dia no CSC tem donos de processos fora do escritório de processos, que são responsáveis por receber a demanda da CVRD e atendê-la por completo. De modo simplificado, o escritório tem estrutura interna com gestor de processos em cada unidade, responsável pelas melhorias nos processos funcionais de apoio indicados nas unidades de linha. Nessas unidades, a única exceção é a unidade para desenhar macroprocessos. Ainda nas unidades de linha, pode ser percebido que elas estão definidas em função das áreas do CSC (RH, Finanças etc.). O escritório tem a sigla de COGPR – Coordenação de Gestão Por Processos.

O escritório de processos surgiu em agosto de 2006, a partir de uma iniciativa individual, com o intuito de uniformizar (padronizar) o entendimento dos processos. Em abril de 2007, o escritório foi "fisicamente" criado e passou a atender a todas as demandas de processos do Centro de Serviços Compartilhados da Vale. Atualmente, o escritório já é completamente aceito por demonstrar ganhos de eficiência.

O escritório, subordinado a área de Planejamento & Gestão, conta com o apoio de consultoria externa para modelar todos os processos do CSC. Com apoio dessa consultoria, o CSC definiu que o escritório tem como objetivo sustentar a dispersão geográfica, replicando o "conceito" e a estrutura da visão por processos para os demais países de atuação no mundo. De forma mais específica, o escritório objetiva aportar metodologias; dar visibilidade aos processos e aos resultados gerados por eles; manter padrão do modelo de gestão (função normativa); estabelecer uma gestão por processos; e garantir replicabilidade de suas ações em qualquer outra situação/lugar. Além disso, deve estabelecer prazos para ações que envolvam processos, garantir que todas as iniciativas estejam alinhadas à estratégia da empresa, definir as iniciativas prioritárias e garantir que existam indicadores que medirão a evolução das iniciativas depois de implantadas.

O escritório está em fase de levantamento de alguns processos e de melhoria em outros, mas seguirá todo o ciclo de vida do desenho de processos para, principalmente, conseguir implantar os mesmos processos em diferentes localidades.

6.7.5 Destaques do caso Embraer

Em dezembro de 1994, a Embraer atuava na produção de aeronaves de pequeno e médio portes. Nos últimos 12 anos, experimentou um crescimento muito significativo. Em 2007, estimava-se faturamento superior a 4 bilhões de dólares com 23 mil funcionários. Em 94, faturava 500 mil dólares com 13 mil funcionários.

Os processos foram importantes para sustentar o crescimento da empresa. Após a privatização da empresa, entre 1994 e 2001, houve um período de grande crescimento. Com os atentados terroristas nos EUA em 2001, a empresa enfrentou um período de estagnação até meados de 2004, quando retomou o processo de crescimento. A necessidade de modernizar a versão de seus sistemas de informação trouxe novamente à tona a relevância dos processos, em especial porque a implantação teve os típicos problemas de toda a implantação de sistemas integrados de gestão. Não havia profissionais capazes de ver a empresa por processos. A partir dessa necessidade, surgiu o desenho da cadeia de valor (conforme Figura 6.19) e a modelagem dos processos.

"A gestão por processos é considerada uma das pedras fundamentais da excelência empresarial. A Embraer tem buscado aprimorar a sua organização e os sistemas de informações através da melhoria continua dos seus processos produtivos e administrativos.

Os processos estão mapeados e integrados em uma única base de dados, proporcionando uma visão completa da cadeia de valor, criando um ambiente de colaboração cor-

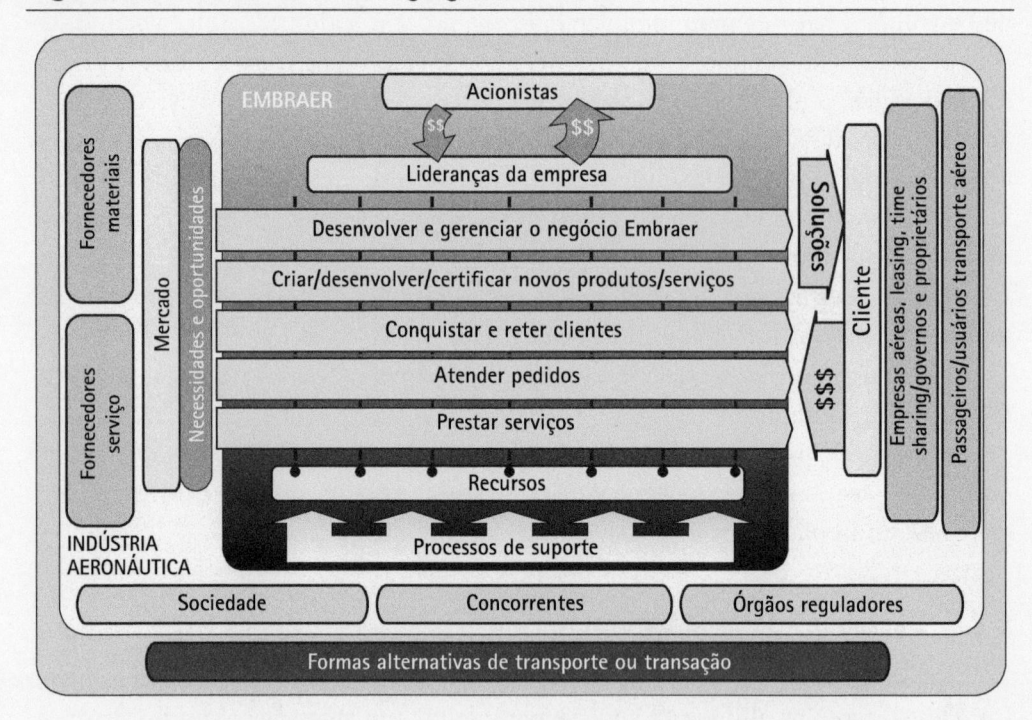

Figura 6.19 Cadeia de valor agregado Embraer[154]

porativo para documentação e análise de processos com foco nos resultados, através da satisfação do cliente."[154].

Para a Embraer, em uma visão mais abrangente, a cadeia de valor deve ser pensada como a demonstração prática da aplicação de uma série de recursos organizacionais na execução dos processos, como:
- geração de resultados operacionais, estratégicos do negócio, satisfação de clientes etc;
- responsabilidade pelas atividades;
- aplicação das competências e habilidades;
- utilização e sistemas de TI;
- aplicação de normas e políticas para operação e tomada de decisão;
- prática da autoridade nos processos decisórios.

Visto isso, o escritório de processos surgiu a partir da iniciativa denominada TOR (Transformando a Organização para Resultados). Em seguida, ele foi reforçado pela implantação da ISO9000 e depois foi alavancado com a modernização da versão do R/3 da SAP.

Atualmente, estão com um projeto de melhoria baseado nos conceitos do STP – Sistema Toyota de Produção (atualmente chamado de P3E – Programa de Excelência Empresarial Embraer), que aponta para excelentes resultados. Um dos mais importantes destaques da Embraer está relacionado à metodologia de melhoria de processos. Foi contratada uma consultoria japonesa; esses especialistas (50 profissionais aproximadamente) foram reunidos em uma semana inteira de trabalho em uma grande sala de reunião. A equipe, sob orientação, desenhou um processo transversal da situação atual em um imensa parede. Foram utilizados *post it* para atividades, sistemas, informações, pontos críticos. Havia linhas de lã para representar o fluxo normal de informações e o fluxo de retrabalho. As unidades organizacionais ficaram representadas em raias, definidas com fitas adesivas. Em um segundo momento, os processos trasnversais foram redesenhados. Exemplos retirados de um exercício com uma turma de pós-graduação, utilizando o que foi visto na Embraer, estão apresentados nas fotos.

Os resultados para a melhoria dos processos (omitido por questões de confidencialidade) são expressivos. A Embraer, que já tinha um desempenho elevado em suas operações, nesse redesenho conseguiu reduzir em mais de 20% o número de

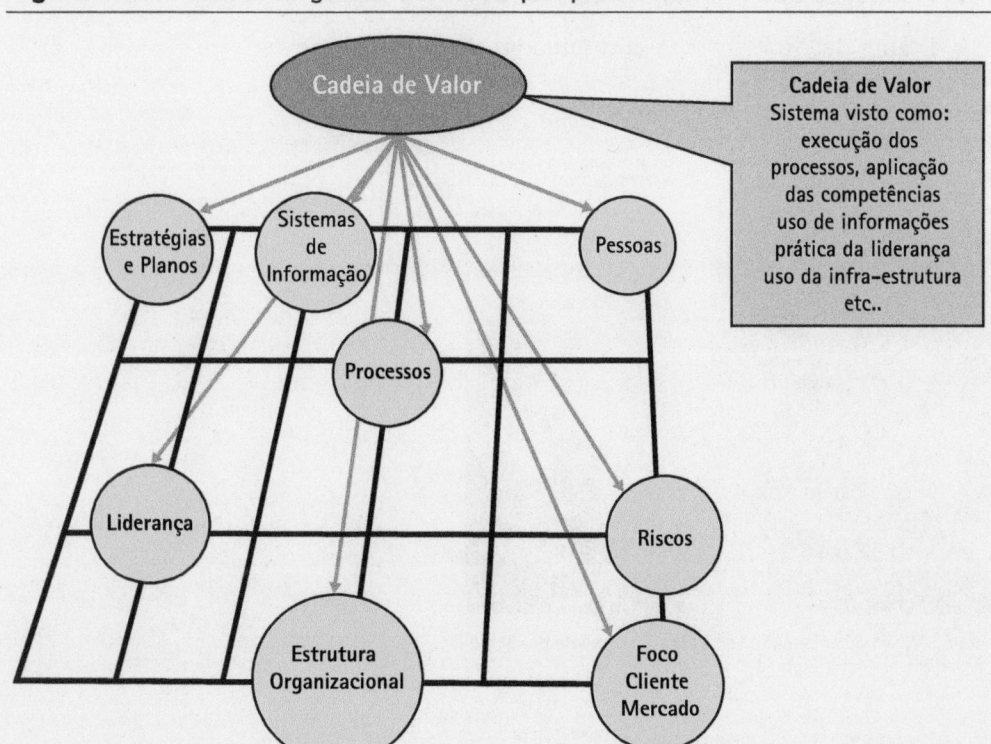

Figura 6.20 Modelo de gestão alinhado por processos[154]

dias do processo e em quase 50% o número de horas necessárias para a conclusão do processo transversal como um todo. Esse escritório de processos tem como objetivos estabelecer os conceitos, regras e práticas de gestão de processos, metodologias, assim como disseminar a cultura de processos na Embraer.

Algumas das lições aprendidas pela empresa estão descritas abaixo[154]:
- persistência é tão (ou mais) importante quanto competência;
- ter uma visão de futuro completa, mas começar simples *(bom x ótimo)* ;
- buscar sinergia com eventos corporativos;
- desenvolver um núcleo de competência interno;
- formar alianças com pessoas-chave nos processos;
- garantir a participação ativa dos "proprietários" dos processos na elaboração e validação dos modelos;
- entender que os modelos são um "meio" e não um "fim";
- comunicar, comunicar, comunicar e depois comunicar mais;
- tornar o processo vivo. Use processos como base para elaborar e modificar sistemas de TI, descrever e revisar a estrutura organizacional e cargos, documentar o sistema da qualidade, projetos de melhoria, etc.

6.7.6 Síntese dos destaques dos casos

Diante das informações apresentadas, fruto das entrevistas realizadas com as empresas participantes da pesquisa, foi montado um quadro que apresenta, em síntese, os destaques de cada uma das organizações em questão.

Foto 6.1 Visão geral do método de desenho e redesenho ágil e participativo: *Post-it* japonês.*

---

* Fotografia das aulas de pós-graduação GPI/COPPE/UFRJ

Empresas Participantes	Destaques
Serasa	• práticas de gestão de processos realmente internalizadas e disseminadas; • os circuitos gerenciais permitem que a Serasa tenha uma efetiva gestão intregada e baseada em processos; • criação de uma estrutura organizacional bipolar, ou seja, todas as unidades sempre têm uma parte para pensar o futuro e outra para "tocar" o dia-a-dia.
Natura	• apresenta uma estrutura/framework e uma metodologia para gestão de processos; • a organização faz questão de não chamar esta área de escritório de processos; • os processos são desdobrados da Estratégia, há relação com indicadores de desempenho e também há integração com outros elementos gerenciais.
ABN/AMRO	• prêmio da revista e-Finance por sua "Processwarehouse" e Prêmio IDS Scheer's Business Process Excellence Award na categoria "Business Design" no ARIS ProcessWorld 2007; • o modelo de gestão está formalmente suportado por valores baseados em processos; • a prática de modelagem está bem disseminada, com todos os processos finalísticos já mapeados.
CSC da Vale	• escritório focado em resultados; • o objetivo não é somente produzir modelos de processos, mas sim modelar processos dentro de um contexto de aprimorar a gestão; • apoio de consultoria externa para modelar todos os processos do CSC.
Embraer	• para a Embraer, a gestão por processos é considerada uma das pedras fundamentais da excelência empresarial; • o escritório de processos surgiu a partir da iniciativa denominada TOR (Transformando a Organização para Resultados); • cadeia de valor alinhada com os objetivos e metas de empresa. • desenho e redesenho de processos transversais, ágil e participativo, com uso de metodologia japonesa e utilização de *post it* e fios de lã.

6.7.7 Proposição de ações futuras

O estudo, ao longo de seu desenvolvimento, identificou possíveis estudos futuros e, por outro lado, não se propôs a aprofundar determinados temas.

Claramente, podem ser indicados como estudos futuros a identificação de práticas específicas de um dado setor da economia, como petróleo, bancos, telecomunicações e outros. Durante as entrevistas nas empresas, ficou claro que as organizações querem e precisam de uma forma de avaliar suas práticas de gestão de processos. A criação de uma forma prática para essa avaliação poderia ser estudada no futuro.

Este trabalho não teve a intenção de aprofundar os temas de sistemas de apoio à gestão de processo (BPMS) e produtos da gestão de processos. Esses temas podem ser estudados futuramente.

Dentre as ações futuras, cabe indicar que as organizações têm como um primeiro passo importante a adaptação do modelo geral de estruturação do escritório de processos para suas realidades específicas. Essas organizações devem começar discutindo qual o melhor modelo de gestão de processos, qual a natureza das atribuições do escritório, onde ou em que unidade o escritório ficará subordinado. Principalmente, os processos de gestão de processos devem ser detalhados e disseminados pela organização. Um passo importante é envolver as lideranças da organização nessa decisão.

Fica a sugestão final da criação de um fórum de troca de experiência entre essas organizações e outras, com o objetivo de aumentar o nível de capacitação e maturidade da estruturação da gestão de processos orientada para resultados.

gestão
de processos

SISTEMAS DE APOIO

7

Este capítulo apresenta um desdobramento da pesquisa para a definição das tarefas necessárias para a gestão de processos e tem como objetivo definir o que são sistemas de gestão de processos (BPMS). O estudo foi desenvolvido a partir de revisão bibliográfica e resultou no relacionamento conceitual entre tarefas e sistemas que suportam a gestão de processos. As conclusões indicam sistemas que já estão consolidados, como ferramentas de modelagem de processos, e possíveis integrações futuras entre tipos de sistemas. Também levanta hipóteses sobre prováveis fusões e aquisições entre empresas fornecedoras dos sistemas de gestão de processos[151].

Como visto ao longo do livro, a primeira década deste século, em especial os últimos anos, está assistindo novamente a uma corrida das organizações para os conceitos de processos. Algumas pesquisas apresentam números e tendências que reforçam uma retomada do crescimento da demanda das organizações pelo conceito de gestão de processos[1,2]. Wolf & Harmon apresentam um estudo com 348 participantes que demonstra que 58% deles gastaram em 2005 entre zero e 500 mil dólares e que 5% gastaram mais de 10 milhões de dólares em iniciativas de gestão de processos. Palmer apresenta, em estudo com 72 participantes, que não houve retorno sobre investimento em gestão de processos inferior a 10% e a média de retorno ficou em 30%, com mediana em 44%. Esses números demonstram a atratividade da gestão de processos por parte das organizações. Atualmente, está em uso intenso um conjunto de melhores práticas que orientam a gestão de processos, como as a seguir listadas: SCOR, CMMi, ITIL, eSCM, Cobit, eTOM, PMBOK, etc. Por exemplo, segundo pesquisa feita pelo

IDC (2006), os sistemas de gestão de processos de negócio (sigla em inglês BPMS – Business Process Management Systems) têm sido utilizados com o objetivo maior de atingir a conformidade aos processos.

Esses requisitos que o mercado impôs às organizações, e que resultaram no aumento da procura pelos conceitos e práticas de gestão de processos, são advindos de diversas fontes: abertura de capital, adaptabilidade dos serviços frente à demanda evolutiva e oscilante, mudança no ambiente regulatório trazida pela Sarbanes-Oxley (SOX), diversos modelos de negócios da nova economia e, com destaque, a possibilidade de integração da visão de negócios com a visão de tecnologia da informação. Como visto, melhorar processos é uma necessidade intrínseca para as organizações responderem às mudanças que ocorrem constantemente em seu ambiente de atuação e para manter o sistema produtivo em um nível competitivo.

O movimento atual está associado a uma gestão de processos suportada por tecnologia, na qual sistemas de informação para gestão de processos estão levando a melhoria de processo a ser realizada no dia-a-dia das organizações[20].

A partir da consolidação da definição do que é necessário fazer para gerir processos apresentada ao longo do livro, a proposta do presente capítulo está centrada na apresentação dos tipos de artefatos tecnológicos que suportam a gestão de processos, os chamados sistemas de gestão de processos de negócios (BPMS). As tecnologias serão apresentadas para suportar cada tarefa individualmente e possíveis integrações entre os vários sistemas de informação que suportam a gestão de processos serão indicadas.

7.1 O que são BPMS: velho conceito em transição

As definições dos BPMS foram elaboradas a partir de busca bibliográfica com o objetivo de conceituar sistemas de gestão de processos. Em seguida, foi feita busca bibliográfica para identificar tipos de sistemas de gestão de processos e, por fim, as tarefas para gestão de processos foram relacionadas aos diferentes tipos de sistemas de gestão de processos. Os resultados estão apresentados a seguir.

A definição de tarefas para a gestão de processos pode resultar no desenvolvimento e na classificação de tecnologias. Por exemplo, um dos resultados foi o desenvolvimento, no passado, de sistemas de informação de apoio às tarefas para a gestão de processos, como os sistemas de modelagem de processos utilizando ferramentas gráficas e analíticas que objetivam registrar, representar, compreender e analisar desenhos de processos. Atualmente, há maior ênfase em sistemas para acompanhar automaticamente indicadores de desempenho dos processos durante sua duração, como os sistemas para monitoramento de atividades (Business Activity Monitoring – BAM).

A consolidação e a evolução do conceito de gestão de processo naturalmente resultaram no desenvolvimento de tecnologias de suporte à gestão de processos, como, por exemplo, o fluxo de trabalho (*workflow*), trabalho colaborativo (*groupware*) e as aplicações de integração da empresa (Enterprise Aplication Integration – EAI). As primeiras implementações da gestão de processos se deram com base nos *softwares* de *workflow* e ocorreram ainda no início da década de 80 e, posteriormente, nos anos 90, com o surgimento do conceito de Reengenharia de Processos de Negócio, lançado por Hammer & Champy[12]. As implementações foram suportadas por metodologias, como a proposta por Rummler & Brache[111], que, posteriormente, resultaram em sistemas de informação que suportam essas metodologias (por exemplo, ferramentas Cool Gen e Cool Biz).

O conceito de gestão de processos freqüentente aparece associado às ferramentas e aplicações, como, por exemplo, na definição: "um *framework* usado para documentar, desenvolver, implementar, monitorar e otimizar múltiplos tipos de aplicações de automação de processo integrando sistemas e pessoas."[155]. Conforme o conceito de gestão de processos foi sendo ampliado e consolidado, surgiram mais ferramentas usadas para desenhar modelos de processos de negócio, processar o fluxo de dados, regras de negócio, otimizar, monitorar e manter vários processos que ocorrem dentro de uma organização.

Em síntese, pode-se afirmar que os sistemas de apoio à gestão de processos vêm se desenvolvendo. No início, estavam centrados em modelagem, depois foram para o *workflow*. Atualmente, encontram-se em grandes blocos de soluções tanto para suportar a melhoria do projeto ou *design* de processos quanto para suportar a gestão dos processos no dia-a-dia. O aprendizado tem sido gradativamente suportado por essas ferramentas, com soluções de GED, portais, grupos e outras.

7.2 Conceitos de BPMS

Em 1995, defendia-se a idéia de que os sistemas de *workflow* existentes eram a primeira geração de BPMS, possuindo a capacidade de delegar tarefas às pessoas certas, no tempo certo, usando as informações adequadas[156]. A modelagem das organizações e dos atores do negócio é de extrema importância para a integração intra e interorganizacional[11]. Essas ferramentas têm funções de análise e de representação que concretizam a verificação, a avaliação e a modificação dos processos e das estruturas organizacionais. A Figura 7.1 reforça a idéia de processos e

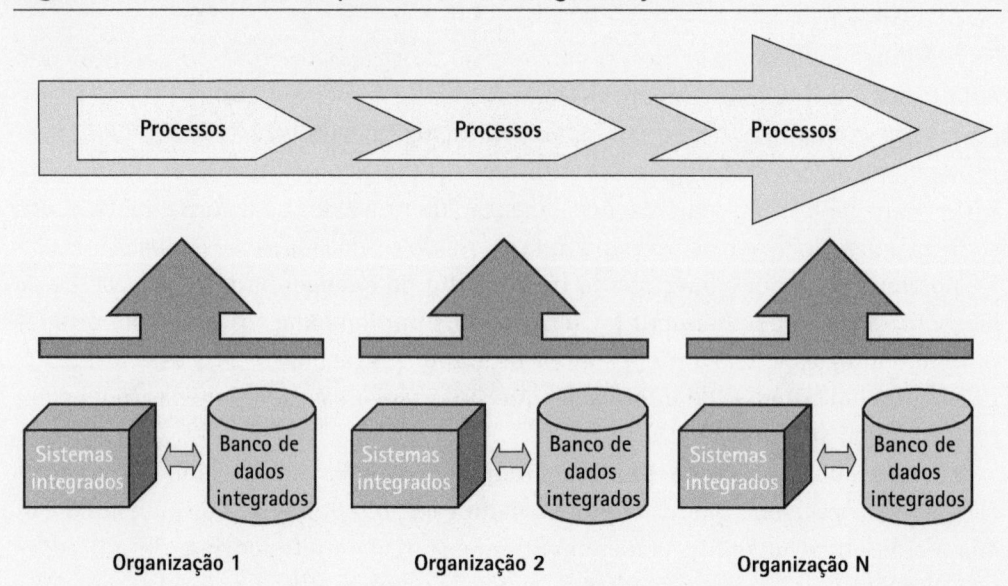

Figura 7.1 Interfaces do processo entre organizações[157]

```
    Processos      Processos      Processos

  Sistemas    Banco de    Sistemas    Banco de    Sistemas    Banco de
  integrados  dados       integrados  dados       integrados  dados
              integrados              integrados              integrados

  Organização 1          Organização 2          Organização N
```

sistemas dentro de uma dada organização que podem ser integrados ao longo de uma cadeia de suprimentos. A mesma figura destaca que integrar processos entre empresas significa integrar sistemas de informação das empresas que são os elos de uma dada cadeia de suprimentos.

Os BPMS possibilitam que as organizações modelem, disponibilizem e gerenciem processos críticos para sua missão, que podem estar distribuídos entre múltiplos aplicativos da empresa, departamentos corporativos e parceiros de negócio[8].

Os BPMS podem ser entendidos como um conjunto de instrumentos que buscam a melhoria do sistema de gestão, contribuindo para a implementação de mudanças que tornem ou mantenham a empresa competitiva com os fluxos de trabalho claramente definidos, automatizados e racionais[158]. Esses sistemas atuam de forma complementar às estruturas informatizadas tradicionais na busca pela satisfação dos clientes ou consumidores. Os BPMS interligam pessoas e processos, gerenciam a transformação e o acesso à informação, tratam exceções e orquestram o fluxo de processos.

Atualmente, com a consolidação de uma definição mais clara e detalhada do que é necessário para gerenciar processos, podem ser definidos e futuramente desenvolvidos sistemas que dão suporte à gestão de processos. Isso equilave a definir que os BPMS são uma tecnologia que suporta o conceito e as tarefas de gestão de processos.

Existe uma diferença entre BPM e BPMS. O primeiro está centrado em não deduzir os processos somente a partir da forma que os sistemas de informação estão preparados ou a partir da forma como os ERP (Enterprise Resourse Planning) ou sistemas integrados de gestão permitem que as pessoas façam. O entendimento não está implícito pelo sistema de informação. Os processos têm uma forma própria, separada. O processo pode ser executado ou "rodar", pode ser mudado durante o vôo, pode evoluir enquanto o negócio evolui, pode ser monitorado em tempo real e pode ser disponibilizado por toda a organização. "Os sistemas para gerenciamento de processos (BPMS) são mais que um sistema computacional que suporta a gestão da informação pela organização. Eles, primeiro e principalmente, ajudam a gerenciar os processos"[159].

As definições para BPM e para BPMS permitem entender a diferença. "A gestão de processos descreve capacitações e tecnologias que possibilitam às organizações modelarem, automatizarem, gerenciarem e otimizarem processos de negócio, alavancando a infra-estrutura de tecnologia de informação"[160]. "Os sistemas de gestão de processos são plataformas que orquestram os processos de negócio, junto com todos os sistemas e pessoas envolvidos, dando completa visibilidade e controle aos gestores de processos. São, portanto, os resultados de processos automatizados e geridos com o uso de ferramentas de gestão de processos"[160].

Os BPMS podem originar consideráveis resultados para as organizações que os adotam[92]. Vantagens típicas são exemplificadas, como a redução nos tempos de resposta, menos erros durante a passagem de bastão e maior flexibilidade para mudar a estrutura dos processos escolhidos. Os BPMS permitem que o fluxo dos processos de negócio "corra" ao longo da organização e de suas fronteiras departamentais. As pessoas podem querer permanecer em seus silos funcionais, sem se importar muito com o que está acontecendo. Usando um argumento similar, um BPMS é tipicamente descrito como uma peça de *software* genérico que suporta atividades como modelagem, análise e aprimoramento de processos de negócio.

Incorporar e implantar BPMS requer metodologia para prover os conceitos, técnicas e ferramentas adequadas para suportar as várias tarefas de modelagem, análise, desenho, simulação, avaliação e redesenho de tais aplicações.

Os BPMS podem contribuir para a gestão organizacional facilitando a comunicação e a integração das pessoas em todos os setores da organização; ajudando o planejamento, a organização, a liderança e o controle do que é feito na empresa; e dando flexibilidade e agilidade para mudanças do contexto do ambiente de negócio.

7.3 Tipos de BPMS

Dependendo da fonte[8,161-164], a exata definição varia, especialmente com respeito à lista de atividades relacionadas aos processos que ele suporta. Na comunidade acadêmica, existe algum consenso de que a essência de um sistema BPM é a funcionalidade que historicamente tem sido atribuída aos sistemas de *workflow* (WfMS – Workflow Management Systems)[16]. O entendimento do que são os BPMS, como visto, tem diferentes definições e, especialmente, quando esse conceito é detalhado, há tipos distintos de possíveis sistemas que podem ser classificados como BPMS. A Figura 7.2 e o Gráfico 7.1 destacam diferentes tipos de BPMS.

Qualquer BPMS, instalado e customizado, deve ser capaz de:
- captar e identificar – modelar – os processos críticos e necessários à gestão do negócio;
- entender, aceitar e operar o esquema de identificação, o seqüenciamento e a interação desses processos;
- tornar possível a integração do sistema de gestão de processos com o ambiente de TI;

Figura 7.2 Tipos de BPMS[165]

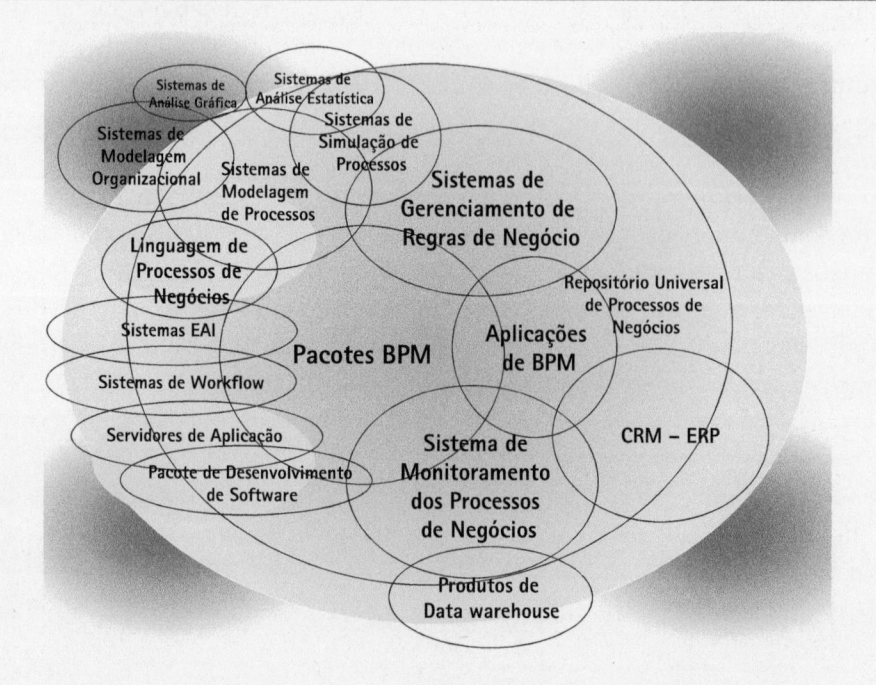

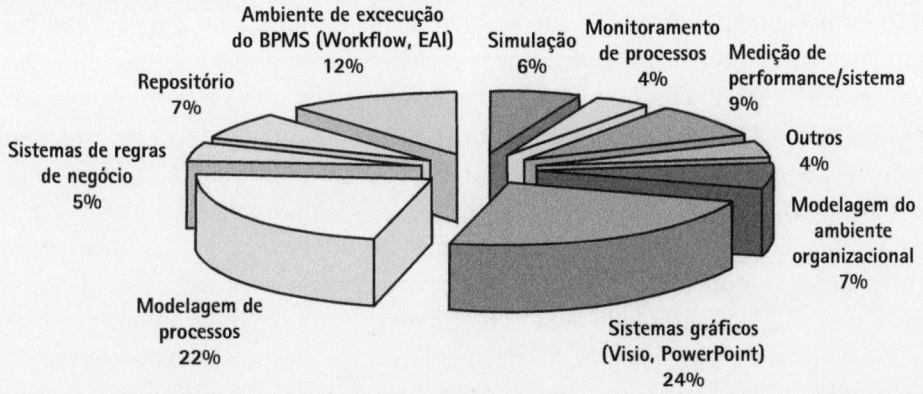

Gráfico 7.1 Sistemas utilizados para gestão de processos[1]

- Ambiente de excecução do BPMS (Workflow, EAI) 12%
- Simulação 6%
- Monitoramento de processos 4%
- Medição de performance/sistema 9%
- Outros 4%
- Modelagem do ambiente organizacional 7%
- Sistemas gráficos (Visio, PowerPoint) 24%
- Modelagem de processos 22%
- Sistemas de regras de negócio 5%
- Repositório 7%

- aceitar o conjunto de critérios e métodos (Metodologia) adotados pela organização, visando a assegurar a efetiva operação e o monitoramento desses processos;
- fornecer e disponibilizar, a tempo e na hora certa, informações sobre esses processos;
- possibilitar o monitoramento de atividades – BAM –, monitorar o funcionamento e desempenho dos processos;
- fornecer ferramentas para análise da estrutura atual, simulação e otimização de processos;
- fornecer recursos e facilidades para a implementação de ações, visando à obtenção de resultados planejados e à melhoria contínua desses processos[166].

7.3.1 Modelos de ferramentas / matriz

Neste capítulo foi apresentada uma busca bibliográfica híbrida em livros e, principalmente, em artigos internacionais e nacionais acerca do tema "sistemas de gestão de processos" e "BPMS". Os artigos são meios de intercâmbio de informações muito eficazes, pois têm a capacidade de transmitir as últimas discussões sobre os temas, com antecedência aos livros e publicações tradicionais. Essa busca teve por fonte as bases de dados indexadas pelo portal de periódicos da Capes (www.periodicos.capes.gov.br), a fim de coletar o máximo de informações no meio acadêmico sobre o tema tão pouco estruturado na literatura científica, mas tão demandado no cenário atual das organizações.

Inicialmente, buscou-se traçar uma perspectiva conceitual sobre os termos BPM e BPMS, refletindo, inclusive, a maturidade adquirida pelas definições ao longo do tempo de permanência e adaptação aos requisitos do mercado. Em seguida, foram identificados nas publicações consultadas os sistemas que apóiam as tarefas de gestão de processos, as atividades onde eles atuam localmente e como essa integração de sistemas específicos (e anteriormente isolados) agora colabora para um monitoramento adequado e a uma efetiva gestão dos recursos e dos processos em si. Cabe considerar que a arquitetura orientada a serviços (SOA – Service Oriented Architecture) pode ser entendida como um *framework* ou estrutura de diferentes sistemas para integrar a visão de negócios com a visão de tecnologia; portanto, não seria aplicável classificá-la como um BPMS. Por outro lado, a SOA tem sistemas que são úteis à gestão de processos, como, por exemplo, ferramentas de modelagem de processos. Ante aos conceitos apresentados anteriormente, a Tabela 7.1 relaciona as tarefas necessárias para a gestão de processos e com os BPMS.

7.3.2 Saiba mais: estudos futuros em BPMS

Fica clara a percepção de que as definições de BPMS estão convergindo para um ponto central, no qual todos os esforços se integram em torno de um objetivo comum, baseado em dar suporte e instrumentalizar a gestão dos processos, padronizando interfaces de comunicação entre os diversos sistemas, ferramentas e aplicações. A perspectiva da tecnologia da informação como aliada nesse esforço é essencial devido a sua participação como instrumentalizadora para a execução dessas atividades com a velocidade (tempo-real) exigida e com as condições de adaptação requeridas (flexibilidade).

As tarefas necessárias para a gestão de processo estão gradativamente sendo suportadas por sistemas de informação. Ferramentas de modelagem de processos já estão amplamente disponíveis no mercado, mas há significativas possibilidades de ocorrer ampliação de sistemas para dar suporte não só ao projeto de processos, mas também à gestão no dia-a-dia com sistemas de monitoramento e coordenação de atividades dos processos. Sistemas de suporte ao aprendizado sobre processos também tendem a ser mais comuns no futuro. Há ainda uma hipótese de que as empresas que comercializam os BPMS, de forma isolada, tenderão a realizar parcerias para buscar complementariedade e maior abrangência em suas soluções. Em casos particulares, poderá haver aquisições e fusões entre empresas que buscarem dar suporte ao conjunto completo de tarefas destacadas neste livro.

Tabela 7.1 Tarefas necessárias à gestão de processos e tecnologias de suporte (BPMS)

Tarefas para a gestão de processos	Sistemas integrados ao BPMS
Entender o ambiente externo e interno e a estratégia organizacional	Inteligência de negócios; prospecção tecnológica; mineração de dados (data mining); sistemas de apoio à decisão; sistema da data warehouse; sistemas de gestão de indicadores; sistemas de extração de relatório analítico sobre informações acumuladas nas transações.
Estabelecer estratégia, objetivos e abordagem para promover mudanças	Sistemas de apoio à decisão; modelagem organizacional.
Assegurar patrocínio para a mudança	Sistemas de apoio à decisão; modelagem de papéis organizacionais.
Entender, selecionar e priorizar processos	Sistemas de apoio à decisão; relatórios e análises.
Entender, selecionar e priorizar ferramentas de modelagem	Sistemas de apoio à decisão; relatórios e análises.
Entender, selecionar e priorizar técnicas de melhoria	Sistemas de apoio à decisão; relatórios e análises.
Formar equipes de gestão de processos	Trabalho colaborativo (groupware); sistemas de comunicação, gestão de projetos; gestão de cadeia de relações (SRM); gerenciamente de recursos humanos.
Entender e modelar processos na situação atual	Modelagem gráfica; modelagem suportada por base de dados que além da representação gráfica permite análise dos processos; relatórios e análises.
Projetar — Definir e priorizar problemas	Análise de processos; banco de dados para registrar problemas; sistemas de apoio à decisão; sistemas para análise e estatística de processos.
Definir e priorizar soluções	Análise de processos; banco de dados para registrar problemas; sistemas de apoio à de cisão; sistemas para analisar problemas de processos e propor soluções para os problemas; sistema para análise e estatística de processos.
Definir práticas de gestão e execução dos processos	Análise de processos; banco de dados para registrar problemas; sistemas com modelos de referências (SCOR, CMMi, ITIL, eSCM, Cobit eTOM, PMBOK, etc.) para orientar o uso de melhores práticas.
Entender e modelar processos da situação futura	Sistema de simulação; sistema de modelagem de processos; sistemas de análises estáticas; sistemas de análises gráficas.
Definir mudanças nos novos processos	Sistemas de comunicação; sistemas de publicação dos novos processos; sistemas de divulgação de mudanças, gestão das regras de negócio, sistemas de modelagem organizacional (para representar mudanças na estrutura organizacional, nas competências, nos indicadores, na arquitetura de sistemas, etc.), sistemas de gestão eletrônica de documentos (GED – para divulgar novos procedimentos, por exemplo).
Implantar novos processos	Sistemas de treinamento de pessoal; sistemas de desenvolvimento de sistemas, gestão das regras de negócio (por exemplo, CASE e outras).

(continua)

Tabela 7.1 (continuação)

	Tarefas para a gestão de processos	Sistemas integrados ao BPMS
Gerir	Implementar novos processos (início da execução) e as mudanças necessárias	Portal corporativo; intranet (enterprise content management); desenvolvimento do software.
	Promover a realização dos processos	Planejamento dos recursos manfaturados (MRP); planejamento dos recursos manufaturados II (MRPII); planejamento dos manufaturados Empresariais (ERP); fluxo de trabalho (workflow); gestão da cadeia de suprimentos (SCM); gestão de relacionamento com o cliente (PDM); gestão da cadeia de relações (SRM).
	Acompanhar a execução dos processos	Sistema de execução de manufraturados (MES); gestão de indicadores e acordo de nível de serviço (SLA); monitoramento das atividades de negócio (BAM); fluxo de trabalho (wokflow); sistemas de aquisição de dados.
	Controlar a execução dos processos	Sistema de execução de manufraturados (MES); gestão de indicadores e acordo de nível de serviço (SLA); monitoramento das atividades de negócio (BAM); fluxo de trabalho (workflow); sistemas de aquisição de dados.
	Realizar mudanças ou ajustes do curto prazo	Modelagem gráfica; modelagem suportada por base de dados que além da representação gráfica permite análise dos processos; relatórios e análises.
	Registrar o desempenho dos processos	Banco de dados; sistema de coleta de indicadores; sistema de data warehouse; sistema de transformação do dados.
	Comparar o desempenho a referenciais externos e internos	Sistema de benchmarking; sistemas de modelagem de processos; sistema de análise de transformação dos dados.
Aprender	Registrar e controlar desvios de impacto	Banco de dados; sistema de execução de manufaturados (MES); gestão de indicadores e acordo de nível de serviço (SLA); monitoramento das atividades de negócio (BAM); fluxo de trabalho (workflow); sistemas de análises estatísticas de processos; sistemas de identificação de causas e lições aprendidas; sistema de medição de performace.
	Avaliar o desempenho dos processos	Sistemas de análises estatísticas de processos; sistemas de análise qualitativa de processos; sistemas de medição de performance.
	Registrar o aprendizado sobre processos	Banco de dados; data warehouse; gestão eletrônica de documentos (GED); sistema de gestão de conteúdo; sistema de gestão do conhecimento.

gestão de processos

8
SÍNTESE E TENDÊNCIAS

O oitavo e último capítulo deste livro apresenta as considerações finais, sintetiza os resultados do trabalho e apresenta tendências. São propostos estudos a serem desenvolvidos e trabalhos que podem ser realizados no futuro, sejam eles complementares ou desdobramentos deste livro.

O capítulo objetiva formalizar as conclusões gerais do livro, bem como as reflexões sobre caminhos a percorrer para se dar continuidade e ampliação de pesquisas sobre a gestão de processos. Também tem como objetivo criar uma motivação para que a prática de gestão de processos seja referenciada pelo conceitos aqui apresentados e, sobretudo, a intenção de provocar o leitor para que continue na jornada de pensar, agir e aprender sobre a gestão de processos.

A gestão de processos tem se consolidado como área do conhecimento com utilidade prática para a melhoria do desempenho das organizações. Em especial como forma de dar respostas internas para mudanças no ambiente externo de atuação. Essa utilidade mais recentemente expande a gestão de processos, antes centrada em melhorar o projeto ou em conceber os processos, para cada vez mais ser incorporada no dia-a-dia gerencial das organizações e ter maior importância estratégica. Essa dinâmica no ambiente externo às organizações implica em melhorar internamente os processos e, mais do que isso, promover a geração de aprendizado tanto para projetar como para gerir os processos no dia-a-dia.

Por outro lado, a academia teve pouco interesse sobre o tema, o que resultou na falta de definições para clarificar o entendimento do que é necessário fazer para que os processos sejam amplamente gerenciados. Um novo paradigma, centrado na entrega de valor resultante da gestão de processos, ainda está se estabelecendo de forma complementar e, em alguns casos, alternativa à gestão centrada na especialização e na hierarquia. Este livro estabeleceu, então, as tarefas necessárias à gestão de processos para esclarecer esse conceito.

O livro estabeleceu uma forma de estruturar a gestão de processos, com lógica processual, instrumentalizada por um escritório de processos. Esse último deve e não deve ser entendido uma unidade organizacional. Deve porque constiu-se em um locus organizacional, responsável por induzir e promover a gestão dos processos no dia-a-dia. Não deve pois, sozinha, essa missão é literalmente impossível. A gestão de processos tanto é um assunto de governança distribuída, quanto é um assunto de equipes, com responsabildade e co-responsabilidades.

A contribuição central do livro é uma resposta para a baixa oferta de definições consolidadas sobre o que se entende por gestão de processos em relação à alta demanda de internalização organizacional desse conceito. A contribuição está centrada também em dar uma visão pragmática, por meio de instrumentos como os BPMS e, principalmente, por meio do relato de casos, exemplos, entrevistas e dados empíricos.

8.1 Síntese dos resultados, conclusões finais e tendências

Os principais resultados gerados por este trabalho estão sintetizados neste item. As bases e elementos conceituais, os diferentes conceitos envolvidos com a gestão de processos, a versão final das tarefas necessárias à gestão de processos, os processos de gestão de processos e os sistemas de suporte à gestão de processos são os resultados com maior destaque do livro. Para auxiliar quem leu, ou lerá este livro, aqui segue uma síntese do que foi escrito:

Os **quadros conceituais** relacionados à engenharia de produção têm como principais bases conceituais a administração científica, o Sistema Toyota de Produção – STP, os Sistema de Controle da Qualidade Total – TQC, a Reengenharia de Processos – BPR, e a Teoria das Restrições – TOC.

Os **elementos conceituais** relacionados e que podem ser integrados a partir do conceito de processos são: a estratégia, a estrutura organizacional, os indicadores de desempenho, os conhecimentos e informações, as competências individuais, a tecnologia e a cultura organizacional – essa última como um pano de fundo da relação. A Figura 2.3, apresentada no início do livro, apresenta os elementos que devem ser considerados quando da gestão de processos.

O termo **processo** foi explicado como sendo uma estruturação-coordenação-disposição lógico-temporal de ações e recursos com o objetivo de gerar um ou mais resultados para a organização. Os processos podem estar em diferentes níveis de abstração ou detalhamento, relacionados às atividades gerenciais, finalísticas ou de apoio. Se forem finalísticos, os resultados gerados são produto(s)/serviço(s) para os clientes da organização, se forem gerenciais, promovem o funcionamento da organização e seus processos, e se forem de suporte, prestam apoio aos demais processos da organização. Também podem possuir um responsável por seu desempenho global e responsáveis locais direcionados ao andamento de suas partes-constituintes e, comumente, são transversais à forma através da qual a organização se estruturou (por função, por produto, por eixo geográfico etc.). Os processos estão intrinsecamente relacionados aos fluxos de objetos na organização, sejam eles objetos materiais, informações, capital, conhecimento, idéias ou qualquer outro objeto que demande coordenação de seu fluxo. Aos processos, cabe o desenvolvimento ou o desenrolar dos fluxos de objetos, enquanto às funções ou unidades organizacionais cabe a concentração de conhecimentos por semelhança. Os processos são objetos de controle e melhoria, mas também permitem que a organização os utilize como base de registro do aprendizado sobre como atua, atuou ou atuará em seu ambiente ou contexto organizacional. Os processos são a organização em movimento; são, também, uma estruturação para a ação: para a geração e a entrega de valor.

A **definição de processos** pode ser complexa e ampla, como a apresentada acima. Por outro lado, em uma freqüente bricadeira nos cursos e projetos, os **processos são definidos simplesmente** como "João". Todos podem ser assim chamados. Cabe sintetizar que há processos funcionais (dentro dos departamentos) e processos tranversais, que vão de uma dada necessidade até o atendimento por completo dessa demanda.

Nas entrevistas com acadêmicos, o **entendimento sobre a gestão de processos** indicou os seguintes conceitos com maior freqüência: projeto (design), controle e melhoria. Como menor freqüência, foram indicados os conceitos de promoção de mudanças, ajuste de processos, coordenação de processos, promoção do aprendizado e integração de competências pessoais. Os entrevistados também associaram a gestão de processos a outros conceitos como, por exemplo, implantação de tecnologias de apoio à gestão e execução dos processos.

O livro buscou esclarecer se a **orientação por processos** é uma nova forma de organização do trabalho e, mais especificamente, uma mudança no desenho da estrutura organizacional, ou somente uma orientação gerencial aplicável para qualquer tipo de desenho da estrutura organizacional. O texto propõe que esses são dois conceitos que devem ser separados. O primeiro está relacionado a uma **estrutura por processos** e o segundo a uma **orientação por processos**, que pode estar em qualquer tipo de estrutura organizacional.

A orientação por processos visa a **reforçar a noção de fluxo**, de **coordenação** e de **melhoria da integração entre ações e recursos**. A orientação por processos permite que sejam identificadas as oportunidades de melhoria, que geralmente se encontram nas interfaces funcionais, onde existe passagem ou transferência de tarefas e informações necessárias à continuidade do processo em outras áreas ou unidades.

Em síntese, a **orientação por processos** pode ser definida como um modelo que prioriza a gestão organizacional a partir dos processos ou que é centrado na idéia de que os processos devem apoiar a coordenação do trabalho. Isso não demanda, necessariamente, uma mudança na estrutura organizacional, mas sim:
- a criação e a sustentação de uma cultura de gestão baseada em dar visibilidade e entendimento aos processos;
- a mensuração do desempenho dos processos, e não somente das funções ou departamentos funcionais;
- as práticas para que os processos sejam melhorados quando necessário;
- a promoção da integração e a redução dos conflitos interdepartamentais;
- o reforço da noção de que o foco em processos é um meio para se ter foco em clientes finais, e que esse foco traz consigo a noção de processos transversais;
- a criação de uma responsabilidade compartilhada sobre o processo transversal e a definição das responsabilidades pelas partes componentes do processo;

Este livro defende que essas orientações gerenciais podem ser aplicáveis em diferentes tipos de estruturas organizacionais. Se na estrutura organizacional os processos são o primeiro eixo de organização do trabalho, a orientação por processos será mais priorizada. Se a estrutura é funcional, mas há incorporação no modelo de gestão de elementos com foco em processos, pode ser aceita uma estrutura funcional que tem orientação por processos. A estrutura dará conta, principalmente, da divisão do trabalho, e a orientação por processos responderá, prioritariamente, para a coordenação do trabalho e para a melhoria do projeto do trabalho. A orientação por processos contribui para melhor lidar ou manejar a complexidade do funcionamento das organizações.

Na **gestão por processos**, há alterações na estrutura organizacional e em outros elementos integrantes do projeto organizacional para que sejam priorizados os processos como um eixo gerencial de maior importância que o eixo funcional. Há mudanças maiores que somente ter uma "organização que enfatiza processos em oposição à hierarquia e que coloca uma ênfase especial sobre os resultados e clientes".

O funcionamento adequado de uma organização implica na existência de um modelo de gestão que oriente a organização por processos. Nesse modelo, as seguintes características devem estar presentes:
- as pessoas trabalham no processo e não mais nas áreas funcionais da empresa, que deixam de existir ou perdem muito sua importância;
- as pessoas e as equipes/times que promovem melhorias para clientes são reconhecidas pela organização como um todo;
- os objetivos são definidos visando o cliente;
- há uma integração para trás e para frente na cadeia ou rede de suprimentos, associada à integração externa, e há uma integração interna entre as atividades que compõem os processos;

- as recompensas e os bônus estão baseados na capacidade de atingir melhorias nos processos;
- as pessoas vêem o negócio como uma série de processos interdependentes;
- os papéis de gestão de processos passam a estar formalmente enfatizados nas descrições de cargos;
- os empregados e recursos são agrupados para produzir um trabalho completo;
- a informação segue diretamente para onde é necessária, sem o filtro da hierarquia.

A definição da gestão por processos passa pela percepção da aplicação de diferentes conceitos e teorias voltadas a melhor organizar/gerir os processos das organizações, sejam elas com ou sem fins lucrativos. Esses conceitos e teorias envolvem mudar a estrutura organizacional e perceber direcionamentos estratégicos para os processos, projetá-los, controlar sua execução, bem como identificar e implantar tecnologias de apoio. De modo geral, também trazer para as organizações a cultura de prover avanços ou ganhos de desempenho através da melhoria de seus processos, sejam essas melhorias realizadas de forma radical ou a incremental.

Na **estrutura organizacional por processos,** a questão central a ser destacada está associada à definição da estruturação organizacional por processos como uma alternativa que as organizações podem escolher para orientar a forma de seu projeto organizacional e priorizar ao máximo o eixo de processos. Por outro lado, uma gestão de processos pode ser, e freqüentemente é, realizada em outros tipos de estrutura. A organização somente precisará de uma estrutura por processos se decidir ter um modelo de gestão por processos. Os demais tipos de estruturas podem ter orientação por processos.

Os resultados desta pesquisa demonstraram que essa opção é pouco freqüente, ou mesmo rara, e que o mais comum é encontrar organizações funcionais que gerenciam seus processos transversais. A análise dos resultados da *survey* permite perceber um posicionamento dos respondentes entre a gestão funcional de processos transversais (valor 3) e a situação intermediária da gestão puramente funcional para funcional de processos transversais (valor 2). A análise da forma de estruturação para gestão de processos pelo instrumento de pesquisa retornou que há concentração no modelo funcional para gestão de processos transversais nos três grupos de tarefas, com 29% de concentração na resposta 3 e média predominantemente próxima de 3. Os resultados indicam que:
- 14% dos respondentes indicaram que suas organizações têm uma gestão funcional de processos que estão limitados às unidades funcionais, e os processos são projetados ou desenhados com base em um modelo funcional de processos funcionais.

- Em 29% dos casos a gestão de processos se dá de forma funcional para processos transversais.
- Somente 8 % tem uma gestão orientada por processos para processos transversais.

Além disso, 14% das respostas tiveram indicação de "não se aplica", 16% estão em uma situação intermediária entre a organização completamente funcional que não consegue ter tarefas para reconhecer e gerir os processos transversais e a organização que é funcional mas reconhece e gerencia processos transversais. Treze por cento das respostas indicam que há organizações entre uma gestão funcional de processos transversais e uma gestão processual de processos transversais.

A alocação do gestor de processos não se aplica em 26% dos casos, e se concentra mais freqüentemente na gestão funcional de processos transversais.

Como conclusão da pesquisa, é possível afirmar que, nesse grupo de respondentes, quanto mais uma tarefa está gerida e estruturada em torno de processos transversais, maior importância é atribuída a essa tarefa pelos participantes. O oposto também foi verificado, visto que praticamente todas as tarefas menos importantes têm lógicas de gestão baseadas em modelos funcionais.

A partir dos enquadramentos conceituais realizados e com o objetivo de sintetizar essas definições e permitir o desdobramento da definição sintetizada em tarefas, a **gestão de processos** pode ser assim definida: "um conjunto articulado de **tarefas permanentes para projetar e promover o funcionamento e o aprendizado sobre os processos**. Essas tarefas estão apresentadas já incorporando as modificações propostas pelos especialistas, mas continuam agrupadas em,

- **Projetar ou desenhar processos** com o objetivo de definir e redefinir como os processos devem estar projetados para serem melhorados e implantados.
- **Gerir os processos no dia-a-dia** com o objetivo de assegurar a efetiva implementação dos processos e a realização de alocação de recursos para sua execução, bem como a realização de mudanças e adaptações de curto prazo.
- **Promover a evolução dos processos e o constante aprendizado** com o objetivo de registrar o conhecimento gerado sobre os processos e construir uma base para que seja criado conhecimento para sustentar a evolução dos processos."

Na pesquisa *survey*, praticamente 90% das respostas tiveram valores 4 e 5, ou "concordo" e "concordo totalmente" com a importância da tarefa, respectivamente. Isso indica um nível bem elevado de concordância. Por outro lado, esses resultados contrastam razoavelmente com a forma de alocação do gestor de processos, que indica que os gestores de processos não se aplicam em 26% dos casos; em 11% dos casos, são gerentes funcionais que somente atuam em processos funcionais; em 33% dos casos, o gestor de processo está dentro das unidades funcionais.

A análise dos resultados da importância permite perceber que há maior associação da gestão de processos com tarefas para projetar processos. Também há destaque para o fato de a análise das importâncias de cada uma das tarefas ter indicado que a seleção de processos foi a tarefa com maior importância atribuída pelos participantes (média de 4,5).

O grupo de tarefas para projeto de processo envolve a realização de tarefas que respondem pelos conceitos de acompanhamento do ambiente interno e externo, seleção, modelagem, melhoria, implantação e gestão de mudanças nos processos. Essas tarefas estão a seguir listadas:
- entender o ambiente externo e interno e a estratégia organizacional;
- estabelecer estratégia, objetivos e abordagem para promover mudanças;
- assegurar patrocínio para a mudança;
- entender, selecionar e priorizar processos;
- entender, selecionar e priorizar ferramentas de modelagem;
- entender, selecionar e priorizar técnicas de melhoria;
- criar e formar equipes de gestão de processos;
- entender e modelar processos na situação atual;
- definir e priorizar problemas e soluções;
- definir práticas de gestão e execução dos processos;
- entender e modelar processos da situação futura;
- definir mudanças nos novos processos;
- implantar novos processos.

As tarefas para gerenciar os processos no dia-a-dia estão associadas aos conceitos de viabilizar a execução, fazer com que os processos sejam realizados, acompanhar e controlar o desempenho dos processos e fazer ajustes ou modificações de curto prazo nos processos. Essas tarefas foram expressas como:
- implementar novos processos e as mudanças necessárias;
- promover a realização dos processos;
- acompanhar a execução dos processos;
- controlar a execução dos processos;
- realizar as mudanças ou ajustes de curto prazo.

A promoção do aprendizado sobre os processos agrupa as tarefas que acumulam informações ao longo do tempo sobre o desempenho do processo, comparam e buscam conhecer outros processos interna e externamente à organização, registram problemas de desempenho de grande impacto e avaliam a trajetória de desempenho dos processos. Também registram documentação relacionada com os processos, como

normas, procedimentos, políticas e outros documentos que prescrevem como o trabalho deve ser feito. Essas tarefas estão a seguir listadas:
- registrar o desempenho dos processos ao longo do tempo;
- realizar *benchmarking* com referenciais externos e internos;
- registrar e controlar desvios de desempenho significativos;
- avaliar a trajetória de desempenho dos processos;
- registrar o conhecimento criado sobre os processos.

A gestão de processos e suas tarefas tiveram e têm barreiras a serem estudadas pela academia e internalizadas pelas organizações. Os entrevistados indicaram como **barreiras para a academia** pesquisar e estudar o conceito de gestão de processos, a lógica multidisciplinar dessa área de conhecimento, a dificuldade para ajuste ou encaixe desse tipo de estudo nas estruturas ou formas de organização das universidades e, com destaque, a dificuldade de pesquisar esse tema.

A análise das respostas sobre as **barreiras para as organizações** internalizarem capacitações para gestão de processos permite afirmar que, em síntese, os entrevistados as definem como barreiras culturais; baixa prioridade para a gestão de processos; alta complexidade para gerir os processos; práticas de gestão de processos de fora para dentro; barreiras para a implantação de novos processos; foco em resultados de curto prazo; e barreiras para integração de processos entre organizações.

Como conclusão final, pode ser afirmado que a gestão de processos pode incorporar formas diferentes, como uma visão ou orientação por processos, ou mesmo se expressar como gestão por processos quando associada à mudança para uma estrutura organizacional por processos. Em qualquer caso, as organizações, para internalizarem a gestão de processos, devem incorporar competências dos indivíduos que sustentem capacitações organizacionais para realizar as tarefas necessárias à gestão de processos. Essa internalização deve considerar a importância de se entender os quadros conceituais que orientam o conceito de gestão de processos e a importância de se desenvolver a capacidade de articular os elementos conceituais relacionados com processos.

A Figura 8.1 ilustra a orientação dos quadros-conceituais, a necessidade de articulação dos elementos conceituais com as tarefas necessárias à gestão de processos e os principais conceitos que devem ser entendidos e diferenciados para a internalização de processos. Também apresenta a relação de ciclo simples de aprendizado que a gestão do dia-a-dia tem com o grupo de tarefas de promoção do aprendizado e a relação de ciclo duplo de aprendizado que melhorias no projeto ou desenho dos processos demandam do aprendizado, que é gerado e acumulado como resultado da gestão de processos. As mudanças no projeto de gestão e execução dos processos são mais difíceis por demandarem alterações em valores organizacionais e dos indivíduos – portanto, são mais difíceis de gerenciar, mas, por outro lado, podem dar resultados mais significativos.

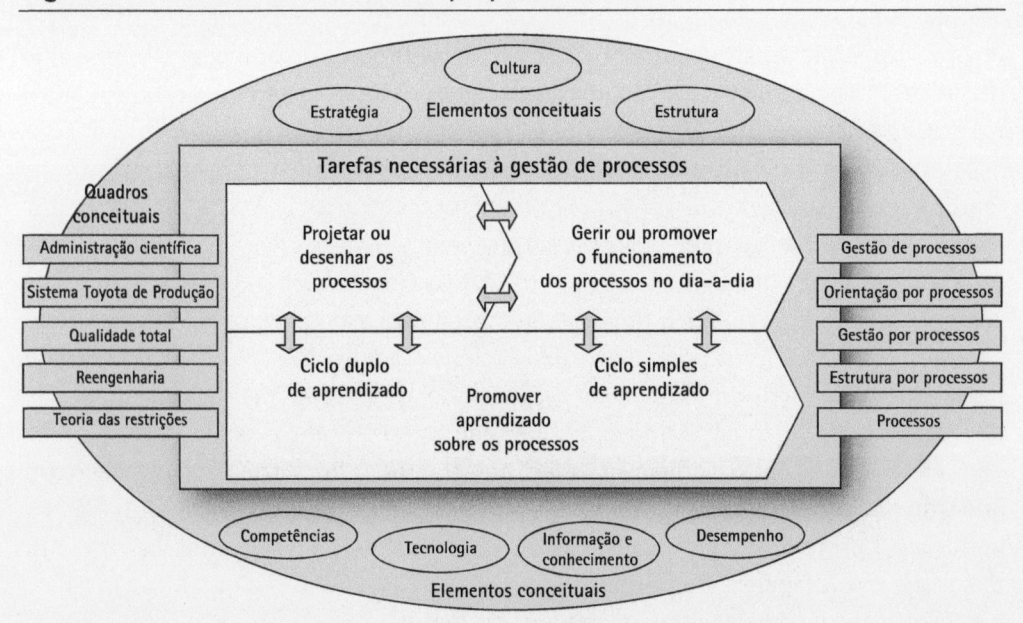

Figura 8.1 Síntese dos conceitos propostos no livro

[Diagrama: Síntese dos conceitos propostos no livro, contendo Elementos conceituais (Cultura, Estratégia, Estrutura), Quadros conceituais (Administração científica, Sistema Toyota de Produção, Qualidade total, Reengenharia, Teoria das restrições), Tarefas necessárias à gestão de processos (Projetar ou desenhar os processos, Gerir ou promover o funcionamento dos processos no dia-a-dia, Ciclo duplo de aprendizado, Promover aprendizado sobre os processos, Ciclo simples de aprendizado), Gestão de processos, Orientação por processos, Gestão por processos, Estrutura por processos, Processos, e Elementos conceituais (Competências, Tecnologia, Informação e conhecimento, Desempenho)]

8.2 Tendências: o que estudar e fazer no presente e no futuro

Este livro termina pensando, relatando ações e propondo que mais aprendizado seja gerado. Para isso, a seguir estão indicadas tendências de futuro e estudos e ações que ou estão em andamento, ou são propostas a serem realizadas.

8.2.1 Tendências: e o futuro?

Um olhar sobre a trajetória de desenvolvimento deste trabalho, a partir do que foi feito e com inferências sobre o que pode ainda ser feito no futuro, sugere que essas tarefas serão internalizadas pelas organizações com duas possíveis lógicas não excludentes. A primeira seria a seleção de tarefas que sejam mais aplicáveis à realidade particular de cada organização. Nesse contexto, ainda haverá possivelmente ajustes nas tarefas selecionadas para que elas sejam ainda mais aderentes às especificidades organizacionais. A segunda, mais no campo de estudos futuros, mas passível de facilitar a internalização pelas organizações, envolve a classificação dessas tarefas em níveis de maturidade e sua instrumentalização para que seja possível aumentar seus níveis de capacitação (previsibilidade de entregar o prometido).

Em relação aos níveis de maturidade, tarefas como comparação de desempenho com referenciais externos provavelmente ocorrerão depois da organização ter incorporado tarefas para a comparação de desempenho com referenciais internos à organização. O uso de técnicas quantitativas para a melhoria e o controle de processos freqüentemente ocorre em organizações com maior maturidade gerencial. Sem dúvida, tarefas como modelar os processos da situação atual devem ocorrer como um dos primeiros passos, com o objetivo de permitir que a organização conheça seus processos e, assim, comece a trabalhar para melhorá-los e passe a incorporar práticas para que sejam cada vez mais e melhor gerenciados.

Ao se pensar no uso futuro das tarefas, em especial ao se considerar que o entendimento do que é necessário fazer para gerenciar processos está melhor definido depois deste estudo, pode-se esperar que as organizações passem a ter estruturas de governança nas quais os processos terão mais importância. Pode-se esperar, por exemplo, que sejam criadas unidades organizacionais para promover realização dessas tarefas por diferentes unidades organizacionais dentro das empresas. Em síntese, haverá no futuro mais empresas com escritórios de processos que serão responsáveis por fazer com que a organização como um todo gerencie seus processos. O escritório não realizará, por certo, todas as tarefas, mas, também por certo, poderá fazer com que diferentes unidades organizacionais entejam permanentemente envolvidas em melhorar o projeto dos processos, que os processos sejam realizados na rotina do dia-a-dia e, principalmente, que gerem aprendizado para que a organização e seus processos cada vez mais evoluam ao longo do tempo.

O olhar para a frente também sugere que seja desenvolvido e validado um método mais amplo que os freqüentes métodos ou metodologias de modelagem e melhoria de processos. Há necessidade de se incorporar essas tarefas aos métodos organizacionais para que os processos sejam, de forma mais ampla, gerenciados tanto no dia-a-dia quanto no âmbito da revisão do seu projeto, concepção ou desenho. Esse método possivelmente levará as organizações para uma trajetória que começa com modelagem, passa pela melhoria e culmina em uma ampla gestão de processos. No início, a modelagem ajuda a entender a complexidade envolvida no funcionamento da organização, em seguida, a melhoria resulta na revisão e no aprimoramento do funcionamento dos processos e, por fim, a gestão de processos sustenta as capacitações para manter os processos que foram projetados em funcionamento no dia-a-dia e para aprender e conseguir rever esses processos. Essa sustentação envolve a capacidade de promoção e a efetivação dos ciclos de aprendizado ao longo do tempo.

Por fim, cabe ainda concluir que a academia precisa continuar e ampliar seus estudos sobre a gestão de processos para que o funcionamento das organizações seja melhorado e facilitado. Isso envolve não só a realização de pesquisas, mas, principalmente, a ampliação da relação entre a universidade e as organizações, para que sejam elaborados mais estudos que aumentem a aderência das teorias e conceitos às realidades e necessidades tecnológicas das organizações. Como conseqüência, haverá conceitos mais alinhados entre a academia e, de forma indireta, será possível formar pessoas com conhecimentos e competências mais aderentes ao que efetivamente as organizações precisam, tanto hoje como no futuro.

Espera-se, então, de fato, que ocorra o aumento da internalização da gestão de processos nas organizações, que ocorra o aumento dos estudos pela academia e que esses estudos resultem na melhoria do desempenho das organizações, em especial as brasileiras. Por outro lado, espera-se que as organizações efetivamente se preocupem em gerenciar mais e melhor seus processos. O resultado será a academia e as organizações avançando juntas e contribuindo para a melhoria, a sustentação e a evolução de nosso país.

Dentre as percepções sobre o futuro, decorrentes de um olhar para o passado e de especulações e desejos sobre o que está por vir, destacam-se as seguintes:

- Com relação ao projeto organizacional, pode-se esperar:
  - Internalização da gestão de processos, com a criação de escritórios ou centros de excelência em gestão de processos.
  - Aumento da gestão de processos como parte do trabalho do dia-a-dia.
  - Flexibilização e integração das estruturas organizacionais, com lógicas de processos, espaços de comunicação, negociação e grupos ou equipes organizacionais para melhorar a coordenação.
  - Redução de organizações geridas de forma centrada na hierarquia e na especialização do trabalho.
  - Aumento dos estudos e do desempenho dos processos de serviços.
- Com relação à gestão organizacional, pode-se esperar:
  - Aumento do uso de processos como forma de integrar a gestão organizacional.
  - Integração de elementos e instrumentos gerenciais, tais como gestão de competências, riscos, controles, responsabilidades, indicadores, sistemas de informação.
  - Consolidação e redução do número de modelos de referência com aumento da integração desses baseada em um só modelo de desenho de processos.
  - Uso de processos como referenciais únicos para assegurar a conformidade com os diferentes modelos de referência, esses últimos tendendo à consolidação e à redução.
  - Ampliação do uso de processos como instrumento gerencial: equipes, colaboração, indicadores locais e globais, integração de competências, construção de capacitações etc., somente depois de investir em modelagem de processos.
  - Integração interorganizacional em suas cadeias de suprimento, depois da integração interna de processos intra-organizacionais. As relações entre as organizações em rede demandarão maior liquidez entre os processos. Isso implica em capacitações para se integrar e desacoplar de forma ágil e flexível.

- Com relação à tecnologia da informação, pode-se esperar que:
  - A gestão de processos terá suas tarefas cada vez mais suportadas por tecnologias, em especial as da informação.
  - Os processos serão cada vez mais vistos como forma de integrar a visão de negócio com a visão tecnológica, em especial de tecnologia da informação.
  - As tarefas de gestão de processos serão gradativamente suportadas por sistemas integrados.
  - O uso de tecnologia de coordenação, centrada em gestão das informações ao longo dos processos, como os BPMS e SOA, será ampliado.
  - Os provedores de sistemas de gestão de processos farão fusões e aquisições para ampliar a abrangência e a integração de suas aplicações.
- Há ampliação do uso de processos para:
  - Controles internos.
  - Gestão de riscos.
  - Implantação de Arquiteturas Orientadas por Serviços – SOA.
  - Desenho da própria forma de gestão de processos: desenhar os processos dos escritórios de processos.
  - Tomada de decisões de aquisição de tecnologia com base em necessidade do processo como um todo.
  - Ampliação das competências dos atores envolvidos na gestão e execução dos processos.
  - Organização da equipe de gestão de processos do "início ao fim".
  - Explicação do funcionamento da organização com uma arquitetura de processos e não (só) pelo uso do organograma.
  - Definição de indicadores a partir dos processos.
  - Desdobramento da estratégia nos processos.
- Há redução do uso de processos para:
  - Somente modelar e conhecer os processos.
  - Somente melhorar os processos de forma pontual e descontínua.
  - Iniciativas isoladas de gestão de processos.

8.2.2 O que estudar e fazer no presente e no futuro

Ao longo do desenvolvimento do trabalho, muitas idéias para estudo foram geradas, e nem o propósito deste trabalho nem o tempo disponível permitiram que elas fossem incorporadas neste livro. Assim, apresentamos aqui sugestões de temas para trabalhos futuros que podem contribuir para o avanço da gestão de processos. As sugestões são propostas dos autores e contribuições dos entrevistados nas empresas brasileiras, nos cursos e projetos de gestão de processos, nas universidades brasileiras e na Carnegie Mellon University.

- O trabalho de pesquisa sobre a estruturação do escritório de processos deixou como principal legado mais trabalho: foi proposta a **criação de um grupo entre empresas e a universidade para discutir e fazer a gestão de processos evoluir**. Se essa idéia, que já está em discussão, for para a frente, um quarto livro, somente de casos, será publicado. Fica como desafio para os autores e para as empresas e pessoas que escreveram e leram este livro.
- **Desenvolver estudos para explicitar e demonstrar os resultados obtidos por Organizações** que já desenvolveram ações de gestão de processos. Em especial, há necessidade de tanto tornar claro os resultados positivos dessas ações quanto os resultados negativos.
- Desenvolvimento de **estudos e aplicações sobre a relação de processos com os elementos conceituais**, com destaque para a relação entre processos e tecnologia da informação, em especial, a definição de processos para que ocorra informatização integrada e aderente para "integrar a visão de negócio com a visão de tecnologia". Há outros estudos específicos possíveis. Por exemplo, podem ser analisados casos de estruturas organizacionais que facilitam a gestão de processos. Da mesma forma, há possibilidade de se identificar como as formas de avaliação de desempenho influenciam na gestão de processos. Cada relação entre os elementos conceituais e processos pode ser passível de estudos e há especial necessidade de estudos para se entender as relações articuladas em torno do eixo processual. As tarefas para a gestão de processos podem resultar no desenvolvimento de tecnologias. Por exemplo, o desenvolvimento de sistemas de informação de apoio às tarefas para gestão de processos. Há necessidade de mais estudos sobre os BPMS (Buniness Process Management Systems). Estudos sobre linguagens para uniformizar o entendimento de processos continuam a ser úteis e necessários, principalmente sobre como difundir e internalizar essas linguagens. Também o desenvolvimento de ferramentas para o apoio às tarefas necessárias à gestão de processos e estudar como as pessoas usam essas ferramentas.
- Este estudo atém-se ao "o que" deve ser feito para se gerenciar processos. Certamente, há necessidade de **estudos sobre "quem deve fazer o que" para que os processos sejam gerenciados**. Isso implica em estudos sobre governança de processos e formas de negociar como os processos devem ser projetados e geridos no dia-a-dia, assim como e onde o conhecimento gerado sobre os processos será criado, armazenado e retido.
- Os modelos de referência têm sido considerados uma forma de uniformizar linguagens entre organizações e têm criado padrões para gerir e executar processos. O avanço em estudos sobre esse tema também pode contribuir para a evolução da gestão de processos. Podem ser feitos **estudos sobre como avaliar modelos e arquiteturas com melhores práticas**.

- **Entendimento das variações nas abordagens, tarefas e processos** necessários à gestão de processos em função do tipo de organização a ser objeto de ação e também do setor de atuação.
- Há possibilidade de **realização de estudo sobre tendências**. No curto prazo, há necessidade de se entender se as arquiteturas orientadas para serviços (SOA) são efetivamente uma tendência e, no médio e longo prazo, podem ser determinados e previstos o comportamento e ações organizacionais no futuro. Estruturar e ampliar as tarefas em modelos de maturidade e capacitações como o Modelo de Maturidade de gestão de processos (BPMM).
- **Identificação dos fatores que permitiriam a uma organização reduzir o tempo entre a identificação de um problema nos processos e a implementação das soluções.** Para reduzir esse tempo, as ações devem estar bem estruturadas, mas, por outro lado, devem permitir que os processos sejam diagnosticados, as soluções sejam identificadas e implementadas no menor intervalo de tempo e custo possível.
- Estudo sobre os impactos das mudanças na economia mundial sobre a **gestão de processos de serviços**. A economia cada vez mais se desloca para serviços. Há, então, necessidade de se estudar os impactos dessa mudança na forma de gestão de processos. Estudar questões associadas à globalização e trabalhar com novos relacionamentos, diferentes culturas, múltiplos idiomas, fusos horários distintos que aumentam razoavelmente a complexidade e a necessidade de coordenação.

Referências

1. WOLF, C.; HARMON, P. The state of business process management: 2006. *BPTrends*, 2006. Disponível em: www.bptrends.com. Acesso em 20 jun. 2006.
2. PALMER, N. A survey of business process initiatives. *BPTrends*, jan. 2007. Disponível em: www.bptrends.com. Acesso em fev. 2007.
3. DAVENPORT, T. *Reengenharia de processos*: como inovar na empresa através da tecnologia de informação. Rio de Janeiro: Campus, 1994.
4. HARMON, P. *Business process change*: a manager's guide to improving, redesigning, and automating processes. San Francisco: Morgan Kaufmann, 2003.
5. GROVER, V.; KETTINGER, W. *Process think*: winning perspectives for business change in the information age. Hershey: Idea Group Inc., 2000.
6. BURLTON, R. *Business process management*: profiting from process. Indiana: Sams, 2001.
7. SALERNO, M. *Projeto de organizações integradas e flexíveis*: processos, grupos e gestão democrática via espaços de comunicação-negociação. São Paulo: Atlas, 1999.
8. SMITH, H.; FINGAR, P. *Business Process Management*: the third wave. Florida: Meghan-Kiffer, 2003.
9. TACHIZAWA, T.; SCAICO, O. *Organização flexível*: qualidade na gestão por processos. São Paulo: Atlas, 1997.
10. HUNT, D. *Process Mapping*. New York: Wiley, 1996.
11. VERNADAT, F. *Enterprise modeling and integration*: principles and applications. London: Chapman & Hall, 1996.
12. HAMMER, M.; CHAMPY, J. *Reengenharia*: revolucionado a empresa em função dos clientes, da concorrência e das grandes mudanças da gerência. Rio de Janeiro: Campus, 1994.
13. BPM Group. (Business Process Management Group). *In Search of BPM Excellence*: straight from the thought leaders. Florida: Meghan-Kiffer Press, 2005.
14. POIRIER, C.; WALKER, I. *Business process management applied*: creating the value managed enterprise. Florida: J. RossPublishing, APICS, 2005.
15. ANTUNES Jr., J. A. V. *Em direção a uma teoria geral de administração da produção*: uma discussão sobre a possibilidade de unificação da teoria das restrições e da teoria que sustenta a construção dos sistemas de produção com estoque zero. Tese (Doutorado em Administração), UFRGS, Porto Alegre, 1998.
16. ANTUNES Jr., J. A. V. *Os paradigmas na engenharia de produção*. Rio de Janeiro: COPPE/UFRJ, 2006. cap. 2. No prelo.
17. SCHEER, A. W. *Business process engineering*: reference models for industrial enterprises. Berlin: Springer-Verlag, 1994.

18. AALST, W. et al. *Business process management:* models, techniques and empirical studies. Berlin: Springer, 2000.
19. ROSEMANN, M. Potential pitfalls of process modeling: part A. *Business Process Management Journal*, v. 12, n. 2, p. 249-254, 2006.
20. CHANG, J. *Business process management systems*. New York: Auerbach Publications, 2006.
21. SHINGO, S. (B) *Sistemas de produção com estoque zero*. Porto Alegre: Bookman, 1996.
22. OHNO, T. *Sistema Toyota de produção*: além da produção em larga escala. Porto Alegre: Bookman, 1997.
23. COSTA, L.; CAULLIRAUX, H. (Eds.). *Manufatura integrada por computador* – sistemas integrados de produção: estratégia, organização, tecnologia e recursos humanos. Rio de Janeiro: Campus, 1995.
24. SCHEER, A. W. *Architecture of integrated information systems*: foundations of enterprise-modeling. Berlin: Springer-Verlag, 1992.
25. CAMEIRA, R. *Hiper-integração*: engenharia de processos, arquitetura integrada de sistemas componentizados com agentes e modelos de negócios tecnologicamente habilitados. 2003. Tese (Doutorado em Engenharia de Produção) – Universidade Federal do Rio de Janeiro, Rio de Janeiro, 2003.
26. KELLER, G.; TEUFEL, T. *SAP R/3 process oriented implementation*. Harlow: Addison-Wesley, 1998.
27. TAYLOR, F. *Princípios da administração científica*. São Paulo: Atlas, 1990.
28. BARNES, R. *Estudo de movimentos e tempos*. São Paulo: Edusp, 1977.
29. CAULLIRAUX, H. B. *Módulo de engenharia de processos:* MBSIG. Rio de Janeiro: COPPE / UFRJ, abr 1999. Anotações de aula.
30. SHINGO, S. (A). *O sistema Toyota de produção*. Porto Alegre: Bookman, 1996.
31. SHINGO, S. *Sistema de troca rápida de ferramenta*. Porto Alegre: Bookman, 2000.
32. CAULLIRAUX, H.; CAMEIRA, R. *A consolidação da visão por processos na engenharia de produção e possíveis desdobramentos*. Rio de Janeiro: Grupo de Produção Integrada/ COPPE-EE//UFRJ, 2000.
33. DAVENPORT, T.; SHORT, J. The New Industrial Engineering: Information Technology and Business Process Redesign. *MIT Sloan Management Review*, v. 31, n. 4, p. 11-27, summer 1990.
34. HAMMER, M. Reengineering work: don't automate, obliterate. *Harvard Business Review*, v. 68, n. 4, p. 104-112, jul/ago 1990.
35. HAMMER, M. *Além da reengenharia*. Rio de Janeiro: Campus, 1997.
36. CAULLIRAUX, H. *Principais publicações sobre processos*. Rio de Janeiro: GPI/COPPE/ UFRJ, 2000. Fichamento.
37. GOLDRATT, E. *A meta*. 36 ed. Rio de Janeiro: Educator, 1993.
38. STEIN, R. *Re-engineering the manufacturing system*: applying the theory of constraints. New York: Marcel Dekker, 1996.
39. UMBLE, M.; SRIKANTH, M. *Synchronous manufacturing*: principles of world class excellence. Cincinnati: Southwestern, 1990.
40. UMBLE, M.; SRIKANTH, M. (A) *Synchronous Management*. Guilford: Spectrum, 1997. v. 1.
41. UMBLE, M.; SRIKANTH, M. (B) *Synchronous Management*. Guilford: Spectrum, 1997. v. 2.
42. DETTMER, H. *Goldratt`s theory of constraints*. Milwaukee: ASQC Quality Press, 1997.

43. PORTER, M. *Competitive strategy:* techniques for analyzing industries and competitors. New York: The Free Press, 1980.
44. PORTER, M. *Vantagem competitiva*: criando e sustentando um desempenho superior. 2. ed. Rio de Janeiro: Campus, 1985.
45. GHEMAWAT, P. *A estratégia e o cenário de negócios*. Porto Alegre: Bookman, 2001.
46. RUMMLER, G.; BRACHE, A. *Improving performance*: how to manage the white space on the organizational chart. San Francisco: Jossey Bass, 1995.
47. KAPLAN, R., NORTON, D. *The balanced scored*: transforming strategy into action. Boston: Harvard Business School Press, 1996.
48. QUINN, J.; MINTZBERG, H.; JAMES, R. The strategy process: concepts, contexts and cases. New Jersey: Englewood Cliffs, 1988.
49. GALBRAITH, J. R. *Designing organizations*. San Francisco: Jossey-Bass, 1995.
50. SCHEIN, E. *Organizational culture and leadership*. 2. ed. San Francisco: Jossey-Bass, 1997.
51. GALBRAITH, J. R. *Design the global corporation*. San Francisco: Jossey-Bass, 2000.
52. HARRISON-BRONINSKI, K. *Human Interactions*: the heart and soul of business process management. Florida: Meghan-Kiffer Press, 2005.
53. MINTZBERG, H. *Criando organizações eficazes*: estruturas em cinco configurações. São Paulo: Atlas, 1995.
54. CARSON, G. *Production handbook*. New York: Ronald Press, 1967.
55. PARKER, G. *Cross-functional teams*: working with allies, enemies and other strangers. 2nd. ed. São Francisco: John Wiley and Sons, 2003.
56. NOLAN, R.; GALAL, H. Virtual offices: redefining organizational boundaries. In: BRADLEY, S. P.; NOLAN, R. L. *Sense & Respond*: Capturing value in the Network Era. Boston: Harvard Business School Press, 1998. cap. 14
57. PAIM, R.; CAMEIRA, R. *Engenharia de processos*: para além da modelagem de processos. Rio de Janeiro: Grupo de Produção Integrada/COPPE-EE/UFRJ, 2001. Artigo interno.
58. RIBEIRO, A. *Indicadores de desempenho no curso de formação de gestores de processos*. São Paulo: GPI/COPPE/UFRJ, 2006. Material de aula.
59. CARDOSO, V. *Curso de gestão de conhecimento em projetos*. Rio de Janeiro: SENAI, COPPE / UFRJ, 1999.
60. BRASIL. Ministério do Planejamento, Orçamento e Gestão. *PPA – Plano plurianual*. Brasília, 1999.
61. CARDOSO, V. *Gestão de competências por processos*: um método para a gestão do conhecimento tácito da organização, 2004. Tese (Doutorado em Engenharia de Produção) – Universidade Federal do Rio de Janeiro, Rio de Janeiro, 2004.
62. PORTER, E. M. *Vantagem competitiva*. Rio de Janeiro: Campus, 1992.
63. CAMEIRA, R. Aulas do Curso de Gestão de Processos de Negócios, 2006. COPPE / UFRJ.
64. CAMEIRA, R. *Sistemas integrados de gestão*: perspectivas de evolução e questões associadas. Rio de Janeiro: Grupo de Produção Integrada/COPPE-EE/UFRJ, 1999.
65. SCHEER, A. W. *ARIS*: business process frameworks. 2. ed. Berlin: Springer-Verlag, 1998.
66. CAMEIRA, R. et al. *Componentized integrated systems architecture and business process engineering*: methodological aspects, Curitiba: Grupo de Produção Integrada/COPPE-EE/UFRJ, 2002.
67. VALADARES, A. *Modelagem de processos para implementação de workflow*: avaliação crítica. Dissertação (Mestrado em Engenharia de Produção) – Universidade Federal do Rio de Janeiro, Rio de Janeiro, 2001.

68. DAVENPORT, T. Natureza da reengenharia de processos. In:_____. *Reengenharia de processos*. Boston: Harvard Business School Press, 1993.
69. DAVENPORT, T. *Mission critical*: realizing the promise of enterprise systems. Boston: Harvard Business School Press, 2000.
70. NAGEL, C.; ROSEMANN, M. *Process engineering*. Curso de pós-graduação à distância. Queensland (AU): Queensland University of Technology, 1999.
71. NETTO, C. Definindo gestão por processos: características, vantagens, desvantagens. In: LAURINDO, F.; ROTONDARO, R. (Org.) *Gestão integrada de processos e da tecnologia de informação*. São Paulo: Atlas, 2006.
72. PAIM, R. *Engenharia de processos*: análise do referencial teórico-conceitual, instrumentos, aplicações e casos. Dissertação (Mestrado em Engenharia de Produção) – Universidade Federal do Rio de Janeiro, Rio de Janeiro, 2002. Disponível em: www.gpi.ufrj.br. Acesso em 12 maio 2006.
73. HYDER, E.B.; HESTON, K.; PAULK, M. *The eSourcing Capability Model for Service Providers (eSCM-SP) v2*, CMU-ISRI-04-113. Pittsburgh: Carnegie Mellon University, 2004. 2 partes.
74. JESTON, J.; NELIS, J. *Business process management:* practical guidelines to successful implementations. Oxford: Butterworth-Heinemann-Elsevier, 2006.
75. PAIM, R. *As tarefas para gestão de processos*. Tese (Doutorado em Engenharia da Produção) – Universidade Federal do Rio de Janeiro, 2007.
76. MELAN, E. Process management in service and administrative operations. *Quality Progress*, v. 18, n. 6, p. 52-59, 1985.
77. KANE, E. IBM's quality focus on the business process: a management remain competitive. *Quality Progress*, v. 19, n. 4, p. 24-33, 1986.
78. GADD, K. Business self-assessment: a strategic tool for building process robustness and achieving integrated management. *Business Process Reengineering & Management Journal*, v. 1, n. 3, p. 66-85, 1995.
79. ZAIRI, M.; SINCLAIR, D. Business process re-engineering and process management: A survey of current practice and future trends in integrated management. *Business Process Re-engineering & Management Journal*, v. 1, n. 1, p. 8-30, 1995.
80. LEE, R.; DALE, B. Business process management: a review and evaluation. *Business Process Management Journal*, v. 4, n. 3, p. 214-225, 1998.
81. ARMISTEAD, C.; MACHIN, S. Implications of business process management for operations management. *International Journal of Operations & Production Management*. Bradford, UK, v. 17, n. 9, p. 886-898, 1997.
82. SOMMER, R.; GULLEDGE, T. Business Process Management: public setor implication. *Business Process Management Journal*, v. 8, n. 4, p. 364-376, 2002.
83. LINDSAY, A.; DOWNS, D.; LUNN, K. Business processes: attempts to find a definition. *Information and Software Technology*, n. 45, p. 1015-1019, 2003.
84. LIZARELLI, F. et al. Gestão de processos em uma empresa do setor elétrico. *GEPROS – Revista Gestão da Produção, Operações e Sistemas*, ano 1, n. 2, p. 31-39, abr 2006.
85. PAIM, R.; CAULLIRAUX, H.; CARDOSO, R. Process management tasks: a conceptual and practical views. *Business Process Management Journal*, v. 14, n. 5, 2008.
86. PAIM, R.; SANTOS, D.; CAULLIRAUX, H. A importância das tarefas para gestão de processos. In: Encontro Nacional de Engenharia da Produção, 27., Foz do Iguaçu, 2007. *Anais...* Foz do Iguaçu: ABEPRO, 2007.

87. MCCORMARK, K.; JOHNSON, W. Business process orientation: gaining the e-business competitive advantage. Florida: CRC Press, 2001.
88. JOHANNPETER, J. G. Abordagem por processos. Fundação Nacional da Qualidade, 2005. Disponível em: http://www.fnq.org.br/Portals/_FNQ/ Documents/cl_gmet_16-12-2005.pdf. Acesso em 29 maio 2006.
89. GONÇALVES, J. E. L. As empresas são grandes coleções de processos. *Revista de Administração de Empresas*, v. 40, n. 1, p. 6-19, 2000.
90. CLARK, K.; FUJIMOTO, T. Product development: strategy, organization, and management in the world auto industry. *Harvard Business Review Press*, Boston, Massachusetts, 1991.
91. BPM ENTERPRISE. Business process management. Disponível em: http://www.bpmenterprise.com/ Acesso em: 26 fev. 2009.
92. REIJERS, H. Implementing BPM systems: the role of process orientation. *Business Process Management Journal*, v. 12, n. 4, p. 389-409, 2006.
93. HARRINGTON, H. J. *Business process improvement*: the breakthrough strategy for total quality, productivity, and competititveness. New York: McGraw-Hill, 1991.
94. PIDD, M. *Modelagem empresarial*: ferramentas para tomada de decisão. Porto Alegre: Bookman, 1998.
95. SHINGO, S. *A study of the Toyota production system*. New York: Productivity Press, 1989.
96. DEMING, E. *Qualidade*: a revolução da administração. São Paulo: Marques Saraiva, 1990.
97. ANDREWS, K. *The concept of corporate strategy*. Dow-Jones: Irwin, 1971.
98. PROENÇA, A. Estratégia e processos. COPPE/UFRJ/GPI, 2006. Capítulo de livro em elaboração.
99. DYER, J. *Collaborative advantage*. New York: Oxford, 2000.
100. HAMMER, M. *The super efficient company*. HBR Press, Boston, sept. 2001.
101. CHRISTENSEN, C.; OVERDORF, M. Meeting the challenge of disruptive change. *Harvard Business Review*, New York, p. 66-76, Mar/Apr. 2000.
102. HATTEN, K.; ROSENTHAL, S. Managing the process-centred enterprise. *Long Range Planning*, v. 32, n. 3, p. 293-310, 1999.
103. COHEN, W.; LEVINTHAL, D. Absorptive capacity: a new perspective on learning and innovation. *Administrative Science Quarterly*, v. 35, p. 128-52, 1990.
104. MUNIVE-HERNANDEZ, E. Modelling the strategy management process an initial BPM approach. *Business Process Management Journal*, v. 10, n. 6, p. 691-711, 2004.
105. GROVER, V. et al. The implementation of business process reengineering. *Journal of Management Information Systems*, v. 12, n. 1, p. 109-144, 1995.
106. PAULK, M. *Mark. Paulk*: entrevista para teste e validação dos resultados de pesquisa. Engenheiro Industrial e Professor de Carnegie Mellon University, [2007]. In: PAIM, R. Tarefas para gestão de processos. Tese (Doutorado em Engenharia da Produção) – Universidade Federal do Rio de Janeiro, 2007.
107. LAMBERT, D. M. et al. The supply chain management processes. *International Journal of Logistics Management*, v. 12, n. 2, p. 13-36. 2001.
108. KEEN, P. *The process edge*. Boston: Harvard Business School Press,1997.
109. TENNER, R.; DE TORO, I. *Process redesign*: the implementation guide for managers. Portland: Book News, 1999. (Engineering Process Improvement Series)

110. BENNER, M.; VELOSO, F. *Process management practices and performance*: competition and the moderating effect of technological capabilities. Pittsburgh, Carnegie Melon University, 2006. Disponível em: http://www.andrew.cmu. edu/user/fveloso/iso.pdf. Acesso em 30 mar 2007.
111. RUMMLER, G.; BRACHE, A. *Melhores desempenhos das empresas*. São Paulo: Makron, 1992.
112. ALVAREZ, R. Desenvolvimento de uma análise comparativa dos métodos de identificação, análise e solução de problemas. Dissertação (Mestrado em Engenharia da Produção) – Universidade Federal do Rio Grande do Sul, 1996.
113. KEPNER, Charles H.; TREGOE, Benjamin B. *O administrador racional*: uma abordagem sistemática à solução de problemas e tomada de decisões. 2. ed. São Paulo: Atlas, 1980.
114. TELLERIA, K.; LITTLE, D.; MACBRIDE, J. Managing processes through teamwork. *Business Process Management Journal*, v. 8, n. 4, p. 338-350, 2002.
115. KATZENBACH, J.; SMITH, D. *The wisdom of teams*: creating the high-performance organization. Boston: Harvard Business School Press, 1992.
116. SENGE, P. *A quinta disciplina*: caderno de campo. Rio de Janeiro: Qualitymark, 1997.
117. HAMMER, M. *The audit process*. HBR Press, Boston, abr. 2007.
118. ROSEMANN, M. Potential pitfalls of process modeling: part B. *Business Process Management Journal*, v. 12, n. 3, p. 377-384, 2006.
119. PIDD, M. Just modeling through: a rough guide to modeling in OR. *Interfaces*, v. 29, n. 2, p. 118-132, 1999.
120. FALCONI, V. *TQC:* Controle da Qualidade Total no estilo japonês. Belo Horizonte: Desenvolvimento gerencial, 1999.
121. JAPANESE UNION OF SCIENTISTS AND ENGINEERS. *TQC solutions*: the 14 step process. Cambridge: Productivity Press, 1991. 2.v.
122. FERRAZ, P. et al. Aplicação do processo de pensamento da teoria das restrições para melhoria em processos de negócios. In: ENCONTRO NACIONAL DE ENGENHARIA DE PRODUÇÃO, 26., Fortaleza, 2006. *Anais...* Fortaleza: ABEPRO, 2006.
123. LACERDA, D. et al. Avaliação da sinergia da utilização da engenharia de processos e processo de pensamento da teoria das restrições no sentido da análise e redesenho de processos: um estudo de caso em uma instituição de ensino superior. In: CONGRESSO NACIONAL DE EXCELÊNCIA EM GESTÃO, 3., Niterói, ago. 2006. *Anais...* Niterói: Universidade Federal Fluminense, 2006.
124. ANTUNES, JR.; KLIPPEL, M. Matriz de posicionamento estratégico dos materiais: uma abordagem metodológica. In: ENCONTRO NACIONAL DE ENGENHARIA DE PRODUÇÃO, 22., 2002, Curitiba, PR. *Anais...* Curitiba, 2002.
125. OSTRENGA, M.et al. *Guia da Ernst & Young para a gestão total de custos*. Rio de Janeiro: Record, 1993.
126. FETTKE, P.; LOOS, P.; ZWICKER, J. Business process reference models: survey and classification. *Lecture Notes in Computer Science*, v. 3812, p. 469-483, 2006.
127. DAVENPORT, T. The coming commoditization of processes. *Harvard Business Review*, Massachusetts, v. 83. n. 6, p. 100-108, 2005.
128. PAIM, R.; MACIEIRA, A.; RIBAMAR, T. Método para gestão pública e reforma administrativa baseado em processos. In: CAULLIRAUX, H.; YUKI, M. (Org.). *Gestão pública e reforma administrativa*. Rio de Janeiro: Lucerna, 2004. v. 1, p. 1-288.
129. BEER, M; EISENSTAT, R.; SPECTOR, B. Why change programs don't produce change. Harvard Business Review, Boston, p. 158-166, Nov./Dec. 1990.

130. BIRO, M.; MESSNARZ, R.; DAVISON, A. The impact of national cultural factors on the effectiveness of process improvement methods: the third dimension. *Software Quality Professional*, v. 4, n. 4, Sept. 2002, p. 34-41.
131. MAQUIAVEL, N. *O príncipe*. Trad. R. Grassi. Rio de Janeiro: Bertrand do Brasil, 1997.
132. KOTTER, J. P. *Liderando mudança*. Rio de Janeiro: Campus, 1997.
133. SPANYI, A. *More or Less*: the power of process management. Florida: Meghan-Kiffer Press, 2006.
134. DE FEO, J.; BARNARD, W. *Juran Institute's Six Sigma Breakthrough and Beyond*: quality performance breakthrough methods. New York: McGraw-Hill, 2004.
135. ROTONDARO, R. Método básico: uma visão geral. In: ROTONDARO, R. (Org.) et al. *Seis sigma*: estratégia gerencial para a melhoria dos processos, produtos e serviços. São Paulo: Atlas, 2002, p. 23-48.
136. MONTGOMERY, D. *Introduction to statistical quality control*. New York: John Wiley, 1996.
137. DE SORDI, J. *Gestão Por Processos*. São Paulo: Saraiva, 2005.
138. HERBSLEB, J. James D. Herbsleb:: entrevista para teste e validação dos resultados de pesquisa. Professor de Carnegie Mellon University, [2007]. In: PAIM, R. Tarefas para gestão de processos. Tese (Doutorado em Engenharia da Produção) – Universidade Federal do Rio de Janeiro, 2007.
139. SLAUGTHER, S. Sandra Slaugther: Professora de Carnegie Mellon University, [2007]. In: PAIM, R. Tarefas para gestão de processos. Tese (Doutorado em Engenharia da Produção) – Universidade Federal do Rio de Janeiro, 2007.
140. CAMP, R. *Benchmarking*: o caminho da qualidade. São Paulo: Pioneira, 1993. p. 220
141. ARGYRIS, C.; SCHÖN, D. *Organizational learning*: a theory of action perspective. Massachusetts: Addison-Wesley, 1978.
142. ARGOTE, L. *Organizational learning*: creating, retaining and transferring knowledge. New York: Kluwer Academic Publishers, 1999.
143. GOLDRATT, E. Mais que sorte: um processo de raciocínio. Rio de Janeiro: Educator, 1994.
144. BUSSLER, C.; HALLER, A. Business Process Management Workshops 2005. *Lectures Notes in Computer Science*. Berlin, Heidelberg, v. 3812, 2006.
145. PULAT, B. Process improvements through benchmarking. *The TQM Magazine*, Tennessee, v. 6, n. 2, p. 37-40, 1994.
146. JOHANNPETER, J. G. Abordagem por processos. In: FUNDAÇÃO NACIONAL DA QUALIDADE. Disponível em: www.fpnq.org.br. Acesso em: 29 maio 2006.
147. DAVENPORT, T.; BEERS, M. Managing information about processes. In: GROVER, V.; KETTINGER, W. *Process Think*: winning perspectives for business change in the information Age. Hershey: Idea Group Inc., 2000.
148. HAIR, J. F. et al. *Multivariate data analysis*. New Jersey, Prentice Hall, 1995.
149. YIN, R. *Estudos de caso*: planejamento e métodos. 2. ed. Porto Alegre: Bookman, 2001.
150. PAIM, R. et al. *Relatório de pesquisa sobre estruturação de escritório de processos*. Rio de Janeiro: Petrobras, NP2Tec, GPI & GEOS, 2007.
151. PAIM, R. et al. O que são BPMS: são sistemas de suporte às tarefas para gestão de processos. In: ENCONTRO NACIONAL DE ENGENHARIA DA PRODUÇÃO, 27., Foz do Iguaçu, 2007. *Anais...* Foz do Iguaçu: ABEPRO, 2007.
152. SERASA. *Relatório gerencial do ano de 2005*. São Paulo, 2005. Disponível em: www.serasa.com.br. Acesso em 26 out. 2005.

153. PASCALE, C.; MALUF, M.; MANFRINATO, M. Base corporativa de processos: um estudo de caso do Banco ABN-AMRO Real. E-Finance, 2006.
154. COSTA, J. A. S. Integração dos modelos de desenvolvimento de processos, estrutura organizacional, sistemas de TI e normas. São Paulo: EMBRAER, jun 2005.
155. HUNTRESS, J. The current state of BPM technology: a taxonomy and strategy. *BPMInstitute*, Massachusetts, 2006. Disponível em: www.bpminstitute.org. Acesso em 17 sept. 2006.
156. KARAGIANNIS, D. BPMS: Business Process Management Systems. *SIGOIS Bulletin*, New York, v. 16, n. 1, 1995.
157. CAMEIRA, R. Hiper-integração: engenharia de processos, arquitetura integrada de sistemas Componentizados com agentes e modelos de negócios Tecnologicamente habilitados. Tese (Doutorado em Engenharia de Produção) – COPPE-UFRJ, Rio de Janeiro, 2003.
158. VERNER, L. BPM: The Promise and Challenge. v. 2, n. 1. USA: DSP, 2004.
159. OULD, M. *Business Process Management*: a rigorous approach. Florida: Megham-Kiffer Press, 2005.
160. ARORA, S. *Business Process Management*: process is the enterprise. [S.l.]: BPM-Strategy, 2005.
161. DELPHI GROUP. *BPM 2002*: market milestone report. Boston: Delphi Group White Paper, 2001.
162. SILVER, B. *The BPMS Report*: understanding and evaluating BPM suites. Massachusetts: BPM Institute, 2006.
163. GURLEY, J. W. Perspective: pay attention to BPM. *News*, 2003. Disponível em: http://news.com.com/2010-1071-994310.html. Acesso em 27 Mar. 2003.
164. SINUR, J.; BELL, T. A BPM taxonomy: creating clarity in a confusing market. *Gartner Research*, note T-18-9669, p. 1-6, 29 may 2003.
165. HALL, C.; HARMON, P. The BPTrends 2006 report on business rules products. *BPTrens*, May 2006. Disponível em: www.bptrends.com. Acesso em: maio 2006.
166. OLIVEIRA, S. B. (Org.) *Gestão por processos*: fundamentos, técnicas e modelos de implementação. Rio de Janeiro: Qualitymark, 2007. v. 1.

Leituras recomendadas

AALST, W. et al. Business process management: a survey. *Lecture Notes in Computer Science*, Berlin, v. 2678, p. 1-12, 2003.

AKHAVAN, P.; JAFARI, M.; ALI-AHMADI, A. Exploring the interdependency between reengineering and information technology by developing a conceptual model. *Business Process Management Journal*. Bradford, UK, v. 12, n. 4, p. 517-534, 1998.

ANDREWS, T., et al. *Business process execution language for web services*: Version 1.0, May 2003.

ANTUNES, JR.; CAULLIRAUX, H.; NEVES, M. *A Organização por processos*. São Paulo: Grupo de Produção Integrada/COPPE-EE/UFRJ, SAP Universe, 1998.

ANTUNES, JR.; KLIPPEL, M.; KOETZ, A.; LACERDA, D. *Critical issues about the theory of constraints thinking process: a theoretical and practical approach*. In: SECOND WORLD CONFERENCE ON POM AND 15TH ANNUAL POM CONFERENCE, 2004, Cancun. Anais ..., 2004.

ANUPINDI, R. et al. *Managing business process flows*. London: Prentice Hall, 1999.

ARMISTEAD, C.; ROWLAND, P. *Managing business process*: BPR and beyond. New York: John Wiley, 1996.

ASHKENAS, R. et al. *The boundaryless organization*: break the chains of Organizational Structure. San Francisco: Jossey-Bass, 2002.

ASSOCIAÇÃO BRASILEIRA DE ENGENHARIA DE PRODUÇÃO. *Engenharia de produção*: grande área e diretrizes curriculares. Porto Alegre, 1998.

BALLOU, R. *Gerenciamento da cadeia de suprimentos*. Porto Alegre: Bookman, 2001.

BASTOS, A.; CAMEIRA, R. *Análise de ferramentas de modelagem para processos de negócios*. Rio de Janeiro: Grupo de Produção Integrada/COPPE-EE/UFRJ, 2000.

BAUM, E. The knowledge paradox: how to manage your most strategic asset. *Cambridge Information Network*, San Francisco, 2000. Disponível em: http://www.cin.ctp.com. Acesso em: 13 fev 2009.

BIEBERSTEIN, N. et al. *Service-oriented architecture compass*: business value, planning, and enterprise roadmap. Upper Saddle River, NJ: IBM Press, Developer Works Series, Prentice Hall, 2006. 232 p.

BITITCI, U.; TURNER, T.; BALL, P. The viable business structure for managing agility. *International Journal of Agile Management Systems*, v. 1 n. 3, p.190-199, 1999.

BORRELLI, G. et al. What makes teams work better. *Business Process Management Journal*, v. 1, n. 3, p. 28-34, 1995.

BOWERSOX, D.; CLOSS, D. *Logística empresarial*: o processo de integração da cadeia de suprimento. São Paulo: Atlas, 2001.

BRADLEY, S.; NOLAN, R. *Sense & Respond*: capturing value in the Network Era. Boston: Harvard Business School Press, 1998.

BRASIL. Ministério do Planejamento, Orçamento e Gestão. *PPA – Plano plurianual*. Brasília, 2002.
CAKAR, F.; BITITCI, U.; MACBRYDE, J. A business process approach for human resource management. *Business Process Management Journal*. v. 9, n. 2, p. 190-207, 2003.
CAMEIRA, R.; CALLIRAUX, H. *Engenharia de processos de negócios*: considerações metodológicas para análise e integração de processos. Niterói: Grupo de Produção Integrada/COPPE-EE/UFRJ, 1998.
CAMPEÃO, P. *Proposição de um método para desenvolvimento de processos de negócios*. In: Encontro Nacional de Engenharia de Produção, 18., 1997, Gramado, RS, 1997.
CARDOSO, V. Aulas de gestão do conhecimento e inteligência empresarial do curso de Especialização em Gestão de Sistemas e Processos de Produção Automobilística para a Daimler-Chrysler do Brasil Ltda. Juiz de Fora: COPPE / UFRJ, 2002.
CARDOSO, V. *Curso de Engenharia de Processos de Negócios – SAP/MBI*. Rio de Janeiro: COPPE / UFRJ, 2001.
CARDOSO, V. *Estratégia, processos e operações para pequenas e médias empresas*: um método sintético para tornar negócios de pequeno porte auto-sustentáveis no longo prazo, 1998. Dissertação (Mestrado em Engenharia de Produção) – Universidade Federal do Rio de Janeiro, Rio de Janeiro, 1998.
CARDOSO, V.; CAMEIRA, R.; PROENÇA, A. *Inteligência Competitiva e a Gestão do Conhecimento*. In: Encontro Nacional de Engenharia de Produção, 21., 2001, Salvador, 2001.
CAULLIRAUX, H. et al. *Implantação de sistema integrado de gestão em fundações de apoio*: uma proposta de arquitetura e requisitos de sistema de ERP. GPI/COPPE / UFRJ, 2002. Disponível em: www.apoena.com. Acesso em 15 set 2005. Artigo interno.
CAULLIRAUX, H. *Módulo de Engenharia de Processos – Curso Mercedes / DaimlerChrysler*. Juiz de Fora: COPPE / UFRJ, ago 2001.
CAULLIRAUX, H. Sistemas integrados de gestão e qualificação gerencial. *Gazeta Mercantil*, Rio de Janeiro, 21 jun 1999.
CLEMENTE, R. et al. Projeto organizacional como mecanismo para implementação da coordenação de processos: um estudo de caso numa organização do setor elétrico. In: Encontro Nacional de Engenharia de Produção, 24., 2004, Florianópolis, 2004.
COGAN, S. *Modelos de ABC/ABM*: inclui modelos resolvidos e metodologia original de reconciliação de dados para o ABC/ABM. Rio de Janeiro: Qualitymark, 1997.
COX, J.; SPENCER, S. *Manual da teoria das restrições*. Porto Alegre: Bookman, 2002.
CURRAN, T.; LADD, A. *Sap R/3 Business Blueprint*: understanding enterprise supply chain management. Upper Saddle River, New Jersey: Prentice Hall PTR, 1999.
DAVENPORT, T. *A "bifocal" approach to enterprise solutions*. Accenture Institute for High Performance, Cambridge, 2002. Disponível em: www.accenture.com/isc. Acesso em: 15 set 2005.
DAVENPORT, T. The Dynamics of eCommerce Networks. Accenture Institute for High Performance, Cambridge, 2001. Disponível em: www.accenture.com/isc. Acesso em: 15 set 2005.
DAVENPORT, T.; PRUSAK, L. *Working knowledge*: how organizations manage what they know. Massachusetts: Harvard Business School Press, 1998.
DE SORDI, J. *Gestão por processos*. São Paulo: Saraiva, 2005.
DESEL, J.; PERCINI, B.; WESKE, M. (Eds.) BPM 2004. Lectures Notes in Computer Science, Berlin, Heidelberg, v. 3080, 2004.

DIEHL, C. O uso do ABC como ferramenta gerencial: uma experiência em empresa de pequeno porte. In: ENCONTRO NACIONAL DE ENGENHARIA DE PRODUÇÃO, 22., Curitiba, 2002.

ECO, U. *Como se faz uma tese*. São Paulo: Perspectiva, 2001.

ELZINGA, D. et al. Business process management: survey and methodology. *IEEE Transactions on Engineering Management*, v. 42, n. 2, maio 1995.

ELZINGA, D.; GULLEDGE, T.; LEE, C. (Org..) *Business process engineering*: advancing the state of the art. Massachusetts: Klumer, 1999.

FALCONI, V. *Gerenciamento da rotina do trabalho do dia-a-dia*. Belo Horizonte: INDG, 2002.

FALCONI, V. *Gerenciamento pelas diretrizes*. Belo Horizonte: QFCO, 1996.

FEIGENBAUM, A. *Total quality control*. New York: McGraw-Hill,1961.

FLANNERY, T. et al. *Pessoas, desempenho e salários*. São Paulo: Futura, 1997.

FOMBRUN, C.; TICHY, N.; DEVANNA, M. *Strategic human resource management*. New York: John Wiley & Sons, 1984.

FUJIMOTO, T. Reinterpreting the resource-capability view of the firm: a case of development-production systems of the Japanese auto-makers. In: CHANDLER, A. D.; HASGSTRÖM, P.; SÖLVELL, Ö. *The dynamic firm*. Oxford: Oxford University Press, 1998.

GALBRAITH, J.; DOWNEY, D.; KATES, A. *Designing dynamic organizations*: a hand-on guide for leaders et all levels. New York: Amacon, 2002.

GARTNER RESEARCH. Nine reasons why IS organizations do not use BPM, 05 de setembro de 1997. In: SMITH, H.; FINGAR, P. *Business process management*: the third wave. New York; Florida: Meghan-Kiffer, 2003.

GARTNER RESEARCH. Resultados de pesquisa comparativa entre ferramentas de modelagem. Setembro, 1997. Disponível em: www.gartner.com. Acesso em: 10 set 2005.

GARTNER Research. The BPA/M Market Gets a Boost From New. Features. Markets, M-13-5295. *J. Sinur Research Note*. Maio 2001.

GARVIN, D. Building a learning organization. *Harvard Business Review*, Boston, v. 71, n.4, p. 47-80, 1993.

GHEMAWAT, P. *A estratégia e o cenário dos negócios*. Porto Alegre: Bookman, 2000.

GOSHAL, S.; BARTLETT, C. *Changing the role of top management*: beyond structure to processes. Boston: Harvard Business Review Press, 1996.

GUINATO, P. *Sistema Toyota de produção*: mais do que simplesmente just-in-time. Caxias do Sul: EDUCS, 1996.

HAMMER, M.; STANTON, S. How process enterprise really work. *Harvard Business Review*, Boston, p. 108-118, Nov./Dec. 1999.

HAQUE, B.; PAWAR, K. Organizational analysis: a process-based model for concurrent engineering environments. *Business Process Management Journal*, v. 9 n. 4, p. 490-526, 2003.

HARMON, P.; ROSEN, M.; GUTTMAN, M. *Developing e-business systems & architectures*: a manager's guide. San Diego: Academic Press, 2001.

HARRINGTON, J. *Aperfeiçoando processos empresariais*. São Paulo: Makron Books, 1993.

HARRINGTON, J.; ESSELING, E; VAN NIMWEGEN, H. *Business process improvement*. New York: McGraw Hill, 1997.

HAX, A.; MAJLUF, N. *Strategic management*: an integrative perspective. New Jersey: Prentice Hall, 1984.

HAYASHI, N.; HERMAN G. A coordination-theory approach to exploring process alternatives for designing differentiated products. Center for Coordination Science, MIT Sloan School Working Paper, n. 4362-02. Disponível em: http://ccs.mit.edu/wpmenu.html. Acesso em: June 2002.

HAYES, B. *Measuring customer satisfaction*. Milwaukee: ASQC Quality Press, 1992.

HAYES, R.H. et al. *Operations, strategy, and technology*: pursuing the competitive edge. New Jersey: John Wiley & Sons, 2005.

HLUPIC, V. *Knowledge and business process management*. Hershey: Idea Group Inc., 2003.

HOUAISS, A.; VILLAR, M. *Dicionário Houaiss da língua portuguesa*. Rio de Janeiro: Objetiva, 2001.

INTERNATIONAL ORGANIZATION FOR STANDARDIZATION. *ISO 9001-1: 2000:* quality management systems. Dec 2002. Requirements.

ISHIKAWA, K. *Controle de qualidade total à maneira japonesa*. 6. ed. Rio de Janeiro: Campus, 1997.

JABLONSKI, S.; BUSSLER, C. *Workflow management*: modeling concepts, architecture and implementation. London: Thomsom Computer Press, 1996.

JOHANSSON, H. et al. *Business process reengineering breakpoint strategies for market dominance*. New York, Wiley, 1993.

JOHNSON, T.; KAPLAN, R. *Contabilidade gerencial*: a restauração da relevância da contabilidade nas empresas. Rio de Janeiro: Campus, 1993.

JURAN, J. *Quality control handbook*. New York: McGraw-Hill, 1979.

KALAKOTA, R.; ROBINSON, M. *E-business*: estratégias para alcançar o sucesso no mundo digital. Porto Alegre: Bookman, 2001.

KALAKOTA, R.; ROBINSON, M. *Service blue print*: a roadmap for execution. Boston: Addison-Wesley, 2004.

KANAWATY, G. *Introduction to Work Study*. Geneva: OIT, 1992.

KAYDOS, W. *Measuring, managing and maximizing performance*. Portland: Productivity Press, 1991.

KHAN, R. *Business process management*: a practical guide. Florida: Meghan-Kiffer Press, 2003.

KIRCHMER, M. *Business process oriented implementation of standard software*. Berlin, Heidelberg: Springer-Verlag, 1998.

KLEIN, D.; DEBRUINE, M. A thinking process for establishing management polices. *Review of Business*, v. 16, n.3, p. 31-37, spring 1995.

KOBIELUS, J. *Workflow strategies*. New York: IDG Books, 1997.

KOCH, W. *Gerenciamento eletrônico de documentos*: conceitos, tecnologias e considerações gerais. São Paulo: Cenadem, 1998.

KOTLER, P.; KELLER, K. *Administração de marketing*. 12. ed. São Paulo: Prentice Hall, 2006.

KOULOPOULOS, T. *The workflow imperative*: building real world business solutions. Boston: John Wiley & Sons Inc., 1995.

KUHN, T. *The structure of scientific revolutions*. Chicago: University of Chicago Press, 1962.

LAKATOS, I. *For and against method*: including the Lakato's lectures on scientific method and Lakatos-Feyerabend corresponse. Chicago, Londres: Cambridge University Press, 1999.

LAKATOS, I. *The Methodology of Scientific Research Programmes*. Chicago, Londres: Cambridge University Press, 1978. (Philosofical Papers, v. 1)

LAURINDO, F.; ROTONDARO, R. (Org.) *Gestão integrada de processos e da tecnologia de informação*. São Paulo: Atlas, 2006.

LIKERT, R. A technique for the measurement of attitudes. *Archives of Psychology*, v. 22, n. 140, p. 1-55, 1932.

MASON, N. Is operations research really research? *Orion*, v. 22, n. 2, p. 155-180, 2006

MAYER, R. et. al. Information integration for concurrent engineering (IICE) compendium of methods report. *Armstrong Laboratory Logistics Research Division Wright-Patterson Air Force Base*, Ohio 45433-7604, junho, 1995.

MINTZBERG, H. et al. *Safári da estratégia*. Porto Alegre: Bookman, 2000.

MINTZBERG, H. Strategy Concept: Five P's for Strategy. *California Management Review*, v. 30, n.1, p. 11-24, 1987.

MORRIS, D.; BRANDON, J. *Re-engineering your business*. New York: McGraw-Hill,1996.

NETO, R.; MIRANDA, L. Experiências de empresas brasileiras com o sistema de custos ABC. In: ENCONTRO NACIONAL DE ENGENHARIA DA PRODUÇÃO, 22., 2002, Curitiba, 2002.

NETTO, C. *Proposta de modelo de mapeamento e gestão por macroprocessos*. Tese (Doutorado em Engenharia de Produção) – Escola Politécnica da Universidade de São Paulo, São Paulo, 2004.

NEVES, M. *A Organização por processos para a gestão da cadeia de suprimentos*. Nice: Grupo de Produção Integrada/COPPE-EE/UFRJ, SAPPHIRE, 1999.

NONAKA, I.; TAKEUCHI, H. *The knowledge-creating company*: how japanese companies create the dynamics of innovation. New York: Oxford University Press, 1995.

NOREEN, E.; SMITH, D.; MACKEY,J. *A teoria das restrições e suas implicações na contabilidade gerencial*. São Paulo: Educator, 1996.

NORTON, D.; KAPLAN, R. *A estratégia em ação*: balanced scorecard. 3 ed. Rio de Janeiro: Campus, 1997.

NÜTTGENS, M.; FELD, T.; ZIMMERMANN, V. Business process modeling with EPC and UML: transformation or integration? In: SCHADER, M.; KORTHAUS, A. (Hrsg.) *The unified modeling language:* technical aspects and applications, proceedings. (Mannheim, oktober 1997), Heidelberg 1998, p. 250-261. Disponível em: http://www.iwi.uni-sb.de/nuettgens/kpmg/kpmg.ps. Acesso em: 15 sept. 2006.

PAIM, R. *Engenharia de processos de negócios – Aris for R/3*. Curso de Pós Graduação em Sistemas Integrados de Gestão. Rio de Janeiro: Grupo de Produção Integrada/COPPE-EE/UFRJ, 2000.

PAIM, R. *Engenharia de processos*: conceitos e prática. Escola de Engenharia/UFRJ, Engenharia de Produção, Rio de Janeiro, 2001. Projeto de encerramento de curso.

PAIM, R. et al. Engenharia de processos de negócios: aplicações e metodologias. In: ENCONTRO NACIONAL DE ENGENHARIA DE PRODUÇÃO, 22., 2002, Curitiba. (B)

PAIM, R. Publicações sobre gestão de processos. Rio de Janeiro: GPI/COPPE/UFRJ, 2006. Fichamento.

PAIM, R.; CAMEIRA, R. *Processes*: the high performance enabling technology. In: SIMPÓSIO DE ADMINISTRAÇÃO DA PRODUÇÃO, LOGÍSTICA E OPERAÇÕES INTERNACIONAIS, 4., 2001, Guarujá/SP, Anais..., Guarujá, 2001 (B). p. 136-143.

PAIM, R.; CARDOSO, V.; CAULLIRAUX, H. A inserção dos processos no projeto de Organizações: uma argumentação conceitual e prática. In: ENCONTRO NACIONAL DE ENGENHARIA DE PRODUÇÃO, 22., 2002, Curitiba. (A)

PAIM, R.; CAULLIRAUX, H.; CLEMENTE, A. Engenharia de processos: equipes, estrutura e conhecimentos para aprimoramento organizacional. In: ENCONTRO NACIONAL DE ENGENHARIA DE PRODUÇÃO, 23., 2003, Ouro Preto. *Anais...* Porto Alegre: ABEPRO, 2003.

PAIM, R.; MACIEIRA, A.; BENTO, A. Implantação efetiva da mudança: uma abordagem baseada em processos. In: ENCONTRO NACIONAL DE ENGENHARIA DE PRODUÇÃO, 23., 2003, Ouro Preto. *Anais...* Porto Alegre: ABEPRO, 2003.

PAULK, M. et al. *The capability maturity model*: guidelines for improving the software process. Boston: Addison-Wesley, 1995.

PELLEGRIN, I.; PAIM. R. E-business: impactos na cadeia produtiva da indústria de petróleo do Brasil. Rio de Janeiro, 2002. Artigo selecionado para publicação Inteligência Empresarial.

PNQ. Fundação Prêmio Nacional da Qualidade. *Prêmio Nacional da Qualidade*. Disponível em: www.fpnq.org.br. Acesso em: 2006.

POPPER, K. *The logic of scientific discovery*. London: Hutchinson, 1959.

PROENÇA, A. Aulas sobre Projeto Organizacional. COPPE/UFRJ/GPI, 2001.

QUINN, J. et al. *Innovation explosion*: using intellect and software to revolutionize growth strategies. New York: The Free Press, 1997.

RADHAKRISHNANA, A.; ZUB, X.; GROVER, V. Process-oriented perspective on differential business value creation by information technology: an empirical investigation. *Business Process Management Journal*, v. 6, n. 3, p. 194-213, 2006.

RODRIGUES, R. *Uma proposta de modelagem da gestão de competências por processos na gestão de recursos humanos das organizações*. Projeto de encerramento de curso em Engenharia de Produção, Universidade Federal do Rio de Janeiro, 2006.

SCHEER, A. W. *ARIS*: Business process modeling. 2. ed. Berlin: Springer-Verlag, 1999.

SCHEER, A. W. *Collaborative business*. Rio de Janeiro, 2000. Apresentação e notas de Workshop.

SCHEER, A. W.; ALLWEYER, T.; EGE, C. Business process re-engineering and knowledge management. *ARIS ProcessWorld*, Saarbrücken, 1999. Disponível em: www.processworld.com. Acesso em 5 set 2006.

SCHEIN, E. Three cultures of management: the key to organizational learning. *MIT Sloan Management Review*, v. 38, n. 1, p. 9-20, 1996.

SCHURTER, T. What is business process management? *BPMG*, 2006. Disponível em: www.bpmg.org. Acesso em: 22 jan 2007.

SMITH, A. *A riqueza das nações*. São Paulo: Martins Fontes, 2003. v. 1.

SMITH, M. *Chris Argyris: theories of action, double-loop learning and organizational learning*. [S.l.]: Infed, 2001. Disponível em http://www.infed.org/thinkers/argyris.html. Acesso em: 26 Feb. 2007.

SPANYI, A. *Business process management*: is a team sport. Florida: Anclote Press, 2003.

STANTON, S. So what does a process owner really do? *BPMTrends*, abr 2005, Process Pragmatics Column. Disponível em: www.bpmtrends.com. Acesso em: 15 Oct. 2005.

STERMAN, J. *Business dynamics*: systems thinking and modeling for a complex world. New York: McGraw-Hill, 2000.

SUPRATEEK S.; ALLEN S. It-enabled organizational transformation: a case study of BPR failure at teleco. *Journal of Strategic Information Systems*, n. 8, p. 83-103, 1999.

TEECE, D.; PISANO, G.; SHUEN, A. *Dynamic capabilities and strategic management*. Oxford: Oxford University Press,1997.

THIOLLENT, M. *Metodologia de pesquisa-ação*. São Paulo: Cortez, 1998.

THOMAS, O. Understanding the term reference model in information systems research: history, literature and explanation. In: BUSSLER, C.; HALLER, A. *(Eds.)*, *Business Process Management Workshops: BPM 2005 International Workshops, BPI, BPD, ENEI, BPRM, WS-COBPM, BPS, Nancy, France, September 5, 2005; Revised Selected Papers* (p. 484-496).

TIMMERS, P. *Electronic commerce*: strategies and models for business-to-business trading. Boston: John Wiley & Sons, 2001.

VALENTINA, L.; POSSAMAI, O. Um modelo integrado para o redesenho de processos. In: ENCONTRO NACIONAL DE ENGENHARIA DA PRODUÇÃO, 18., 1998, Gramado, *Anais*... Porto Alegre: Abepro, 1998.

WALKER, K.; BLACK, E. Reengineering the undergraduate business core curriculum: aligning business schools with business for improved performance. *Business Process Management Journal*, v. 6, n. 3, p. 194-213, 2000.

WHITE, S. Business process modeling notation. *BPMI*, 2004. Disponível em: www.bpmi.org. Acesso em: jun 2004.

WORDNET. Disponível em: http://wordnet.princeton.edu/. Base de dados para o idioma inglês.

ZACCARELLI, S. B. A nova ideologia da competição. *Revista de Administração de Empresas*, São Paulo, v.35, n.1, p.14-21, jan./fev. 1995.

Apêndice
ALGUNS SITES INTERESSANTES SOBRE GESTÃO DE PROCESSOS

Tabela A.1 Relação de sites consultados para busca de definições na internet

Association of Business Process Management Professionals	Associação de profissionais de gestão de processos	http://www.abpmp.org/
BPR, Business Process Reengenering e Business Process Innovation	Definições de reengenharia e inovação de processos	http://www.brint.com/BPR2.htm
Business Process Management – The Third Wave	Informações sobre a terceira onda em gestão de processos	http://www.fairdene.com/
Business Process Management Enterprise	Gestão de processos Empresariais	http://www.bpmenterprise.com/
Business Process Management Initiative	BPMI.org, iniciativa de gestão de processos de negócios	http://www.bpmi.org/
Business Process Trends	BPTrends	www.bptrends.com
Infra Corporation	Gestão de fluxos de trabalho (*workflow*) de processos	http://www.infra.com.au/Workflow.htm
Innovation Process Management	Gestão da inovação em processos	http://www.ipm-marketing.co.uk/
Intalio	Produtos para gestão de processos	http://www.intalio.com/products/index.html
Jenz & Partner Gmbtt	Integração, modelagem e gestão de processos	http://www.jenzundpartner.de/
NUMA	*Núcleo de Manufatura Avançada*	http://www.numa.org.br/
Object Management Group/ Business Process Management Initiative	Iniciativa para definição de uma linguagem comum para modelagem de processos	http://www.bpmn.org/
Process automation and collaboration: C-Business	Automação e colaboração de processos	http://www.web-enable.com/industry/processautomation.asp
Process Design Consultants	Grupo com o objetivo de gerenciar negócios por meio da estratégia, projetos, processos, desempenho e questões associadas.	http://www.process-design.com/
Process Improvement Associates	Grupo de consultoria e treinamento em melhoria de processos	http://www.processimprovement.com/

(*continua*)

(continuação)

Process Management International	Gestão de processos Internacional	http://www.pmi.co.uk/
Process Network	Rede de processos	http://www.processnetwork.org.uk/
Process Renewal Group	Grupo de renovação de processos	http://www.processrenewal.com/
Prosci Learning Centers	Centro de aprendizado sobre gestão de processos e reengenharia	http://www.prosci.com/
Site do Consultor Daniel Hunt	Daniel Hunt – site do autor e consultor em gestão da qualidade, modelagem de processos, e reengenharia.	http://www.vdanielhunt.com/
Site do GPI	*Grupo de Produção Integrada*	www.gpi.ufrj.br
trabalhos relacionados com Workflow	www.wfmc.org	
Workflow management coalition	Grupo Centrado	
Workflow Patterns	Iniciativa entre universidades organizada pela Eindhoven University of Technology	http://www.workflowpatterns.com/

Índice

A

Abordagem para a mudança, 160
Acompanhamento dos processos, 212-213
Administração científica, 301
Arquitetura orientada a serviço, 91
Avaliação de desempenho, 62, 71, 87, 125, 129, 203, 221

B

Benchmarking, 218-220, 260-263
BPMS, 283-292
    conceitos, 285-287
    estudos futuros, 290
    modelos de ferramentas, 289-290
    tarefas, 291-292
    tipos, 288-292
BPR *ver* Reengenharia de processos de negócio

C

Cadeia de valor, 53-54, 84
Cadeia de valor agregado, 149-150, 278
Ciclos de aprendizado, 227-228
Competências, 75-79
Conhecimento, 79-82
Controle de processos, 212
Controle de qualidade total, 49
Cultura organizacional, 52, 57-61

D

Dado (Definição), 79
Decisão organizacional, 129

Desempenho
    avaliação, 221-224
    desvios de, 220-221
    registro, 217-218
    trajetória, 222
Dono de processos, 121, 209

E

Engenharia de produção, 38-42
    paradigmas, 39-43
    processos, 38
    trajetória, 39-43
Equipe de gestão de processos, 211, 304
Escritório de processos, 237-282
    ações, 247-248
    ações futuras, 281-282
    alocação, 252-253
    atuação, 245-247
    busca bibliográfica, 242-244
    cenários de atuação, 254-258
    coordenador, 254-255
    entrevistas, 258-263
    esquema geral, 249
    estrutura funcional, 246
    estruturação, 264
    estudos de caso, 261-262, 269-281
    fluxo de atividades, 251
    formas organizacionais, 256-258
    inserção de processos, 252-258
    institucionalização, 242-245
    introdução, 238
    macro-objetivos, 248
    macroprocesso, 249
    metodologia, 241, 242

motivação, 238-240
normativo e coordenador, 255-256
normativo-colaborativo, 254
objetivos, 247-248
pesquisa, 240-241
processo de gestão, 249-251
processo gerencial, 249-250
questionário padrão, 259
relacionamentos, 245
resultados, 241-242
suporte, 251
trajetória de estruturação, 266-268
visitas, 258-263
Estratégia, 53-57
conceitos, 53-54
ferramentas, 53-54
manipulação, 55
manobra, 55
modelo estrela, 56-57
padrão realizado, 55
perspectiva, 56
plano, 55
posição, 55-56
Estrutura organizacional, 62-71
estrutura em rede, 69
estrutura funcional, 67-68
estrutura matricial, 68
modelos de inserção, 252-254
organização lateral, 65-66
organização virtual, 69
redesenho, 64
Execução de processos, 119, 161, 182, 199

F

Ferramentas de modelagem, 169-174

G

Gestão de competências, 76-77, 79, 82, 90, 262, 303
Gestão de processos, 23-35
apresentação, 33-35
bases conceituais, 99-143
benefícios, 25-26
conceituação, 122-138
definição, 119-122
dia-a-dia, 208-209, 251
evolução, 37-38
gerenciamento, 27-28
gestão da, 237-282
histórico, 37-98
importância, 24-27
método, 29-33
objetivos, 29
paradigmas, 37-38
projeto, 27-28
promoção, 27-28
resultados, 25-26
síntese, 138-143
visão de Harmon, 112-116
visão de Smith e Fingar, 116-119
Gestão de recursos humanos, 149, 275
Gestão do conhecimento, 69, 81, 82
Gestão funcional, 125-128
Gestão por processos, 296, 297, 300, 301

I

Implantação de processos, 203-208
Implementação de novos processos, 208-210
Indicadores de desempenho, 71-75
Informação, 79-82

M

Mecanismos de fixação cultural, 61
Melhorias de processos, 38
Modelagem de processos, 108, 114, 289
aplicação, 97
benefícios, 186
BPEL4WS, 187
entrevistas, 190
expectativas na gestão de processos, 117
ferramentas, 169-174
metodologia, 188
métodos, 187
problemas, 119
propósitos, 183
sistemas BPMS, 262
Modelos de gestão de processos, 124-125

Modelos de referência, 42, 89, 92, 198, 199, 201, 219, 303, 305

O

Organização funcional, 46
Organização orientada por processos, 46, 71, 127, 128
Organização orientada pelo consumidor, 47
Orientação por processos, 71, 127, 128

P

Patrocínio para a mudança, 160-162
Pesquisa
  análise dos resultados, 233-234
  análises cruzadas, 234-235
  grupos de tarefas, 231
  importância das tarefas, 231-233
Processo(s)
  acompanhamento, 211-213
  ajustes, 215-216
  aprendizado, 216-217
  capacitação, 223
  classificação, 103-109
  conceitos, 53-54
  controle, 213-215
  definição, 100-103
  escritório, 237-282
  ferramentas, 53-54
  gerencial, 249-250
  implementação, 209-210
  implicações, 109-112
  mudanças, 215-216
  orientação por, 71, 126-128, 132, 135-136, 295-296
  projeto, 99, 145, 162, 179-180
  realização, 210-211
  registro, 217-218, 224-227
  transversais, 125-126, 128-129, 134, 163-164, 246
Projeto-desenho dos processos, 147-208
  ambiente externo, 147-156
  ambiente interno, 147-156
  estratégia organizacional, 147-156

Q

Quadros conceituais, 43-52
  administração científica, 43-47
  Taylor, 44

R

Redesenho de processos, 114, 126, 202, 281
Reengenharia de processos de negócio, 50-51
  benefícios, 51
  vantagens, 50

S

Seleção de processos, 156, 165, 167, 168, 234, 267, 299
Sistema Toyota de Produção, 47-49
  perdas, 47-49
  rede de processos e operações, 48
SOA *ver* Arquitetura orientada a Serviço
Solução de problemas, 235, 243
STP *ver* Sistema Toyota de Produção

T

Tarefas para a gestão de processos, 123-124
Tecnologia da informação, 83-98
  arquitetura, 85
  componentização de processos, 89
  desenvolvimento de software, 88
  engenharia empresarial, 87
  integração de sistemas, 90
  redes de comunicação, 83
Tendências, 293-306
  futuro, 301-304
Teoria das restrições, 51
  cinco passos, 78
TOC *ver* Teoria das restrições
TQC *ver* Controle de qualidade total
Trajetória em gestão de processos, 133-135

W

Workflow, 95-97